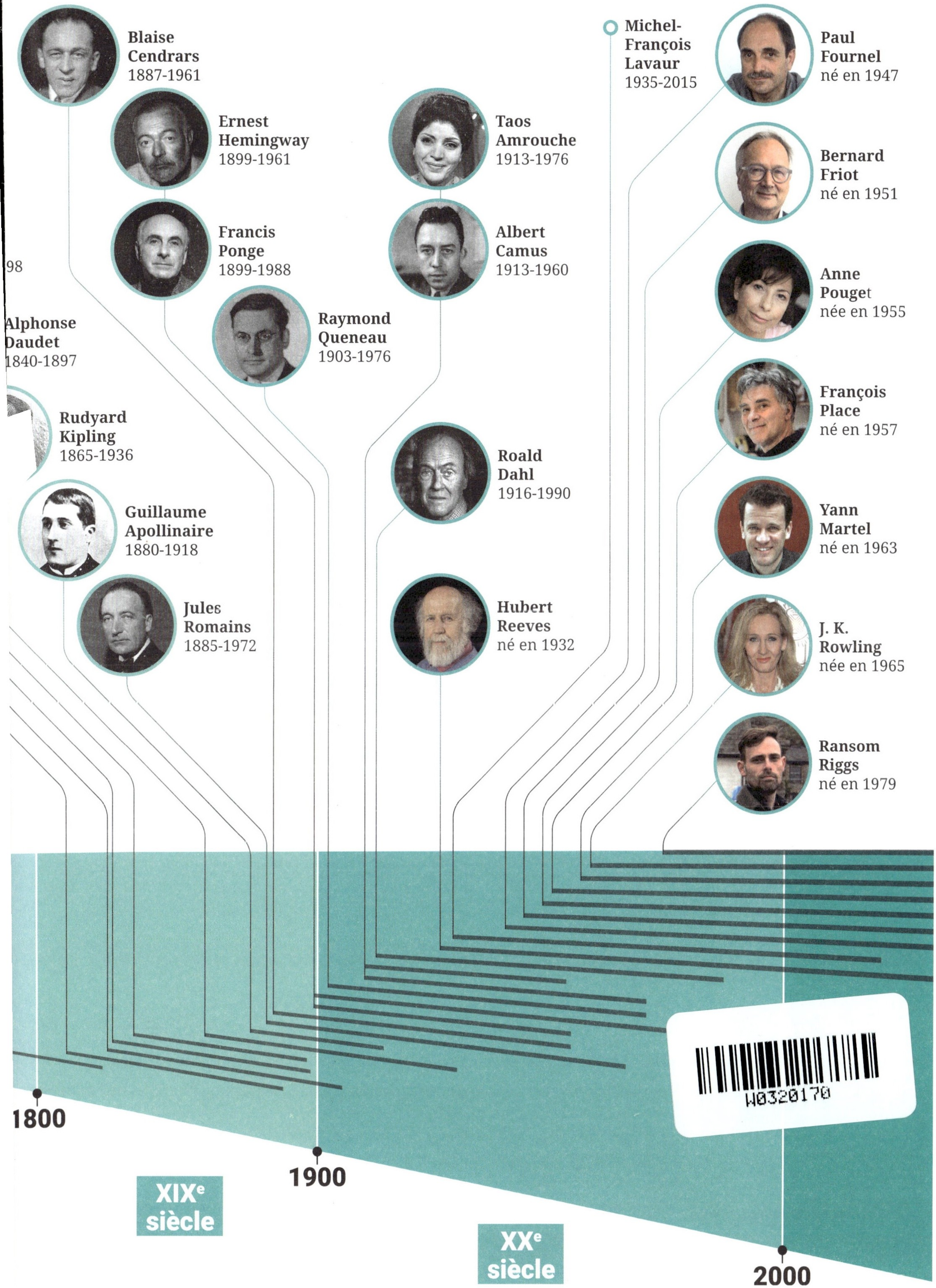

Blaise Cendrars 1887-1961
Ernest Hemingway 1899-1961
Francis Ponge 1899-1988
98
Alphonse Daudet 1840-1897
Rudyard Kipling 1865-1936
Guillaume Apollinaire 1880-1918
Jules Romains 1885-1972
Raymond Queneau 1903-1976
Taos Amrouche 1913-1976
Albert Camus 1913-1960
Roald Dahl 1916-1990
Hubert Reeves né en 1932
Michel-François Lavaur 1935-2015
Paul Fournel né en 1947
Bernard Friot né en 1951
Anne Pouget née en 1955
François Place né en 1957
Yann Martel né en 1963
J. K. Rowling née en 1965
Ransom Riggs né en 1979
1800
1900
2000
XIXe siècle
XXe siècle

Français

6e

Invitation au Voyage

Sous la direction de

Vanessa LOUBET-POËTTE
Certifiée de lettres modernes
Professeure au lycée Jean-Dupuy de Tarbes (65)
Formatrice à l'INSPÉ de Tarbes (65)

Germain TEILLETCHE
Agrégé de lettres classiques
Professeur au Collège Camille-Claudel de Latresne (33)
Formateur à l'INSPÉ d'Aquitaine (33)

Céline BODARD-DEVAUX
Certifiée de lettres modernes
Professeure au collège de la Reine-Sancie
de Sauveterre-de-Béarn (64)
Formatrice à l'EAFC de l'Académie de Bordeaux (33)

Aline EL FAKIRI
Agrégée de lettres modernes
Professeure au collège Saint-Exupéry
de Saint-Jean-de-Braye (45)

Mélanie KRUCZKOWSKI
Certifiée de lettres modernes
Professeure au collège Lavoisier d'Auchel (62)

Valérie DE LIMA
Certifiée de lettres modernes
Professeure au Collège Camille-Claudel de Latresne (33)

Emmanuelle TOUDIC
Certifiée de lettres modernes
Professeure au collège Pierre-de-Dreux
de Saint-Aubin-du-Cormier (35)
Formatrice à l'INSPÉ de Rennes (35)

bordas
éditeur

Direction éditoriale : Marion Martin-Suhamy
Coordination artistique : Pierre Taillemite
Maquette intérieure : David Bart
Mise en page : David Bart, Géraud Lantuéjoul, Chantal Rivière et Médiamax
Relecture : Catherine Lainé
Iconographie : Geoffroy Mauzé
Illustration de couverture : Clémence Monnet
Illustrations et infographies : Camille Beurton (frise des auteurs et p. 40, 60, 150, 151, 158, 164, 172, 202, 211),
Marc Boutavant (p. 3, 294),
Kim Consigny (mascottes, p. 63, 95, 164, 194, 226),
Solenn Larnicol (p. 130-131, 54-57, 231),
Fabien Laurent (p. 16-17, 32, 38 et 40),
Olivier Prime (p. 99, 166-167, 140-141),
Marion Sonet (p. 130-133),
Sunny Mary (p. 73),
Nicolas Treve (p. 186-187, 192)
Fabrication : Jean-Philippe Dore
Photogravure : Irilys

ISBN 978-2-04-733907-7

Sommaire général

1 Ulysse, le premier des aventuriers

Parcours de lecture : Homère, *Odyssée*

À la découverte

Lectures DYS

Découverte artistique

Langue

Ateliers

Projet

Sommaire

2 En route pour l'aventure !

3 Grandir à pas de loup

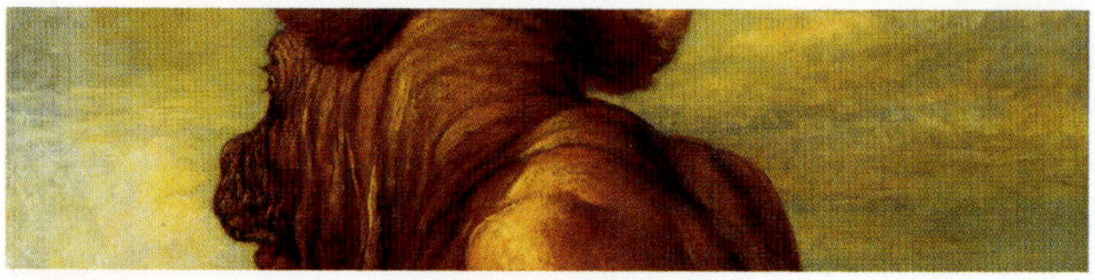

4 Des monstres aux mille visages !

Sommaire

5 Ça sent la chair fraîche !

À la découverte

Lectures DYS

Découverte artistique

Langue

Ateliers

6 Une vie de monstre

Parcours de lecture : Anne Pouget, *Ma vie de monstre*

À la découverte

Lectures DYS

Découverte artistique

Langue

Ateliers

7 Méfie-toi des rusé(e)s !

8 Mais de qui se moque-t-on ?

Parcours de lecture : Molière, *Le Médecin malgré lui*

Sommaire

9 Les secrets de fabrication du monde

10 Le monde dans tous les sens

Méthodes

Étude de la langue

Grammaire

Sommaire

Repères pour une progression annuelle de l'étude de la langue

	Période 1	Période 2	Période 3
Les classes grammaticales	1. Le nom et le groupe nominal 2. Les déterminants 3. Les pronoms personnels 4. Le verbe	5. L'adjectif 6. L'adverbe	7. Les prépositions 8. Les conjonctions de coordination et de subordination
Les fonctions grammaticales	13. Le sujet	10. L'adjectif épithète 11. Le complément du nom 12. L'accord dans le GN 15. L'attribut du sujet	14. Les compléments d'objet direct et indirect 16. Les compléments circonstanciels de temps, de lieu et de cause
Les temps verbaux	18. Le présent de l'indicatif : conjugaison et emplois 20. L'imparfait de l'indicatif : conjugaison et emplois 21. Le passé simple : conjugaison et emplois	19. Le futur de l'indicatif : conjugaison et emplois 22. Le conditionnel présent : conjugaison et emplois	23. Le présent de l'impératif : conjugaison et emplois 24. Les temps composés 25. Bien accorder le participe passé
Syntaxe	27. Les types de phrases (déclarative) 28. Les formes de phrases (exclamative) 29. La phrase verbale et la phrase non verbale	28. Les formes de phrases (négative) 30. Les reprises nominales et pronominales	27. Les types de phrases (interrogative, impérative) 31. La phrase simple et la phrase complexe
Lexique	33. Utiliser le dictionnaire 34. Sens propre et sens figuré 35. Le champ lexical	36. Les relations entre les mots 37. Les registres de langue 38. L'origine et la formation des mots 39. Les figures de style (comparaison)	39. Les figures de style (métaphore, périphrase)
Versification			43. La versification

Les ressources numériques du manuel

▶ Écoute le texte.
▶ Vérifie ce que tu as compris.
bordas.media/733907_000

- Tous les textes à écouter
- Des captations du *Médecin malgré lui* (chapitre 8)
- Un quiz de compréhension pour chaque texte

▶ Écoute la dictée.
bordas.media/733907_000

- Des dictées audio

▶ Regarde la leçon animée.
bordas.media/733907_000

- Des leçons de langue animées

MOTS CROISÉS IMPRIMABLES

- De nombreuses ressources téléchargeables et imprimables (grilles de mots croisés, fiches bilan, etc.)

+ depuis ton manuel numérique

Exercices numériques

Tous les exercices d'entraînement de la partie « Étude de la langue » en version numérique pour progresser en autonomie.

Un jeu pour réviser en s'amusant

Cartes du jeu à télécharger sur le site **invitation-voyage.editions-bordas.fr**

Un jeu à jouer à deux ou par équipes, pour réviser ses connaissances de français 6e en s'amusant.

Modalités

- Ce jeu peut être pratiqué en équipe, en binôme ou seul.
- Il peut être proposé à **différents moments de l'année** : à la fin d'un chapitre ou d'une période, chaque semaine pour faire un bilan ou en début de cours pour rappeler les acquis.

Matériel

- **300 cartes imprimables** (30 par chapitre) de questions-réponses.
  Ces questions-réponses portent sur des éléments de cours répartis en six catégories :
  Grammaire • **Conjugaison** • **Orthographe** • **Vocabulaire** • **Culture & HDA** • **Textes & personnages**
- **1 dé** (non fourni)

Règle du jeu

- Constituez deux équipes (d'un ou plusieurs élèves).
- Regroupez les cartes des chapitres étudiés par catégories.
- L'équipe 1 lance le dé. L'équipe 2 pioche une carte de la catégorie concernée.
- Si l'équipe 1 répond correctement, elle pose la carte devant elle et elle rejoue.
  Si elle se trompe, c'est à l'équipe 2 de lancer le dé.
- L'équipe qui a gagné est celle qui a bien répondu à une question de chaque catégorie.

1 Ulysse, le premier des aventuriers

Parcours dans l'*Odyssée* d'Homère

CULTURE ANTIQUE

Pourquoi Ulysse est-il le premier des grands aventuriers de la littérature ?

François-Louis Schmied, *Odyssée : le navire d'Ulysse*, 1930-1933, gravure de Théo Schmied, coll. privée.

Je m'exprime à l'oral

Ulysse repart victorieux de la guerre de Troie, mais il mettra dix ans pour rentrer à Ithaque.
Quelles aventures peuvent expliquer un si long voyage ?

COMPÉTENCE : je définis des personnages.

Je découvre Ulysse

Ulysse est la plus ancienne et la plus célèbre figure d'aventurier en littérature.
L'***Odyssée*** raconte le voyage de retour d'Ulysse vers son île d'Ithaque après la guerre de Troie.
Ce voyage dure dix ans au cours desquels Ulysse et ses compagnons affrontent de nombreux dangers.

Le voyage d'Ulysse de Troie à Ithaque.

Activité 1 **Je fais le portrait d'Ulysse**

Recopie et complète cette fiche en t'aidant de la carte.

Nom grec : Odysseus
Nom traduit en français :
Parents : Laërte et Anticlée
Roi de :
Lieu de disparition :
Créatures rencontrées :
Peuples rencontrés :
Ses exploits sont racontés dans…

Je découvre le rôle des dieux dans l'*Odyssée*

Dans l'*Odyssée*, Ulysse affronte la colère du dieu **Poséidon**. Heureusement il reçoit l'aide d'autres dieux comme **Athéna** et **Hermès**. **Zeus**, qui domine l'Olympe, arbitre cet affrontement divin en soutenant ou punissant Ulysse.

1 Athéna

Déesse de la Guerre, de la Sagesse et de l'Intelligence.

Attributs : la chouette, la casque, la lance, le bouclier.

2 Hermès

Dieu des Voyageurs, des Marchands et des Voleurs et messager des dieux.

Attributs : le caducée (bâton de voyageur), le pétase (chapeau à large bord ailé), les sandales ailées.

3 Zeus

Dieu des dieux.

Attributs : la foudre, le spectre.

4 Poséidon

Dieu de la Mer et des Tempêtes.

Attributs : le trident, le cheval.

Vase à figures noires, 550-530 avant J.-C., musée du Louvre, Paris.

Activité 2 Je découvre les dieux qui jouent un rôle dans l'*Odyssée*

1. Retrouve pour chaque image (A, B, C, D) la légende (1, 2, 3, 4) qui lui correspond.
2. D'après les informations de cette page, comment chaque divinité va-t-elle intervenir dans le destin d'Ulysse ?

Activité 3 Je sais identifier des dieux sur une poterie antique

1. Observe la poterie ci-contre : quels dieux reconnais-tu ?
2. Quels indices t'ont permis de les reconnaître ?

COMPÉTENCE : j'analyse les effets d'un texte.

▶ Écoute le texte.
▶ Vérifie ce que tu as compris.
bordas.media/733907_001

Le terrifiant Cyclope

Nous sommes au début de l'aventure, peu de temps après le départ de Troie. Ulysse raconte la halte qu'il fait, avec ses compagnons, sur une île peuplée de créatures à l'œil unique et rond, amateurs de chair humaine. Alors qu'ils parviennent dans une grotte, arrive soudain l'un de ces « Cyclopes », Polyphème, qui ferme l'accès en poussant un énorme rocher derrière lui.

Que vont faire Ulysse et ses compagnons ?

Soudain le Cyclope se lève, saisit deux de mes compagnons et les écrase comme de jeunes faons[1] contre la pierre de la grotte : tel le lion des montagnes, il dévore leurs chairs, leurs entrailles[2], et même leurs os remplis de moelle[3]. Le lendemain, aux premiers rayons du jour, le colosse part chasser ; il enlève sans effort la roche immense qui ferme la porte et la remet ensuite en place.

Mais le Cyclope a laissé dans la grotte un énorme tronc d'olivier qu'il avait coupé pour s'en servir de bâton. Il est tellement gros et grand que, pour nous, c'est comme le mât d'un immense navire de vingt rames qui traverse les vastes mers. J'en coupe un morceau et je le donne à mes compagnons en leur demandant d'enlever les branches ; de mon côté, je taille le bout en pointe.

Vers le soir, le géant revient et ramène ses brebis à la belle toison[4] ; il les pousse toutes dans la grotte et n'en laisse aucune dehors. Il soulève l'énorme roche, la replace à l'entrée, s'assied, trait ses brebis et place les agneaux près de leurs mères. Puis il saisit de nouveau deux de mes compagnons et les mange. C'est à ce moment que je m'approche du monstre, en lui tendant une coupe remplie d'un vin sombre, qu'il boit avec plaisir.

Et le Cyclope s'endort : son énorme cou tombe dans la poussière. Le sommeil, qui est plus fort que tous les êtres, s'empare de lui. Alors je plonge le pieu dans la cendre pour le rendre brûlant et j'encourage mes compagnons, pour que la peur ne les fasse pas abandonner. Mes amis fidèles saisissent le pieu pointu et l'enfoncent dans l'œil du Cyclope. Je me place au sommet du tronc et je le fais tourner avec force.

Tout autour de la pointe enflammée, le sang ruisselle. Le sourcil et les paupières du géant sont grillés par une vapeur ardente[5] ; sa prunelle se consume et pétille, brûlée par les flammes. Percé par le bois embrasé, l'œil du Cyclope siffle comme la hache rougie plongée dans l'eau glacée par le forgeron. Le monstre pousse des hurlements affreux qui font retentir la caverne ; et nous, effrayés, nous nous éloignons. Le Cyclope arrache de son œil le pieu plein de sang et, dans sa fureur, le jette au loin.

Homère, *Odyssée*, chant IX, vers 300-403, d'après la traduction d'E. Bareste, 1842.

1. **Faons :** petits de la biche.
2. **Entrailles :** organes dans le ventre et la poitrine.
3. **Moelle :** substance contenue à l'intérieur des os.
4. **Toison :** laine sur les moutons.
5. **Ardente :** brûlante.

biographie

Homère

Poète grec qui vécut au VIIIe siècle avant J.-C. Il est l'auteur de l'*Iliade*, qui raconte la guerre de Troie à laquelle participe Ulysse, et de l'*Odyssée*.

Je m'exprime à l'oral

1. Qu'est-ce qui est le plus terrifiant pour toi dans ce passage ?

Je comprends l'essentiel

2. Que nous apprend la taille des objets et du lieu sur celle du Cyclope ?

3. Pourquoi Ulysse et ses compagnons ne peuvent-ils pas s'enfuir ?

Je lis entre les lignes

4. Quelles actions montrent la puissance de Polyphème ?
AIDE *Repère des verbes dont le Cyclope est sujet.*

5. Quelle comparaison au début du texte montre la sauvagerie du cyclope ?

6. Comment Ulysse élimine-t-il la menace de cet « œil rond » ?
DÉFI *Trouve, dans la liste, les noms désignant les qualités d'Ulysse et de ses compagnons pour y arriver : force • courage • solidarité • générosité • inventivité • honnêteté • sensibilité.*

Je maîtrise la langue : le champ lexical ➡ p. 353

7. a. Repère dans le texte des noms communs appartenant au champ lexical du corps.
b. Pourquoi le corps est-il un élément important dans cette aventure ?

Je m'exprime à l'écrit

LECTURE D'IMAGES Après avoir aveuglé Polyphème, Ulysse et ses compagnons doivent trouver un moyen pour sortir de la grotte, fermée par une énorme roche. À partir des vignettes de bande dessinée ci-dessous, raconte comment les prisonniers parviennent à s'échapper de la grotte.
– Ulysse est le narrateur.
– Écris ton texte au présent de l'indicatif.

la clé des mots

« **Cyclope** » vient du grec *cyclos* « ce qui est rond », et *ops* « l'œil ». Cyclope signifie « œil rond ». *Cyclos* désigne aussi le cercle que fait un oiseau dans le ciel pour piéger sa victime.

C. Bruneau, G. Lorusso,
L'Odyssée, tome 1,
© Éditions Glénat, 2017.

▶ Écoute le texte.
▶ Vérifie ce que tu as compris.
bordas.media/733907_002

Les potions de Circé

Ulysse raconte un épisode au cours duquel lui et ses hommes accostent sur l'île d'Aiaié, où vit la magicienne Circé, fille du dieu Hélios. Ulysse envoie des hommes en éclaireurs, mais seul Euryloque revient au camp. Alors le héros grec part à la recherche de ses compagnons disparus.
À ton avis, qu'est-il arrivé aux compagnons d'Ulysse ?

Franz von Stuck, la comédienne *Tilla Durieux en Circé*, 1913, huile sur bois (60 x 68 cm), Nationalgalerie, Berlin.

J'allais arriver au vaste palais de la magicienne Circé, lorsque Hermès au sceptre d'or surgit sous les traits d'un tout jeune homme, brillant de grâce et de fraîcheur. Le dieu me prend la main et me dit : « Malheureux, tous tes compagnons, retenus auprès de Circé, sont devenus des porcs enfermés dans des étables. Viens-tu les délivrer ? Prends cette plante, et rends-toi au palais de Circé. »

Hermès me donne une plante qu'il vient d'arracher et il me la décrit. Sa racine est noire, mais sa couleur est blanche comme le lait : les dieux la nomment moly. Hermès quitte l'île ombragée d'arbres et dirige ses pas vers l'Olympe. Je me rends chez la magicienne, l'âme agitée de mille pensées. Je m'arrête sous les portiques[1], et Circé, qui, entendant ma voix, accourt aussitôt, ouvre ses portes brillantes et m'invite à la suivre ; moi, j'entre dans le palais, le cœur accablé de tristesse. Circé me fait asseoir sur un

La clé des mots

« **Potion** » vient du latin *potare*, qui signifie « boire ». On retrouve la même racine dans « potable », qui qualifie une eau que l'on peut boire.
En grec, la « potion » (bénéfique ou non) se dit *pharmakôn*, que l'on retrouve dans « pharmacie ».

1. **Portiques :** entrée en forme de voûtes.

trône magnifique orné de clous d'argent, place un coussin sous mes pieds, prépare une potion dans une coupe d'or, y mêle des plantes funestes[2] en méditant au fond de son âme d'affreuses pensées, et me présente la coupe. Je bois la potion, mais elle ne me charme pas. Alors Circé, me frappant de sa baguette, me dit : « Va maintenant dans l'étable rejoindre tes compagnons ! »

À peine a-t-elle prononcé ces mots que je tire mon glaive tranchant et que je me précipite sur la magicienne comme si je voulais la tuer. Soudain Circé pousse un grand cri, se baisse, embrasse mes genoux, et m'adresse ces paroles entrecoupées par les sanglots : « Qui donc es-tu ? Quelle est ta ville ? Quels sont tes parents ? Je suis vraiment surprise : tu as bu cette potion sans t'être transformé. Serais-tu cet astucieux Ulysse qui devait venir dans cette île à son retour de Troie, comme me l'avait annoncé Hermès, le dieu au sceptre d'or ? »

Homère, *Odyssée*, chant X, vers 281-336, d'après la traduction d'E. Bareste, 1842.

2. **Funestes :** nuisibles, nocives.

Pichet représentant Circé, vers 470-460 av. J.-C., céramique (hauteur 20,2 cm), musée du Louvre, Paris.

Je comprends l'essentiel

1. Qu'est-il arrivé aux compagnons d'Ulysse ?
2. Comment Hermès aide-t-il Ulysse ?
3. Pourquoi la demeure et l'attitude de Circé ont-elles une apparence séduisante ?
   AIDE *Repère des groupes nominaux (l. 11-17) pour justifier ta réponse.*

Je lis entre les lignes

4. Quelles sont les émotions de Circé lorsqu'elle comprend qu'elle a échoué ?
5. LECTURE D'IMAGE Quels sont les points communs et les différences entre Circé et les autres sorcières que tu connais ? Cherche des éléments de réponse dans le texte et dans le tableau.
   DÉFI *Mentionne le titre d'autres histoires qui présentent un personnage de sorcière qui enferme ses victimes chez elle.*
6. Relis la dernière phrase de l'extrait : comment Circé va-t-elle se comporter avec Ulysse ?

Je maîtrise la langue : l'adjectif ➥ p. 304

7. a. Relève les deux adjectifs qui décrivent le moly.
   b. Quelles particularités rendent la plante magique.

Je m'exprime à l'oral

■ Quelle transformation serait encore plus humiliante que celle opérée par Circé ?

Je m'exprime à l'écrit

■ Imagine le récit d'Euryloque racontant comment ses compagnons ont été piégés par Circé.
Écris ton texte au présent de l'indicatif.

Lecture 3

COMPÉTENCE : je comprends l'implicite d'un texte.

▶ **Écoute le texte.**

▶ **Vérifie ce que tu as compris.**

bordas.media/733907_003

Le doux chant des Sirènes

Devenue l'alliée d'Ulysse, Circé le prévient des dangers qui l'attendent. Parmi ceux-ci, Ulysse devra affronter des Sirènes, dévoreuses de marins. Voici son récit.

Que sais-tu des Sirènes et de leur façon de piéger les marins ?

Poussé par un vent favorable, notre navire approche de l'île des Sirènes. Dès que nous l'apercevons le vent s'apaise, le calme se répand dans les airs, et les flots sont assoupis par un dieu. Les rameurs se lèvent, plient les voiles, et les déposent dans le navire ; puis ils s'assoient sur les bancs et font blanchir l'onde de leurs rames polies[1] et brillantes. Aussitôt je tire mon glaive de bronze et je divise en morceaux une grande masse de cire que je presse fortement entre mes mains ; la cire s'amollit en cédant à mes efforts et à la brillante lumière du soleil, puis j'introduis cette cire dans les oreilles de tous mes guerriers. Ceux-ci m'attachent les pieds et les mains au mât avec de fortes cordes ; ils s'asseyent et frappent de leurs rames la mer blanchissante. Quand, dans sa course rapide, le vaisseau n'est plus éloigné du rivage que de la portée de la voix et qu'il ne peut plus échapper aux regards des Sirènes, ces nymphes font entendre ce chant mélodieux :

« Viens, Ulysse, viens, héros fameux, toi la gloire des Achéens[2] ; arrête ici ton navire et prête l'oreille à nos chants. Jamais aucun mortel n'a paru devant ce rivage sans avoir écouté les harmonieux concerts qui s'échappent de nos lèvres. Toujours celui qui a quitté notre plage s'en retourne charmé dans sa patrie et riche de nouvelles connaissances. Nous savons tout ce que, dans les vastes plaines de Troie, les Achéens et les Troyens ont souffert par la volonté des dieux. Nous savons aussi tout ce qui arrive sur la terre féconde.[3] »

Tel est le chant mélodieux des Sirènes, que mon cœur désirait entendre. Aussitôt, en fronçant les sourcils, j'ordonne à mes compagnons de me délier ; mais au lieu d'obéir, ils se couchent et rament avec plus d'ardeur. En même temps, Euryloque et Périmède se lèvent, me mettent de nouveaux liens qui me serrent davantage. Quand nous avons laissé derrière nous ces rivages et que nous n'entendons plus la voix des Sirènes, ni leurs accents mélodieux, mes compagnons enlèvent la cire qui bouche leurs oreilles et me dégagent de mes liens.

Homère, *Odyssée*, chant XII, vers 165-201, d'après la traduction d'E. Bareste, 1842.

la clé des mots

« **Séduire** » vient du latin *seducere* qui signifie « ramener quelque chose sur son chemin ».
« Séduire », c'est donc charmer par de douces paroles pour, littéralement, faire en sorte que l'autre se rapproche de soi.

1. **Polies :** lisses.
2. **Achéens :** habitants du monde grec.
3. **Féconde :** fertile, qui donne beaucoup de récoltes.

Edmond Dulac, *Ulysse et les Sirènes*, début XXe siècle.

Je comprends l'essentiel

1. LECTURE D'IMAGE Pourquoi les Sirènes peuvent-elles facilement approcher les navires qui longent leur île ?

DÉFI *Rédige la description d'une Sirène.*

2. À quoi servent la cire et les liens ?

Je lis entre les lignes

3. Quel rôle le vent joue-t-il dans le piège des Sirènes ?

4. Pourquoi Ulysse donne-t-il ses ordres « en fronçant les sourcils » (l. 23) ?

5. Qu'est-ce qui est séduisant dans le chant des Sirènes ?

AIDE *Relis la première phrase du dernier paragraphe (l. 21-22).*

Je maîtrise la langue : les pronoms personnels ➥ p. 300

6. a. Relève les pronoms personnels sujets de la ligne 22 à la fin du texte.

b. Quels pronoms indiquent qu'Ulysse est isolé du groupe et qu'il est seul face aux Sirènes ? Lequel montre qu'il fait partie du groupe ?

Je m'exprime à l'écrit

■ Raconte la scène du point de vue d'un des compagnons d'Ulysse. Celui-ci n'entend pas le chant des Sirènes mais qui les voit et observe les réactions d'Ulysse attaché au mât.

Je m'exprime à l'oral

■ Que penses-tu de la décision d'Ulysse de s'exposer au danger ? Ferais-tu la même chose ? pourquoi ?

▶ Écoute le texte.
▶ Vérifie ce que tu as compris.
bordas.media/733907_004

Les monstres des mers

Ulysse raconte les instructions que la magicienne Circé lui a données pour affronter deux monstres, Charybde et Scylla, qui se font face et entre lesquels il devra faire passer son navire.

Quels conseils Circé a-t-elle donnés à Ulysse ?

la clé des mots

« **Tomber de Charybde en Scylla** » est une expression qui signifie tomber dans un piège encore plus grand que celui auquel on tentait d'échapper.

Circé me dit : « Le sommet de l'une de ces deux îles touche le vaste ciel ; elle est environnée d'un nuage sombre qui ne se dissipe jamais, et la paix ne brille point à son sommet, ni dans l'été, ni dans l'automne. Nul homme ne pourrait y monter et n'en pourrait descendre, même avec vingt bras et vingt pieds, tant cette roche est lisse et semble être soigneusement polie. Au milieu du rocher se trouve une caverne obscure tournée vers le couchant, du côté de la Nuit qui monte ; c'est là, noble Ulysse, qu'il faut diriger ton vaisseau. Un homme, jeune encore, qui, du fond de son navire, lancerait une flèche contre cette grotte, n'en atteindrait pas le fond. Scylla pousse d'affreux rugissements, sa voix est semblable à celle d'un jeune lion ; et personne ne se réjouit à la vue de ce monstre terrible, pas même un dieu ! Scylla possède douze griffes horribles et six cous d'une longueur démesurée ; à chacun d'eux est attachée une tête effrayante où paraît une triple rangée de dents serrées et nombreuses, sur lesquelles la Mort attend. Le milieu de son corps est plongé dans la vaste caverne, ce monstre ne fait sortir du gouffre que ses têtes hideuses ; il les promène autour de l'île, puis saisit et dévore les dauphins, les chiens de mer et les énormes baleines que nourrit par milliers la bruyante Amphitrite[1].

1. **Amphitrite :** déesse marine.

Antoine Ronzon, *Les Fabuleuses Histoires d'Ulysse,* © Tourbillon, 2003.

Antoine Ronzon, *Les Fabuleuses Histoires d'Ulysse,*
© Tourbillon, 2003.

Ulysse, l'autre île que tu verras est plus basse, très près de la première, et à la portée des flèches. À son sommet s'élève un figuier chargé de feuilles ; au-dessous de ce figuier est la terrifiante Charybde, qui engloutit sans cesse l'eau noire, trois fois par jour, et elle la rejette, et trois fois encore elle l'avale en poussant des mugissements effroyables. Qu'il ne t'arrive donc pas de passer en ces lieux lorsque Charybde absorbe les eaux de la mer ; car nul ne pourrait t'arracher à la mort, pas même le puissant Poséidon. Rapproche-toi de Scylla et dirige ton navire en effleurant l'île. Il vaut mieux regretter six compagnons que de les voir périr tous ensemble. [...] Scylla ne peut être tuée : elle est immortelle. Scylla est un monstre terrible, sauvage, cruel, qu'on ne peut combattre ; il est impossible de se défendre contre elle, et le plus sûr est de fuir. Si tu restes auprès de Scylla pour lutter avec elle, je crains bien que, s'élançant de nouveau, elle n'engloutisse autant de guerriers qu'elle a de têtes. Navigue donc avec vitesse. »

Lecture 4

COMPÉTENCE : je comprends un texte long.

Antoine Ronzon, *Les Fabuleuses Histoires d'Ulysse,* © Tourbillon, 2003.

Quelque temps plus tard, Ulysse parvient au niveau des monstres.

J'aperçois une épaisse fumée, je vois s'élever des vagues immenses, et j'entends un bruit terrible gronder au sein des mers : les rames s'échappent des mains de mes marins épouvantés, et elles tombent avec bruit sur les flots. Le navire s'arrête car mes compagnons n'agitent plus leurs longues rames. Alors je parcours mon vaisseau, j'encourage mes guerriers par de douces paroles, et je leur dis, en m'adressant à chacun d'eux : « Ô mes amis, nous avons déjà surmonté des dangers ! Celui qui nous menace maintenant n'est pas plus grand que ceux que nous avons affrontés lorsque le Cyclope nous enferma dans sa profonde caverne. Mon courage, mes conseils et ma prudence vous sauvèrent, et j'espère que vous ne l'avez pas oublié. Obéissez tous à ma voix ; restez forts à vos postes ; frappez de vos rames les flots immenses de la mer et Zeus nous permettra peut-être d'échapper à la mort. Quant à toi, pilote, voici mes ordres, puisque tu tiens le gouvernail. Dirige le vaisseau en le tenant toujours éloigné de cet épais brouillard et des flots agités ; observe attentivement ce lieu, pour ne pas que, sans que tu t'en rendes compte, le navire ne dérive vers la roche et nous précipite au fond des eaux. »

Je me tais et ils m'obéissent aussitôt. Cependant je ne leur parle pas de Scylla et du danger qui les menace tous, dans la crainte que les rameurs effrayés ne lâchent les rames pour se réfugier au fond du navire. J'oublie moi-même l'ordre terrible que m'a donné Circé de ne pas me défendre ; je me couvre de mes armes étincelantes ; je prends dans mes mains deux longs javelots, et je monte sur le devant du navire.

Enfin nous entrons en gémissant dans le détroit. D'un côté se trouve Scylla, et de l'autre la redoutable Charybde qui dévore avec fracas l'eau salée. Quand celle-ci vomit les vagues qu'elle vient d'engloutir, la mer murmure en bouillonnant comme l'eau d'un bassin placé sur un ardent foyer[2], et l'écume jaillit dans les airs jusque sur les sommets élevés des deux écueils[3]. Mais lorsque Charybde absorbe l'onde, la mer se creuse avec bruit ; les flots se brisent en hurlant autour du rocher, et dans le fond la terre apparaît un sable bleuâtre : mes compagnons sont terrifiés. Tandis qu'en redoutant la mort nos yeux sont fixés sur Charybde, Scylla enlève de mon navire six marins. Je tourne mon regard vers mon navire, je n'aperçois plus ces compagnons fidèles, mais je vois leurs pieds et leurs mains s'agitant dans les airs. Ces guerriers m'implorent et m'appellent pour la dernière fois ! [...] Les pauvres ! Ils me tendent les bras en poussant des cris déchirants et le monstre les dévore devant sa caverne. Jamais, en parcourant les plaines humides de l'Océan, un si triste spectacle ne s'offrit à mes regards !

Homère, *Odyssée*, chant XII, vers 73-115 ; 201-249,
d'après la traduction d'E. Bareste, 1842.

2. **Ardent foyer :** feu brûlant.
3. **Écueils :** rochers qui dépassent de la surface de l'eau.

Je lis pour me divertir

1. Qu'est-ce qui est le plus effrayant pour toi chez chacun des deux monstres ? Cite le texte pour justifier ta réponse.

Je lis pour réfléchir

2. Pourquoi Ulysse fait-il le choix de ne pas tout dire à ses hommes ?

▶ Écoute le texte.
▶ Vérifie ce que tu as compris.
bordas.media/733907_005

Une terrible tempête

Ulysse perd tous ses compagnons dans un terrible ouragan. Il échoue sur l'île de la déesse Calypso qui le retient prisonnier par amour. Au bout de sept ans, elle accepte de le laisser partir. Ulysse construit un radeau et reprend la mer vers Ithaque mais Poséidon, qui veut venger son fils Polyphème, déclenche une terrible tempête.

Comment Ulysse va-t-il surmonter cette nouvelle épreuve ?

Poséidon, le dieu qui fait trembler la terre, soulève une vague immense et la fait rouler contre Ulysse, menaçante et haute comme une montagne. Les longues poutres du radeau du héros grec sont éparpillées comme un tas de paille desséchée sous la puissance du vent. Ulysse s'élance sur l'un de ces morceaux de bois, le chevauche comme une monture et enlève les lourds vêtements que lui avait donnés Calypso. Puis il étend ses bras, plonge dans la mer et nage avec force. [...]

Mais Athéna, la fille de Zeus, a un autre plan pour lui. Elle arrête le souffle puissant des vents et elle ouvre les flots de la mer pour qu'Ulysse puisse atteindre les rivages des Phéaciens, peuple de marins.

Durant deux jours et deux nuits entières, Ulysse erre sur les vagues, en songeant souvent à la mort. Mais au troisième jour, quand la déesse Aurore à la belle chevelure amène le matin, le vent s'apaise et les flots se calment. Le héros, porté par le courant puissant, regarde au loin. Il aperçoit tout près de lui la terre des Phéaciens. Il voit avec bonheur cette terre, ces forêts, comme un enfant voit son père malade et souffrant être guéri par les dieux. Il nage avec ardeur[1] ; il s'efforce de gagner la rive en battant des pieds. Mais lorsqu'il s'approche, il entend le bruit des flots qui se brisent contre les roches : des vagues énormes s'écrasent avec un horrible fracas[2], la surface est couverte d'écume[3]. Sur cette côte, aucun port pour accueillir des navires : le rivage est tout hérissé de rochers. [...] Une énorme vague projette Ulysse contre le rivage. Là, les roches auraient déchiré son corps et brisé ses os, si Athéna aux regards étincelants n'avait inspiré le divin Ulysse. Alors, le héros saisit le rocher à deux mains et s'y accroche en soufflant jusqu'à ce que la vague passe sur lui. C'est ainsi qu'il est sauvé.

Homère, *Odyssée*, chant V, vers 365-424,
d'après la traduction d'E. Bareste, 1842.

1. **Ardeur :** énergie.
2. **Fracas :** bruit terrible.
3. **Écume :** mousse.

la clé des mots

On retrouve le radical grec ***naus*** (« navire ») dans de nombreux mots français en lien avec la navigation, comme « nautique » ou « naufrage », ou bien le célèbre navire sous-marin que Jules Verne a imaginé dans son roman *Vingt Mille Lieues sous les mers* : le Nautilus.

Anthony Jean, *Le Courroux de Poséidon*, illustration originale parue dans *L'Odyssée* d'Homère illustrée par Michaël Bourgouin, Anthony Jean et Yann Tisseron. ©Éditions Glénat, 2014.

Je comprends l'essentiel

1. Quel dieu provoque la tempête ?

DÉFI *Explique pourquoi la force de ce dieu est comparée à celle des chevaux.*

2. Comment Athéna aide-t-elle Ulysse (l. 8-10) ?

3. LECTURE D'IMAGE Comment l'illustration montre-t-elle que la situation dépasse Ulysse ?

Je lis entre les lignes

4. Trouve des groupes nominaux qui évoquent la force des vagues.

AIDE *Repère le nom commun « vague » associé à un adjectif.*

5. Explique la comparaison (l. 15-17) qui nous fait comprendre le bonheur du naufragé qui voit enfin les côtes.

6. À qui Ulysse doit-il sa survie dans le dernier paragraphe ?

Je maîtrise la langue : les déterminants ➡ p. 298

7. a. « Il voit avec bonheur cette terre, ces forêts » (l. 15-16) : quel type de déterminants est employé dans cet extrait ?

b. Que disent-ils de la distance entre ces lieux et Ulysse ?

Je m'exprime à l'écrit

■ Résume les grandes étapes de ce récit, en insistant sur le rôle joué par les dieux.

Texte écho

COMPÉTENCE : je compare deux textes.

▶ Écoute le texte.
▶ Vérifie ce que tu as compris.
bordas.media/733907_006

Un combat en mer

Santiago, un vieux pêcheur, n'attrape plus de poisson depuis plusieurs mois. Mais un jour, il croise la route d'un gigantesque espadon avec lequel va commencer un long combat.

Pourquoi ce vieil homme va-t-il devenir un nouvel Ulysse ?

Lentement, régulièrement la ligne montait ; soudain l'océan se souleva en avant de la barque et le poisson apparut. Il n'en finissait pas de sortir ; l'eau ruisselait le long de ses flancs ; il étincelait dans la lumière ; sa tête et son dos étaient violet foncé ; le soleil éclairait en plein ses larges rayures lilas. Il avait un nez très long, aussi long qu'une batte de base-ball, et pointu comme une épée. Le poisson émergea tout entier, puis, avec l'aisance d'un bon nageur, replongea. Le vieux eut le temps d'apercevoir la grande queue en forme de faux qui s'enfonçait, tandis que la ligne recommençait à galoper.

– Il a deux pieds[1] de plus que la barque, dit le vieux.

La ligne filait à toute vitesse mais sans heurt ; le poisson ne s'affolait pas. Avec ses deux mains, le vieux s'efforçait de maintenir le fil juste à la limite du point de rupture. Il fallait tenir le poisson serré pour le contraindre à ralentir. À la moindre défaillance[2] il risquait d'emporter toute la ligne et de la casser.

« C'est un gros ! C'est un tout gros, pensait-il. Faut que je l'aie à la persuasion. Faut surtout pas qu'il ait idée de sa force ni de ce qu'il pourrait faire en se mettant à cavaler. Moi, si j'étais lui, j'en foutrais un grand coup tout de suite et je tirerais jusqu'à tant que ça pète. Dieu merci, ces bêtes-là, c'est pas aussi intelligent que les humains qui les tuent. Ça les empêche pas d'être meilleures que les humains, et plus malignes[3], dans un sens. »

Le vieux avait rencontré des quantités d'espadon dans sa vie. Certains peser jusqu'à cinq cents kilos. Lui-même au cours de sa carrière en avait pêché deux de ce poids ; toutefois il n'était pas seul. Aujourd'hui, il est tout seul, il a perdu la terre de vue, et le voilà accroché à la plus grosse pièce qu'il ait jamais trouvée. Jamais il n'a même entendu parler d'une pièce comme ça. Et sa main gauche est aussi recroquevillée que les serres d'un aigle sur un lapin !

Ernest Hemingway, *Le Vieil Homme et la mer*, 1952,
traduction Jean Dutourd, © Éditions Gallimard, 2006.

biographie

Ernest Hemingway
(1899-1961)
est un écrivain et journaliste américain. Il a parcouru le monde entier. Ses récits d'aventures sont inspirés de situations qu'il a observées ou même vécues.

Je vérifie ma lecture

1. Dans quelle situation périlleuse le personnage se trouve-t-il ?

2. Quels sont, selon toi, les avantages et les désavantages du vieux pêcheur dans ce combat ?

3. Compare Santiago à Ulysse : quelles qualités d'aventurier retrouve-t-on chez ces deux personnages ?

1. **Pied :** unité de mesure anglosaxonne. 1 pied = environ 30 centimètres.
2. **Défaillance :** erreur, faiblesse.
3. **Malignes :** qui fait preuve de ruse.

Découverte artistique

COMPÉTENCE : j'analyse une œuvre d'art.

Comment les œuvres de l'Antiquité représentent-elles les aventures d'Ulysse ?

L'épisode des Sirènes est l'un des plus célèbres et des plus représentés de l'*Odyssée*. Les artistes de l'Antiquité utilisaient essentiellement deux techniques : la **peinture à figures noires ou rouges** sur des vases et les **mosaïques**, assemblages de petits morceaux de galets ou de pierres sur les sols ou les murs.

1 *Ulysse et les Sirènes*, céramique, cratère en cloche à figures rouges (330 av. J.-C.), Staatliche Museum, Berlin.

J'analyse la composition des œuvres

1. Comment la composition et les couleurs mettent-elles en valeur le personnage d'Ulysse dans les deux œuvres ?
2. La mosaïque (image 2) permet de représenter des détails. Décris ceux qui apparaissent sur le bateau.

J'approfondis la description

3. Quels points communs et quelles différences trouves-tu dans la représentation des Sirènes dans les deux œuvres ?

J'interprète

4. Quel style de représentation préfères-tu ? Justifie ta réponse.

2 *Ulysse et les Sirènes*, mosaïque trouvée à Dougga, IIIe siècle ap. J.-C., musée du Bardo, Tunis.

COMPÉTENCE : j'enrichis mon expression.

Les mots de l'aventure et du danger

1. Relève les adjectifs qui peuvent qualifier une aventure.

périlleuse • surprenante • monotone • inattendue • prévisible • commune • banale • trépidante • ennuyeuse • intéressante • quotidienne • ordinaire • exceptionnelle • terrifiante • mouvementée

2. Choisis dans la liste donnée un synonyme d'« aventure » pour compléter les phrases suivantes.

périple | croisière | promenade | expédition

a. Les touristes visitent les côtes de la Méditerranée pendant un mois à bord d'un bateau de … .

b. Des scientifiques européens ont exploré les mers de l'Arctique pour observer le narval, mais leur … a été interrompue par une tempête.

c. À cause de nombreux obstacles, le retour d'Ulysse dure dix ans : c'est un véritable … .

d. Hier, nous sommes parties en voilier vers cette île grecque ; cette … en mer a été très reposante.

3. Donne les noms communs correspondant à ces adjectifs.

a. téméraire b. audacieux c. courageux
d. brave e. fougueux f. déterminé

4. Trouve les deux intrus dans ce champ lexical du danger.

péril • risque • détresse • sécurité • menace • ennui • problème • épreuve • écueil • tranquillité • piège

5. Classe ces verbes selon l'attitude qu'ils décrivent face au danger.

batailler • partir • résister • braver • refuser • oser • abandonner • reculer • se sauver • lutter • repousser • faire face • s'enfuir • combattre

Affronter le danger	Fuir le danger

6. Retrouve le sens étymologique de ces mots.

odyssée | épopée | héros | épreuve

a. e + *probare* : montrer ses capacités au cours d'un événement.

b. η'ρως (érôs) : « demi-dieu » en grec ancien, comme Ulysse.

c. Οδυσσευ'ς (Odysseus) : « Ulysse », en grec ancien.

d. ε'πος (epos) : chant poétique racontant des aventures spectaculaires et admirables.

7. Complète les phrases avec un nom et un adjectif pris dans chaque liste.

Noms : audace • témérité • fougue • vaillance
Adjectifs : héroïque • intrépide • brave • courageux

1. L'… d'Ulysse face au Cyclope montre son courage. Il est … .
2. La … des compagnons d'Ulysse face à Scylla est … .
3. La … dont ont fait preuve ces marins est exceptionnelle. Tout le monde dit qu'ils ont été … .
4. Sa … ne veut pas dire qu'il est … .

8. Complète ces phrases définissant des dangers de la « mer ».

écueil | cyclone | abîme | naufrage | noyade

1. Un rocher caché par l'eau est un … .
2. Pour parler du fond des mers, on parle de l' … .
3. Une tempête de vents très violents tourbillonnant sur eux-mêmes est un … .
4. Pour parler de la destruction totale ou partielle d'un navire en mer, on dit que les marins ont fait … .
5. Les marins qui tombent dans l'eau risquent la … .

Je m'exprime à l'écrit

Rédige le commentaire de ce tableau pour raconter ce qui s'y passe en utilisant au moins cinq mots découverts dans cette page.

Alessandro Allori, *Charybde et Scylla*, fresque du cycle d'Ulysse, vers 1575, Palais Salviati, Florence.

COMPÉTENCE : je maîtrise la langue pour améliorer mon expression.

Raconter au présent

À savoir

Les terminaisons des verbes au présent de l'indicatif changent en fonction de leur groupe.

1er groupe	2e groupe	3e groupe		
Verbes en *-er* sauf *aller*	Verbes en *-ir* qui font *-iss* au pluriel	Verbes en *-ir, -oir, -re, -indre, -soudre*	Verbes en *-dre* sauf *-indre* et *-soudre*	*vouloir, pouvoir* et *valoir*
Chanter	**Finir**	**Savoir**	**Prendre**	**Vouloir**
je chant**e**	je fin**is**	je sai**s**	je pren**ds**	je veu**x**
tu chant**es**	tu fin**is**	tu sai**s**	tu pren**ds**	tu veu**x**
elle chant**e**	il fin**it**	elle sai**t**	il pren**d**	elle veu**t**
nous chant**ons**	nous fin**issons**	nous sav**ons**	nous pren**ons**	nous voul**ons**
vous chant**ez**	vous fin**issez**	vous sav**ez**	vous pren**ez**	vous voul**ez**
elles chant**ent**	ils fin**issent**	elles sav**ent**	ils prenn**ent**	elles veul**ent**

Je conjugue au présent de l'indicatif

1. Conjugue au présent de l'indicatif les verbes du 1er groupe.

a. Circé (*transformer*) les hommes en animaux.
b. Je (*aimer*) lire les aventures d'Ulysse.
c. Nous (*rêver*) d'aller en Grèce.
d. Quelle aventure d'Ulysse (*préférer*)-vous ?
e. Ulysse et ses compagnons (*naviguer*) pendant dix longues années.

2. Choisis la bonne terminaison pour ces verbes du 2e et du 3e groupe.

a. Les Sirènes **séduise / séduisent** les marins par leur chant.
b. Je ne **crois / croit** pas à l'existence de monstres marins.
c. Tu **veux / veut** apprendre à naviguer comme Ulysse !
d. Ulysse **réussit / réussis** à rentrer à Ithaque après de nombreuses aventures.

3. Conjugue ces verbes du 2e et du 3e groupe au présent de l'indicatif.

a. Ils (*aller*) à Athènes tous les étés.
b. Calypso (*accueillir*) Ulysse sur son île.
c. La tempête (*engloutir*) le radeau d'Ulysse.
d. Nous (*vouloir*) en savoir plus sur le cheval de Troie.
e. Vous vous (*divertir*) en lisant les épopées d'Homère.

Je prépare la dictée

▸ Écoute la dictée.
bordas.media/733907_007

1. Dans le texte, choisis la bonne terminaison pour les verbes conjugués au présent de l'indicatif.

Nous dérivons pendant neuf jours. Enfin nous apercevons une côte. Qui **habite / habitent / habites** là ? Des mangeurs de pain comme nous ou bien des êtres différents ? Des monstres ? J'**envois / envoit / envoie** trois marins en reconnaissance.

Ils sont bien accueillis par les gens du pays, les Lotophages. Ceux-ci leur **offre / offrent / offres** même à manger, non du pain mais du lotos, un fruit doux comme le miel. Dès qu'ils en ont goûté, nos hommes **oublies / oublient / oublie** tout.

D'après **Françoise Rachmuhl**, *Ulysse, Le grand voyage*
© Flammarion, 2018.

2. Écris ce texte en écoutant la dictée enregistrée.

Je m'exprime à l'écrit

Tu veux convaincre un(e) ami(e) de lire l'*Odyssée*. Pour cela, dresse la liste des exploits d'Ulysse, en utilisant des verbes au présent de l'indicatif.

Expression écrite

COMPÉTENCE : j'écris en suivant des contraintes de genre, de forme ou de style.

Raconter un épisode de l'*Odyssée*

SUJET Ulysse et ses compagnons se réfugient sur l'île du Soleil, où vit le bétail sacré du dieu Hélios. Au moment de repartir, une tempête se déchaîne les empêchant de reprendre la mer.

Raconte la suite de cet épisode de l'Odyssée à partir des informations données dans l'adaptation en bande dessinée de cette aventure.

ÉTAPE 1 Je comprends les éléments clés de cet épisode

Observe la planche de bande dessinée, page 35, et réponds aux questions.

a. Quel problème apparaît dans la première vignette ?

b. Comment ce problème est-il réglé ? Par qui ?

c. Quelle est l'attitude d'Ulysse envers ses compagnons ? Pourquoi ?

d. Qui intervient dans cet épisode, qu'Ulysse et ses hommes ne peuvent pas voir ?

e. L'aventure se termine-t-elle bien ou mal pour Ulysse et ses compagnons ?

f. Quel détail dans le dessin permet de reconnaître Ulysse ?

ÉTAPE 2 Je rédige au brouillon

En tenant compte de tes réponses à l'étape 1, rédige le récit de cet épisode au présent de l'indicatif.

– Pour organiser les événements, utilise des connecteurs temporels.

– Exprime les réactions et les émotions des différents personnages à chaque moment important.

Ma boîte à mots

Connecteurs temporels : ce jour-là, ce matin-là, premièrement, puis, ensuite, alors, soudain, tout à coup, enfin, lorsque…

Les adjectifs pour qualifier la peur : craintif, inquiet, effrayé, épouvanté, terrorisé…

Les adjectifs pour qualifier la peine : chagriné, désolé, affligé, abattu, découragé…

Les adjectifs pour qualifier la colère : indigné, outragé, déchaîné, furieux…

ÉTAPE 3 Je relis mon récit

Relis ton récit à l'aide de la grille ci-dessous pour vérifier que tu as bien répondu au sujet

	Oui	Non
Mon récit rend compte de toute l'histoire.		
J'ai utilisé des connecteurs temporels.		
J'ai tenu compte des émotions des personnages.		

D'après **Béatrice Bottet, Émilie Harel**, *L'Odyssée*, coll. « La mythologie en BD », © Casterman, 2018. Avec l'aimable autorisation des auteurs et des Éditions Casterman.

Expression orale

COMPÉTENCE : je donne mon avis sur ce que j'ai lu.

Présenter son point de vue sur Ulysse

SUJET ***Selon toi, Ulysse est-il le plus grand de tous les aventuriers ?***

ÉTAPE 1 Je réfléchis aux aventures d'Ulysse

1. **Quelles sont les trois aventures qui ont, pour toi, mis le plus à l'épreuve Ulysse ?**
   Échapper au Cyclope • *Rencontrer Circé* • *Entendre le chant des Sirènes* • *Affronter la colère de Poséidon* • *Défier Charybde et Scylla.*
2. **Explique** en une phrase ce qui t'a particulièrement marqué dans les trois aventures choisies.

ÉTAPE 2 Je réfléchis au personnage d'Ulysse

1. **Caractérise les actions d'Ulysse.**
   Pour chaque aventure sélectionnée à l'étape 1, trouve au moins deux adjectifs caractérisant les actions d'Ulysse d'un point de vue physique et d'un point de vue moral.
2. **Classe ces adjectifs en deux catégories : qualités ou défaut.**
   Quelle catégorie est la plus importante ?
3. **Résume ton opinion sur Ulysse en complémentant la phrase :**
   « Ulysse est / n'est pas le plus grand de tous les aventuriers, parce que… . »

ÉTAPE 3 Je présente mon opinion sur Ulysse à la classe

1. **Justifie ton opinion sur Ulysse en résumant :**

★ une aventure qui montre une caractéristique du personnage.

★★ deux aventures qui illustrent une caractéristique physique et une caractéristique morale du personnage.

★★★ une aventure qui illustrent deux caractéristiques du personnage et en le comparant avec un autre aventurier ou aventurière que tu connais.

2. **Énonce tes arguments devant tes camarades de façon claire et ordonnée.**

Ma boîte à mots

Adjectifs : courageux, désespéré, confiant, obstiné, curieux, cruel, optimiste, résistant, puissant, fort, faible, fragile, peureux…

Outils de comparaison : être semblable à, être pareil à, ressembler à, avoir les mêmes caractéristiques que…

Verbes pour exprimer son opinion : je pense, il me semble, je crois que, j'affirme…

ÉTAPE 4 Je m'évalue

Vérifie que tu as réussi à exprimer clairement ton opinion sur Ulysse à l'aide de la grille ci-dessous.

	Oui	Non
J'ai exprimé mon point de vue sur Ulysse en le justifiant.		
Je me suis exprimé(e) devant la classe clairement et sans les lire mes notes.		
Mon opinion a été comprise par toute la classe.		

Lecture à voix haute

COMPÉTENCE : je lis avec fluidité.

Lire à bonne allure

TEXTE IMPRIMABLE

Je suis Ulysse, fils de Laërte. Je suis celui qui, par des ruses diverses, s'est fait connaître de tous les hommes. Je suis celui dont la renommée est montée jusqu'au ciel. J'habite Ithaque, cette île claire, où domine le mont Nérite. Elle est entourée de nombreuses autres terres, très proches les unes des autres. Mon île est située à l'ouest ; elle est hérissée de rochers, mais elle nourrit bien ses habitants. Non, je ne peux rien voir de plus doux que mon pays. Bien sûr, Calypso, la noble déesse, m'a retenu longtemps chez elle, me voulant pour époux. Bien sûr, Circé, la magicienne astucieuse, m'a retenu dans son palais. Mais aucune d'elle n'a réussi à toucher mon cœur. Non, rien n'est plus doux pour un homme que sa patrie et ses parents.

Homère, *Odyssée*, chant IX, d'après la traduction d'E. Bareste, 1842.

ÉTAPE 1 Je vérifie que j'ai compris le texte

Lis le texte et réponds aux questions suivantes.

a. Qui est le narrateur ?

b. Quelle est pour lui la chose la plus précieuse au monde ?

c. Donne deux des qualités du narrateur.

ÉTAPE 2 Je m'échauffe

1. Lis les virelangues ci-dessous à voix haute d'abord très lentement, puis de plus en plus vite en soignant l'articulation.

a. En haut la banane et en bas l'ananas.

b. Une bête noire se baigne dans une baignoire noire.

c. Sur chaque cime se cachent six singes.

2. Lis ces phrases à voix haute en choisissant le plus vite possible le bon mot en gras.

a. Il vit dans le **désert / dessert** du Sahara.

b. À la tombée de la nuit, les **signes / singes** se réfugient dans les arbres.

c. Un aventurier doit être prêt à **explorer / exploser** des territoires sauvages.

d. Ce prédateur a voulu **enfuir / enfouir** sa proie sous une vieille souche.

ÉTAPE 3 Je prépare ma lecture

1. Repère les difficultés.
Souligne dans le texte les mots que tu ne connais pas et encadre ceux qui te semblent difficiles à prononcer.

2. Repère le rythme du texte.

Surligne la ponctuation et marque avec une barre oblique (/) les endroits où tu devras faire une pause pour respecter le sens du texte.

ÉTAPE 4 J'évalue ma lecture orale

1. Vérifie que tu lis le texte en entier en moins d'une minute.
Ta lecture doit être claire et tenir compte de la ponctuation.

2. Améliore-toi en relisant le texte autant de fois que nécessaire.

Fais le bilan sur Ulysse, le premier des aventuriers

Ce chapitre t'a permis de découvrir le premier des grands aventuriers : Ulysse ! Fais maintenant le bilan de ce que tu as appris.

Béatrice Bottet, Émilie Harel, *L'Odyssée*, coll. « La mythologie en BD », © Casterman, 2018. Avec l'aimable autorisation des auteurs et des éditions Casterman.

1 Quelle Odyssée !

1. EN GROUPE Chacun(e) à votre tour, présentez un des personnages présents sur le dessin, en suivant le modèle de présentation d'Ulysse.
2. Expliquez comment votre personnage intervient dans les aventures d'Ulysse.
3. Quel épisode lu dans le chapitre n'est pas illustré dans le dessin ? Fais-en un court résumé par écrit.

Ulysse

Son but : retourner à Ithaque.

Qualités physiques : force, endurance.

Qualités morales : courage, intelligence.

Ses atouts : être un meneur d'hommes, savoir naviguer.

2 Ulysse et les qualités de l'aventurier

1. **Lis et mémorise** les qualités qui font d'Ulysse un aventurier modèle, c'est-à-dire un aventurier qui réunit toutes les qualités que l'on retrouve chez les aventuriers qui lui succèdent.

Ulysse l'aventurier, un modèle...

de courage. Il affronte tous les dangers.

d'humanité. Il s'efforce de sauver la vie de ses hommes et sait gagner l'amitié de certains dieux.

d'intelligence. Sa ruse lui permet d'échapper aux ennemis les plus redoutables.

d'endurance. Sa force physique lui permet d'affronter des situations périlleuses.

2. EN GROUPE **Complétez** la carte mentale avec des exemples tirés de cette nouvelle aventure.

Éole, dieu des vents, héberge sur son île Ulysse et ses hommes. Pour les aider, le dieu enferme dans une jarre tous les vents mauvais qui empêcheraient leur retour. Puis il les pousse en faisant souffler une brise légère... Dix jours plus tard, Ulysse et ses hommes aperçoivent les côtes d'Ithaque. Épuisé, rassuré, s'abandonnant à la fatigue face à la victoire toute proche, Ulysse s'endort... mais ses hommes pensent que la jarre d'Éole contient des trésors donnés par le dieu. Ils l'ouvrent, libérant tous les vents qui se déchaînent. Ulysse hésite entre se jeter à la mer de désespoir et reprendre le contrôle du navire. Il reprend le contrôle du bateau, sauve ses hommes... et les ramène dans les îles d'Éole, qui cette fois-ci les chasse !

Homère, *Odyssée*, chant X, d'après la traduction d'E. Bareste, 1842.

COMPÉTENCE : j'exploite mes connaissances avec créativité.

Réaliser une page de journal de bord

Activité individuelle

Tu vas réaliser une page du journal de bord qu'Ulysse aurait pu tenir lors de son voyage.

ÉTAPE 1 Je choisis l'épisode que je vais raconter

- Choisis l'aventure d'Ulysse que tu as préférée.
- Note les éléments essentiels dont tu te souviens :
  - le(s) danger(s) rencontré(s) ;
  - les personnages humains et divins impliqués ;
  - le lieu où se déroule la scène ;
  - la succession des événements.

N'hésite pas à relire l'épisode dans ton manuel.

ÉTAPE 2 Je raconte l'épisode comme si j'étais Ulysse

- Raconte l'épisode à la première personne du singulier et au présent comme si tu le vivais à la place d'Ulysse.
- Enrichis ton récit en exprimant les émotions ressenties pendant cette aventure.
- À la fin de ton récit, pose une question qui montre que tu t'interroges sur ce qui t'attend dans la suite du voyage.

ÉTAPE 3 J'illustre mon récit

- Après avoir recopié ton récit, dessine un élément de l'aventure : une créature, un lieu, un objet, la carte de l'itinéraire…

Tu peux t'aider des illustrations du chapitre ou faire des recherches au CDI ou sur internet.

ÉTAPE 4 Je relis ma page de journal de bord

- Relis ton travail en t'aidant de la grille ci-dessous.

	Oui	Non
J'ai raconté l'aventure du point de vue d'Ulysse.		
Le récit est fidèle aux éléments du texte original.		
J'ai ajouté une question qui montre que la suite du voyage est inconnue.		
J'ai ajouté un dessin en lien avec l'aventure.		

Le coin des curieuses et des curieux

Romans

Jacques Cassabois
Sinbad le marin, 2014

Sinbad a parcouru les sept océans du monde et en revient chargé d'histoires, de trésors et de savoirs, qu'il partage avec le pauvre Hindbad dans des récits extraordinaires.

Hélène Montardre
Ulysse, l'aventurier des mers, 2012

Une réécriture des aventures d'Ulysse pour redécouvrir son odyssée dans une version moderne.

Film

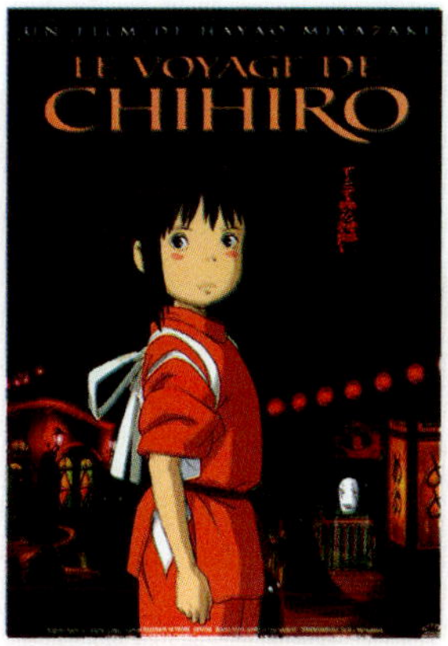

Hayao Miyazaki
Le Voyage de Chihiro, 2001

Chihiro a dix ans et se retrouve dans le monde des esprits après que la sorcière Yubaba a changé ses parents en cochons. Il va lui falloir alors beaucoup de courage et de volonté pour sortir de cette aventure.

Bandes dessinées

Clotilde Bruneau, Giovanni Lorusso,
L'Odyssée, 4 tomes, 2020

Une adaptation en bande dessinée de l'œuvre d'Homère. En quatre tomes, on peut découvrir toutes les aventures d'Ulysse et relire celles du chapitre.

Homère
L'Iliade & L'Odyssée, 2021

Ce manga réunit l'*Iliade* et l'*Odyssée*, afin de faire découvrir le cycle homérique.

Carnet de culture

À la manière d'un aventurier ou d'une aventurière qui tient un carnet de bord, pour chaque lecture, note la date à laquelle tu as commencé ta lecture et les aventures qui t'ont le plus impressionné(e).

2 En route pour l'aventure !

Qu'est-ce qui pousse un personnage vers l'aventure ?

Catrin Welz-Stein, *Le Bateau-lune*, 2010-2013.

Je m'exprime à l'oral

1. Décris ce véhicule.
2. Qu'est-ce qui pourrait te donner envie d'embarquer à bord ?

COMPÉTENCE : je découvre un genre littéraire.

Je découvre les sens du mot « aventure »

Étymologie du mot « aventure »

- Le mot **« aventure »** est polysémique. Il a plusieurs sens qui s'expliquent par son étymologie.

– En latin, le verbe *advenire* siginifie « se produire » et le nom *adventura*, ce qui doit se produire, le **destin**.

– Jusqu'au XIIe siècle, « aventure » est employé pour désigner un événement inattendu, le **hasard**.

– Depuis le XIIe siècle, une « aventure » est une **action extraordinaire** qui mêle le danger et le plaisir de la découverte.

- Cette polysémie explique les différentes motivations qui ont poussé les héros et les héroïnes à l'aventure selon les époques.

Antiquité : partir pour affronter les monstres.

Moyen Âge : partir pour accomplir une quête.

Activité 1 Je comprends les nuances du mot « aventure »

1. Explique le sens du mot « aventure » dans chaque phrase ci-dessous.
   a. « Peu importe les dangers, cette héroïne est toujours prête pour l'aventure ! »
   b. « J'ai rencontré une diseuse de bonne aventure. Tu ne croiras jamais ce qu'elle m'a prédit ! »
   c. « En promenade, je marche toujours à l'aventure. »
2. Choisit-on toujours l'aventure ? Appuie-toi sur l'étymologie pour répondre.

Activité 2 Je comprends les motivations de l'aventure

1. Cite des personnages d'aventuriers ou d'aventurières et associe-les à l'une des raisons de partir mentionnées dans la frise ci-contre.
2. De quelles qualités faut-il faire preuve pour partir à l'aventure ? Associe chaque image de la frise à une ou plusieurs qualités de la liste suivante.

curiosité • *détermination* • *jalousie* • *rêverie* • *courage* • *folie* • *ambition*

Renaissance (XVIe siècle) : partir pour découvrir le monde.

XIXe siècle : partir pour imaginer des mondes nouveaux.

XXe et XXIe siècles : partir pour conquérir de nouveaux espaces.

Je découvre les émotions liées au départ

Dans les récits d'aventures, le **moyen de transport** est important : il constitue souvent une aventure à lui tout seul et permet au personnage de ressentir plusieurs sentiments. D'ailleurs, le nom « émotion » vient du latin *motio,* qui signifie le mouvement.

Doc. A

Doc. B

Doc. C

Doc. D

Activité 3 **Je réfléchis aux moyens de transport de l'aventure**

1. Parmi les moyens de transport ci-dessus (docs. A, B, C et D), lesquels te semblent les plus sûrs ? Lesquels serais-tu prêt(e) à prendre pour partir à l'aventure ?
2. Quelles émotions (la peur, l'excitation,...) peuvent être liées à chacun de ces moyens de transport ? Justifie ta réponse.

COMPÉTENCE : je connais les étapes d'un récit.

▶ Écoute le texte.
▶ Vérifie ce que tu as compris.
bordas.media/733907_008

L'aventure au bout du jardin

Alice commençait à se sentir lasse d'être assise près de sa sœur sur le talus[1] et de ne rien avoir à faire. Une fois ou deux, elle avait jeté un coup d'œil sur le livre que lisait sa sœur. Seulement il était sans images ni dialogues « et à quoi sert un livre, pensa-t-elle, sans images ni dialogues ? »

Elle en était donc à se demander (autant qu'elle le pouvait car la chaleur de cette journée la faisait se sentir endormie et engourdie[2]) si le plaisir de tresser une guirlande de pâquerettes valait l'effort de se lever pour cueillir les fleurs, quand soudain un Lapin Blanc avec des yeux roses passa près d'elle en trottant.

Il n'y avait là rien de bien remarquable, et Alice ne trouva pas non plus tellement extraordinaire de l'entendre marmonner : « Mon Dieu ! Mon Dieu ! Je vais être en retard. » (Lorsqu'elle y repensa par la suite, elle admit qu'elle aurait dû s'étonner, mais sur le moment, tout lui sembla naturel.) Pourtant, quand le Lapin tira une montre de son gousset[3], regarda l'heure et se mit à se dépêcher de plus belle, Alice se leva et le suivit, car il lui vint brusquement à l'esprit que c'était la première fois qu'elle voyait un lapin avec une poche à son gilet et avec une montre à y ranger. Si bien que, brûlant de curiosité, elle traversa le pré à ses trousses[4] et, fort heureusement, arriva juste à temps pour le voir s'engouffrer dans un grand terrier qui s'ouvrait sous la haie.

L'instant d'après, Alice s'y enfonçait à sa suite, sans songer un seul moment à comment elle pourrait bien faire pour en ressortir.

Lewis Carroll, *Alice au pays des merveilles*, traduit par M. Laporte, © Le Livre de Poche jeunesse, 2010.

biographie

Lewis Carroll
(1832-1898)
est un auteur anglais. Il commence sa carrière d'écrivain en inventant des histoires inspirées par les filles du directeur du Christ Church College, à Oxford, où il enseigne les mathématiques.

David Chauvel et **Xavier Collette**, *Alice au pays des merveilles*, © Éditions Glénat, 2010.

1. **Talus :** terrain en pente.
2. **Engourdie :** lourde, lente.
3. **Gousset :** petite poche d'un gilet ou d'un pantalon.
4. **À ses trousses :** en le poursuivant de près.

Tim Burton adapte au cinéma *Alice au pays des merveilles*, en 2010.

Je comprends l'essentiel

1. Où est Alice et que fait-elle au début du texte ?

2. Quel personnage apparaît soudainement dans le récit ?

3. Que choisit alors de faire Alice ?

Je lis entre les lignes

4. Montre qu'Alice change d'attitude au fil du texte. Pour cela, relève des expressions opposées.

AIDE *Cherche les mots et expressions qui renvoient à l'immobilité et ceux qui expriment un mouvement.*

5. Qu'est-ce qui fait du lapin un personnage hors du commun ? Justifie ta réponse en citant le texte.

6. Quel sentiment très fort pousse Alice à agir ?

DÉFI *Quelle figure de style est utilisée pour l'exprimer à la ligne 18 ?*

7. Alice avait-elle prévu de partir à l'aventure ? Justifie ta réponse en citant le texte.

Je maîtrise la langue : le sujet ➥ p. 316

Pourtant, quand le lapin tira une montre de son gousset, regarda l'heure et se mit à se dépêcher de plus belle, Alice se leva et le suivit.

8. a. Combien y a-t-il de verbes conjugués dans cette phrase ?
b. Repère leur sujet et explique comment cette phrase accentue le côté actif des personnages.

Je m'exprime à l'écrit

■ Alice aperçoit « un Lapin Blanc avec des yeux roses ». Rédige un portrait détaillé du lapin en montrant que c'est un personnage qu'on a très envie de suivre. Tu peux décrire son corps, son regard, ses gestes, ses accessoires…

Je m'exprime à l'oral

■ À la place d'Alice, suivrais-tu le lapin dans le terrier ? Pourquoi ? Aide-toi de l'image, ci-dessous, pour imaginer ce qu'il faut faire pour passer dans un autre monde.

la clé des mots

L'adjectif « **fort** » vient du latin *fortis* qui signifie « robuste, courageux ». Quand il est adverbe, « fort » signifie « avec force », mais aussi « très » ou « bien », dans un registre soutenu ou dans certains pays francophones. Il sert donc à renforcer le sens d'un adjectif, quand on dit par exemple qu'« Alice est fort curieuse ».

COMPÉTENCE : je sais repérer les caractéristiques d'un personnage.

▶ Écoute le texte.
▶ Vérifie ce que tu as compris.
bordas.media/733907_009

L'appel du large

Lors d'une promenade le long des berges de la Tamise, le narrateur achète à un marin quelque chose d'inhabituel.
Comment un objet peut-il déclencher toute une aventure ?

De retour chez moi, je m'empressai d'étudier cette nouvelle acquisition. Ma curiosité, piquée au vif, céda peu à peu la place à l'étonnement, puis à la stupéfaction. Sa taille exceptée (elle avait la grosseur d'un poing), cette dent était rigoureusement semblable à n'importe quelle molaire de sujet humain adulte.

Les gravures étroitement entremêlées dont elle était ornée[1] me demandèrent de longs mois d'observation attentive et de recherches méticuleuses. Mes efforts furent récompensés par la découverte, sur l'une des faces internes de la racine, d'une minuscule carte de géographie dont le dessin se perdait sous un enchevêtrement de figures bizarres. Mais l'ensemble représentait clairement le cours d'un fleuve, des chaînes de montagnes, une région enclavée[2]. Ce ne pouvait être, selon la description donnée dans l'un des plus anciens ouvrages de ma bibliothèque, que le « Païs des Géants », aux sources du fleuve Noir.

Je fis mes malles[3] et me préparai pour un long voyage.

Ainsi, au matin du 29 septembre 1849, moi, Archibald Leopold Ruthmore, je fis mes adieux à ma fidèle gouvernante[4] Amelia, lui recommandant de veiller avec soin sur ma chère maison du Sussex[5] et tout particulièrement sur le joyeux bric-à-brac de mon cabinet de travail.

On embarqua mes malles, je gravis à mon tour l'échelle qui reliait le pont du navire à la bonne vieille terre d'Angleterre, et nous appareillâmes[6].

Dès que nous eûmes gagné le large, le capitaine fit mettre toute la toile[7] dessus ; le vaisseau, un vieil indiaman[8] de la Compagnie des Indes, s'inclina majestueusement et se mit à courir sous la brise qui nous portait.

François Place, *Les Derniers Géants*, © Casterman, 1992.*

biographie

François Place est un auteur et dessinateur français né en 1957. Il a d'abord illustré les livres d'autres auteurs, puis il a écrit ses propres ouvrages.

François Place, *Les Derniers Géants*, © Casterman, 1992.*

1. **Ornée :** décorée.
2. **Enclavée :** complètement entourée par un autre territoire, enfermée.
3. **Malles :** coffres volumineux utilisés comme valises.
4. **Gouvernante :** femme qui s'occupe de la maison de celui ou de celle qui l'emploie.
5. **Sussex :** région du sud-est de l'Angleterre.
6. **Appareiller :** lever l'ancre, partir en bateau.
7. **Toile :** voile.
8. **Indiaman :** navire utilisé aux XVIIIe et XIXe siècles pour le commerce entre l'Angleterre et l'Inde et pour l'exploration.

François Place, *Les Derniers Géants*, © Casterman, 1992.*

* Avec l'aimable autorisation de l'auteur et des Éditions Casterman.

Je m'exprime à l'oral

1. LECTURE D'IMAGE Observe l'image ci-dessus et nomme les objets présents. De quels passages du texte peux-tu les rapprocher ?

Je comprends l'essentiel

2. Qui raconte l'histoire ?

DÉFI *Fais sa carte d'identité avec tous les indices que tu relèves.*

3. Quel objet retient toute l'attention du narrateur ? Explique pourquoi cet objet sort de l'ordinaire.

4. Quel moyen de transport Archibald utilise-t-il pour voyager ?

AIDE *Relève les mots du champ lexical le plus présent dans les deux derniers paragraphes (l. 20-26).*

Je lis entre les lignes

5. Comment Archibald réagit-il devant l'objet ? Relève dans les lignes 1 à 5 les trois noms communs qui montrent une évolution de ses réactions.

6. Quelles qualités personnelles permettront à Archibald de mener à bien son projet ?

7. À quel genre d'aventures Archibald peut-il s'attendre ?

Je maîtrise la langue : l'adjectif épithète ➥ p. 310

Les gravures étroitement entremêlées dont elle était ornée me demandèrent de longs mois d'observation attentive et de recherches méticuleuses.

8. a. Quels adjectifs qualifient les noms soulignés ? Précise leur nombre.
b. Que nous apprennent ces adjectifs sur le caractère d'Archibald ?

Je m'exprime à l'écrit

■ Imagine en trois ou quatre phrases ce qu'Archibald peut dire à sa gouvernante Amelia pour expliquer son départ et ce qu'il espère trouver.

la clé des mots

Le nom « **bibliothèque** » vient du grec βιβλίον (*biblion*) qui signifie « livre » et θήκη (*thêkê*), qui veut dire « boîte, coffre ». À partir de la même racine sont formés les mots « cartothèque », pour ranger des cartes, ou « zoothèque », pour conserver des spécimens d'animaux naturalisés.

Lecture 3

COMPÉTENCE : je reconnais les relations entre les personnages.

▶ Écoute le texte.
▶ Vérifie ce que tu as compris.
bordas.media/733907_010

Un destin à accomplir

Orphelin, Harry Potter vit chez son oncle et sa tante qui le maltraitent. Le jour de ses onze ans, un étrange personnage vient le chercher pour qu'il fasse sa rentrée à Poudlard, une école de sorciers.
Comment Harry Potter peut-il réagir ?

biographie

J. K. Rowling est une romancière britannique née en 1965. D'abord enseignante et secrétaire, elle commence par écrire des romans pour adultes jusqu'à ce qu'elle rencontre le succès avec la saga *Harry Potter*.

Une lueur de respect et de sympathie brillait dans le regard de Hagrid, mais Harry, au lieu de ressentir de la fierté, avait la certitude que tout cela n'était qu'un terrible malentendu. Lui, un sorcier ? Comment serait-ce possible ? [...]

— Hagrid, dit-il, je crois que vous avez fait une erreur. Je ne suis pas un sorcier.

À sa grande surprise, Hagrid éclata de rire.

— Pas un sorcier ? Rappelle-toi : il ne s'est jamais rien passé quand tu avais peur ou que tu étais en colère ?

Harry contempla le feu dans la cheminée. Maintenant qu'il y pensait... Toutes ces choses étranges qui rendaient furieux son oncle et sa tante s'étaient toujours produites lorsqu'il était furieux, ou sous le coup d'une émotion... [...]

Harry leva à nouveau les yeux vers Hagrid. Il lui sourit et vit que le géant rayonnait.

— Tu vois ? dit Hagrid. Harry Potter, pas un sorcier ? Attends donc d'être à Poudlard et tu verras comme tu es célèbre !

Mais l'oncle Vernon ne voulait pas abandonner la partie.

— Je vous ai déjà dit qu'il n'ira pas là-bas, dit-il d'une voix sifflante. Il fera ses études au collège de son quartier et il nous en sera très reconnaissant. J'ai lu ces lettres[1] et j'ai vu toutes les sottises qu'on l'obligeait à acheter, des grimoires[2], des baguettes magiques, des...

— S'il a envie d'y aller, ce n'est pas un gros Moldu[3] dans votre genre qui pourra s'y opposer, grogna Hagrid. Vous vous croyez suffisamment fort pour empêcher le fils de Lily et James Potter de faire ses études à Poudlard ? Vous êtes fou ! Il y est inscrit depuis sa naissance. Il va étudier dans la meilleure école de sorcellerie du monde.

J. K. Rowling, *Harry Potter à l'école des sorciers*, 1997,
traduit par J.-F. Ménard, © Éditions Gallimard Jeunesse, 1998

Chris Columbus, *Harry Potter à l'école des sorciers*, 2001.

1. **Ces lettres :** Poudlard a envoyé de nombreuses lettres à Harry pour lui faire part de son admission, mais l'oncle Vernon les a interceptées et détruites.
2. **Grimoires :** livres de magie.
3. **Moldu :** personne dépourvue de pouvoirs magiques.

Chris Columbus, *Harry Potter à l'école des sorciers,* 2001. Avec Robbie Coltrane (Hagrid) et Daniel Radcliffe (Harry Potter).

Je m'exprime à l'oral

1. LECTURE D'IMAGE Retrouve deux personnages du texte dans l'image et décris-les. En quoi semblent-ils opposés ? Comment peut-on interpréter leurs regards ?

Je comprends l'essentiel

2. Dans cet extrait, qu'apprend Harry sur son identité ?

3. Que doit faire Harry en raison de cette nouvelle ?

4. Qui cherche à l'en empêcher ?

Je lis entre les lignes

5. Comment Harry réagit-il à la révélation d'Hagrid ?
DÉFI *Quels types et formes de phrases sont utilisés des lignes 1 à 4 ?*

6. Comment Hagrid se comporte-t-il avec Harry et avec son oncle ?
AIDE *Repère les citations qui révèlent les sentiments d'Hagrid.*

7. Quels indices montrent que, sans le savoir, Harry est prêt à partir pour Poudlard ?

8. Pourquoi peut-on dire qu'Harry Potter va vivre une vraie aventure ?

Je maîtrise la langue : les formes de phrases ➥ p. 344

9. a. Relève les phrases exclamatives du texte. À qui sont-elles adressées ?
b. Quel sentiment exprime chacune d'elles ?

Je m'exprime à l'écrit

■ Écris la suite du texte. En quelques lignes, Harry affirme à son oncle Vernon qu'il souhaite partir. Il lui donne trois raisons pour expliquer son choix.

la clé des mots

Le nom « **sorcier** » vient du latin *sors, sortis,* qui signifie « tirage au sort, hasard », mais aussi « destin ». Un sorcier peut donc être celui qui jette des sorts ou un devin qui peut prédire l'avenir.

 COMPÉTENCE : je sais repérer les adjuvants et/ou les opposants dans un récit.

▶ Écoute le texte.
▶ Vérifie ce que tu as compris.
bordas.media/733907_011

D'une famille à l'autre

Abandonné quand il était bébé, Rémi est élevé par M. et Mme Barberin. À présent âgé de huit ans, l'enfant est devenu une charge trop lourde pour cette famille pauvre. À l'auberge du village, un vieil Italien, Vitalis, se présente à M. Barberin avec une solution.
À ton avis, quelle peut être cette solution ?

— C'est cet enfant-là qui vous gêne ? dit Vitalis avec un accent étranger. Ce que vous voulez, n'est-ce pas, dit-il, c'est que cet enfant ne mange pas plus longtemps votre pain ; ou bien s'il continue à le manger, c'est qu'on vous le paye.

— Rémi ! viens ici, me lança Barberin.

Je m'approchai de la table en tremblant.

— Il est bon pour travailler, continua Barberin.

— Il est bien faible.

— Lui faible, allons donc ! il est fort comme un homme, et solide, et sain ; tenez, voyez ses jambes, en avez-vous jamais vu de plus droites ?

Barberin releva mon pantalon.

Le vieillard passa sa main décharnée[1] sur mes jambes en les palpant, secouant la tête et faisant la moue[2].

J'avais déjà assisté à une scène semblable quand le marchand était venu pour acheter notre vache. Lui aussi l'avait tâtée et palpée. Lui aussi avait secoué la tête et fait la moue : ce n'était pas une bonne vache, il lui serait impossible de la revendre, et cependant il l'avait achetée, puis emmenée.

Le vieillard allait-il m'acheter et m'emmener ? Ah ! mère Barberin, mère Barberin !

Malheureusement elle n'était pas là pour me défendre.

Il fouilla dans sa poche et en tira une bourse de cuir dans laquelle il prit quatre pièces d'argent qu'il étala sur la table en les faisant sonner.

— Et quels services voulez-vous qu'il vous rende ? Pour de bonnes jambes, il a de bonnes jambes, pour de bons bras, il a de bons bras, je m'en tiens à ce que j'ai dit, mais enfin à quoi le trouvez-vous propre[3] ?

Le vieillard regarda Barberin d'un air narquois[4] et vidant son verre à petits coups :

— Il prendra place dans la troupe du signor[5] Vitalis. Il faut avoir de l'esprit[6], continua Vitalis, et je crois que ce garçon n'en manquera pas quand il aura pris quelques leçons. Au reste nous verrons bien. Et pour commencer nous allons en avoir tout de suite une preuve. S'il est intelligent, il comprendra qu'avec le signor

biographie

Hector Malot
(1830-1907)
est un romancier français. Il remporte un succès international avec le roman *Sans famille*.

1. **Décharnée :** maigre.
2. **Faire la moue :** faire une grimace en signe d'ennui ou de désaccord.
3. **Propre :** bon, compétent.
4. **Narquois :** ironique, moqueur, malicieux.
5. **Signor :** monsieur, en italien
6. **Avoir de l'esprit :** être intelligent.

Vitalis on a la chance de se promener, de parcourir la France et dix autres pays, de mener une vie libre au lieu de rester derrière des bœufs, à marcher tous les jours dans le même champ, du matin au soir. Tandis que s'il n'est pas intelligent, il pleurera, il criera, et comme le signor Vitalis n'aime pas les enfants méchants, il ne l'emmènera pas avec lui. Alors l'enfant méchant ira à l'hospice[7] où il faut travailler dur et manger peu.

J'étais assez intelligent pour comprendre ces paroles, mais de la compréhension à l'exécution, il y avait une terrible distance à franchir.

D'après **Hector Malot**, *Sans famille*, 1878.

7. **Hospice :** établissement qui accueille les malades, les vieillards ou les orphelins.

Je m'exprime à l'oral

1. Que t'inspire le titre de ce roman ?

Je comprends l'essentiel

2. Des lignes 5 à la ligne 21, relève deux indices qui révèlent le caractère de Rémi.

3. Quel intérêt trouve chacun des deux hommes dans le marché proposé ?

4. Quelle est la situation à la fin du texte ?

Je lis entre les lignes

5. Comment les deux hommes traitent-ils Rémi ?

DÉFI *Relève le champ lexical du commerce et complète-le.*

6. Montre que Vitalis est un personnage inquiétant.

AIDE *Repère les éléments de description physique du personnage de Vitalis.*

7. Quels avantages Vitalis met-il en avant pour convaincre Rémi d'accepter de partir avec lui ?

8. Si ce n'est pas l'intelligence, que manque-t-il à Rémi pour suivre Vitalis ?

Je maîtrise la langue : le futur de l'indicatif ➥ p. 328

9. a. Relève les verbes conjugués dans la dernière réplique de Vitalis (l. 32-42) et identifie le temps le plus employé.

b. Quel trait de caractère cela révèle-t-il Chez Vitalis ?

Je m'exprime à l'écrit

LECTURE D'IMAGE En t'appuyant sur l'extrait de bande dessinée, imagine en quelques lignes ce que peut penser Rémi lors de son départ avec Vitalis.

Cédric Simon et **Éric Stalner**, *Rémi sans famille*, © Éditions Glénat, 2018.

LECTURE EN LIBERTÉ

▶ Écoute le texte.
▶ Vérifie ce que tu as compris.
bordas.media/733907_012

La liberté à tout prix

Monsieur Seguin n'avait jamais eu de bonheur avec ses chèvres. Il les perdait toutes de la même façon : un beau matin, elles cassaient leur corde, s'en allaient dans la montagne, et là-haut le loup les mangeait. Ni les caresses de leur maître, ni la peur du loup, rien ne les retenait. C'était, paraît-il, des chèvres indépendantes, voulant à tout prix le grand air et la liberté. [...]

Cependant, il ne se découragea pas, et, après avoir perdu six chèvres de la même manière, il en acheta une septième ; seulement, cette fois, il eut soin de la prendre toute jeune, pour qu'elle s'habitue mieux à demeurer chez lui. [...]

M. Seguin avait derrière sa maison un clos entouré d'aubépines. C'est là qu'il mit sa nouvelle pensionnaire. Il l'attacha à un pieu au plus bel endroit du pré, en ayant soin de lui laisser beaucoup de corde, et de temps en temps il venait voir si elle était bien. La chèvre se trouvait très heureuse et broutait l'herbe de si bon cœur que M. Seguin était ravi.

« Enfin, pensait le pauvre homme, en voilà une qui ne s'ennuiera pas chez moi ! »

M. Seguin se trompait, sa chèvre s'ennuya.

Un jour, elle se dit en regardant la montagne :

« Comme on doit être bien là-haut ! Quel plaisir de gambader dans la bruyère, sans cette maudite longe[1] qui vous écorche le cou !... C'est bon pour l'âne ou pour le bœuf de brouter dans un clos !... Les chèvres, il leur faut du large. »

biographie

Alphonse Daudet
(1840-1897)
est un auteur français. Il a écrit de nombreux ouvrages qui se déroulent en Provence, dont *Les Lettres de mon moulin*.

1. **Longe :** corde pour attacher un animal.

À partir de ce moment, l'herbe du clos lui parut fade. L'ennui lui vint. Elle maigrit, son lait se fit rare. C'était pitié de la voir tirer tout le jour sur sa longe, la tête tournée du côté de la montagne, la narine ouverte et faisant : *Mê* !... tristement.

M. Seguin s'apercevait bien que sa chèvre avait quelque chose, mais il ne savait pas ce que c'était... Un matin, comme il achevait de la traire, la chèvre se retourna et lui dit dans son patois :

« Écoutez, monsieur Seguin, je me languis[2] chez vous, laissez-moi aller dans la montagne. [...]

— Comment, Blanquette, tu veux me quitter !

Et Blanquette répondit :

« Oui, monsieur Seguin.

— Est-ce que l'herbe te manque ici ?

— Oh ! non ! monsieur Seguin.

— Tu es peut-être attachée de trop court, veux-tu que j'allonge la corde ?

— Ce n'est pas la peine, monsieur Seguin.

— Alors, qu'est-ce qu'il te faut ? qu'est-ce que tu veux ?

— Je veux aller dans la montagne, monsieur Seguin.

— Mais, malheureuse, tu ne sais pas qu'il y a le loup dans la montagne... Que feras-tu quand il viendra ?...

— Je lui donnerai des coups de cornes, monsieur Seguin.

— Le loup se moque bien de tes cornes. Il m'a mangé des biques autrement encornées[3] que toi...

— [...] Ça ne fait rien, monsieur Seguin, laissez-moi aller dans la montagne.

2. Je me languis : je m'ennuie.
3. Encornées : dotées de cornes.

— Bonté divine ! ... dit M. Seguin ; mais qu'est-ce qu'on leur fait donc à mes chèvres ? Encore une que le loup va me manger... Eh bien, non... je te sauverai malgré toi, coquine ! et de peur que tu ne rompes ta corde, je vais t'enfermer dans l'étable et tu y resteras toujours. »

Là-dessus, monsieur Seguin emporta la chèvre dans une étable toute noire, dont il ferma la porte à double tour. Malheureusement, il avait oublié la fenêtre, et à peine eut-il le dos tourné, que la petite s'en alla. [...]

Quand la chèvre blanche arriva dans la montagne, ce fut un ravissement général. [...]

Plus de corde. Plus de pieu... rien qui l'empêchât de gambader, de brouter à sa guise... C'est là qu'il y en avait de l'herbe ! jusque par-dessus les cornes, mon cher !... Et quelle herbe ! Savoureuse, fine, dentelée, faite de mille plantes... C'était bien autre chose que le gazon du clos. Et les fleurs donc !... [...]

Une fois, s'avançant au bord d'un plateau, une feuille de cytise[4] aux dents, elle aperçut en bas, tout en bas dans la plaine, la maison de monsieur Seguin avec le clos derrière. Cela la fit rire aux larmes.

« Que c'est petit ! dit-elle ; comment ai-je pu tenir là-dedans ? »

Pauvrette ! De se voir si haut perchée, elle se croyait au moins aussi grande que le monde...

En somme, ce fut une bonne journée pour la chèvre de M. Seguin. [...]

Tout à coup le vent fraîchit. La montagne devint violette ; c'était le soir.

« Déjà ! » dit la petite chèvre ; et elle s'arrêta fort étonnée.

En bas, les champs étaient noyés de brume. Le clos de M. Seguin disparaissait dans le brouillard, et de la maisonnette on ne voyait plus que le toit avec un peu de fumée. Elle écouta les clochettes d'un troupeau qu'on ramenait, et se sentit l'âme toute triste... Un gerfaut[5], qui rentrait, la frôla de ses ailes en passant. Elle tressaillit... puis ce fut un hurlement dans la montagne :

« Hou ! Hou ! »

Elle pensa au loup ; de tout le jour la folle n'y avait pas pensé... Au même moment une trompe sonna bien loin dans la vallée. C'était ce bon M. Seguin qui tentait un dernier effort.

« Hou ! hou !... faisait le loup.

— Reviens ! reviens !... » criait la trompe.

Blanquette eut envie de revenir ; mais en se rappelant le pieu, la corde, la haie du clos, elle pensa que maintenant elle ne pouvait plus se faire à cette vie, et qu'il valait mieux rester.

La trompe ne sonnait plus...

La chèvre entendit derrière elle un bruit de feuilles. Elle se retourna et vit dans l'ombre deux oreilles courtes, toutes droites, avec deux yeux qui reluisaient... C'était le loup !

Énorme, immobile, assis sur son train de derrière, il était là regardant la petite chèvre blanche et la dégustant par avance. Comme il savait bien qu'il la mangerait, le loup ne se pressait pas [...].

4. **Cytise :** plante à fleurs jaunes.
5. **Gerfaut :** oiseau de proie, espèce de faucon.

Blanquette se sentit perdue… Un moment, en se rappelant l'histoire de la vieille Renaude, qui s'était battue toute la nuit pour être mangée le matin, elle se dit qu'il vaudrait peut-être mieux se laisser manger tout de suite ; puis, s'étant ravisée, elle tomba en garde, la tête basse et la corne en avant, comme une brave chèvre de M. Seguin qu'elle était… […]

Alors le monstre s'avança, et les petites cornes entrèrent en danse. Ah ! la brave chevrette, comme elle y allait de bon cœur ! […] Cela dura toute la nuit. […]

L'une après l'autre, les étoiles s'éteignirent. Blanquette redoubla de coups de cornes, le loup de coups de dents… Une lueur pâle parut dans l'horizon… Le chant du coq enroué monta d'une métairie[6].

« Enfin ! » dit la pauvre bête, qui n'attendait plus que le jour pour mourir ; et elle s'allongea par terre dans sa belle fourrure blanche toute tachée de sang…

Alors le loup se jeta sur la petite chèvre et la mangea.

Alphonse Daudet, « La chèvre de Monsieur Seguin »,
Lettres de mon moulin, 1869.

6. **Métairie :** ferme.

Je lis pour me divertir

1. De quoi Blanquette rêve-t-elle ?

2. Quel événement conduit Blanquette à partir à l'aventure pour de bon ?

Je lis pour réfléchir

3. Crois-tu, qu'à la fin, Blanquette regrette son départ ?

4. Pour toi, l'aventure vaut-elle d'être vécue à tout prix ?

Texte écho

COMPÉTENCE : je réfléchis à un genre littéraire.

▶ Écoute le texte.
▶ Vérifie ce que tu as compris.
bordas.media/733907_013

Le voyage immobile

L'aventure

Les trois-mâts[1] qui se balancent
dans ce grand port de la Manche
n'emporteront pas l'écolier
vers les îles des boucaniers[2]

jamais jamais jamais
il n'eut l'idée de se glisser
à bord du trois-mâts qui s'élance
vers le golfe du Mexique

il le suit sur la carte
qui bellement se déplace
avalant les longitudes[3]
vers Galveston et Tampico[4]

Il a le goût de l'aventure
l'écolier qui sait regarder
de si beaux bateaux naviguer

sans y mettre le pied
sans y mettre le pied

Raymond Queneau, « L'aventure », *Fendre les flots*,

biographie

Raymond Queneau
(1903-1976)
est un romancier, dramaturge et poète français. Il est le fondateur de l'Oulipo, un groupe d'écrivains qui utilisent le jeu et les contraintes pour écrire.

1. **Trois-mâts :** navires à voile comportant trois mâts.
2. **Boucaniers :** pirates.
3. **Longitudes :** lignes imaginaires qui permettent, avec la latitudes, de repérer les coordonnées géographiques d'un point de la Terre.
4. **Galveston et Tampico :** villes du Texas et du Mexique.

Street art, JPS.

Je vérifie ma lecture

1. Qu'est-ce qui passionne l'écolier ?
2. Quelles expressions sont répétées ? Comment qualifierais-tu l'aventure de cet écolier ?
3. « Il a le goût de l'aventure » (v. 13) : à quels autres personnages du chapitre l'écolier ressemble-t-il ?

COMPÉTENCE : j'analyse une œuvre d'art.

Comment une statue peut-elle suggérer le départ pour l'aventure ?

biographie

Bruno Catalano
(né en 1960)
travaille pendant une dizaine d'années comme électricien sur des bateaux, avant de devenir sculpteur à l'âge de 30 ans.

Bruno Catalano, *J4*, bronze, (310 x 120 x 110 cm), 2022.

J'analyse la composition de la statue

1. Quel personnage la sculpture représente-t-elle ? Décris ses vêtements et ses accessoires.
2. Où la sculpture est-elle installée ? Aide-toi de l'arrière-plan et du titre pour répondre.
3. Quel élément inattendu attire immédiatement l'œil ?

Je repère les effets de mouvement

4. Qu'indique la position des pieds du personnage ?
5. Que permet de voir le vide au milieu de la sculpture ?

J'interprète les éléments symboliques

6. Comment la valise est-elle mise en relief ? Pourquoi est-elle si importante ?
7. D'après l'expression du visage et la direction du regard, quelles émotions le personnage peut-il ressentir ?

COMPÉTENCE : j'enrichis mon expression.

Les mots pour partir à l'aventure

1. Forme au moins quatre mots de la même famille que le verbe « partir » grâce aux préfixes et suffixes proposés.

Préfixes -re, -de	**Radical** -part-	**Suffixes** -ir, -ent

2. Classe ces synonymes du verbe « partir » selon leur registre de langue : familier, courant ou soutenu.

a. plier bagage - b. appareiller - c. prendre congé - d. mettre les voiles - e. quitter - f. se tailler - g. se faire la malle - h. s'en aller - i. prendre la poudre d'escampette - j. embarquer - k. déguerpir

Registre		
familier	courant	soutenu

3. Les quatre points cardinaux – est, ouest, nord et sud – permettent de se repérer dans l'espace. Place sur une rose des vents ces synonymes des quatre points cardinaux. Cherche dans un dictionnaire les mots que tu ne connais pas.

a. ponant
b. orient
c. midi
d. couchant
e. occident
f. boréal
g. austral
h. levant
i. septentrional

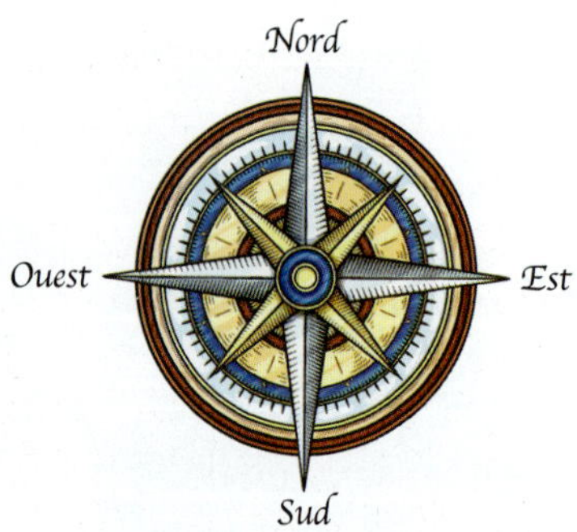

4. Complète les phrases suivantes avec les mots de l'exercice 3. Fais tous les accords nécessaires.

a. En Islande, j'ai vu de magnifiques aurores … .
b. Tu ne sais plus ce que tu fais, tu perds le … !
c. Le pays du soleil … est l'autre nom du Japon.
d. Le canal du … relie Toulouse à la mer Méditerranée.
e. Le point le plus … de France est à Bray-Dunes, dans le département du Nord.

5. Complète ces phrases à l'aide des adverbes de lieu suivants : *loin, près, là-bas, au-delà*. Pour choisir le bon adverbe, tiens compte de la distance de chaque personnage avec Théo. Théo est le repère.

Théo est ici. Léa est… Tim est… Lili est…

6. Trouve le nom du voyage en t'aidant de l'étymologie et de la première lettre du mot.

a. Un voyage sans but précis, du latin *errare*, « se tromper » : E…
b. Un long voyage avec beaucoup d'étapes, du latin *peregrinatio*, « voyage à l'étrange » : P…
c. Un parcours organisé, du latin *circuire*, « faire le tour » : C…
d. Une route à suivre pour aller d'un point à un autre, du latin *iter*, « chemin » : I…
e. Un voyage dans un but scientifique ou touristique, du latin *expeditio*, « préparatifs de guerre » : E…

Je m'exprime à l'oral

EN GROUPE Chacun choisit deux lieux sur la carte et les fait deviner aux autres en réutilisant le vocabulaire étudié pour indiquer la direction, le trajet parcouru, la distance. Interdiction de prononcer le nom des lieux choisis !

Grammaire Orthographe

COMPÉTENCE : je maîtrise la langue pour améliorer mon expression.

Exprimer des émotions

À savoir

La forme exclamative exprime une **émotion**, un **sentiment**, grâce à :
- la **ponctuation**, avec un point d'exclamation : *C'est un bruit étrange !*
- un **adverbe** exclamatif : **Comme** il fait sombre ! **Que** ce bruit est étrange !
- un **déterminant** exclamatif : **Quel** bruit mystérieux !
- une interjection : Ah ! Oh ! Hélas ! Eh ! Eh bien ! Ouf ! Aïe !

Voir « les formes de phrases », p. 344

Je repère les phrases exclamatives

1. Dans le texte suivant, trouve les phrases exclamatives. Indique quels indices t'ont permis de les repérer.

Quelle magnifique perle ! Fatou brûlait du désir de la toucher. Cela faisait des mois qu'elle était partie de chez elle et qu'elle suivait une carte qu'un vieux fou avait griffonnée au dos d'un menu de restaurant. Personne n'avait voulu l'accompagner… Tous ces dangers affrontés, toutes ces rencontres inattendues pour se trouver enfin face à cette si délicate perle noire… Hélas ! Pourquoi avait-elle donc promis de ne pas y toucher ? Qu'il était terrible de l'avoir là, sous les yeux, et de se contenter de la regarder ! Quel supplice !

2. Complète les phrases avec la ponctuation appropriée.

a. Comme elle a grandi … / Comment fait-elle pour grandir aussi vite …
b. Que veux-tu me dire … / Que je suis heureux de vous voir …
c. Quel nouveau film as-tu vu … / Quel beau film …

Je manipule les outils exclamatifs

3. Transforme ces phrases en exclamatives à l'aide d'adverbes exclamatifs.

Exemple : Votre navire est grand. → Que votre navire est grand ! / Comme votre navire est grand !

a. Il est effrayant.
b. Cet homme me fait peur.
c. Cette carte me fascine.
d. Ton aventure est incroyable.

4. Transforme ces phrases en exclamatives à l'aide de déterminants exclamatifs.

Exemple : Le bateau est magnifique. → Quel magnifique bateau !

a. Ce lapin est extraordinaire.
b. L'avenir est inquiétant.
c. Mon école est merveilleuse.
d. Cette dent est gigantesque.

5. Recopie les phrases exclamatives suivantes en accordant correctement le déterminant exclamatif. Souligne le nom avec lequel tu l'accordes.

a. Quel… belle herbe verte !
b. Quel… incroyables géants !
c. Quel… courage a cet enfant !
d. Quel… lourde perte il subit !
e. Quel… inquiétudes il cause à ses parents !

Je prépare la dictée

Écoute la dictée. bordas.media/733907_014

1. Choisis la bonne orthographe pour les déterminants exclamatifs.

2. Trouve le sujet des verbes soulignés et justifie la terminaison en précisant la personne et le temps.

Soudain, le jour se fit de chaque côté du salon. Deux plaques de cristal nous séparaient de la mer. Je frémis, d'abord, à la pensée que cette fragile paroi pouvait se briser ; mais de fortes armatures de cuivre la maintenaient et lui donnaient une résistance presque infinie. La mer était distinctement visible dans un rayon d'un mille autour du *Nautilus*. **Quelle / Quel / Qu'elle** spectacle ! **Quelle / Quels / Quel** plume pourrait le décrire !

D'après Jules Verne, *Vingt mille lieues sous les mers*, 1870.

3. Écris ce texte en écoutant la dictée enregistrée.

Je m'exprime à l'oral

Imagine trois phrases exclamatives que peut formuler chacun des personnages et prononce-les avec la bonne intonation.

Dragon Ball.

Expression orale

COMPÉTENCE : je prépare un oral.

Savoir dire l'essentiel sur des aventuriers et des aventurières

FICHES IMPRIMABLES

Jack London est né à San Francisco en 1876. Il quitte l'école à 13 ans et gagne de l'argent en faisant des petits boulots. À 17 ans, il s'engage comme matelot sur un navire, pour chasser les phoques au large du Japon. Il écrit des nouvelles et des romans à partir de ses expériences tout autour du monde. Ses œuvres le rendent riche et célèbre, mais il meurt à 40 ans, malade et fatigué par une vie de risques et d'excès.

Adèle Blanc-Sec est un personnage de bande dessinée créé par Jacques Tardi. Elle vit à Paris au début du XXe siècle et écrit des romans, puis décide de raconter ses propres aventures. Sa curiosité la conduit à mener des enquêtes sans se soucier du danger. Elle a mauvais caractère et sait se défendre.

Alexandra David-Néel est née en région parisienne et morte à 100 ans, en 1969. Elle a été chanteuse lyrique. Passionnée par le musée Guimet musée national des Arts asiatiques à Paris, elle développe une curiosité pour l'Orient. Après plusieurs voyages en Inde, elle est la première femme européenne à atteindre Lhassa, la capitale du Tibet, en 1924.

Sylvain Tesson est né en 1972 à Paris. Écrivain et voyageur, il découvre l'aventure en traversant le désert d'Islande en 1991 : cette passion ne le quittera plus. Il rejoint la Chine et le Tibet à bicyclette. Il passe six mois à vivre seul, en Sibérie. Il écrit de nombreux livres inspirés de ses voyages et de ses expériences.

Jim Hawkins est le personnage principal du roman *L'Île au trésor* de Robert-Louis Stevenson, paru en 1883. À la mort de son père, Jim se retrouve embarqué malgré lui dans une dangereuse chasse au trésor à cause d'un pirate venu s'installer dans l'auberge familiale, à Bristol, en Angleterre. Il apprend à faire preuve de courage.

Dorothée est un personnage du roman *Le Magicien d'Oz*, de Lyman Frank Baum, paru en 1900. Alors que sa maison du Kansas, en Amérique, est emportée par une tornade, Dorothée est projetée dans un univers merveilleux. Pour rentrer chez elle, elle doit aider des personnages à lutter contre des maléfices, affronter avec courage des sorcières et s'approprier cet univers inconnu.

ÉTAPE 1 Je me renseigne et je choisis des aventuriers et des aventurières

1. Lis les cartes de présentation ci-contre puis choisis :

★ trois des six aventuriers et aventurières.

★★ les six aventuriers et aventurières.

★★★ les six aventuriers et aventurières et deux autres, rencontrés dans le chapitre.

2. Au brouillon, note ce qui t'a le plus intéressé(e) pour chaque aventurier ou aventurière.

3. Pour chaque aventurier ou aventurières de ta sélection, complète la fiche ci-contre.

Nom :
Personnage réel ou imaginaire :
Lieux importants :
Profession :
Caractère / motivation :

ÉTAPE 2 Je me prépare pour parler des aventuriers et des aventurières

1. Relis les cartes et note au brouillon plusieurs mots clés pour chaque aventurier ou aventurière.

2. Prépare tes supports.

★ Écris tes mots clés au dos de chaque carte imprimée des trois aventuriers ou aventurières choisis.

★★ Mémorise les mots clés notés au brouillon pour les six aventuriers ou aventurières.

★★★ Mémorise les mots clés notés au brouillon pour les huit aventuriers ou aventurières.

Archibald Leopold Ruthmore
– album
– scientifique
– voyage en mer
– curiosité
– dent

ÉTAPE 3 Je fais deviner un personnage à mes camarades

Installez-vous en groupes et à tour de rôle faites trouver à vos camarades un ou plusieurs personnages que vous avez choisis.

★ Choisis un personnage et, en ayant la carte sous les yeux, cite les mots clés que tu as notés.

★★ Choisis trois personnages et, de mémoire, fais-les deviner en ne donnant que trois mot clés.

★★★ Choisis cinq personnages et, de mémoire, fais-les deviner en ne donnant que deux mot clés.

ÉTAPE 4 J'évalue mon oral

Évalue la qualité de ton oral avec la grille d'évaluation suivante.

	Oui	Non
J'ai fait deviner les aventuriers et les aventurières assez vite grâce à des mots clés adaptés.		
J'ai su m'exprimer avec clarté et aisance.		
J'ai su retenir l'attention de mes camarades.		

Expression écrite

COMPÉTENCE : j'écris une étape du récit.

Écrire le début d'un récit d'aventures

SUJET Les récits d'aventures mettent souvent en scène un personnage à la vie paisible qu'un événement pousse soudain vers l'inconnu.

Écris le début d'un récit d'aventures.

ÉTAPE 1 Je choisis des éléments pour mon histoire

■ **Choisis un élément dans chacune des catégories suivantes.**

Personnage et milieu de vie

1. La fille aînée d'un scientifique
2. Un pirate
3. Un vieil homme vivant seul
4. La surveillante d'un collège

Situation initiale

1. La visite d'un musée
2. Un été très sec
3. Une froide nuit d'hiver
4. Un dîner en famille

Élément perturbateur

1. Un bruit inconnu
2. Une invitation mystérieuse
3. Un vol
4. Une attaque

Début de l'aventure

1. Prendre un train
2. Plonger dans l'eau
3. Passer une porte
4. Emprunter un couloir sombre

ÉTAPE 2 J'invente un départ vers l'aventure

1. Rédige la situation initiale.

– En trois ou quatre phrases, présente ton personnage en employant des adjectifs pour le caractériser et décris son lieu et son mode de vie.

2. Rédige les premiers pas du personnage vers l'inconnu.

– Fais intervenir l'élément perturbateur que tu as choisi. Exprime les réactions du personnage face à cet événement inattendu. Pense à utiliser la forme exclamative.

– Raconte comment cet événement amène le personnage à se lancer dans l'aventure.

Ma boîte à mots

Adjectifs : sage, paisible, peureux, prudent, téméraire, courageux, ambitieux, silencieux…
Nom de lieux : chaumière, forêt, salon, manoir, sous-sol, port, auberge, gymnase…
Sentiments : effroi, frayeur, angoisse, inquiétude, terreur, envie, désir, attirance, attraction…
Adverbes : soudain, tout à coup, immédiatement, subitement, brutalement…

ÉTAPE 3 Je relis mon texte

■ **Relis ce que tu as écris** en t'appuyant sur cette grille d'évaluation.

	Oui	Non
J'ai présenté mon personnage en précisant son caractère et ses habitudes.		
J'ai expliqué ce qui le pousse vers l'aventure.		
J'ai évoqué les réactions et les sentiments des personnages.		

Lecture à voix haute

COMPÉTENCE : je lis avec fluidité.

Lire en faisant les bonnes liaisons

David vient d'intégrer une école dans laquelle d'étranges événements se produisent : il décide de mener l'enquête.

TEXTE IMPRIMABLE

Plus jeune, David n'avait jamais eu peur des orages. Aussi fut-il surpris de voir qu'il tremblait. À nouveau il se redressa. Pendant le bref instant où sa torche avait été allumée, il avait repéré quelque chose du coin de l'œil, quelque chose que son esprit n'avait pas entièrement assimilé. Il ralluma sa lampe et dirigea le faisceau à travers le dortoir. Jeffrey dormait dans le lit voisin, la tête enfouie sous les couvertures. Mais à part lui, il n'y avait personne. Ils étaient seuls. David hésita un moment, puis, tout doucement, il sortit de son lit, enfila son peignoir et ses chaussons, puis se dirigea vers la porte. Il l'ouvrit lentement. Pas une seule lumière ne brillait dans l'école. Et le silence était plus profond, plus effrayant que jamais.

D'après **Anthony Horowitz**, *L'Île du crâne*, 1988, traduction de A. le Goyat, © Hachette livre, 1990.

ÉTAPE 1 Je distingue les liaisons à faire et celles à ne pas faire

À savoir

- **Je fais la liaison** (‿) quand un mot se termine par une consonne muette et que le suivant commence par une voyelle ou un h muet.
- **Je ne fais pas la liaison** (/) après un signe de ponctuation.

Les‿autres‿habitants / arrivent très‿inquiets. Ils‿appellent / à l'aide les / héros.

Lis ces groupes de mots en repérant s'il y a une liaison ou non.

Le son [z]	Le son [n]	Le son [t]	Autre son
Les héros arrivent Elles étaient seules Pas avant demain !	Un enfant Un haricot Ton école	Ils crient ensemble Sait-il nager ? Elle avait espéré	Neuf ans

ÉTAPE 2 Je prépare ma lecture

1. **Lis** silencieusement le texte et **repère** les mots qui commencent par une voyelle. Demande-toi si tu dois faire une liaison et marque-la avec un pont.
2. **Lis** plusieurs fois le texte à voix haute **en soignant les liaisons.**

ÉTAPE 3 J'évalue ma lecture orale

1. **Vérifie** que tu lis à bonne allure et que ta lecture montre une bonne compréhension du texte.

Je lis à bonne allure	Je lis avec expressivité
Je lis le texte en entier en une minute.	Je fais les bonnes liaisons et j'enchaîne avec fluidité les mots ainsi associés.

2. **Améliore** tes compétences en relisant le texte autant de fois que nécessaire.

Bilan

COMPÉTENCE : je connais les étapes du récit.

Fais le bilan sur ce qui pousse à partir à l'aventure

Ce chapitre t'a permis de découvrir différents personnages au moment où leur histoire bascule dans l'aventure. Fais maintenant le bilan de ce que tu as appris.

1 Ce qui provoque le départ

1. **Classe** les personnages du chapitre en deux catégories :
   – ceux qui choisissent de partir à l'aventure par eux-mêmes,
   – ceux qui y sont poussés ou attirés par un autre personnage.

2. **Associe** chaque personnage à l'élément perturbateur qui le conduit à l'aventure.

a. Un personnage surprenant **b.** Un objet intriguant
c. Une fenêtre ouverte vers la liberté **d.** Un acheteur providentiel
e. Des révélations

Rémi

Blanquette

Alice

Archibald

Harry

3. Selon toi, quel serait l'élément perturbateur qui pousserait l'écolier du poème de Queneau à partir à l'aventure ?

4. **Explique**, dans un paragraphe d'une vingtaine de lignes, ce qui te pousserait à partir à l'aventure. Précise si tu voudrais partir seul(e) ou accompagné(e), en justifiant ta préférence.

2 Les motivations pour partir à l'aventure

1. **Lis** et **mémorise** ces motivations pour partir à l'aventure.

SCHÉMA IMPRIMABLE

Un personnage part à l'aventure...

pour vivre heureux en trompant l'ennui ou en ayant plus de liberté.

pour assouvir sa curiosité d'enfant ou de scientifique.

pour accomplir son destin en poursuivant l'héritage familial ou en exerçant son métier.

pour obéir à une contrainte extérieure ou intérieure.

2. **Complète** la carte mentale avec les noms des personnages du chapitre.

3. **Retrouve** quel personnage du chapitre se cache derrière chacune de ces citations. Puis enrichis ta carte mentale avec les citations.

- Je me demande bien ce qu'il y a là-dedans.
- J'ai toujours rêvé de parcourir les océans mais je reste à quai.
- J'ai peur de suivre cet inconnu mais je n'ai pas le choix.
- Dans ce pays lointain m'attend peut-être une découverte extraordinaire : je dois aller vérifier.
- Je suis fait(e) pour courir dans la montagne !

Projet

COMPÉTENCE : j'exploite mes connaissances avec créativité.

Créer une carte pour un trésor de la littérature

Activité individuelle
Tu vas créer une carte au trésor et imaginer un message codé.

ÉTAPE 1 Je me renseigne sur un trésor célèbre de la littérature

■ Fais des recherches sur :
- la pierre philosophale dans *Harry Potter*,
- l'eau de la rivière Qjar dans *La Rivière à l'envers*,
- le trésor du capitaine Flint dans *L'Île au trésor*,
- le trésor de Joe l'Indien dans *Les Aventures de Tom Sawyer*.

■ Trouve le contenu de ce trésor, l'endroit où il se situe, le nom de ceux qui le cherchent, etc.

ÉTAPE 2 Je crée une carte pour partir à la recherche d'un de ces trésors

■ Dessine ta carte en t'inspirant du modèle ci-contre.

■ Ajoute des noms de lieux ou des symboles qui correspondent à l'univers du roman.

Tu peux donner un effet vieilli à ton papier en le froissant.

ÉTAPE 3 Je crée un indice

■ Choisis une phrase courte qui donne un indice sur le trésor.

■ Imagine un code secret (un signe ou un chiffre pour chaque lettre de l'alphabet, un rébus, une écriture inversée…) pour transcrire cette phrase en-dessous de la carte.

ÉTAPE 4 EN GROUPE Je confronte ma réalisation aux autres

■ Affichez toutes les cartes réalisées.

■ Identifiez le roman correspondant à chaque carte en décodant les phrases-indices.

ÉTAPE 5 J'évalue mon travail

Évalue ta réalisation avec la grille ci-dessous.

	Oui	Non
J'ai soigné l'aspect de ma carte.		
J'ai codé une phrase cohérente.		
J'ai choisi des indices visuels adaptés à l'univers du roman.		

Indice à décoder :
niidec opru rtuoevr el rtséro
……………………………………
……………………………………

Le coin des curieuses et des curieux

Romans

Timothée de Fombelle,
***Victoria rêve,* 2013.**

Victoria fuit sa vie monotone grâce aux extraordinaires héros des livres qu'elle dévore. Un jour cependant, les livres disparaissent de sa chambre et l'aventure entre dans sa vie.

Cécile Chartre,
***Brouzouf Tour,* Rouergue, 2018.**

Dans la famille de Victorien, l'argent manque. Sa mère est obligée de cumuler deux emplois. Mais il peut compter sur sa grand-mère pour trouver du *brouzouf,* de l'argent ! Son projet : voyager à travers la France pour participer à un jeu télévisé !

Selma Lagerlöf,
***Le Merveilleux Voyage de Nils Holgersson à travers la Suède,* 1906.**

Nils est réduit à une taille minuscule par un lutin parce qu'il s'est montré désobéissant et farceur. Démarre alors un grand voyage en compagnie d'oies sauvages rempli de rencontres surprenantes.

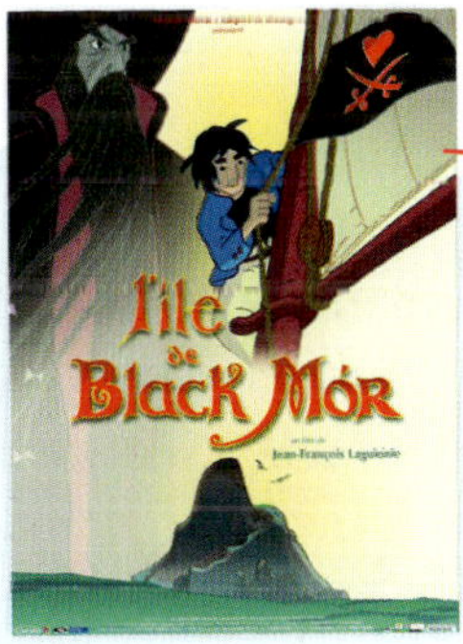

Jean-François Laguionie,
***L'Île de Black Mór,* 2004.**

Au XIXe siècle, sur les côtes anglaises, le Kid vit dans un orphelinat où il est maltraité. Avec pour seuls repères un livre et une carte, il s'embarque sur les mers pour suivre les traces du pirate Black Mór qui le fascine.

Bande dessinée

Ryan Andrews,
***Le Serment des lampions,* 2020.**

Tous les ans, lors d'une veillée, Ben et ses copains jettent une lanterne dans la rivière et suivent son périple à vélo. Mais où les lanternes finissent-elles leur voyage ? Le groupe d'adolescents n'est pas au bout de ses surprises.

Films

Wolfgang Petersen,
***L'histoire sans fin,* 1984.**

Bastien, un garçon rêveur, plonge dans un livre mystérieux pour échapper à un contrôle de mathématiques. Il découvre alors un univers merveilleux, Fantasia, menacé par le Néant. Il suit les aventures d'Atreyu, un enfant guerrier qui se lance dans la recherche d'un remède pour sauver l'impératrice malade, seule capable d'arrêter le fléau qui menace son monde, et le nôtre.

Carnet de culture

Dessine un podium sur lequel tu feras apparaître les trois héros ou héroïnes qui t'ont donné le plus envie de partir à l'aventure. Note sous chacun de leurs noms les qualités qui leur ont permis de remporter la médaille !

3 Grandir à pas de loup

Parcours dans *Le Livre de la jungle* de Rudyard Kipling

Pourquoi les aventures du *Livre de la jungle* font-elles grandir Mowgli et ses lecteurs ?

Alain Thomas, *Panthère noire nocturne*, huile sur bois (43,5 × 36 cm), 2017, collection privée.

Je m'exprime à l'oral

Observe l'image. Cette image ressemble-t-elle à l'idée que tu te fais de la jungle ? Pourquoi ?

À la découverte

COMPÉTENCE : je suis capable de mettre en relation différentes informations

Je découvre l'Inde et sa jungle

Le roman *Le Livre de la jungle* se passe en Inde, un pays d'Asie. C'est un vaste territoire aux paysages très variés, remplis d'animaux sauvages très différents.

1

2

5

3

4

Une mosaïque de l'Inde

1. Une représentation de Ganesh, une des divinités les plus sacrées en Inde.
2. Un prêtre hindou.
3. Les maisons flottantes du Kerala.
4. Un tigre dans la jungle de Madhya Pradesh.
5. Un éléphant, animal sacré en Inde.
6. Les palais royaux d'Orchha dans le Madhya Pradesh.

6

Activité 1 J'exprime mon ressenti

1. Décris le collage ci-dessus. À quelles couleurs et à quels paysages l'Inde est-elle liée ?
2. Quelles aventures peut-on imaginer dans ce cadre ?
3. Parmi ces images, lesquelles peuvent représenter un ennemi ou un danger ? Pourquoi ?

Je découvre l'univers de l'œuvre

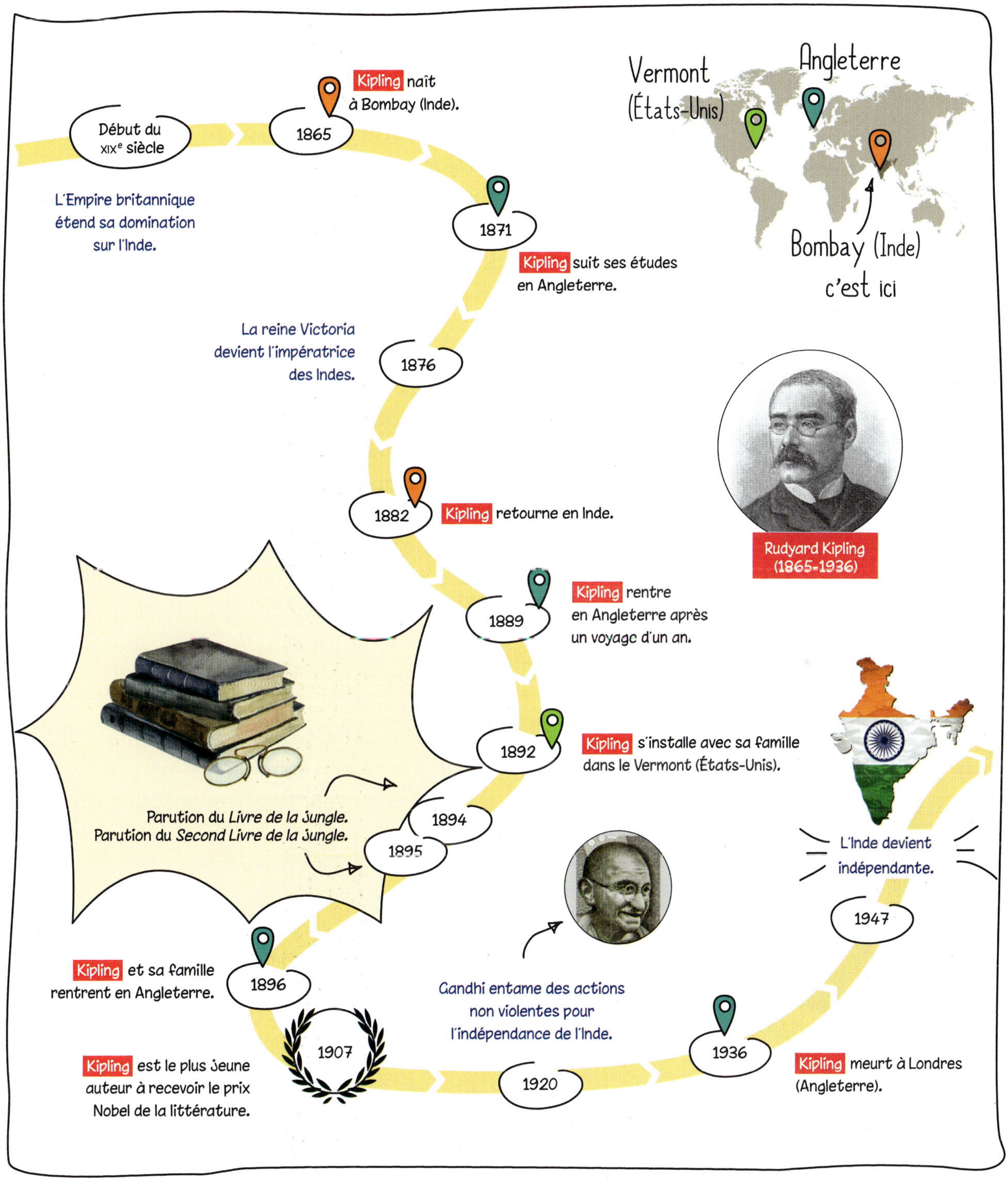

Activité 2 **Je comprends les sources d'inspiration d'un auteur**

1. À l'aide du document, nomme l'auteur du *Livre de la jungle* et les lieux où il a vécu.
2. Où l'auteur vit-il quand il écrit les deux romans du *Livre de la jungle* ?
3. Pourquoi a-t-il placé les aventures du roman en Inde ?

▶ Écoute le texte.
▶ Vérifie ce que tu as compris.
bordas.media/733907_015

Rencontre avec les loups

Resté seul dans la jungle après l'attaque du campement de ses parents par le tigre Shere Khan, un petit enfant s'approche de la tanière des loups. ***Que va-t-il se passer ?***

– Quelque chose monte la colline, dit Mère Louve en dressant une oreille. Tiens-toi prêt.

Il y eut un petit froissement de buisson dans le fourré. Père Loup, ses hanches sous lui, se ramassa, prêt à sauter. Alors, si vous aviez été là, vous auriez vu la chose la plus étonnante du monde : le loup arrêté à mi-bond. Il prit son élan avant de savoir ce qu'il visait, puis tenta de se retenir. Il en résulta un saut de quatre ou cinq pieds[1] droit en l'air, d'où il retomba presque au même point du sol qu'il avait quitté.

– Un homme ! hargna-t-il. Un petit d'homme. Regarde !

En effet, devant lui, s'appuyant à une branche basse, se tenait un bébé brun tout nu, qui pouvait à peine marcher, le plus doux et potelé petit atome[2] qui fût jamais venu la nuit à la caverne d'un loup. Il leva les yeux pour regarder Père Loup en face et se mit à rire.

– Est-ce un petit d'homme ? dit Mère Louve. Je n'en ai jamais vu. Apporte-le ici.

Un loup, accoutumé à transporter ses propres petits, peut très bien, s'il est nécessaire, prendre dans sa gueule un œuf sans le briser. Quoique les mâchoires de Père Loup se fussent refermées complètement sur le dos de l'enfant, pas une dent n'égratigna la peau lorsqu'il le déposa au milieu de ses petits.

– Qu'il est mignon ! Qu'il est nu !... Et qu'il est brave ! dit avec douceur Mère Louve.

Le bébé se poussait, entre les petits, contre la chaleur du flanc tiède.

– Ah ! Ah ! Il prend son repas avec les autres... Ainsi, c'est un petit d'homme. A-t-il jamais existé une louve qui pût se vanter d'un petit d'homme parmi ses enfants ?

– J'ai parfois entendu parler de semblable chose, mais pas dans notre clan ni de mon temps, dit Père Loup. Il n'a pas un poil, et je pourrais le tuer en le touchant du pied. Mais, voyez, il me regarde et n'a pas peur !

Rudyard Kipling, « Les frères de Mowgli », *Le Livre de la jungle*, 1894, trad. L. Fabulet et R. d'Humières.

Quentin Gréban, illustration du *Livre de la jungle*, © Éditions Mijade, 2016.

1. **Pieds :** unité de mesure anglo-saxonne, égale à 30 cm.
2. **Atome :** minuscule morceau de matière.

Jon Favreau, *Le livre de la jungle*, 2016.

Je comprends l'essentiel

1. Qui sont les personnages ?

2. Quelles sont les réactions successives des loups par rapport au « petit d'homme » ?

3. Pourquoi l'apparition de Mowgli surprend-elle les loups ?

Je lis entre les lignes

4. Pourquoi Mowgli attire-t-il l'affection de la mère louve ?

DÉFI *Cite les éléments de description qui montrent la fragilité de Mowgli.*

5. Pourquoi Mowgli éclate-t-il de rire ?

6. Qu'est-ce qui permet de penser que l'enfant va être adopté par la famille ?

AIDE *Lis le dialogue entre Mère Louve et Père Loup à la fin du texte (l. 22-34).*

Je maîtrise la langue : la phrase verbale et non verbale → p. 345

7. a. Repère dans les propos des Loups deux phrases nominales et donne la classe grammaticale du mot noyau.
b. Comment ces mots signalent-ils la particularité de Mowgli ?

Je m'exprime à l'écrit

■ Imagine ce que les parents de Mowgli pourraient se dire en apercevant les loups.
– Tu peux employer les mots suivants pour décrire le physique des loups : *le museau* ● *la fourrure* ● *les crocs* ● *le pelage* ● *les pattes.*

Je m'exprime à l'oral

LECTURE D'IMAGES Quelles émotions les images suscitent-elles chez toi ? Justifie ta réponse en t'appuyant sur des éléments précis.

la clé des mots

Le nom « **clan** » désigne une famille dans l'ancienne Écosse. Ce mot est issu du latin *planta*, qui signifie « plant, bouture ». Chez les loups, le clan est lié aux origines familiales. L'adoption de Mowgli est donc un enjeu très important pour ce petit d'homme qui a perdu ses racines.

Lecture 2

COMPÉTENCE : je reconnais les adjuvants et/ou les opposants dans un récit.

▶ Écoute les textes.
▶ Vérifie ce que tu as compris.
bordas.media/733907_016

Apprendre les lois de la jungle

Adopté par les loups, Mowgli grandit dans la jungle. L'ours Baloo s'occupe d'expliquer au petit d'homme les règles pour vivre en harmonie dans ce lieu.
D'après toi, quelle est l'utilité d'avoir des lois dans la jungle ?

Gabriel Pacheco, illustration réalisée pour *Le Livre de la jungle*, traduit en espagnol par Gabriela Bustelo, © Sexto Piso, 2013.

EXTRAIT A

L'enfant savait grimper presque aussi bien qu'il savait nager, et nager presque aussi bien qu'il savait courir ; aussi Baloo, le Docteur[1] de la Loi, lui apprenait-il les Lois des Bois et des Eaux : à distinguer une branche pourrie d'une branche saine ; à parler poliment aux abeilles sauvages quand il rencontrait par surprise un de leurs essaims à cinquante pieds au-dessus du sol ; les paroles à dire à Mang, la Chauve-Souris, quand il la dérangeait dans les branches au milieu du jour ; et la façon d'avertir les serpents d'eau dans les mares avant de plonger au milieu d'eux. Dans la Jungle, personne n'aime à être dérangé, et on y est toujours prêt à se jeter sur l'intrus.

En outre, Mowgli apprit également le cri de chasse de l'Étranger, qu'un habitant de la Jungle, toutes les fois qu'il chasse hors de son terrain, doit répéter à voix haute jusqu'à ce qu'il ait reçu réponse. Traduit, il signifie : « Donnez-moi la liberté de chasser ici, j'ai faim » ; la réponse est : « Chasse donc pour ta faim, mais non pour ton plaisir. »

Tout cela vous donnera une idée de ce que Mowgli avait à apprendre par cœur, et il se fatiguait beaucoup d'avoir à répéter cent fois la même chose. Mais, comme Baloo le disait à Bagheera […] :

– Un petit d'homme est un petit d'homme, et il doit apprendre toute… tu entends bien, toute la Loi de la Jungle. […] Je suis en train de lui apprendre les Maîtres Mots de la Jungle appelés à le protéger auprès des oiseaux, du Peuple Serpent, et de tout ce qui chasse sur quatre pieds, sauf son propre Clan. Il peut maintenant, s'il veut seulement se rappeler les mots, se réclamer de toute la Jungle.

Rudyard Kipling, « La chasse de Kaa »,
Le Livre de la jungle, 1894,
trad. L. Fabulet et R. d'Humières.

1. **Docteur :** professeur.

EXTRAIT B

Je t'ai appris toute la Loi de la Jungle pour tous les Peuples de la Jungle... sauf le Peuple Singe, qui vit dans les arbres. Ils n'ont pas de loi. Ils n'ont pas de patrie. Ils n'ont pas de langage à eux, mais se servent de mots volés, entendus par hasard lorsqu'ils écoutent et nous épient[1], là-haut, à l'affût dans les branches. Leur chemin n'est pas le nôtre. Ils n'ont pas de chefs. Ils n'ont pas de mémoire. Ils se vantent et jacassent[2], et se prétendent un grand peuple prêt à faire de grandes choses dans la Jungle ; mais la chute d'une noix suffit à détourner leurs idées, ils rient, et tout est oublié. Nous autres de la Jungle, nous n'avons aucun rapport avec eux. Nous ne buvons pas où boivent les singes, nous n'allons pas où vont les singes, nous ne chassons pas où ils chassent, nous ne mourons pas où ils meurent. M'as-tu jamais jusqu'à ce jour entendu parler des Bandar-log ? [...] Le Peuple de la Jungle a banni[3] leur nom de sa bouche et de sa pensée. Ils sont nombreux, méchants, malpropres, sans pudeur[4], et ils désirent, autant qu'ils sont capables de fixer un désir, que le Peuple de la Jungle leur prête attention...

Rudyard Kipling, « La chasse de Kaa », *Le Livre de la jungle*, 1894, trad. L. Fabulet et R. d'Humières.

1. **Épient :** observent, surveillent.
2. **Jacassent :** parlent tous ensemble pour ne rien dire.
3. **Banni :** exclu, rejeté.
4. **Pudeur :** retenue.

la clé des mots

La langue hindi a inspiré l'auteur pour les noms des personnages : **Mowgli** (*Maogali*) veut dire « enfant sauvage », **Bandar-log** (*Bandar-Lōg*) « Peuple Singe », **Kaa** (*Kā*) « python », **Baloo** (*bhālū*) « ours » et **Bagheera** (*Baghīrā*) « panthère ».

Je m'exprime à l'oral EXTRAIT A

1. Dans cette jungle, les animaux sont-ils aussi sauvages que peux-tu l'imaginer ? Pourquoi ?

Je comprends l'essentiel

2. Au début de l'extrait A, comment comprend-on que Mowgli se sent prêt à affronter les dangers de la jungle ?

DÉFI *Relève tous les verbes qui prouvent ta réponse.*

3. Que faut-il parfaitement connaître pour survivre dans la jungle ? EXTRAIT A

4. Pourquoi Baloo joue-t-il pour Mowgli le rôle de tuteur ? Justifie ta réponse en t'appuyant sur l'extrait A et l'image.

5. Qui sont les Bandar-log et où vivent-ils ? EXTRAIT B

Je lis entre les lignes

6. « Chasse donc pour ta faim, mais non pour ton plaisir » (extrait A, l. 20-21) : quelle valeur cette loi transmet-elle ?

AIDE *Tu peux choisir entre ces trois valeurs : le respect, la politesse, la fraternité.*

7. Qu'est-ce qui rend le Peuple Singe différent des autres ? EXTRAIT B

8. Pourquoi le peuple singe est-il incompatible avec la loi de la jungle ? Pour répondre appuie-toi sur les extraits A et B.

Je maîtrise la langue : sens propre, sens figuré → p. 352

9. a. Quel est le sens propre, dans ces extraits, de l'expression « loi de la jungle » ?
b. Explique le sens figuré de cette expression dans la phrase : « Ce midi, pour les frites à la cantine, c'était la loi de la jungle. »

Je m'exprime à l'écrit

EN GROUPE À la manière de Baloo, inventez deux nouvelles lois de la jungle.
– Pensez à parler de loyauté, d'entraide, de respect.
– Vous pouvez commencer par : « Ainsi, Baloo lui enseignait comment... »
■ Choisissez une loi que vous pourriez afficher dans votre classe.

▶Écoute les textes.
▶Vérifie ce que tu as compris.
bordas.media/733907_017

Vivre dans la jungle, une aventure dangereuse !

Dans la jungle, tous les animaux peuvent représenter un danger, comme les singes qui enlèvent Mowgli, le redoutable Shere Khan ou les mufles dont la puissance physique est sans égal.
Comment un petit d'homme peut-il survivre dans un environnement si hostile ?

EXTRAIT A

La première chose qu'il éprouva, ce fut une sensation de mains sur ses jambes et ses bras... de petites mains dures et fortes... puis, de branches lui fouettant le visage ; et son regard plongeait à travers l'agitation des ramures[1], tandis que Baloo éveillait la Jungle de ses cris profonds, et que Bagheera bondissait le long de l'arbre, tous ses crocs à nu. Les Bandar-log hurlaient de triomphe et luttaient à qui atteindrait le plus vite les branches supérieures où Bagheera n'oserait les suivre, criant :

– Elle nous a remarqués ! Bagheera nous a remarqués ! Tout le Peuple de la Jungle nous admire pour notre adresse et notre ruse !

Alors commença leur fuite, et la fuite du Peuple Singe au travers de la patrie des arbres est une chose que personne ne décrira jamais. Ils y ont leurs routes régulières et leurs chemins de traverse, des côtes et des descentes, tous tracés à cinquante, soixante et cent pieds[2] au-dessus du sol, et par lesquels ils voyagent, même la nuit, s'il le faut. Deux des singes les plus forts avaient saisi Mowgli sous les bras et volaient à travers les cimes des arbres par bonds de vingt pieds à la fois. Seuls, ils auraient avancé deux fois plus vite, mais le poids de l'enfant les retardait. Tout mal à l'aise et pris de vertige qu'il se sentît, Mowgli ne pouvait s'empêcher de jouir de cette course furieuse ; mais il était effrayé d'apercevoir par éclairs le sol si loin au-dessous de lui ; et les chocs et les secousses terribles, au bout de chaque saut qui le balançait à travers le vide, lui mettaient le cœur entre les dents[3]. Son escorte s'élançait avec lui vers le sommet d'un arbre jusqu'à ce qu'il sentît les extrêmes petites branches craquer et plier sous leur poids ; puis, avec un han ! guttural[4], ils se jetaient, décrivaient dans l'air une courbe descendante et se recevaient en se suspendant par les mains et par les pieds, aux branches basses de l'arbre voisin. [...]

Ainsi, à renfort de bonds, de fracas, d'ahans[5], de hurlements, la tribu tout entière des Bandar-log filait à travers les routes des arbres avec Mowgli leur prisonnier.

Rudyard Kipling, « Au tigre, au tigre ! »,
Le Livre de la jungle, 1894, trad. L. Fabulet et R. d'Humières.

1. **Ramures :** branches.
2. **Cent pieds :** plus de trente mètres de haut.
3. **Le cœur entre les dents :** secoué et pris de vertige, Mowgli se sent malade.
4. **Han ! guttural :** cri d'effort venant de la gorge.
5. **Ahans :** efforts pénibles.

EXTRAIT B

Et le torrent de cornes noires, de mufles[1] écumants, d'yeux fixes, tourbillonna dans le ravin, absolument comme roulent des rochers en temps d'inondation, les buffles plus faibles rejetés vers les flancs du ravin qu'ils frôlaient en écorchant la brousse. Ils savaient maintenant quelle besogne[2] les attendait en avant – la terrible charge des buffles à laquelle aucun tigre ne peut espérer de résister. Shere Khan entendit le tonnerre de leurs sabots, se leva et rampa lourdement vers le bas du ravin, cherchant de tous côtés un moyen de s'échapper ; mais les parois étaient à pic, il lui fallait rester là, lourd de son repas et de l'eau qu'il avait bue, prêt à tout plutôt qu'à combattre. Le troupeau plongea dans la mare qu'il venait de quitter, en faisant retentir l'étroit vallon de ses mugissements. Mowgli entendit des mugissements répondre à l'autre bout du ravin, il vit Shere Khan se retourner (le tigre savait que, dans ce cas désespéré, mieux valait encore faire tête aux buffles qu'aux vaches avec leur veau) ; et alors, Rama[3] broncha[4], faillit tomber, continua sa route en piétinant quelque chose de flasque, puis, les autres taureaux à sa suite, pénétra dans le second troupeau avec grand bruit, tandis que les buffles plus faibles étaient soulevés des quatre pieds au-dessus du sol par le choc de la rencontre. La charge entraîna dans la plaine les deux troupeaux renâclant[5], donnant de la corne et frappant du sabot. Mowgli attendit le bon moment pour se laisser glisser du dos de Rama, et cogna de droite et de gauche autour de lui avec son bâton.

Vite, Akela[6] ! Arrête les ! Sépare les, ou bien ils vont se battre... Emmène-les, Akela... *Hai !*... Rama ! *Hai ! hai ! hai !* mes enfants... Tout doux, maintenant, tout doux ! C'est fini.

Akela et Frère Gris coururent de côté et d'autre en mordillant les buffles aux jambes, et, bien que le troupeau fît d'abord volte-face pour charger de nouveau en remontant le ravin, Mowgli réussit à faire tourner Rama, et les autres le suivirent aux marécages. Il n'y avait plus besoin de trépigner Shere Khan. Il était mort, les vautours arrivaient déjà.

Rudyard Kipling, « Au tigre, au tigre ! »,
Le Livre de la jungle, 1894, trad. L. Fabulet et R. d'Humières.

Quentin Gréban,
illustration du *Livre de la jungle*,
© Éditions Mijade, 2016.

1. **Mufles :** extrémités des museaux.
2. **Besogne :** travail, tâche.
3. **Rama :** le grand taureau du troupeau.
4. **Broncha :** trébucha.
5. **Renâclant :** reniflant avec mécontentement.
6. **Akela :** vieux loup, ancien chef de clan.

Je lis pour réfléchir EXTRAITS A ET B

1. Quelles sont les qualités et les défauts dont fait preuve Mowgli dans ces deux aventures ?

2. Quels sont les avantages du groupe dans les deux cas ?

Je lis pour me divertir EXTRAITS A ET B

3. Fais la liste des différentes émotions que ressent Mowgli.

4. Aimerais-tu être à sa place ? Pourquoi ?

COMPÉTENCE : je connais les relations entre les personnages.

▶ Écoute le texte.
▶ Vérifie ce que tu as compris.
bordas.media/733907_018

Mowgli et Bagheera, deux étrangers dans la jungle

Depuis que Mowgli vit dans la jungle, Bagheera a toujours été à ses côtés.
Pourquoi la panthère se sent-elle aussi proche de Mowgli ?

Bagheera s'étendit de toute sa longueur, et ferma les yeux à demi.

– Petit Frère, mets ta main sous ma mâchoire.

Mowgli avança sa forte main brune, et, juste sous le menton soyeux de Bagheera, où les formidables muscles roulaient dissimulés dans la fourrure lustrée, il sentit une petite place nue.

– Il n'y a personne dans la Jungle qui sache que moi, Bagheera, je porte cette marque… la marque du collier ; et pourtant, Petit Frère, je suis née parmi les hommes, et c'est parmi les hommes que ma mère mourut, dans les cages du palais royal, à Oodeypore[1]. C'est à cause de cela que j'ai payé le prix au Conseil[2], quand tu étais un pauvre petit tout nu. Oui, moi aussi, je suis née parmi les hommes. Je n'avais jamais vu la Jungle. On m'a nourrie derrière des barreaux dans une marmite de fer ; mais une nuit je sentis que j'étais Bagheera – la Panthère – et non pas un jouet pour les hommes ; je brisai la misérable serrure d'un coup de patte, et m'en allai. Puis, comme j'avais appris les manières des hommes, je devins plus terrible dans la Jungle que Shere Khan, n'est-il pas vrai ?

– Oui, dit Mowgli, toute la Jungle craint Bagheera… toute la Jungle, sauf Mowgli.

– Oh ! toi, tu es un petit d'homme ! dit la Panthère Noire avec une infinie tendresse ; et de même que je suis retournée à ma Jungle, ainsi tu dois à la fin retourner aux hommes, aux hommes qui sont tes frères… si tu n'es point d'abord tué au Conseil !

– Mais pourquoi, pourquoi quelqu'un désirerait-il me tuer ? répliqua Mowgli.

– Regarde-moi, dit Bagheera.

Et Mowgli la regarda fixement, entre ses yeux. La grande Panthère tourna la tête au bout d'une demi-minute.

– Voilà pourquoi ! dit Bagheera, en croisant ses pattes sur les feuilles. Moi-même je ne peux te regarder entre les yeux, et pourtant je naquis parmi les hommes, et je t'aime, Petit Frère. Les autres, ils te haïssent parce que leurs yeux ne peuvent soutenir les tiens, parce que tu es sage ; parce que tu as tiré de leurs pieds les épines… parce que tu es un homme.

Rudyard Kipling, « Les frères de Mowgli », *Le Livre de la jungle*, 1894,
trad. L. Fabulet et R. d'Humières.

1. **Oodeypore :** ville située au nord-est de l'Inde.
2. **Conseil :** les loups se réunissent sur le Rocher du Conseil pour prendre leurs décisions.

la clé des mots

Une fourrure **lustrée**, comme celle de Bagheera, est une fourrure rendue brillante à cause du lustre. Le verbe « lustrer » signifie « rendre brillant par le frottement ou l'usure ». Cela veut donc dire aussi que Bagheera a beaucoup vécu.

Par ailleurs, son menton est **soyeux**, c'est-à-dire doux comme de la soie.

Jill Calder, illustration du *Livre de la jungle*, réalisée pour *The Guardian*, 2016.

Je comprends l'essentiel

1. Où Bagheera est-elle née ?

2. Comment Bagheera est-elle arrivée dans la jungle ?

3. Pourquoi la panthère a-t-elle une « petite place nue » dans son pelage, sous sa mâchoire ?

AIDE *Relis la deuxième réplique de Bagheera qui commence ligne 6.*

Je lis entre les lignes

4. Décris Bagheera. Pour cela, retrouve des éléments qui montrent qu'elle est à la fois douce et forte.

5. Pourquoi « les autres » ne parviennent-ils pas à soutenir le regard de Mowgli ?

6. Comment se fait-il que Bagheera appelle Mowgli « petit frère » ?

7. LECTURE D'IMAGE Comment la relation entre Bagheera et Mowgli est-elle montrée dans l'illustration ?

DÉFI *Retrouve les éléments de la description de Bagheera dans le texte.*

Je maîtrise la langue : l'imparfait et le passé simple ➥ p. 330, 332

8. a. À quels temps les verbes sont-il conjugués des lignes 3 à 5 ?

b. Précise la valeur de chacun d'eux.

Je m'exprime à l'écrit

■ À la manière de Mowgli qui caresse Bagheera, décris un geste de tendresse de la panthère à son égard.

– Utilise le passé simple pour les différents gestes.

– Tu peux utiliser des verbes comme : *frotter* • *appuyer* • *poser* • *enrouler*…

▶ Écoute le texte.
▶ Vérifie ce que tu as compris.
bordas.media/733907_019

Mowgli, homme ou loup ?

Après avoir tué Shere Khan, Mowgli est chassé par les hommes comme il l'a été par le clan des loups. Pourtant, pour honorer la promesse qu'il avait faite aux loups, il revient présenter la dépouille du tigre.

À ton avis, où Mowgli va-t-il choisir de vivre désormais ?

Et Bagheera vint en courant jusqu'aux pieds nus de Mowgli. Ils escaladèrent ensemble le Rocher du Conseil[1]. Mowgli étendit la peau[2] sur la pierre plate où Akela[3] avait coutume de s'asseoir, et la fixa au moyen de quatre éclats de bambou ; puis Akela se coucha dessus, et lança le vieil appel au Conseil :

« Regardez, regardez bien, ô loups ! » exactement comme il l'avait lancé quand Mowgli fut apporté là pour la première fois.

Depuis qu'Akela avait été déposé[4], le Clan était resté sans chef, menant chasse et bataille selon son bon plaisir. Mais tous, par habitude, répondirent à l'appel : et quelques-uns boitaient pour être tombés dans des pièges, d'autres traînaient une patte fracassée par un coup de feu, d'autres

1. **Le Rocher du Conseil :** lieu où les loups se rassemblent pour prendre leurs décisions.
2. **La peau :** celle de Shere Khan que Mowgli a tué.
3. **Akela :** vieux loup, ancien chef de clan.
4. **Déposé :** destitué de sa fonction de chef.

Charles-Maurice Detmold, illustration réalisée pour *Le Livre de la jungle*, 1913.

encore étaient galeux[5] pour avoir mangé des nourritures immondes, et beaucoup manquaient. Mais ceux qui restaient vinrent au Rocher du Conseil, et là, ils virent la peau zébrée de Shere Khan étendue sur la pierre, et les énormes griffes qui pendaient au bout des pattes vidées.

– Regardez bien, ô loups ! Ai-je tenu parole ? dit Mowgli.

Et les loups aboyèrent : Oui. Et l'un d'eux, tout déchiré de blessures, hurla :

– Ô Akela ! conduis-nous de nouveau. Ô toi, Petit d'Homme ! conduis-nous aussi : nous en avons assez de vivre sans lois, et nous voulons redevenir le Peuple Libre.

– Non, ronronna Bagheera, cela ne se peut pas. Quand vous serez repus[6], la folie peut vous reprendre. Ce n'est pas pour rien que vous êtes appelés le Peuple Libre. Vous avez lutté pour la liberté, elle vous appartient. Mangez-la, ô loups !

– Le Clan des hommes et le Clan des loups m'ont repoussé, dit Mowgli. Maintenant, je chasserai seul dans la Jungle.

– Et nous chasserons avec toi ! dirent les quatre louveteaux.

Mowgli s'en alla et, dès ce jour, il chassa dans la Jungle avec les quatre petits. Mais il ne fut pas toujours seul, car, au bout de quelques années, il devint homme et se maria.

Mais c'est là une histoire pour les grandes personnes.

Rudyard Kipling, « Au tigre, au tigre ! », *Le Livre de la jungle*, 1894, trad. L. Fabulet et R. d'Humières.

la clé des mots

Le nom « **chef** » vient du latin *caput*, qui veut dire « tête ». Il peut donc désigner la partie la plus élevée au sens propre (un couvre-chef est un chapeau) et au sens figuré (un chef guide un groupe). Le chef, c'est celui qui utilise avant tout de sa tête pour prendre celle de son groupe.

5. **Galeux** : pelés, qui présentent une maladie de la peau (la gale).
6. **Quand vous serez repus** : quand vous aurez mangé à votre faim.

Je comprends l'essentiel

1. Que devient l'offrande que Mowgli rapporte au clan ?
2. Dans quel état est le clan à ce moment de l'histoire ?

   AIDE *Repère des indices dans le troisième paragraphe (l. 8-15).*
3. Comment l'offrande de Mowgli change-t-elle les choses pour le clan ?

Je lis entre les lignes

4. Que demandent les loups à Akela et à Mowgli ?
5. Pourquoi Bagheera critique-t-elle cette demande ?

   DÉFI *Que penses-tu de l'emploi du verbe « manger » (l. 25). dans ce contexte ?*
6. À quel clan Mowgli décide-t-il d'appartenir à la fin du roman ?
7. LECTURE D'IMAGE Quels éléments de l'illustration rappellent la première lecture du chapitre (p. 74) et montrent tout le chemin parcouru ?
8. Pourquoi l'histoire s'arrête avant le mariage de Mowgli ?

Je maîtrise la langue : le verbe ➥ p. 302

9. a. Relève tous les verbes et repère les verbes attributifs dans les lignes 29-31.
   b. Pourquoi sont-ils si importants pour comprendre la destinée du personnage ?

Je m'exprime à l'écrit

■ Baloo demande à Mowgli s'il se sent homme ou loup. Écris la réponse de Mowgli en quelques lignes.
– Enrichis ton explication avec des mots qui appartiennent aux deux espèces.

Autour du loup : *meute* • *tanière* • *louveteau* • *abri* • *territoire* • *proie* • *pelage* • *hurler* • *gronder* • *combats* • *nature*

Autour de l'homme : *épouse* • *intelligence* • *destin* • *égoïsme* • *jalousie* • *devoir* • *métier* • *maison* • *hutte* • *rivalités*

COMPÉTENCE : je comprends l'implicite d'un texte.

▶ Écoute le texte.
▶ Vérifie ce que tu as compris.
bordas.media/733907_020

Peut-on mettre un tigre en cage ?

Piscine Molitor Patel, dit « Pi », a huit ans et vit à Pondichéry, en Inde. Un dimanche matin, son père, directeur du zoo, conduit toute la famille devant la cage des grands fauves.

Quel message le père peut-il vouloir transmettre à Pi avec cette visite ?

Nous sommes arrivés chez les fauves, les tigres, les lions et les léopards. Babu, leur gardien, nous attendait. Nous avons fait le tour en suivant le sentier et il a verrouillé la porte des fauves, qui se trouvait au milieu d'une île entourée de fossés. Nous nous sommes glissés à l'intérieur. C'était une vaste et obscure caverne de béton, circulaire, chaude et humide où régnait une odeur d'urine de chat. Tout autour, il y avait d'immenses cages divisées par de grosses barres de fer vertes. Une lumière jaunâtre descendait des lucarnes. Les sorties des cages laissaient voir la végétation sur l'île qui nous entourait, inondée de soleil. Les cages étaient vides – sauf une : Mahisha, notre patriarche[1] des tigres du Bengale, une imposante et maigre bête de deux cents cinquante kilos, y était resté. Aussitôt que nous sommes entrés, il a bondi vers les barreaux de sa cage et il a lancé à pleine gorge un grondement féroce, les oreilles à plat sur la tête et les yeux ronds fixés sur Babu. Le son était si puissant et sauvage qu'on aurait dit que toute la construction en était secouée. Mes genoux ont commencé à trembler. Je me suis approché de maman. Elle tremblait, elle aussi. Même papa a paru faire une pause et se composer. Seul Babu était indifférent à l'explosion sonore et au regard pénétrant qui le traversait comme une flèche. Il faisait totalement confiance aux barreaux de fer. Mahisha a commencé à faire les cent pas à la limite de sa cage.

Papa s'est tourné vers nous. « Quel est cet animal ? » hurla-t-il en tentant de couvrir le grondement de Mahisha.

« C'est un tigre », avons-nous répondu à l'unisson, Ravi[2] et moi, pour confirmer l'évidence absolue.

« Est-ce que les tigres sont dangereux ?

— Oui, papa, les tigres sont dangereux.

— Les tigres sont très dangereux, cria papa. Je veux que vous compreniez que vous ne devez jamais – dans quelque circonstance que ce soit – toucher un tigre, glisser votre main à travers les barreaux d'une cage, et même vous approcher d'une cage. Est-ce bien clair ? Ravi ? »

Ravi opina[3] vigoureusement de la tête.

« Piscine ? »

J'opinai encore plus vigoureusement.

Yann Martel, *L'Histoire de Pi*, trad. N. et É. Martel, © Éditions Denoël, 2003 © Gallimard Jeunesse, 2012.

biographie

Yann Martel est un philosophe et écrivain canadien. Son roman *L'Histoire de Pi* a remporté le prix Booker. Il a été écrit après un voyage de six mois en Inde.

1. **Patriarche :** le plus âgé.
2. **Ravi :** frère de Pi.
3. **Opina :** montra qu'il était d'accord.

Je vérifie ma lecture

1. Relève deux mots qui montrent à quel point ce tigre semble menaçant.

2. Dans une telle situation, comment aurais-tu réagi ? Pourquoi ?

3. À quel passage précis du *Livre de la jungle* cet extrait te fait-il penser ? Compare les points communs et les différences.

Découverte artistique

COMPÉTENCE : j'analyse une œuvre d'art.

Comment une peinture nous transporte-t-elle dans l'aventure ?

Henri Rousseau, *Surpris ! ou Tigre dans une tempête tropicale*, 1891, huile sur toile (129,8 × 161,9 cm), National Gallery, Londres.

J'analyse la composition du tableau et les formes ➡ Méthode 12, p. 292

1. Comment le tigre se fond-il dans le décor ?
2. Comment la tempête est-elle montrée ?
3. Dans quelle direction les lignes du tableau nous amènent-elles ?

Je repère les couleurs et la lumière

4. Quelles couleurs servent à montrer l'abondance de la végétation ?
5. Observe les touches de rouge dans le tableau. À quoi font-elles penser ?

J'interprète

6. Que s'apprête à faire le tigre ?
7. Selon toi, que peut-il y avoir à droite de l'image, que l'on ne voit pas ?

biographie

Henri Rousseau
(1844-1910)
dit « le Douanier Rousseau », est un représentant de l'art naïf. La jungle est un de ses sujets préférés.

Les mots des lieux de l'aventure

1. En français, plusieurs mots en rapport avec la forêt viennent du latin *silva*. À l'aide de cette étymologie, propose une définition pour les expressions suivantes.

a. la sylviculture régionale

b. un pin sylvestre

c. un insecte sylvicole

d. un oiseau sylvain

2. Forme des mots de la même famille que « vert » en choisissant le bon suffixe : *-âtre*, *-oyant*, *-ir*, *-ure*.

a. Verbe : devenir vert

b. Adjectif : d'une couleur verte très pâle, vieillie

c. Nom : ensemble de végétaux dans un espace

d. Adjectif : d'une couleur verte avec de belles nuances, couvert de végétaux

3. Associe chaque adjectif de la liste a à son contraire (antonyme) de la liste b.

Liste a	Liste b
hostile	clairsemé
ombragé	sec
sauvage	accueillant
luxuriant	civilisé
dense	ensoleillé
marécageux	pauvre

4. Dans chaque liste, trouve l'intrus qui n'appartient pas au champ lexical de la végétation. Cherche les mots que tu ne connais pas dans un dictionnaire.

1. plantigrade • feuille • ramure • écorce
2. arbre • floraison • mangrove • déluge
3. canopée • granit • brindille • racine

5. Associe chaque expression imagée à sa définition.

Expressions imagées

a. trembler comme une feuille

b. faire feu de tout bois

c. prendre racine

d. dormir comme une souche

Définitions

1. rester longtemps debout et immobile
2. avoir peur
3. avoir un sommeil profond
4. se servir de tous les moyens disponibles

6. Trouve l'adjectif correspondant à chacun de ces noms et complète les groupes nominaux.

Exemple : *la végétation → le monde végétal*

a. la forêt → un chemin…

b. la broussaille → une haie…

c. les feuilles → un arbre…

d. le champ → une région…

7. a. Place ces noms d'arbres dans la grille pour former un mot d'origine hindi (en rouge) qui donne son nom à une forêt pleine d'aventures.

- **bananier :** nom d'origine bantou (Guinée)
- **séquoia :** nom d'origine cherokee
- **baobab :** nom d'origine arabe
- **eucalyptus :** nom d'origine grecque
- **ginkgo :** nom d'origine japonaise
- **jasmin :** nom d'origine perse

b. D'après toi, de quelles langues peuvent venir ces noms d'arbre ? Cherche dans le dictionnaire pour vérifier tes idées.

											N
		Q									
					A						
									K		
		B									
					A						

Je m'exprime à l'écrit

Tu te perds lors d'une balade en forêt. Décris ce que tu vois autour de toi en utilisant le vocabulaire de la page.

COMPÉTENCE : je maîtrise la langue pour améliorer mon expression.

Écrire au passé : les temps du récit (1)

À savoir

Dans un récit au passé :
- on emploie l'**imparfait** pour :
  - décrire le paysage et les personnages ;
  - rapporter une action de second plan.
- on emploie le **passé simple** pour exprimer des actions de premier plan, qui s'enchaînent rapidement.

Ex. : *Le soleil se* ***levait*** *sur la plaine quand un cri* ***retentit*** *au loin.*

➥ Voir leçon « les temps du récit », p. 341

Je maîtrise la conjugaison du passé simple et de l'imparfait

1. Classe ces verbes selon leur temps : imparfait ou passé simple

attrapèrent • suivaient • changions • gagna • estimèrent • montais • sembla • avanciez • revenais

imparfait	passé simple

2. Conjugue les verbes au temps demandé.

a. Puis Mowgli (*choisir*, passé simple) une place à l'ombre, (*se coucher*, passé simple) et (*dormir*, passé simple).

b. Chaque jour, Mowgli (*conduire*, imparfait) les buffles à leurs marécages.

c. Les singes (*appeler*, imparfait) ce lieu leur ville.

d. Ils (*partir*, passé simple) à la recherche de Kaa. Ils le (*trouver*, passé simple) étendu sur une saillie de roc.

Je comprends les valeurs du passé simple et de l'imparfait

3. Indique à quel temps chaque verbe est conjugué et justifie l'emploi de ce temps.

La lune s'enfonçait derrière les collines et les rangs de singes tremblants, pressés les uns contre les autres sur les murs et les créneaux, paraissaient comme des franges grelottantes et déchiquetées. Baloo descendit au réservoir pour y boire et Bagheera commença à mettre de l'ordre dans sa fourrure.

4. Complète le texte suivant avec les verbes de ton choix, conjugués à un temps du passé.

Le soleil … fort sur la jungle. Sous les feuillages, les singes paresseux … sur les plus hautes branches, les oiseaux … silencieux. Tout à coup, un craquement … non loin de là et tous les animaux … .

Je prépare la dictée

▶ Écoute la dictée. bordas.media/733907_021

1. Identifie le temps des verbes en gras. Justifie leur accord en repérant leur sujet.

Il **suivit** des yeux la direction indiquée par le doigt pointé de Max.

Là, à cinq centimètres de la chaussure de Fred, il y **avait** un serpent.

Un serpent moucheté de noir et de brun assorti au sol de la forêt avec une tête grosse comme le poing. Pendant une seconde, personne ne **respira**. La jungle **attendit**. Puis Max **poussa** un deuxième cri qui **résonna** loin dans la nuit et les quatre enfants **s'enfuirent** en courant. Le sol **était** trempé.

Katherine Rundell, *L'Explorateur*, trad. Alice Marchand, © Éditions Gallimard Jeunesse, 2022.

2. Écris ce texte en écoutant la dictée enregistrée.

Je m'exprime à l'écrit

Rédige un court texte à partir de ces deux images racontant la rencontre de Mowgli et du roi Louie.

- Décris d'abord à l'imparfait le lieu et les personnages. Aide-toi de l'image 1.
- Raconte ensuite au passé simple ce qui arrive lorsque le singe se met en colère et chasse Mowgli de son palais.

IMAGE 1

IMAGE 2

Jon Favreau, *Le Livre de la jungle*, 2016.

COMPÉTENCE : j'écris une étape du récit.

Imaginer une aventure de Mowgli

SUJET

« Bagheera lui avait montré une boîte carrée, avec une trappe et lui avait dit que c'était un piège. » Un jour, alors que Mowgli était en train de chasser avec ses frères, Frère Gris tomba dans une de ces trappes. Il appela à l'aide. Mowgli et ses frères vinrent le sauver.

Écris cette nouvelle aventure.

ÉTAPE 1 Je cherche des idées

1. **Représente la scène de départ en dessin.**
   Sur un dessin, indique où se trouve chacun des personnages au début de l'histoire. Ton dessin doit répondre aux questions suivantes.
   – Combien y a-t-il de frères auprès de Mowgli ?
   – Quelle particularité physique permet de les différencier entre eux (couleur du pelage, blessure ou cicatrice, couleur des yeux…) ?
   – À quoi ressemble le piège où est tombé Frère Gris (profondeur, présence ou absence d'eau, de lumière, d'arêtes coupantes dans la roche…) ?
   – À quel moment de la journée aura lieu le sauvetage (plein soleil brûlant, nuit inquiétante…) ?

2. **Résume, en quelques mots, ce que peuvent faire Mowgli et ses frères pour aider Frère Gris selon les circonstances indiquées dans ton dessin.**

ÉTAPE 2 Je construis mon récit au brouillon

1. **Pour créer du suspense, il faut des péripéties qui retardent le sauvetage de Frère Gris.**
   Tu peux penser à des astuces trouvées qui ne fonctionnent pas, à l'attitude de certains personnages qui ne sont pas d'accord, aux obstacles de la forêt qui rendent les gestes compliqués.

★ Trouve une péripétie.

★★ Trouve deux péripéties.

★★★ Trouve trois péripéties.

2. **Pour accentuer le danger, précise les qualités et les sentiments de Mowgli et de Frère Gris à chacune de leurs actions.**

3. **Trouve l'élément de résolution.**
Il s'agit de la dernière action qui apporte une solution au problème.
Aide-toi des propositions suivantes.

★ La solution vient d'un objet trouvé.

★★ La solution vient de la solidarité de Mowgli et de ses frères loups.

★★★ La solution vient d'un événement surprenant.

Ma boîte à mots

Adjectifs pour exprimer des qualités : vif, optimiste, vaillant, solidaire, patient, persévérant, débrouillard, audacieux, courageux…

Adjectifs pour exprimer des sentiments, par ordre d'intensité :
- **l'inquiétude :** préoccupé, angoissé, terrifié, affolé, désespéré, paniqué…
- **la joie :** satisfait, content, joyeux, heureux, ravi, radieux…
- **la tristesse :** morose, chagriné, peiné, tourmenté, abattu, accablé, affligé, inconsolable, désespéré…

Verbes d'action : bondir, glisser, tendre, tenir, se hâter, mordre, agripper…

ÉTAPE 3 Je rédige mon texte au brouillon

1. **Crée une ambiance qui suscite l'inquiétude et le danger.**
Décris des éléments du décor en utilisant l'imparfait et des verbes attributifs.

★ Décris le trou où est tombé Frère Gris avec au moins deux adjectifs.

★★ Décris le trou où est tombé Frère Gris et la forêt où se tiennent ses sauveurs avec au moins trois adjectifs.

★★★ Décris avec le plus de détails possible le trou du piège et la forêt.

2. **Rédige la succession des péripéties en utilisant le passé simple et des verbes d'action.**

3. **Termine ton récit en exprimant les sentiments des personnages.**

Ma boîte à mots

Verbes attributifs : sembler, paraître, devenir…

Adjectifs : escarpé, ténébreux, obscur, sombre, humide, raide, mortel, silencieux, lumineux, coloré, vivant, bruyant, verdoyant…

Éléments du décor : mousse, vase, fosse, cavité, liane, figuiers, bambous, racine…

Sentiments : soulagement, fatigue, peur, reconnaissance…

ÉTAPE 4 Je relis mon texte

■ **Relis** ton texte à l'aide de la grille d'évaluation ci-dessous.

	Oui	Non
Mon texte est cohérent.		
Il y a du suspense et de l'émotion dans mon récit.		
J'ai utilisé l'imparfait et le passé simple en alternance.		
J'ai veillé aux accords des adjectifs et des verbes.		
J'ai utilisé les boîtes à mots pour enrichir mon récit.		

Expression orale

COMPÉTENCE : je sais débattre et argumenter.

Donner son point de vue et échanger en groupe

SUJET Après la lecture du *Livre de la jungle*, une famille débat à ce sujet : un parent pense que l'on grandit, que l'on vive ou non des aventures, et l'autre parent pense que l'inconnu fait grandir plus vite. Les enfants, quant à eux, pensent que le danger et la peur empêchent de grandir.

Vivre des aventures comme Mowgli est-il un bon moyen pour grandir ?

ÉTAPE 1 Nous établissons les rôles

La classe se divise en groupes.
Chaque groupe choisit l'idée qu'il va défendre :
- celle du parent 1 : l'aventure n'est pas nécessaire pour grandir ;
- celle du parent 2 : l'aventure fait grandir plus vite ;
- celle des enfants : l'aventure nous empêche de grandir sereinement.

ÉTAPE 2 Nous cherchons des exemples pour convaincre et justifier notre opinion

1. Cherchez des exemples dans *Le Livre de la jungle*.
Notez des idées au brouillon en vous appuyant sur :
- les aventures vécues par Mowgli : la rencontre avec les loups, l'enlèvement par les Bandar-log, le combat contre Shere Khan…
- les personnages autour de Mowgli : Père et Mère Loup, Bagheera, Baloo…

2. Développez et justifiez vos exemples.
Pour chaque exemple trouvé, expliquez et formulez les raisons qui le justifient.

Ma boîte à mots

Expressions pour affirmer son opinion : à mon avis, selon moi, pour moi, pour ma part,à mes yeux…
Verbes d'opinion : je pense que, je soutiens que, je ne crois pas que, je refuse de, je préfère…
Mots pour introduire une justification : parce que, car, comme, puisque…

ÉTAPE 3 Nous présentons notre opinion

À tour de rôle, les élèves du groupe se lèvent et formulent un argument. Les autres groupes écoutent et répondent.

ÉTAPE 4 Nous nous évaluons

Évaluez votre échange de point de vue avec la grille ci-dessous.

	Oui	Non
Nous avons énoncé clairement nos idées.		
Nos idées s'appuient sur l'histoire et les personnages du *Livre de la jungle*.		
Nous avons avancé plusieurs arguments.		

Mettre des pauses

TEXTE IMPRIMABLE

Une ombre tomba au milieu du cercle. C'était Bagheera, la panthère noire. Chacun connaissait Bagheera, et personne ne se souciait d'aller à l'encontre de ses desseins, car elle était aussi hardie que le buffle sauvage et aussi intrépide que l'éléphant blessé. Mais sa voix était plus suave que le miel sauvage, qui tombe goutte à goutte des arbres, et sa peau plus douce que le duvet.

– Ô Akela, et vous, Peuple Libre, ronronna-t-elle, je n'ai aucun droit dans votre assemblée. Mais la loi de la jungle dit que, s'il s'élève un doute, dans une affaire où il ne soit pas question de meurtre, à propos d'un nouveau petit, la vie de ce petit peut être rachetée moyennant un prix. Et la loi ne dit pas qui a droit ou non de payer ce prix. Ai-je raison ? »

D'après **Rudyard Kipling**, « Les frères de Mowgli », *Le Livre de la jungle*, 1894.
Trad. L. Fabulet et R. d'Humières

ÉTAPE 1 Je lis en respectant la ponctuation

1. Fais une courte pause (moins d'une seconde) à la lecture des virgules.
a. C'était Bagheera, la panthère noire.
b. Sa voix était plus suave que le miel sauvage, qui tombe goutte à goutte, et sa peau plus douce que le duvet.

2. Fais une pause marquée (deux secondes) à la lecture des points.
a. Une ombre tomba au milieu du cercle. C'était Bagheera.
b. La Loi ne dit pas qui a droit ou non de payer ce prix. Ai-je raison ?

3. Marque le bon temps de pause dans les phrases suivantes.
Chacun connaissait Bagheera, et personne ne se souciait d'aller à l'encontre de ses desseins, car elle était aussi hardie que le buffle. Mais sa voix était plus suave que le miel sauvage, qui tombe goutte à goutte des arbres.

ÉTAPE 2 Je lis en mettant des pauses appropriées

1. **Lis** le texte en faisant des pauses marquées par les ponctuations fortes (les points) et plus brèves pour les ponctuations faibles (les virgules).
2. **Utilise** les différentes pauses que tu as marquées pour faire entendre le suspense du récit ou l'autorité de Bagheera dans son discours.

ÉTAPE 3 J'évalue ma lecture orale

1. **Vérifie** que tu lis à bonne allure et que ta lecture montre la bonne compréhension du texte.

Je lis à bonne allure	Je lis avec expressivité
Je lis le texte en moins d'une minute.	Je tiens compte de la ponctuation pour faire entendre le suspense.

2. **Améliore** tes compétences en relisant le texte autant de fois que nécessaire.

 COMPÉTENCE : je réfléchis à un genre littéraire.

Fais le bilan sur *Le Livre de la jungle*

Ce chapitre t'a permis de découvrir les aventures de Mowgli et des personnages de la jungle.
Fais le bilan sur ce que tu as appris.

1 Des personnages inoubliables

1. **Recrée et complète** la carte d'identité de Mowgli.

2. **Crée une carte d'identité** sur le modèle de celle de Baloo pour d'autres personnages.

3. **EN GROUPE** **Rassemblez** vos cartes et composez des familles pour associer les personnages qui se ressemblent. Dans quelle famille placez-vous Mowgli ? Pourquoi ?

2 Mowgli, un héros

1. **Mowgli est courageux, intelligent, et curieux.**
Dans quelle(s) aventure(s) a-t-il pu montrer une ou plusieurs de ces qualités ? Pour répondre, complète des amorces de phrases en justifiant ta réponse.
   a. Il apprend la Loi de la Jungle et le langage des animaux quand…
   b. Il ne craint pas Shere Khan quand…
   c. Il s'intéresse à la vie de Bagheera quand…
   d. Il n'a pas peur quand…

2. En t'aidant des réponses données à la question 1, **écris** un paragraphe de cinq lignes pour décrire Mowgli, le héros du *Livre de la jungle*.

3 Les caractéristiques du récit d'aventures

1. **Lis** et **mémorise** le schéma ci-dessous.

Le récit d'aventures…

dépayse.
Il emporte les lecteurs et les lectrices vers un **lieu exotique**, dangereux souvent lié à la nature.

divertit.
Il est riche en **actions**, en **rencontres**, en **suspense** qui crée un sentiment d'attente et donne ainsi envie de lire la suite.

enseigne.
Il transmet des **valeurs**, des **leçons de vie**, des **savoirs**…

fait grandir.
Quand le lecteur ou la lectrice se trouve des points communs avec le héros ou l'héroïne, il s'**identifie** à lui et peut changer.

2. **Rassemble** tes souvenirs du *Livre de la jungle*, puis **complète le schéma**.

SCHÉMA IMPRIMABLE

Le *Livre de la jungle* est un récit d'aventures qui…

dépayse.
L'histoire se déroule…

divertit.
Mowgli rencontre…
Mowgli vit…

enseigne.
Mowgli découvre…

fait grandir.
Je peux m'identifier à Mowgli car…

3. **Écris** un paragraphe bilan d'au moins cinq lignes à partir du schéma que tu as complété.

Tu peux commencer ainsi : « *Le Livre de la jungle* a été pour moi une lecture enrichissante. En effet, ce livre m'a permis de… »

Projet

COMPÉTENCE : j'exploite les connaissances avec créativité.

Créer une affiche sur un personnage du *Livre de la jungle*

Activité individuelle
Tu vas réaliser une affiche pour présenter un des personnages du *Livre de la jungle*, autre que Mowgli.

ÉTAPE 1 Je réfléchis aux éléments visuels

- Choisis le personnage du *Livre de la jungle* que tu souhaites présenter.
- Imagine le **décor** que tu aimerais voir sur ton affiche.
- Décide si tu feras apparaître Mowgli sur ton affiche et quelle place il aura en fonction des liens qu'il entretient avec le personnage que tu présentes. La position des personnages peut montrer leur lien (amitié ou rivalité).

ÉTAPE 2 Je choisis les indications écrites

- Réfléchis à une **phrase d'accroche** qui résume le caractère ou le rôle du personnage.
- Fais des essais pour écrire de manière expressive le nom du personnage.

ÉTAPE 3 J'organise mon affiche

- En t'inspirant de l'affiche ci-contre, dessine au brouillon les éléments qui apparaîtront au **premier plan**, au **second plan** et à l'**arrière-plan**. Tu es libre de placer les éléments où tu le souhaites.
- **Écris le titre.** Le titre doit, par le choix de sa typographie et ses couleurs, rappeler l'univers de l'œuvre.
- Réalise ton affiche en utilisant les moyens qui te conviennent le mieux : dessin, collage, réalisation sur ordinateur.

ÉTAPE 4 Je m'évalue

- **Évalue** ton affiche à l'aide de la grille ci-dessous.

	Oui	Non
Mon titre est lisible.		
J'ai trouvé une phrase d'accroche qui renseigne sur le personnage.		
J'ai choisi des couleurs, des formes d'écritures qui rendent compte de l'univers de l'œuvre.		
J'ai donné envie de découvrir l'œuvre.		

1. La **phrase d'accroche** est une phrase courte, un slogan qui dit l'essentiel de l'histoire ou d'un personnage.
2. Les **personnages** représentés sont les plus importants de l'œuvre. Ils doivent être reconnaissables.
3. Une affiche se compose de plusieurs **plans** :
   - au **premier plan** apparaissent les éléments essentiels (héros…) ;
   - au **second plan** se trouve le décor ;
   - à l'**arrière-plan** se distinguent les éléments les moins importants.
4. Le **titre** doit, par le choix de sa typographie et ses couleurs, rappeler l'univers de l'œuvre.

Le coin des curieuses et des curieux

Romans

Yann Martel, ***L'Histoire de Pi*, 2012**

Piscine Molitor Patel, dit « Pi », embarque avec sa famille et les animaux du zoo que dirige son père pour une nouvelle vie au Canada. Mais son destin est bouleversé par un naufrage. Il se retrouve à bord d'un canot de sauvetage en tête à tête avec un tigre.

Lynne Kelly, ***Enchaînés*, 2015**

Pour aider sa mère et sa sœur, Hastin est obligé de travailler comme soigneur d'éléphants dans un cirque dirigé par un patron cruel. Il rencontre Nandita, une jeune éléphante.

Film

Gilles de Maistre,
***Mia et le lion blanc*, 2018**

Mia adopte un petit lion blanc, Charlie : c'est le début de l'histoire de cette amitié. Lorsque Mia apprend que Charlie est destinée à être vendu, elle décide de sauver son ami.

Bandes dessinées

Céka, Yigaël et Florent Daniel,
***Victor, L'Enfant sauvage*, 2020**

D'après une histoire vraie. En 1800, dans une forêt de l'Aveyron, un enfant sauvage est trouvé et recueilli par le Docteur Itard, qui va tout mettre en œuvre pour le ramener à la civilisation.

Jean-Blaise Djian et Tiéko,
***Le Livre de la jungle*, 2020**

Une adaptation en bande dessinée du texte de Rudyard Kipling.

Carnet de culture

Crée un arbre de mots pour chaque œuvre que tu découvres : le tronc contient le titre, les branches le nom des personnages principaux, les feuilles des mots clés.

4 | Des monstres aux mille visages !

CULTURE ANTIQUE

Pourquoi les monstres de la mythologie nous fascinent-ils toujours ?

George Frederic Watts, *Le Minotaure*, 1885, huile sur toile, (118,1 × 94,5 cm), Tate Britain, Londres.

Je m'exprime à l'oral

Le Minotaure, créature au corps d'homme et à la tête de taureau, a été enfermé par le roi Minos dans un labyrinthe. Observe-le attentivement. Te semble-t-il monstrueux ? Justifie ta réponse.

COMPÉTENCE : je réfléchis à un thème littéraire.

Je découvre des monstres antiques

Les mythes de l'Antiquité sont peuplés de **créatures exceptionnelles**, en raison de leur **physique hors normes** et de leurs **pouvoirs exceptionnels**. Elles vivent **à l'écart** de la société car les hommes les **redoutent**.
Certaines créatures sont considérées comme des **monstres** car leur corps est fait de plusieurs espèces ; elles sont **hybrides**.

« J'ai éduqué plusieurs héros. Je suis un centaure d'une grande sagesse. »

Chiron
Le centaure Chiron enseigne la lyre à Achille, 50, peinture murale romaine, musée national d'archéologie, Naples.

« Enfermé dans mon labyrinthe, je me nourris de jeunes gens qu'on me livre en sacrifice. »

Minotaure
Céramique, 515 av. J.-C.

« Tant que personne n'aura répondu à mon énigme, je continuerai à détruire la campagne et terroriser les hommes ! »

Sphinx
Sculpture en marbre, 530 av. J.-C., Metropolitan Museum of Art, New York.

Activité 1 Je m'informe sur des monstres de l'Antiquité

1. Lis les bulles et observe les portraits. Quelles espèces reconnais-tu dans chacun de ces monstres ?
2. Lesquels sont craints par les hommes à cause de leur violence ?

Activité 2 Je retrouve ces monstres dans une œuvre moderne : *Le Monde de Narnia*

1. Quelle sorte de créature est Oreius, le personnage ci-contre ?
2. Fais des recherches sur cette œuvre et trouve d'autres personnages venant de la mythologie.

Andrew Adamson, *Le Monde de Narnia : le Lion, la Sorcière blanche et l'Armoire magique*, 2005. Avec Patrick Kahe (Oreius).

Je découvre les *Métamorphoses* d'Ovide

Certaines créatures naissent d'une transformation, en passant d'une espèce à l'autre : c'est une **métamorphose** (du grec *meta*, « changement » + *morph*, « forme » + *osis*, « action »).
Dans les ***Métamorphoses***, Ovide (43 av. J.-C.-18 ap. J.-C.) raconte comment les **dieux transforment des êtres vivants** afin de les punir ou, plus rarement, de les récompenser de leurs comportements.
Pour accomplir ces transformations, il faut cinq ingrédients :
- un être vivant ;
- une divinité capable de provoquer le changement ;
- une faute ou un exploit qui justifie l'intervention divine ;
- une description qui détaille les étapes de la transformation ;
- une nouvelle apparence.

a. Hyacinthe est un jeune homme d'une grande beauté aimé par Apollon et Zéphyr.

b. Zéphyr est le dieu du vent.

c. Hyacinthe joue au lancer de disque avec Apollon ce qui attise la jalousie de Zéphyr.

d. Le disque, poussé trop fort par le vent, frappe Hyacinthe.

e. Une fleur pousse à l'endroit où a coulé le sang de Hyacinthe.

Activité 3 **Je reconnais les éléments d'une métamorphose**

1. Remets les images (1 à 5) dans l'ordre pour qu'elles correspondent aux légendes (a à e).
2. Quelle est la métamorphose ?
3. Cette métamorphose est-elle une récompense ou une punition ?

COMPÉTENCE : j'analyse un portrait.

▶ Écoute le texte.
▶ Vérifie ce que tu as compris.
bordas.media/733907_022

Échidna et la Chimère, monstres de mère en fille

Les créatures les plus monstrueuses ne viennent pas de nulle part.
As-tu déjà rencontré, dans une œuvre, toute une famille de monstres ?

Échidna, vers 1600, sculpture en bronze, Metropolitan Museum of Art, New York.

Au fond d'une caverne, naquit un enfant monstrueux, invincible et nullement semblable aux hommes ou aux dieux : la divine Échidna au cœur intrépide[1]. Elle était pour moitié nymphe[2], avec de grands yeux noirs et de belles joues, et pour moitié serpent, avec un corps énorme et tout couvert d'écailles et qui se nourrissait de chairs sanglantes venues des entrailles[3] de la terre. Elle vivait près des monts Arimes, dans un antre[4] profond au creux d'un rocher, loin des hommes et des immortels : c'était là que les dieux lui avaient assigné sa demeure[5]. La terrible Échidna habitait sous la terre sans craindre la vieillesse, nymphe immortelle.

On raconte que Typhon, le plus fougueux et redoutable des vents, s'unit avec cette nymphe aux beaux yeux noirs. Ensemble, ils enfantèrent une descendance formidable[6].

Il y eut d'abord Orthos, le chien à deux têtes du géant Géryon, puis l'indomptable Cerbère, le chien gardien des demeures de l'enfer où règne Pluton, monstre aux cinquante têtes et dont le seul nom fait trembler, et enfin l'hydre de Lerne, le cruel serpent à plusieurs têtes qui fut terrassé par Hercule.

Échidna fit naître aussi la Chimère. C'était une créature énorme, rapide et infatigable, qui crachait sans cesse du feu. Comme ses frères et sœurs, elle avait plusieurs têtes, au nombre de trois : celle d'un lion farouche, celle d'une chèvre sauvage et celle d'un serpent vigoureux. Son corps avait l'apparence du lion pour l'avant, de la chèvre pour le milieu et du serpent pour l'arrière. Prodige[7] affreux : elle vomissait des tourbillons de flammes dévorantes avec un bruit épouvantable.

Hésiode, *Théogonie*, VIIIe-VIIe siècle av. J.-C.,
d'après la traduction d'Anne Bignan.

biographie

Hésiode
(VIIIe siècle av. J.-C.)
est un poète grec. Dans son ouvrage, *Théogonie*, il raconte toute la généalogie des dieux de la mythologie.

1. **Intrépide :** qui ne tremble pas, déterminé.
2. **Nymphe :** divinité féminine de la nature, représentée par une belle jeune fille.
3. **Entrailles :** partie la plus profonde.
4. **Antre :** caverne sombre, qui abrite des créatures.
5. **Lui avaient assigné sa demeure :** lui avaient ordonné où elle devait vivre.
6. **Formidable :** remarquable, surprenante ou qui peut inspirer de la crainte.
7. **Prodige :** phénomène extraordinaire.

Chimère, vers 400 av. J.-C., bronze, musée archéologique national, Florence.

la clé des mots

Devenu un nom commun, une **chimère** désigne en biologie un organisme vivant hybride ayant des caractéristiques de plusieurs espèces. Dans le langage courant, c'est un projet séduisant, impossible, qui restera un rêve. Par exemple, l'immortalité ou la jeunesse éternelle sont des chimères.

Je comprends l'essentiel

1. Qui sont les membres de la famille de la Chimère ?

2. Où Échidna vit-elle ? Pourquoi ?

3. Relève ce qu'il y a d'humain puis d'animal chez Échidna.

Je lis entre les lignes

4. **LECTURE D'IMAGES** Quel animal la chimère et sa mère Échidna ont-elles en commun ?

5. Pourquoi la Chimère peut-elle être difficile à combattre ?
AIDE *Trouve les adjectifs qui la qualifient.*

6. Explique pourquoi la Chimère appartient à une descendance « formidable ».
DÉFI *Fais des recherches sur les autres enfants qu'Échidna a eus avec Orthos. Cette descendance s'est-elle poursuivie ?*

Je maîtrise la langue : l'adjectif ➥ p. 304

7. a. Dans la description de la Chimère (l. 21-27), relève les adjectifs qui qualifient les trois parties de son corps, donne leur genre et leur nombre.
b. Ces adjectifs conviennent-ils pour décrire les animaux qui composent le corps de la Chimère ?

Je m'exprime à l'écrit

À DEUX Écrivez le portrait d'une créature hybride.
En allant du bas vers le haut, chacun écrit une caractéristique de l'animal puis replie la feuille pour que l'autre écrive sans voir ce qui précède.
Suivez ces étapes :
- Elle a des pieds / sabots / griffes de … .
- Elles a des jambes / pattes / une queue de … .
- Elle a le ventre / le gosier / le torse de … .
- Elle a le buste / le tronc / le poitrail de … .
- Elle a la tête / la gueule / le museau de … .

Lecture 2

COMPÉTENCE : je comprends l'implicite d'un texte.

▶ Écoute le texte.
▶ Vérifie ce que tu as compris.
bordas.media/733907_023

Méduse, la créature aux cheveux de serpents

Persée, le héros grec, fait la rencontre de Méduse, une créature au pouvoir stupéfiant.
Qu'est-elle capable de faire en un seul regard, d'après toi ?

Doc. 1
C. Bruneau, L. Ferry, G. Lorusso, *Persée et la Gorgone Méduse,* © Éditions Glénat, 2017.

Aux frontières de la Libye[1], Méduse règne sur de tristes territoires. Là-bas, il n'y a ni ombre ni eau, mais des rochers pointus, nés du regard de cette déesse. Des serpents sortent de sa bouche en sifflant. D'autres flottent sur ses épaules comme les cheveux d'une femme et fouettent son cou. Des couleuvres[2] se dressent sur le devant de son front, et leur affreux venin coule sous le peigne.

Méduse a quelque chose de terrible : on peut la regarder sans peur. Car qui a déjà eu le temps de craindre la gueule et la face de cette créature ? Qui donc, l'ayant regardée en face, s'est senti mourir ? Elle provoque la mort en une seconde. La monstrueuse Méduse a même fait trembler son père le dieu marin Phorcys, sa mère Céto et ses deux sœurs les Gorgones. Devant elle, les oiseaux tombent soudain du ciel, les bêtes sauvages deviennent des roches et les habitants des régions voisines se figent aussi durement que du marbre. Nul être animé ne peut soutenir son regard. Ses propres serpents se jettent en arrière pour éviter de croiser ses yeux.

Pour sauver sa mère du roi Polydecte, le héros Persée, fils de Zeus et de Danaé, doit ramener la tête de Méduse. Heureusement, il a des accessoires précieux : les sandales ailées et la faux[3] empoisonnée d'Hermès, le bouclier d'or d'Athéna, étincelant comme un miroir. Il arrive à la nuit au royaume aride des Gorgones. Les trois sœurs dorment, mais la plupart des vipères dont Méduse est coiffée, elles, veillent et défendent sa tête comme un rempart. Les autres pendent mollement sur son visage et ses yeux sombres. Guidé par Athéna et par le reflet dans le bouclier, Persée tourne le dos au monstre et tranche de sa faux la tête hérissée de serpents. En se détournant, il n'a pas été pétrifié, et, meurtrier de la Gorgone, il remonte en volant vers le ciel.

Lucain, *La Pharsale,* livre IX, Iᵉʳ siècle ap. J.-C., d'après la traduction de Marmontel et de M. H. Durand.

1. **Libye :** pays d'Afrique du nord.
2. **Couleuvres :** serpents.
3. **Faux :** instrument utilisé pour récolter les blés, composé d'une lame en acier légèrement courbée et d'un manche en bois.

biographie

Lucain
(39-65 ap. J.-C.)
est un poète latin dont une seule œuvre a été conservée, *La Pharsale.*

Doc. 2
Percy est pris au piège dans le jardin de Méduse. Alors qu'il se cache d'elle, celle-ci se regarde dans le reflet d'un téléphone.

Photogramme 1

Photogramme 2

Photogramme 3

Chris Colombus, *Percy Jackson. Le Voleur de foudre*, 2010.
Avec Uma Thurman et Logan Lerman.

Je comprends l'essentiel

1. Rien ne peut vivre autour de Méduse. Relève les expressions qui le montrent.

2. Dans le premier paragraphe (l. 1-8), qu'est-ce qui rend l'apparence de Méduse effrayante ?

3. Quel est le pouvoir de Méduse ?

Je lis entre les lignes

4. Explique l'expression « on peut la regarder sans peur » (l. 9-10).

5. Par quelle astuce, avec l'aide d'Athéna, Persée parvient-il à vaincre Méduse ?

DÉFI *Nomme un autre héros auquel Athéna vient en aide.*

6. **LECTURE D'IMAGES** Pourquoi la manière dont Méduse meurt dans le film (doc. 2) la rend-elle plus humaine que dans le texte ?

AIDE *Comment Méduse utilise-t-elle le téléphone ? Que révèle ce geste ?*

7. Quels éléments du corps habituellement séduisants deviennent des armes chez Méduse ?

Je maîtrise la langue : l'accord dans le groupe nominal ➥ p. 314

8. a. Donne la classe grammaticale de chaque mot du groupe nominal « leur affreux venin » et modifie l'expression en remplaçant « venin » par « poisons » puis par « bave ». Justifie les accords.
b. Quels sont les deux sentiments que peut provoquer le mot « affreux » ?

Je m'exprime à l'oral ➥ Méthode 6, p. 286

DÉBAT Pour toi, qu'y a-t-il de plus monstrueux dans cette histoire ?

la clé des mots

Quelqu'un qui est **médusé** n'en croit pas ses yeux, il est stupéfait. Ce mot vient directement du mythe de Méduse dont le regard paralyse, pétrifie (du latin *petra*, « pierre ») celui qui le croise.

COMPÉTENCE : je connais les étapes du récit.

▸ Écoute le texte.
▸ Vérifie ce que tu as compris.
bordas.media/733907_024

Lycaon, l'homme devenu loup

Jupiter est le roi des dieux régnant sur le monde depuis l'Olympe. Lors d'un banquet, il raconte à d'autres dieux sa rencontre avec le roi Lycaon et les événements qui ont suivi.

Que peut-il arriver quand un dieu rencontre un simple mortel ?

« Je viens vous apprendre le crime et la punition de Lycaon. En ce temps-là, le bruit des atrocités humaines était déjà parvenu à mes oreilles. Je veux savoir si cette rumeur est mensongère. Alors, moi qui suis un dieu, je me déguise en homme, je descends du sommet du mont Olympe et je vais visiter la terre. Il serait trop long de vous raconter tous les crimes qui frappent partout mon regard : la rumeur était bien loin de la vérité !

Un soir, tard, alors que le crépuscule fait place à la nuit, j'arrive dans la région d'Arcadie[1] et j'entre dans la demeure inhospitalière[2] d'un tyran[3]. Je fais comprendre par des prodiges[4] que je ne suis pas n'importe quel visiteur, mais que je suis un dieu. Aussitôt, le peuple se met à m'adresser des prières. Pourtant, Lycaon se moque de leurs hommages pieux[5] : "Peuh ! s'exclame-t-il, je vais le mettre à l'épreuve, pour voir s'il est un dieu ou un mortel et la vérité éclatera." Il se prépare à me tuer, au milieu de la nuit, pendant mon sommeil : voilà ce qu'il manigance[6] pour connaître la vérité. Et ce n'est pas tout, il a une autre idée pour le dîner. Il égorge un prisonnier que le peuple des Molosses[7] lui a livré. Il plonge dans l'eau bouillante une partie de ses membres encore palpitants[8], il fait rôtir le reste et… me fait servir le tout pour le repas !

Alors ma colère allume mes feux vengeurs[9] et je détruis son palais, demeure aussi criminelle que son maître. Lycaon fuit, épouvanté, il court jusque dans les campagnes silencieuses et se met à hurler. Il veut parler, mais en vain. Sa bouche est pleine de rage et, toujours affamé de meurtres, il se jette sur les troupeaux – d'ailleurs aujourd'hui encore il aime le sang. Ses vêtements deviennent des poils, ses bras se transforment en pattes : il est changé en loup. Pourtant, il conserve quelques restes de son ancienne forme : son poil est gris comme l'étaient ses cheveux, sa gueule est farouche[10] comme l'était son visage, le même feu brille dans ses yeux. Tout son corps offre l'image de son ancienne férocité. »

Ovide, *Métamorphoses*, livre I, Ier siècle ap. J.-C., d'après la traduction d'Adèle Payen de la Garanderie, © Actes Sud, 2021.

biographie

Ovide
(43 av. J.-C.-18 ap. J.-C.)
Poète latin, auteur des *Métamorphoses*.

la clé des mots

L'homme devenu loup est présent dans des histoires du monde entier. On le retrouve sous plusieurs noms, par exemple « **lycanthrope** » (du grec *lykos*, « loup », et *anthropos*, « homme »), « **versipellis** » (du latin *verto*, « qui change », et *pellis*, « peau »), « **werewolf** » (de l'anglais *wer*, « homme », et *wolf*, « loup »). L'ancien français emploie le terme « **garol** », qui a donné « loup-garou » en français moderne.

1. **Arcadie :** région de Grèce.
2. **Inhospitalière :** qui n'accueille pas avec respect les nouveaux venus.
3. **Tyran :** chef qui exerce le pouvoir avec violence et cruauté.
4. **Prodiges :** miracles, actions extraordinaires.
5. **Hommages pieux :** prières respectueuses envers les dieux.
6. **Manigance :** prépare un plan, complote en secret.
7. **Peuple des Molosses :** peuple de Grèce connu pour ses chiens de chasse et de combat. Un molosse désigne un chien féroce en français moderne.
8. **Encore palpitants :** qui bougent encore.
9. **Feux vengeurs :** éclairs de Jupiter.
10. **Farouche :** sauvage, dangereuse.

Alfonso Cuarón, *Harry Potter et le Prisonnier d'Azkaban*, 2004.

Je comprends l'essentiel

1. À quel moment de la journée les événements chez Lycaon se passent-ils ?

2. Que fait Lycaon pour provoquer la colère de Jupiter ?

3. Que vise Jupiter avec sa foudre ?

4. Quelles sont les étapes de la transformation de Lycaon ?

Je lis entre les lignes

5. Que ressent Lycaon avant et pendant sa transformation ?

6. Pourquoi la transformation en loup montre-t-elle ce que Lycaon a toujours été en tant qu'humain ?

AIDE *Trouve les couples de mots qui désignent soit le loup, soit l'homme, comme « gueule » et « visage ».*

7. LECTURE D'IMAGES Laquelle des deux images te semble la plus adaptée pour représenter la métamorphose décrite dans le texte ? Justifie ta réponse.

DÉFI *Fais des recherches sur le personnage de Remus Lupin dans* Harry Potter *et compare son caractère à celui de Lycaon.*

Je maîtrise la langue : l'origine des mots ➥ p. 357

8. a. *Sanguis* et *corpus* sont des noms latins qui ont donné en français deux mots clés du texte concernant Lycaon. Trouve ces deux noms. Donne ensuite un adjectif de la même famille dans lequel la consonne se fait entendre.
b. Pourquoi ces deux mots sont-ils importants dans le texte ?

Je m'exprime à l'écrit

■ Complète la métamorphose de Lycaon en décrivant d'autres parties de son corps, comme les oreilles, les dents, le dos.
– Commence ton texte par : « Son nez grossit et change de couleur… »
– Utilise des verbes qui indiquent le changement comme : *pousser* • *gonfler* • *percer* • *diminuer…*

Je m'exprime à l'oral

■ Imagine à l'inverse la transformation comme une récompense. En quel animal pourrait être transformée une personne courageuse ? Justifie ton choix en convoquant des qualités physiques comme l'agilité, la rapidité, la résistance.

Dolon, détail d'un vase à figures rouges, vers 460 av. J.-C., musée du Louvre, Paris.

LECTURE EN LIBERTÉ

▶ Écoute le texte.
▶ Vérifie ce que tu as compris.
bordas.media/733907_025

Arachné, un monstre pris au piège de sa propre toile

Les dieux sont très puissants et il ne vaut mieux pas les offenser. Arachné va payer cher de ne pas suivre ce conseil.
Quelle peut-être la plus grande punition pour une jeune fille habile en tapisserie ?

Arachné ne tenait sa célébrité ni de ses ancêtres ni de sa patrie : c'est à son art seul qu'elle devait toute sa gloire. Son père Idmon gagnait sa vie à Colophon, une ville d'Asie Mineure, en teignant la laine avec la pourpre[1] des coquillages. Sa mère était d'une famille très modeste : elle était morte en mettant sa fille au monde. Cependant, le nom d'Arachné, fille d'un humble artisan, était célèbre dans toutes les villes de la province de Lydie. Elle habitait un petit village perdu au fin fond de la campagne, où pourtant se pressaient toutes les nymphes[2] de la région pour admirer ses travaux.

Arachné était brodeuse : elle tissait des toiles magnifiques. C'était un plaisir pour la foule non seulement de contempler ses chefs-d'œuvre, mais encore de la voir au travail, tant ses mains étaient agiles ! [...] Bref, elle était si experte qu'on se mit à l'honorer comme une élève de Minerve, la glorieuse fille de Jupiter, la déesse protectrice des artisans et des brodeuses. Cependant Arachné refuse cet éloge : par orgueil, elle ne peut admettre qu'on lui donne un professeur, même immortel !

— Que la déesse vienne donc rivaliser avec moi, lance-t-elle un beau jour à ses admirateurs. Si je suis vaincue, j'accepterai tout ce que vous voudrez !

Furieuse, Minerve prend l'apparence d'une vieille femme : elle couvre sa tête de faux cheveux blancs ; elle s'appuie sur un bâton et avance toute courbée vers Arachné.

— On a tort de mépriser les vieillards, lui dit-elle d'une voix chevrotante[3]. Les années leur donnent beaucoup d'expérience. Écoute mes conseils : certes, tu peux avoir l'ambition de surpasser toutes les mortelles dans ton art, cependant, crois-moi, ne prétends pas égaler une déesse ! Si tu supplies Minerve de bien vouloir oublier ton orgueil téméraire[4] et tes paroles offensantes, elle te pardonnera ! [...]

— Vieille folle ! réplique-t-elle à la déesse qu'elle ne reconnaît pas, le poids de l'âge qui courbe ton corps a aussi affaibli ta raison ! [...] Pourquoi donc Minerve refuse-t-elle d'accepter mon défi ? Pourquoi ne vient-elle pas elle-même ici ?

— Elle est venue ! s'écrie alors la déesse, et soudain, elle abandonne son apparence de vieille femme pour se montrer dans toute sa puissance divine.

Vivement impressionnées, les nymphes la saluent, les femmes de Lydie s'inclinent avec respect devant elle. Seule Arachné n'est pas émue ; à peine rougit-elle, mais sa rougeur subite s'évanouit très vite

1. **Pourpre :** couleur rouge obtenue en broyant une espèce de coquillage.
2. **Nymphes :** divinités féminines de la nature, représentées par de belles jeunes filles.
3. **Chevrotante :** tremblante, comme le bêlement d'une chèvre.
4. **Orgueil téméraire :** fierté imprudente, insolence.

sur son visage, comme le ciel qui se teinte de pourpre au lever du jour et qui blanchit dès les premiers rayons du soleil. Poussée par une folle ambition, la brodeuse persiste dans son entreprise[5] : elle ne sait pas qu'elle court à sa ruine. La fille de Jupiter accepte le défi : finis les conseils ! Place à la compétition !

Aussitôt Arachné et Minerve prennent place l'une en face de l'autre. Elles dressent leur métier à tisser, tendent la chaîne de leur toile qu'elles fixent au cadre. [...]

Les deux rivales se hâtent : elles ont roulé les pans de leur robe dans leur ceinture, elles guident leurs bras et leurs mains avec autant de rapidité que de précision ; le désir de vaincre leur fait oublier la fatigue du travail. [...]

Chacune représente des exploits des dieux et des héros qui se sont passés dans des temps fort anciens. Sur sa toile, Minerve fait apparaître les douze grands dieux [...].

De son côté, Arachné représente sur sa toile Europe[6] enlevée par Jupiter. On croirait voir un taureau vivant, une vraie mer. [...] Son ouvrage est si beau que même Minerve ne pourrait y apporter aucune retouche.

Métamorphose d'Arachné, vers 1330, enluminure issue d'*Ovide moralisé*, bibliothèque de l'Arsenal, Paris.

La fille de Jupiter, furieuse du succès de sa rivale, déchire l'étoffe où sont si bien brodées les fautes des dieux. Elle tient encore sa navette[7] à la main : trois fois ou quatre fois elle en frappe le front d'Arachné. La malheureuse fille d'Idmon ne peut supporter cet affront : désespérée, elle se noue un lacet autour de la gorge et veut s'étrangler. Elle s'était déjà pendue quand Minerve, prise de pitié, décide d'adoucir son destin :

— Vis donc, lui dit-elle, misérable ! vis, mais reste suspendue ! Et ne compte pas sur l'avenir : je veux que le même châtiment frappe toute ta descendance, y compris jusqu'à tes plus lointains représentants !

À ces mots, Minerve s'en va ; elle asperge Arachné d'un suc[8] de plantes vénéneuses choisies par Hécate[9]. Aussitôt, sous l'effet de ce poison redoutable, ses cheveux tombent, et avec eux son nez et ses oreilles ; sa tête se fait toute petite, son corps tout entier rapetisse. De maigres doigts, à la place de jambes, s'attachent à ses flancs ; tout le reste n'est plus qu'un ventre, mais elle en tire encore du fil. Devenue araignée, elle exerce toujours son talent et continue à tisser sa toile.

20 Métamorphoses d'Ovide, traduction du latin par J. J. Dubochet, revue et corrigée par Annie Collognat, © Le Livre de poche, 2014.

5. **Entreprise :** plan, ouvrage.
6. **Europe :** Jeune femme séduite par Zeus qui s'est changé en taureau blanc pour ne pas être reconnu. Le roi Minos, père du Minotaure, naît de leurs amours.
7. **Navette :** pièce mobile servant à faire passer le fil, dans un métier à tisser.
8. **Suc :** liquide, venin.
9. **Hécate :** déesse de la Lune, de la Mort et de la Renaissance.

Je lis pour réfléchir

1. Qui est Arachné au début de cette histoire ?
2. En quel animal est-elle transformée ? Explique ce choix de la déesse Minerve.
3. Comment cette transformation change-t-elle à jamais le destin d'Arachné ?
4. La métamorphose d'Arachné est-elle une récompense ou une punition ? Justifie ta réponse.

Lecture 5

COMPÉTENCE : je sais repérer les adjuvants et/ou les opposants dans un récit.

▶ **Écoute le texte.**
▶ **Vérifie ce que tu as compris.**
bordas.media/733907_026

Bernardino Pinturicchio, *Mercure, Argus et Io*, 1492-1494, peinture murale, collection des appartements Borgia, Vatican.

Argus, le géant aux cent yeux

Pour cacher à son épouse Junon sa relation avec Io, Jupiter l'a transformée en génisse blanche. Mais Junon a des soupçons et elle se fait offrir cette jeune vache dont elle confie la garde au berger Argus.
Comment échapper à ce géant qui a les yeux sur tout ?

Ce monstre avait cent yeux, dont deux seulement se fermaient et sommeillaient, tandis que les autres restaient ouverts, comme des sentinelles[1]. Où qu'il aille, il voyait toujours Io, et, même en étant assis derrière elle, il l'avait devant ses yeux. Pendant le jour, il la laissait paître[2] dans les prés, mais la nuit tombée, il l'enfermait et lui passait autour du cou des liens humiliants. Pauvre Io ! Elle n'avait pour aliments que les feuilles des arbres et l'herbe amère ; pour boisson, que l'eau boueuse ; pour lit, que la terre brute.

Elle essaya de se plaindre mais son corps de vache l'empêchait de tendre les bras pour supplier et il ne sortait de sa bouche que d'affreux mugissements. Elle fut effrayée de voir son reflet dans le dieu fleuve Inachus, son propre père, qui d'abord ne la reconnut même pas ! Alors elle traça sur le sable son nom avec son sabot. « Malheureux que je suis ! s'écria-t-il, est-ce donc toi que j'ai cherchée sur toute la terre ? Hélas ! en ce jour je te revois et je ne te retrouve pas. Tu voudrais parler, et tu ne peux que mugir. Quel malheur ! Ma douleur sera éternelle. »

Interrompant ces plaintes, le monstre aux cent yeux arracha Io à son

1. **Sentinelles :** soldats chargés de surveiller, gardiens.
2. **Paître :** brouter de l'herbe.

père, la conduisit dans d'autres pâturages[3], s'assit sur le sommet d'une colline, et promena autour d'elle ses regards vigilants.

Depuis l'Olympe, Jupiter ne pouvait supporter plus longtemps les malheurs de celle qu'il avait aimée et changée en animal. Il appela à l'aide son fils Mercure, et lui commanda de tuer Argus. Aussitôt, Mercure descendit sur terre, cacha ses attributs[4] de dieu messager, ne gardant que son caducée[5] et une flûte faite dans un roseau, pour se faire passer pour un gardien de chèvres. Il menait son troupeau au son de la flûte, quand, séduit par cette mélodie nouvelle, Argus lui dit : « Qui que tu sois, tu peux t'asseoir sur cette roche avec moi : c'est ici le meilleur pâturage pour tes chèvres et tu peux te reposer à l'ombre. »

Alors tout le jour, Hermès raconta des histoires et joua de la flûte dans le but de bercer le géant, de fermer tous ses yeux. Pendant de longues heures, les nombreuses paupières résistèrent mais les mots et les notes finirent par l'endormir. Hermès saisit son glaive recourbé, et trancha la tête du monstre ; elle tomba et roula sur le rocher ensanglanté. Couverts d'une nuit éternelle, les cent yeux d'Argus ne voyaient plus la lumière. Junon les recueillit, et les plaça sur les plumes de son animal préféré, le paon. Depuis, répandus sur sa queue, ils y brillent tels des étoiles.

Ovide, *Métamorphoses*, livre I, Ier siècle ap. J.-C., d'après la traduction de G. T. Villenave, 1806.

3. **Pâturages :** terrains couverts d'herbes où se nourrissent les troupeaux.
4. **Attributs :** accessoires favoris des dieux.
5. **Caducée :** bâton, symbole d'Hermès.

Je comprends l'essentiel

1. Quelle est la mission d'Argus ?
2. Pourquoi Argus a-t-il été choisi pour cette mission ?
3. Comment la vigilance d'Argus est-elle trompée ?

Je lis entre les lignes

4. Relève les expressions qui justifient qu'Argus est un bon berger.
5. Compare les attitudes d'Argus envers Io et envers Hermès. Que peux-tu dire de son caractère ?

   AIDE *Trouve parmi les adjectifs de cette liste ceux qui conviennent : généreux • méfiant • attentionné • inattentif.*

6. Après sa mort, que devient la particularité physique du géant ?

   DÉFI *Fais des recherches sur Junon pour comprendre pourquoi le paon est son animal préféré.*

Je maîtrise la langue : les figures de style ➥ p. 360

7. a. Relève deux comparaisons dans le texte.
   b. Comment l'élément comparé a-t-il évolué de l'une à l'autre ?

Je m'exprime à l'écrit

■ Imagine le moment où Junon explique sa mission à Argus. Écris les recommandations qu'elle y lui fait, en vantant ses qualités.
- Commence par : « Argus, je t'ai choisi pour cette mission. Tu es la personne idéale car… »
- Formule des comparaisons pour le valoriser.

Je m'exprime à l'oral

■ Argus est-il un monstre redoutable ? Justifie ton avis.

la clé des mots

Devenu un nom commun, un **argus** désigne un faisan à longues plumes mouchetées, un papillon avec des taches circulaires sous les ailes, un homme jaloux ou même un espion. C'est aussi le nom d'un document de référence pour le prix des voitures que l'on « cherche » à acheter ou à vendre.

COMPÉTENCE : je comprends l'implicite d'un texte.

▶ Écoute le texte.
▶ Vérifie ce que tu as compris.
bordas.media/733907_027

Claire, une fillette à croquer

À la mort de son grand-père, Jacob Portman, le narrateur, est accueilli dans l'étrange orphelinat de Miss Peregrine.
Quels secrets cet établissement à l'écart du monde peut-il abriter ?

Je n'aurais pas dû être surpris que des enfants particuliers aient des habitudes alimentaires particulières. Entre deux bouchées, j'ai observé autour de moi. Olive, la fille qui lévitait[1], était attachée à une chaise vissée au sol. Afin que ses camarades ne soient pas importunés par les insectes, Hugh – le garçon aux abeilles – dînait à une table individuelle, sous une moustiquaire. Claire, une fillette au visage de poupée encadré d'anglaises[2] dorées, ne touchait pas à sa nourriture.

— Tu n'as pas faim ? lui ai-je demandé.

— Claire ne mange pas avec nous, m'a informé Hugh, laissant une abeille s'échapper de sa bouche. Elle a honte.

— C'est faux ! a-t-elle protesté.

— Vraiment ? Alors, mange quelque chose !

— Personne ici n'a honte de son don, a déclaré Miss Peregrine. Miss Densmore préfère dîner seule. N'est-ce pas, Miss Densmore ?

La fillette regardait droit devant elle, embarrassée d'être le point de mire.

— Claire a une bouche à l'arrière de la tête, m'a expliqué Millard, revenu s'asseoir près de moi en veste de smoking (et rien d'autre).

— Une quoi ?

— Vas-y, montre-lui ! a suggéré quelqu'un.

Bientôt, tout le monde pressait Claire de manger. Elle a fini par céder pour avoir la paix.

Une cuisse d'oie refroidissait devant elle. Elle s'est installée à l'envers sur sa chaise, a empoigné les accoudoirs et s'est penchée en arrière, plongeant le crâne dans l'assiette. J'ai entendu un bruit de mastication. Quand elle a relevé la tête, un gros morceau de viande avait disparu. Les cheveux blonds de la fillette cachaient des mâchoires acérées. Soudain, j'ai compris l'étrange photographie que j'avais vue dans l'album de Miss Peregrine. Le photographe avait réalisé deux prises de vue de Claire : l'une de son visage délicat ; l'autre, des boucles qui masquaient soigneusement l'arrière de sa tête.

Ransom Riggs, *Miss Peregrine et les Enfants particuliers*, d'après la traduction de S. Van den Dries, © Bayard Jeunesse, 2011.

1. **Lévitait :** s'élevait au-dessus du sol.
2. **Anglaises :** boucles de cheveux allongées.

biographie

Ransom Riggs
(né en 1979)
est un auteur américain de fantasy.

la clé des mots

« **Particulier** » s'oppose à « universel » et désigne ce qui nous distingue les uns des autres. Mais il peut aussi signifier « bizarre » ou « hors du commun ».

Je vérifie ma lecture

1. De quoi Claire peut-elle avoir honte ?

2. Pourquoi Miss Peregrine affirme-t-elle que « Personne ici n'a honte de son don » (l. 14) ?

3. Penses-tu que les créatures particulières, comme les orphelins de Miss Peregrine ou les monstres de la mythologie, doivent vivre ensemble pour être heureuses ?

Découverte artistique

COMPÉTENCE : j'analyse une œuvre d'art.

Comment la bande dessinée montre-t-elle la transformation d'une créature ?

Ange est un jeune homme capable de se transformer, un métamorphe. Il découvre ce pouvoir particulier qu'il a du mal à contrôler.

Antoine Ozanam, Joël Jurion, *Klaw*, tome 1, « Éveil », © Le Lombard, 2013.

J'analyse la composition de la planche de BD ➥ Méthode 11, p. 291

1. Comment le cri de la créature est-il amplifié dans la plus grande vignette ?

2. Quelle couleur domine dans toute la planche de BD ? Que met-elle en valeur ?

J'approfondis

3. Quels sont les deux angles de vue dans les quatre premières vignettes ? Que dit ce changement sur la puissance du héros ?

4. Quel cadrage est utilisé dans les deux dernières vignettes ? Comment rapproche-t-il les deux personnages ?

J'interprète

5. Quelles émotions peut-on lire sur les différents visages d'Ange ? Imagine sa réaction dans la vignette suivante.

Vocabulaire

COMPÉTENCE : j'enrichis mon expression.

Les mots issus de la mythologie et du grec

1. Le mot « mythe » vient du grec *muthos,* qui signifie « légende ». Parmi les mots suivants, identifie ceux qui sont formés sur la même racine.

mythomane – mystère – mitaine – mythologie – myopie – mythique – mite

2. a. Associe ces différentes racines pour former des mots et donne leur définition.
b. Un seul élément ne peut pas être associé aux autres. Lequel ? Trouve deux mots formés sur cette racine.

Géo- (terre)	-logie (science, étude)
Chrono- (temps)	-graphe/graphie (écriture)
Ortho- (droit)	-thèque (lieu pour garder)
Bio- (vie)	-mètre/métrie (mesure)

3. Plusieurs lettres de l'alphabet grec sont devenues des noms communs dans le vocabulaire courant. En t'aidant du tableau, trouve le nom commun issu de ces symboles.

Α	alpha	Λ	lambda
Β	beta	Ο	omicron
Γ	gamma	Π	pi
Δ	delta	Ψ	psi
Ι	iota	Ω	omega

a. À son embouchure, le fleuve se sépare en deux et fait un Δ … .

b. Ce loup est le mâle dominant de la meute, c'est un Α … .

c. Pour faire ce calcul, il faut utiliser la valeur de Π … , c'est-à-dire 3,14.

d. Pas besoin d'être une célébrité pour entrer ici, c'est ouvert aux personnes Λ … .

4. Remplace chaque adjectif en italique par un autre synonyme, qui vient d'un nom propre de la mythologie parmi ceux-ci : Olympe, Hercule, Éole, Narcisse.

*Exemple : un tissage **compliqué** → un tissage **arachnéen** (d'après Arachné).*

a. Une force *surhumaine.*

b. Les jeux *prestigieux.*

c. Une personne *orgueilleuse.*

d. L'énergie *du vent.*

5. Associe chaque expression venant d'un mythe à sa définition.

Expressions

1. Avoir un talon d'Achille.
2. Tomber dans les bras de Morphée.
3. Ouvrir la boîte de Pandore.
4. Se croire né de la cuisse de Jupiter.

Définitions

a. Déclencher une série de catastrophes.

b. Penser qu'on est exceptionnel.

c. S'endormir paisiblement.

d. Faire preuve d'un point faible.

6. À partir des lettres mélangées, retrouve le nom commun venant d'un personnage mythologique. L'initiale est déjà bien placée.

a. Son billet est gagnant, elle va toucher le (PELAOCT).

b. Après la dispute, il est sorti de la salle comme une (FUEIR).

c. Pour situer le Mexique, servez-vous d'un (ASTAL).

d. Pour les touristes, les rues de Pékin sont un vrai (DELAED).

e. On le confond avec un acteur, c'est son (SSEIO).

Je m'exprime à l'oral

a. Résous cette charade pour trouver le nom d'une créature mythologique.

Mon premier est le mâle de la biche.
Mon deuxième est une sorte de fruit sauvage poussant dans des arbustes.
Mon troisième est un préfixe servant à dire la répétition.
Mon tout est féroce et s'appelle Κέρβερος en grec ancien.

b. Invente des charades pour faire deviner les noms des créatures suivantes :

les Sirènes • la chèvre Amalthée • le serpent Python

COMPÉTENCE : j'écris en suivant des contraintes de genre, de forme ou de style.

Définir et préciser une information

À savoir

MINOTAURE n. m. : **Monstre** de la mythologie grecque représenté avec un corps **d'homme** et une tête **de taureau**. Il est enfermé dans un labyrinthe et est tué par Thésée.

D'après *Le Robert Collège*.

Après l'**entrée**, l'article de dictionnaire présente des informations brèves et précises. Il commence par un **mot générique** qui donne la catégorie générale. Il utilise des **expansions du nom** pour décrire ou expliquer.

➥ Voir la leçon « utiliser le dictionnaire », p. 351

J'emploie des mots génériques

1. Associe chaque personnage de la liste a à un mot générique de la liste b.

a. Hercule • Athènes • Cyclope • Aphrodite • Ithaque • Persée • Poséidon • lion de Némée

b. monstre • dieu • héros • lieu

2. Repère dans les mots suivants ceux qui peuvent être des mots génériques.

capitale • célèbre • courageux • héros • mort • peintre • perdant • personnage • mer

Je formule des informations précises

3. Repère le nom propre que l'on veut définir. Puis réécris les phrases suivantes en ne gardant que les informations essentielles.

a. Un jour de printemps, en fin d'après-midi, alors qu'il vient juste de naître, Hermès vole la moitié du troupeau de bœufs divins gardé par Apollon, son demi-frère, qui est distrait par des soucis amoureux.

b. Alors qu'elle se promène tranquillement avec sa mère Déméter dans un magnifique champ de blé doré, Perséphone est enlevée par son oncle Hadès, qui est fou amoureux d'elle depuis qu'il l'a vue pour la première fois et qui veut qu'elle vive avec lui au royaume des Enfers.

c. Dans le royaume souterrain des morts, le Styx est le fleuve principal des Enfers, le plus célèbre, le plus magique, le plus craint depuis la nuit des temps.

4. Remplace les expressions soulignées pour éviter les répétitions.

a. Prométhée vole le feu des **dieux** pour l'offrir aux hommes. Les dieux sont furieux et Zeus, le maître des dieux, le punit en lui faisant subir un supplice.

b. Méduse est une créature très **laide**. Ses cheveux sont faits de serpents laids qui entourent son visage laid.

c. **Orion** est un chasseur géant, très beau et très puissant. Un jour, il bat la déesse **Artémis** au lancer de disque. Artémis punit Orion par à une piqûre de scorpion. Orion et le scorpion sont changés en constellations.

5. Fais le portrait physique de Typhon. Utilise des groupes nominaux enrichis pour décrire ses bras, son corps, ses mains, ses jambes.

Je prépare la dictée

▶ Écoute la dictée. bordas.media/733907_028

1. Complète le texte avec les mots suivants et explique leur accord.

entière • ailé • extrémité • flammes • soufflait

Bellérophon avait pour mission de tuer la Chimère, lion par-devant, dragon derrière, avec une tête de chèvre qui soufflait des … . Monté sur Pégase, le cheval …, il lança sur elle des flèches dont l'… était en plomb. À la chaleur des flammes que … la Chimère, le plomb s'embrasa et la fit brûler tout … .

D'après **Renée Grimaud**, *Alphabêta. L'alphabet grec par ses légendes*, © Éditions du Seuil, 1995.

2. Écris ce texte en écoutant la dictée enregistrée.

Je m'exprime à l'écrit

Rédige la définition du dictionnaire pour au moins l'une de ces créatures inventées :

Affrosila • Sévériphon • Entoclème

a. Associe la créature à une catégorie grâce à un mot générique.

b. Décris-la rapidement en utilisant des expansions du nom.

c. Raconte l'essentiel de sa vie en deux phrases maximum. Emploie des synonymes pour éviter les répétitions.

Expression écrite

COMPÉTENCE : je rédige un portrait.

Faire le portrait d'un monstre émouvant, le Minotaure

SUJET Le Minotaure, mi-homme, mi-taureau, est souvent présenté comme terrifiant et sauvage, mais ce n'est peut-être pas son seul visage. Quand il a pénétré dans le labyrinthe pour le combattre, Thésée a pu le voir d'une autre manière.

À l'aide des documents, décris le Minotaure en lui donnant d'autres caractéristiques que celle de la monstruosité.

Doc. 1

Quand il repassa par la salle décorée, Thésée examina de plus près les peintures murales et fut frappé par leur finesse. Dans un coin, il trouva de petits tas de différentes couleurs : de la roche pilée, des végétaux écrasés. C'étaient tous des pigments utilisés pour réaliser les fresques. Il y avait aussi de petits instruments fabriqués à partir de bois, de pierre, de poils...

Qui, à part le Minotaure, pouvait avoir travaillé dans cette pièce ? Après tout, il avait un corps d'homme, des mains qui pouvaient être habiles et Thésée se souvint du regard si humain qu'il avait surpris dans cette tête de taureau avant le combat.

Marie-Odile Hartmann, *Ariane contre le Minotaure*, © Nathan, 2004.

Doc. 2 **Pablo Picasso**, *Masque de Minotaure*, 1958, bois scié et peint, (85 x 63 cm). Coll. particulière.

Doc. 3 **Sarah Young**, *Les Mythes grecs*, © Éd. Candlewick, 2010.

Doc. 4 **Carlo Vogele**, *Icare*, 2022.

ÉTAPE 1 J'approfondis mon avis sur le Minotaure

1. Lis le texte (doc. 1) et observe attentivement les images (docs. 2, 3, 4).
Trouve au Minotaure au moins une qualité et un défaut.

2. Choisis l'impression que tu veux qu'il dégage : positive ou négative.
Choisis deux émotions différentes que le Minotaure peut ressentir.

ÉTAPE 2 J'organise ma description au brouillon

Décris les différentes parties de son corps.
- Organise ta description de haut en bas ou de bas en haut.
- Utilise un vocabulaire adapté pour un corps hybride : mi-homme, mi-animal.

Ma boîte à mots

Les qualités : puissance, détermination, concentration, précision, courage...
Les défauts : maladresse, naïveté, brutalité, précipitation...
Les émotions : solitude, colère, étonnement, peur, joie...
Le lexique humain : front, pupilles, bouche, nez, pieds, jambes, bras, peau, ongles, cheveux...
Le lexique animal : naseaux, museau, gueule, sabots, pattes, ailes, cuir, crin, griffes, pelage, fourrure...

ÉTAPE 3 Je rédige mon portrait au brouillon

Rédige un portrait du Minotaure avec :
- une comparaison pour l'allure générale ;
- des expansions du nom (adjectifs ou compléments du nom) pour préciser la forme, la matière, la taille, la couleur de chaque élément du corps ;
- une description des yeux, au début ou à la fin du texte, pour montrer les émotions du Minotaure ;
- des mots variés pour en éviter les répétitions.

Ma boîte à mots

Les outils de comparaison : comme, tel que, ainsi que, semblable à, ressembler à, avoir l'air de...
Adjectifs : rond, grand, féroce, brillant, trapu, songeur...
Compléments du nom : d'argent, en corne, de haute taille...
Les expressions sur le regard : l'œil noir, un regard désolé, l'œil vif, les yeux doux...
Le corps en entier : silhouette, allure, forme, corpulence, musculature...

ÉTAPE 4 Je mets mon texte au propre et je m'évalue

1. Recopie ton texte sans faire de ratures.

2. Relis-le à l'aide de la grille d'évaluation ci-dessous.

	Oui	Non
La description est organisée et logique.		
Le portrait est détaillé.		
La créature dégage une impression bien marquée.		

Expression orale

COMPÉTENCE : je prépare un oral.

Faire un exposé sur une créature mythologique

ÉTAPE 1 Je trouve mes informations

1. **Choisis une créature mythologique :** les centaures • Cerbère • Python • Pégase • Typhon
2. **Fais de recherches sur la créature mythologique que tu as choisie.**
   – Utilise au moins deux supports différents (dictionnaire des noms propres, CDI, sites Internet) pour vérifier les informations.
   – Recopie leur nom en grec.

ÉTAPE 2 J'approfondis et j'organise mes recherches

■ **Sélectionne les informations essentielles et présente-les sous la forme qui te convient.**

★ Une carte d'identité avec : nom, parents, espèce, lieu de vie, caractéristiques physiques, un événement important.

★★ Une carte mentale avec l'identité au centre et des informations autour (qualités, défauts, résumé de sa vie, intérêt pour cette créature).

★★★ Un plan d'analyse : **1.** origine et nom en grec ; **2.** caractéristiques physiques ; **3.** caractéristiques morales ; **4.** alliés et ennemis ; **5.** héritage dans la culture contemporaine (arts, langage, etc.) ; **6.** avis personnel.

ÉTAPE 3 Je prépare mes supports

1. **Prépare une fiche avec les informations importantes et les mots clés.**
2. **Prépare des illustrations à projeter ou à faire circuler :**

★ une image emblématique de la créature avec son nom en grec.

★★ une image du corps en entier de la créature avec son nom en grec et deux images de détails.

★★★ un diaporama avec six diapositives pour suivre le plan d'analyse.

3. **Pour chaque image, pense à noter sa légende et sa source.**

ÉTAPE 4 Je prépare la présentation orale

1. **Entraîne-toi à dire plusieurs fois mon exposé sans lire mes notes.**
2. **Prépare un entretien avec mes camarades.**

★ Formule deux questions pour vérifier la compréhension de tes camarades.

★★ Prépare des arguments pour expliquer pourquoi tu as choisi cette créature.

★★★ Prépare des réponses à des questions sur le sens de tous les mots, sur les idées principales, sur ton avis personnel.

ÉTAPE 5 J'évalue mon exposé

■ **Vérifie** la qualité de ton exposé avec la grille d'évaluation suivante.

	Oui	Non
J'ai parlé sans lire mes notes.		
Mes supports étaient bien adaptés, de bonne qualité avec des sources précises.		
Les échanges avec mes camarades durant l'entretien ont été constructifs.		

Lecture à voix haute

COMPÉTENCE : je lis avec fluidité.

Bien articuler

Callisto, qui a été séduite par Zeus, est punie par Junon, la femme de ce dernier.

TEXTE IMPRIMABLE

Junon se dressa devant elle et, la saisissant par les cheveux au-dessus du front, elle l'étendit face contre terre. Callisto tend les bras en suppliant, ses bras commencent à se couvrir de poils noirs ; ses mains se courbent, s'allongent de griffes crochues et lui servent pour marcher. Sa bouche, autrefois admirée par Jupiter, devient une gueule large et hideuse. *Et **p**our que ni ses **p**rières, ni ses su**pp**lications n'ins**p**irent la **p**itié, la **p**arole lui fut enlevée.* Il ne sort de son gosier qu'une voix irritée et menaçante, qui sème la terreur. Cependant, son esprit d'autrefois subsiste encore dans l'ourse qu'elle est devenue. Ses gémissements continuels témoignent de sa douleur. Elle lève ses mains – si on peut les nommer ainsi ! – vers le ciel et les astres.

Les Métamorphoses d'Ovide, 17 récits, traduction et adaptation par Caroline Charlet, © Flammarion, 2020.

ÉTAPE 1 Je comprends le texte

a. En quoi Callisto est-elle transformée ?
b. Fais la liste des éléments de son corps qui changent.
c. Quels sentiments Callisto éprouve-t-elle ?

ÉTAPE 2 Je m'échauffe

1. **Entraîne-toi à prononcer des sons proches en lisant de plus en plus vite chaque liste.**
   a. cheveu • cheval • chevreau • chevaux
   b. poli • piloris • poils • pôle • épaule • pile
   c. gésier • gosier • gousse • gosse • gisant
   d. entendit • attendit • étendit • tendit

2. **Entraîne-toi à lire des groupes nominaux sans faire de pause.**
   Répète les groupes nominaux soulignés dans le texte sans faire de pause entre le nom et les adjectifs.

3. **Insiste sur les sons qui se répètent.**
   Dans la phrase en italique, marque bien le son [p] répété plusieurs fois.

4. **Répète ces mots difficiles ou plus rares de plus en plus vite.**
   saisissant • hideuse • subsiste • gosier • supplications • considération

ÉTAPE 3 J'évalue ma lecture orale

1. **Vérifie** que tu lis à bonne allure et que ta lecture montre une bonne compréhension du texte.

Je lis à bonne allure	Je lis avec expressivité
Je lis le texte en entier en une minute.	Je lis en articulant nettement et en appuyant sur certains sons répétés.

2. **Améliore** tes compétences en relisant le texte autant de fois que nécessaire.

Bilan

COMPÉTENCE : je réfléchis à un thème littéraire.

Fais le point sur ce que sont les monstres antiques

Tu as croisé la route de nombreuses créatures dans ce chapitre, mais elles n'ont pas toutes été monstrueuses pour les mêmes raisons. Fais le bilan de ce que tu as appris.

1 Des monstres de la tête aux pieds

- Le plus souvent, les créatures monstrueuses sont reconnaissables par une différence physique. Leur corps ne correspond pas à ce que nous avons l'habitude de voir dans la nature. Elles peuvent avoir un corps hybride ou bien se métamorphoser.

1. **Donne le nom** de trois créatures hybrides en expliquant pourquoi elles le sont.
2. **Donne le nom** de deux créatures qui se métamorphosent.
3. **Donne le nom** d'une ou deux créatures au corps anormal.

2 Des monstres aux limites de l'humain

- Les monstres effrayent par leur apparence mais certains éveillent d'autres sentiments. Pour cela, il faut connaître leur histoire, qui peut les rendre plus humains. **Associe** un ou plusieurs monstres du chapitre à chacun des sentiments suivants et explique tes choix.

a. Détermination b. Le sens de la famille c. Obéissance d. Honte e. Solitude

1. Méduse

2. Argus

3. Lycaon

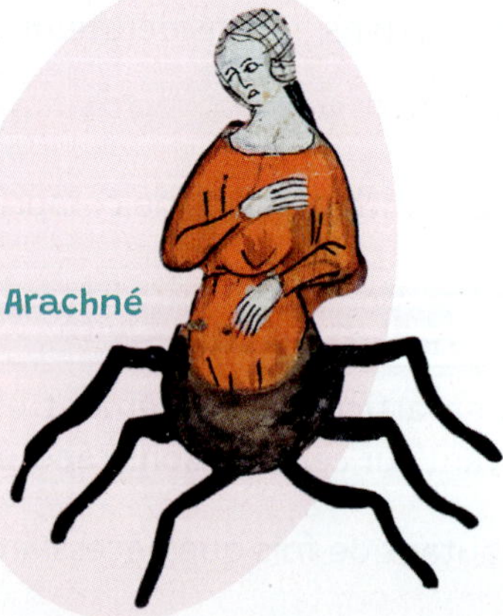
4. Arachné

5. Chimère

6. Claire

3 Des monstres qui traversent le temps

1. Quelle créature ces images représentent-elles ? Que sais-tu d'elle ?
2. Quels points communs trouves-tu dans ces quatre représentations ?
3. Un nom d'animal et un verbe viennent de cette créature. Lesquels ? Explique leur rapport avec le nom mythologique.

Tête de Méduse, IVe siècle av. J.-C.

Le Bernin, *Buste de Méduse*, 1636, musées du Capitole, Rome.

Alice Pike Barney, *Méduse*, 1982, Smithsonian American Art Museum, Washington.

Medusalith Amaquelin dans la série *Marvel's Inhumans*, 2017.

4 Les caractéristiques des monstres antiques

SCHÉMA IMPRIMABLE

1. **Lis et mémorise** les caractéristiques des monstres antiques ci-dessous.
2. **Complète** la carte mentale avec des exemples de monstres découverts dans le chapitre.

Les monstres des mythes sont ...

des prodiges de la nature.
Ils sont hors du commun : leur corps est difforme, hybride ou transformé.

des créatures impressionnantes.
Ils sont variés : les plus laids ou les plus cruels nous dégoûtent ou nous effraient, mais on peut aussi admirer leur force ou plaindre leur solitude.

des sources d'inspiration.
Ils sont inoubliables : leurs noms restent dans le langage courant et les œuvres.

des exemples pour réfléchir.
Ils sont porteurs de messages : leur existence rappelle la puissance des dieux, capables d'exclure, punir ou récompenser.

3. **Choisis** au moins cinq mots qui correspondent à ce que tu as appris des monstres et justifie tes choix.

destin · diversité · force · imaginaire · terreur · hybride · prodige · violence · difforme · généalogie · différence · admiration · transformation

Raconter une métamorphose en BD

Activité individuelle
Tu vas choisir une métamorphose d'Ovide et la raconter en bande dessinée.

Béatrice Bottet, Ariane Pinel, *Les Métamorphoses d'Ovide*, « La mythologie en BD », © Casterman, 2019.
Avec l'aimable autorisation des auteurs et des Éditions Casterman.

ÉTAPE 1 Je choisis une métamorphose d'Ovide

- Fais des recherches et choisis la transformation que tu préfères parmi celles-ci : Narcisse, Daphné ou Actéon.

ÉTAPE 2 J'écris mon scénario

Dans une planche de BD, chaque case raconte un instant de l'histoire. Il faut donc prévoir les étapes et leur nombre.

Pour une planche en trois cases :

1. Le personnage est vu avant la transformation.
2. Un élément de son corps change.
3. Le personnage est transformé.

ÉTAPE 3 Je compose ma planche

- Divise ta page en trois cases et dessine les étapes de la métamorphose. Si tu ne souhaites pas dessiner, tu peux coller des images.
- Ajoute des bulles ou des onomatopées pour appuyer les émotions.
- Mets au propre en traçant les contours à l'encre, en coloriant.

ÉTAPE 4 J'évalue mon travail

- Évalue ta planche de BD à l'aide de la grille ci-dessous.

	Oui	Non
J'ai montré le personnage avec un aspect différent au début et à la fin.		
J'ai varié le cadrage et les angles de vue.		

Le coin des curieuses et des curieux

Film

Carlo Vogele
Icare, 2022

Sur les ordres du roi Minos, Dédale doit construire un labyrinthe pour y enfermer un garçon à tête de taureau. Icare, le fils de Dédale, assiste son père et se lie d'amitié avec le monstre.

Série documentaire

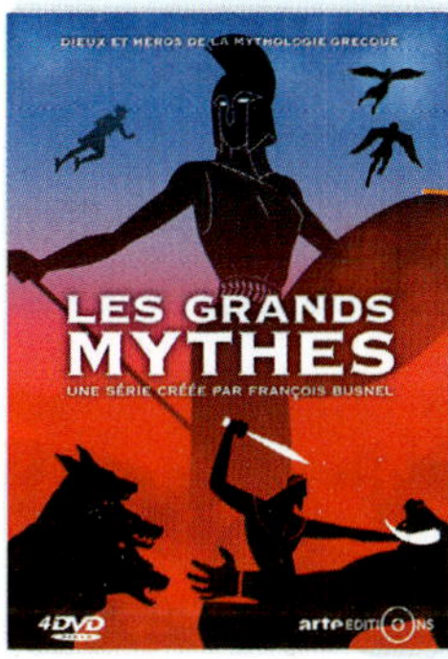

Sylvain Bergère, François Busnel
Les Grands Mythes, Dieux et héros de la mythologie grecque, 2016-2020

Cette série créée par François Busnel raconte les épisodes les plus célèbres des mythes antiques.

Bandes dessinées

Joël Jurion, Antoine Ozanam
Klaw, 14 tomes (en cours), depuis 2013

Ange Tomassini a un lourd secret : il est un homme-tigre. La découverte de ce pouvoir si spécial et la nécessité de dompter le fauve qui vit en lui vont l'entraîner dans de grandes aventures dans l'univers violent de la mafia.

Mamoru Hosoda
Les Enfants loups, Ame et Yuki, 2015

Hana met au monde deux enfants qui ont hérité d'un pouvoir particulier, celui de se transformer en loup. Mais ils vont devoir apprendre à cacher leur différence.

Roman

Sylvie Baussier
Moi, Ligia, sirène, 2020

Une série de romans où les monstres de la mythologie racontent leur version de l'histoire. Dans ce tome, une jeune fille est transformée en sirène par la déesse Déméter. Quel peut être son destin ?

Carnet de culture

À la manière des jeux de cartes à collectionner, crée une carte pour chacune des créatures que tu rencontres. Mentionne ses pouvoirs, ses défauts, attribue-lui des points d'affection…

5 Ça sent la chair fraîche !

Qu'est-ce qui rend les ogres si effrayants dans les contes ?

Illustration de **Frédéric Pillot**, *Les Souvenirs du vieux chêne*, © Éditions Milan, 2016.

Je m'exprime à l'oral

1. Relève les indices qui montrent que ce personnage endormi est un ogre.

2. À quoi peut-il rêver ?

COMPÉTENCE : je réfléchis à un genre littéraire.

Je découvre les contes merveilleux

Le **conte** est un **récit court** et **imaginaire**. Il repose sur une **structure fixe** et sur des éléments **merveilleux**, c'est-à-dire des objets ou des personnages ayant des caractéristiques extraordinaires et surnaturelles reconnues par tous.

Situation initiale	Élément perturbateur	Péripéties	Élément de résolution	Situation finale
Mise place des personnages et du cadre du conte.	Changement majeur dans la situation initiale.	Succession logique d'aventures vécues par le héros ou l'héroïne pour trouver une solution à l'élément perturbateur.	Solution au problème posé par l'élément perturbateur.	Retour à une situation stable.

Doc. A La structure des contes

a. Les parents manquent d'argent pour élever leurs sept enfants.

b. Les parents abandonnent leurs enfants dans la forêt.

c. Le Petit Poucet sacrifie les filles de l'ogre pour s'enfuir.

d. Grâce aux bottes de sept lieues, Poucet revient chez l'ogre, lui vole tout son argent.

e. Petit Poucet dérobe les bottes de sept lieues de l'ogre.

f. Fils d'une fratrie de sept enfants, le Petit Poucet, nommé ainsi à cause de sa petite taille, est élevé par ses parents dans la forêt.

g. Le Petit Poucet et ses frères parviennent chez un ogre qui veut les dévorer.

Doc. B Épisodes du conte le « Petit Poucet »

Activité 1 Je comprends la structure des contes

À l'aide des étapes du conte expliquées dans le document A, remets dans l'ordre le résumé de celles du « Petit Poucet » dans le document B.

Activité 2 Je repère les éléments du merveilleux dans le conte du « Petit Poucet »

Quels personnages et quels objets relèvent du merveilleux dans le conte ? Pourquoi ?

Gustave Doré, *Le Petit Poucet*, gravure colorisée, 1867.

Je découvre des ogres

L'origine du mot **ogre** vient du latin *orcus* : divinité infernale.
Ce personnage que l'on retrouve souvent dans les contes est un **monstre qui se nourrit de chair fraîche**, souvent celle des enfants.

1 **Andrew Adamson Vicky Jenson**, *Shrek*, 2001.

2 Illustration de **Xavière Devos**, *Hansel et Gretel*, © L'élan vert, 2012.

3 Illustration d'**Arthur Rackham**, *Jack et le haricot magique*, 1927.

A : « Ça sent la chair fraîche ! »

B : « Les ogres, y'a rien de plus cruel, ça se découpe des costumes dans de la peau fraîchement arrachée, ça vous dévore le foie, vous écrabouille les yeux pour en faire de la marmelade ! »

C : « Tends tes doigts que je voie si tu es déjà assez gras. C'est demain que je te tuerai et te mangerai. »

Activité 3 **Je comprends le personnage de l'ogre**

Associe chacun des personnages (images 1 à 3) à une des citations (A, B, C). Explique ton choix.

Activité 4 **Je donne mon avis**

Qu'est-ce qui te fait peur dans ces représentions d'ogre et d'ogresse (images 1 à 3) ? Explique pourquoi.

Lecture 1

COMPÉTENCE : je connais les étapes du récit.

▶ Écoute le texte.
▶ Vérifie ce que tu as compris.
bordas.media/733907_029

L'ogre, un problème de taille

Le Chat Botté aide son jeune maître, le Marquis de Carabas à faire fortune. Alors que son maître voyage avec le roi en direction du château de l'ogre, le Chat Botté, qui a pris de l'avance, arrive déjà au château de l'ogre.

Qui va dominer dans cette rencontre ?

biographie

Charles Perrault
(1628-1703)
est un auteur français. Il est surtout connu pour les contes merveilleux de la tradition orale qu'il a mis par écrit dans ses *Contes de ma mère l'Oye*.

Le maître chat[1] arriva enfin dans un beau château dont le maître était un ogre, le plus riche qu'on ait jamais vu, car toutes les terres par où le roi avait passé étaient de la dépendance de[2] ce château.

Le chat, qui eut soin de s'informer qui était cet ogre, et ce qu'il savait faire, demanda à lui parler, disant qu'il n'avait pas voulu passer si près de son château, sans avoir l'honneur de lui faire la révérence[3].

L'ogre le reçut aussi civilement[4] que le peut un ogre, et le fit reposer.

« On m'a assuré, dit le chat, que vous aviez le don de vous changer en toute sorte d'animaux, que vous pouviez, par exemple, vous transformer en lion, en éléphant ?

— Cela est vrai, répondit l'ogre brusquement, et pour vous le montrer, vous m'allez voir devenir lion. »

Le chat fut si effrayé de voir un lion devant lui, qu'il gagna aussitôt les gouttières, non sans peine et sans péril, à cause de ses bottes qui ne valaient rien pour marcher sur les tuiles.

Quelque temps après, le chat, ayant vu que l'ogre avait quitté sa première forme[5], descendit, et avoua qu'il avait eu bien peur.

« On m'a assuré encore, dit le chat, mais je ne saurais le croire, que vous aviez aussi le pouvoir de prendre la forme des plus petits animaux, par exemple, de vous changer en un rat, en une souris ; je vous avoue que je tiens cela tout à fait impossible.

— Impossible ? reprit l'ogre, vous allez voir », et en même temps il se changea en une souris qui se mit à courir sur le plancher.

Le chat ne l'eut pas plus tôt aperçue qu'il se jeta dessus et la mangea.

Charles Perrault, « Maître chat ou Le Chat Botté »,
Contes de ma mère l'Oye ou Histoires du temps passé, 1697.

Illustration de **Fred Marcellino** du conte « Le Chat Botté » © Éditions Gallimard, 2016.

1. **Le maître chat :** le Chat Botté.
2. **Être dans la dépendance de** : être soumis à quelqu'un ou à quelque chose.
3. **Faire la révérence :** saluer avec respect.
4. **Civilement :** poliment.
5. L'ogre redevient ce qu'il était.

Le Chat botté, illustration de **Paolo Domeniconi**, 2007.

Je comprends l'essentiel

1. Quels éléments merveilleux permettent d'identifier ce texte comme un conte ?
2. Quel est le don de l'ogre ?
3. Comment le chat lui demande-t-il de le prouver ?
   DÉFI *Explique pourquoi le chat fait deux fois cette demande.*

Je lis entre les lignes

4. **LECTURE D'IMAGE** Cet ogre est-il effrayant ? Pourquoi ?
5. Comment le Chat Botté contourne-t-il le problème de la taille de l'ogre ?
   AIDE *Relis les lignes 19 à 23.*
6. Que révèle ce texte sur la personnalité de l'ogre ?
7. L'ogre de ce conte est-il vraiment effrayant ?

Je maîtrise la langue : l'adjectif ➥ p. 304

8. a. Repère deux adjectifs dans la première phrase (l. 1-3).
   b. Que révèlent-ils sur l'ogre et sur les intentions du chat ?

Je m'exprime à l'oral

■ Pourquoi cet ogre est-il surprenant ? Justifie ta réponse.

Je m'exprime à l'écrit

■ La femme de l'ogre arrive dans la pièce. Raconte comment elle réagit en découvrant la disparition de son mari.
– Tu peux utiliser les verbes de cette liste :
transformer • *jeter un sort* • *s'étonner de* • *croquer* • *dévorer* • *remercier* • *hurler* • *rire…*

▶ Écoute le texte.
▶ Vérifie ce que tu as compris.
bordas.media/733907_030

Un couple craquant

Jack et sa mère sont très pauvres et vivent dans une petite ferme. Un jour, le garçon échange une vieille vache contre un haricot magique. Celui-ci pousse jusqu'au ciel et donne accès au château des nuages, là où vit un riche couple de géants. Lors de sa première visite, Jack échappe au géant grâce à l'aide de son épouse et réussit à voler des pièces d'or. Une fois celles-ci dépensées, il y retourne.
La géante protégera-t-elle à nouveau Jack ?

De branche en branche, de feuille en feuille, il grimpa le long de la tige du haricot. Quand il se trouva devant la géante, il la salua bien poliment :

« Bonjour madame, pourriez-vous me donner à manger s'il vous plaît ?

— Gredin[1] ! s'écria la géante, n'as-tu pas honte de me demander à manger alors que la dernière fois que tu es venu, tu nous as volé un sac de pièces d'or ? »

Avant que Jack ouvrît la bouche pour répondre, le château retentit d'un terrible bruit de pas. Boum ! Bam ! Boum ! Bam !

« Vite, cache-toi dans le four ! » s'écria la géante.

Jack bondit dans le four pour se cacher, mais il laissa la porte entrouverte, de façon à pouvoir observer ce que faisait le géant. Il le vit poser sur la table un cochon et une cage... Puis le géant se mit à arpenter la cuisine en reniflant de tous côtés.

« Ça sent la chair fraîche ! s'écria-t-il.

— Mais, dit la géante, c'est ce cochon bien gras que vous avez apporté. Aidez-moi à le préparer pour le faire cuire.

— Oui, dit le géant, j'ai bien envie d'un cochon rôti au four.

— Non, dit la géante, ce cochon sera meilleur cuit à la broche. »

Ils firent donc cuire le cochon dans la cheminée. L'ogre le mangea avec grand appétit, puis il ouvrit la cage et en sortit une oie d'or. Il la posa sur la table et dit :

« Ponds un œuf d'or. »

Et l'oie pondit un œuf d'or. Le géant caressa un moment l'oie d'or puis ses yeux se fermèrent et il s'endormit dans son fauteuil. Aussitôt, Jack sortit de sa cachette, prit l'oie et à toutes jambes s'en revint comme il était venu.

Désormais, Jack et sa mère n'eurent plus de soucis car l'oie pondait un œuf d'or tous les jours.

1. **Gredin :** voyou.

Mais les mois passèrent et Jack finit par trouver ennuyeuse sa petite vie tranquille. Il avait envie de voir encore une fois tous les trésors que le géant entassait dans son château. Alors, de branche en branche, de feuille en feuille, il reprit la route des nuages. Cette fois, il jugea plus prudent de ne pas se faire voir de la géante. Il se faufila dans le château, gagna la cuisine et grimpa sur une étagère. Là, il se cacha derrière le pot de farine. Au bout d'un moment, il entendit : Boum ! Bam ! Boum ! Bam ! À peine entré dans la cuisine, l'ogre se mit à renifler de tous côtés en criant :

« Ça sent la chair fraîche ! Ça sent la chair fraîche ! »

La femme regarda derrière le buffet, où Jack s'était caché la première fois, puis dans le four, mais elle ne le trouva pas. Ils cherchèrent le garçon partout, mais n'eurent pas l'idée de regarder derrière le pot de farine. À la fin, ils pensèrent qu'ils s'étaient trompés. Jack les vit déjeuner d'une vache rôtie. Puis le géant prit dans le placard une harpe d'or et la posa sur la table.

« Joue, harpe d'or » dit le géant.

Et la harpe se mit à jouer. Sa musique était si douce que le géant et sa femme ne tardèrent pas à fermer les yeux et à s'endormir. Dès que retentirent les ronflements, Jack sortit de sa cachette et prit la harpe. Mais, en quittant le château, il cogna la harpe contre la porte et elle résonna : Doïng ! Doïng !

À ce bruit, le géant se réveilla en sursaut et poussa un cri terrible en voyant Jack emporter la harpe. Il s'élança aussitôt pour le rattraper. Ah ! mes amis, quelle course ! Le géant allait saisir le garçon, mais celui-ci sauta sur la tige du haricot et commença à descendre.

Comme une sauterelle, le petit bondissait de feuille en feuille, tandis que le géant descendait lourdement. Il n'avait pas fait la moitié du chemin que Jack était déjà par terre et courait chercher une hache dans la grange, pour couper le pied du haricot. Vite, le géant arrivait... Trop tard pour lui. Crraac ! le haricot s'écroula comme un arbre sous les coups du bûcheron et le géant s'écrasa par terre !

Désormais, Jack ne pouvait plus jamais revenir au château des nuages. Mais il avait eu si peur qu'il n'en avait pas envie ! Grâce aux œufs d'or, il vécut sans soucis, et quand il voulait se distraire, il écoutait la douce musique de la harpe d'or.

D'après le conte anglais *Jack et le haricot magique*.

Je lis pour réfléchir

1. Comment les cachettes de Jack montrent-elles qu'il est chez des géants ?
2. Quels sont les objets merveilleux dans ce texte ? Comment aident-ils Jack ?
3. Relève les éléments qui prouvent que ce géant a les caractéristiques d'un ogre.
4. Que penses-tu du rôle de chacun dans ce couple de géants ?

TEXTE INTÉGRAL

Le chêne de l'ogre

▶ Écoute le texte.
▶ Vérifie ce que tu as compris.
bordas.media/733907_031

biographie

Taos Amrouche
(1913-1976)
est une écrivaine et chanteuse algérienne francophone. Elle a réuni et traduit des contes et des poèmes de Kabylie (région située au nord de l'Algérie) qui ont marqué son enfance.

la clé des mots

Le mot « **masure** » vient du latin populaire *mansura*, qui signifie « l'endroit où l'on reste, demeure, maison ». Ce mot a pris une valeur négative qu'il n'avait pas à l'origine pour désigner une petite habitation misérable.

L'on raconte qu'aux temps anciens, il était un pauvre vieux qui s'entêtait à vivre et à attendre la mort tout seul dans sa masure[1]. Il habitait en dehors du village. Et jamais il n'entrait ni ne sortait, car il était paralysé. On lui avait traîné son lit près de la porte, et cette porte, il en tirait la targette[2] à l'aide d'un fil. Or ce vieux avait une petite fille, à peine au sortir de l'enfance, qui lui apportait tous les jours son déjeuner et son dîner. Aïcha venait de l'autre bout du village, envoyée par ses parents qui ne pouvaient eux-mêmes prendre soin du vieillard.

La fillette, portant une galette et un plat de couscous, chantonnait à peine arrivée :

« Ouvre-moi la porte, ô mon père Inoubba, ô mon père Inoubba !

Et le grand-père répondait :

— Fais sonner tes petits bracelets, ô Aïcha ma fille. »

La fillette heurtait l'un contre l'autre ses bracelets et il tirait la targette. Aïcha entrait, balayait la masure, aérait le lit. Puis elle servait au vieillard son repas, lui versait à boire. Après s'être longuement attardée près de lui, elle s'en retournait, le laissant calme et sur le point de s'endormir. La petite fille racontait chaque jour à ses parents comment elle avait veillé sur son grand-père et ce qu'elle lui avait dit pour le distraire. L'aïeul[3] aimait beaucoup à la voir venir.

Mais un jour, l'ogre aperçut l'enfant. Il la suivit en cachette jusqu'à la masure et l'entendit chantonner :

« Ouvre-moi la porte, ô mon père Inoubba, ô mon père Inoubba ! »

Il entendit le vieillard répondre :

« Fais sonner tes petits bracelets, ô Aïcha ma fille. »

L'ogre se dit : « J'ai compris. Demain je reviendrai, je répéterai les mots de la petite fille, il m'ouvrira et je le mangerai ! »

Le lendemain, peu avant que n'arrive la fillette, l'ogre se présenta devant la masure et dit de sa grosse voix :

« Ouvre-moi la porte, ô mon père Inoubba, ô mon Inoubba !

— Sauve-toi, maudit ! lui répondit le vieux. Crois-tu que je ne te reconnaisse pas ? »

1. **Masure** : habitation misérable.
2. **Targette** : loquet pour fermer la porte.
3. **Aïeul** : vieillard le plus âgé d'une famille.

L'ogre revint à plusieurs reprises mais le vieillard, chaque fois, devinait qui il était. L'ogre s'en alla finalement trouver le sorcier.

« Voici, lui dit-il, il y a un vieil impotent[4] qui habite hors du village. Il ne veut pas m'ouvrir parce que ma grosse voix me trahit. Indique-moi le moyen d'avoir une voix aussi fine, aussi claire que celle de sa petite fille.

Le sorcier répondit :

— Va, enduis-toi la gorge de miel et allonge-toi par terre au soleil, la bouche grande ouverte. Des fourmis y entreront et racleront ta gorge. Mais ce n'est pas en un jour que ta voix s'éclaircira et s'affinera ! »

L'ogre fit ce que lui recommandait le sorcier : il acheta du miel, s'en remplit la gorge et alla s'étendre au soleil, la bouche ouverte. Une armée de fourmis entra dans sa gorge.

Au bout de deux jours, l'ogre se rendit à la masure et chanta :

— Ouvre-moi la porte, ô mon père Inoubba, ô mon père Inoubba !

4. **Impotent** : personne qui a du mal à se déplacer.

Mais le vieillard le reconnut encore.

— Éloigne-toi, maudit ! lui cria-t-il. Je sais qui tu es. »

L'ogre s'en retourna chez lui.

Il mangea encore et encore du miel. Il s'étendit de longues heures au soleil. Il laissa des légions de fourmis aller et venir dans sa gorge. Le quatrième jour, sa voix fut aussi fine, aussi claire que celle de la fillette. L'ogre se rendit alors chez le vieillard et chantonna devant sa masure :

« Ouvre-moi la porte, ô mon père Inoubba, ô mon père Inoubba !

— Fais sonner tes petits bracelets, ô Aicha ma fille ! répondit l'aïeul. »

L'ogre s'était muni d'une chaîne : il la fit tinter. La porte s'ouvrit. L'ogre entra et dévora le pauvre vieux. Et puis il revêtit ses habits, prit sa place et attendit la petite fille pour la dévorer aussi.

Elle vint. Mais elle remarqua, dès qu'elle fut devant la masure, que du sang coulait sous la porte. Elle se dit : « Qu'est-il arrivé à mon grand-père ? » Elle verrouilla la porte de l'extérieur et chantonna :

« Ouvre-moi la porte, ô mon père Inoubba, ô mon père Inoubba.

L'ogre répondit de sa voix fine et claire :

— Fais sonner tes petits bracelets, ô Aïcha ma fille ! »

La fillette qui ne reconnut pas dans cette voix celle de son grand-père, posa sur le chemin la galette et le plat de couscous qu'elle tenait, et courut au village alerter ses parents.

« L'ogre a mangé mon grand-père, leur annonça-t-elle en pleurant. J'ai fermé sur lui la porte. Et maintenant qu'allons-nous faire ? »

Le père fit crier[5] la nouvelle sur la place publique. Alors chaque famille offrit un fagot[6] et des hommes accoururent de tous côtés pour porter ces fagots jusqu'à la masure et y mettre le feu. L'ogre essaya vainement de fuir. Il pesa de toute sa force sur la porte qui résista. C'est ainsi qu'il brûla.

L'année suivante, à l'endroit même où l'ogre fut brûlé, un chêne s'élança. On l'appela « le chêne de l'ogre ». Depuis, on le montre aux passants.

Taos Amrouche, « Le chêne de l'ogre », *Le Grain magique*, 1966,

5. **Fit crier** : annonça.
6. **Fagot** : tas de petites branches de bois.

Je m'exprime à l'oral

1. À quel autre conte cette histoire fait-elle penser ?

2. Quelle partie du conte préfères-tu ? Pourquoi ?

Je comprends l'essentiel

3. Relève les personnages merveilleux de ce conte. Justifie ta réponse.

4. Pourquoi faut-il plusieurs tentatives à l'ogre pour réussir à entrer dans la masure ?

Je lis entre les lignes

5. Le conseil du sorcier est-il efficace ? Pourquoi ?

6. Pourquoi Aïcha demande-t-elle à son grand-père d'ouvrir la porte alors qu'elle a vu le sang sous la porte ?

AIDE *Repère ce que l'ogre fait en réponse à cette demande.*

7. Pourquoi appelle-t-on l'arbre « le chêne de l'ogre » ?

DÉFI *Fais des recherches sur ce type d'arbre et explique pourquoi il convient bien au personnage.*

Je maîtrise la langue : champ lexical ➡ p. 353

8. a. Relève des mots appartenant au champ lexical de la voix.

b. Pourquoi la voix est-elle un élément aussi important dans ce conte ?

Je m'exprime à l'écrit

■ Délimite chaque étape du récit et donne un titre pour chacune d'entre elle. Indique les lignes à chaque fois.

▶ Écoute le texte.
▶ Vérifie ce que tu as compris.
bordas.media/733907_032

Un géant pas comme les autres

Sophie a été enlevée en pleine nuit par le BBG, le Bon Gros Géant, pour qu'elle ne révèle pas son existence au reste du monde. En sa compagnie, elle découvre le pays des géants.

À quoi peut ressembler le pays des géants ?

Steven Spielberg, *BGG. Le Bon Gros Géant*, 2016.

C'était une vision ahurissante[1]. Les géants n'avaient pour seul vêtement qu'une sorte de jupe courte nouée autour des hanches et leur peau était brûlée par le soleil. Mais c'était surtout leur taille qui semblait stupéfiante. Ils étaient tout simplement colossaux[2], beaucoup plus hauts et larges que le Bon Gros Géant sur la main duquel Sophie était toujours assise. Et ils étaient si laids ! Nombre d'entre eux avaient de gros ventres. Et tous avaient de longs bras et de grands pieds. Ils se trouvaient trop loin pour qu'on pût distinguer les traits de leurs visages mais cela valait sans doute mieux.

— Que font-ils donc là ? demanda Sophie.

— Rien, répondit le BGG, ils traînaillent et flânouillent en attendant la nuit. Alors, ils s'en iront galoper dans des pays où il y a des gens pour y chercher de quoi souper. [...] Le géant Croqueur d'os s'en ira galoper en Suisse [...] mais les autres fileront vers toutes sortes d'endroits au diable l'envers comme Wellington[3] pour y goûter des généraux ou Panama[4] pour le goût de chapeau. Chaque géant a son terrain de chasse favori.

— Est-ce qu'ils vont parfois en Angleterre ? demanda Sophie.

— Souvent, répondit le BGG. Ils disent que les Anglais ont un merveilleux goût de pou-dingue.

biographie

Roald Dahl
(1916-1990)
est un écrivain britannique. Il a été pilote de chasse, espion et comédien avant de faire de l'écriture son métier.

— Je ne suis pas sûre de bien comprendre ce que cela signifie, déclara Sophie.

— La signification n'a pas d'importance, assura le BGG, on ne peut pas toujours parler clairement. Très souvent, mes phrases ne sont pas du tout adroites, elles sont même très à gauche.

— Et tous ces monstres, là-bas, vont vraiment aller manger des gens cette nuit ? demanda Sophie.

— Toutes les nuits, ils se goinfrent d'hommes de terre, répondit le BGG, tous sauf moi. C'est pour ça que tu finirais en hachis-charpie si jamais l'un d'eux posait ses mirettes[5] sur toi. Il t'englouffrirait d'une seule bouchée comme une crème chante-Lily.

— Mais c'est horrible de manger des gens ! s'exclama Sophie. C'est terrifiant ! Comment se fait-il que personne ne les en empêche ?

— [...] Tous ces géants mangeurs d'hommes sont immenses et très féroces. Ils sont au moins deux fois plus larges que moi et mesurent le double de ma royale grandeur.

Roald Dahl, *Le Bon Gros Géant. Le BGG*, trad. Jean-François Ménard,

la clé des mots

L'adjectif « **colossaux** » vient du nom *colosse* qui désigne en grec ancien une « statue gigantesque ».

1. **Ahurissante :** surprenante.
2. **Colossaux :** gigantesques.
3. **Wellington :** capitale de la Nouvelle-Zélande.
4. **Panama :** ville d'Amérique centrale où sont fabriqués des chapeaux du même nom.
5. **Mirettes :** yeux.

Je comprends l'essentiel

1. Classe les personnages du plus petit au plus grand : BGG, un géant, Sophie.
DÉFI *Dessine les personnages en respectant les proportions.*

2. Sophie présente les géants comme des « monstres », justifie-le en t'appuyant sur des éléments du texte.
AIDE *Appuie-toi sur la description physique des géants et sur leurs actions.*

Je lis entre les lignes

3. **LECTURE D'IMAGES** Observe le photogramme et le dessin. Quels sont les points communs et les différences pour chaque sorte d'ogre ?

4. Quel(s) sentiment(s) Sophie éprouve-t-elle en découvrant le pays des géants ?

5. Quels liens unissent Sophie au BGG ?

6. Pourquoi le BGG n'est-il pas un géant comme les autres ?

Je maîtrise la langue

Toutes les nuits, ils se goinfrent d'**hommes de terre**, répondit le BGG, tous sauf moi. C'est pour ça que tu finirais en **hachis-charpie** si jamais l'un d'eux posait ses mirettes sur toi. Il t'**englouffrirait** d'une seule bouchée comme une **crème chante-Lily**.

7. a. Observe les mots en gras dans cette réplique du BGG et donne leur équivalent au langage courant.
b. Explique le fonctionnement des jeux de mots.

Je m'exprime à l'écrit

■ Écris la suite de ce texte. Le chef des géants cherche à savoir où est Sophie et interroge le BGG. Imagine ce qu'il lui dit et invente des réponses courtes du BGG en essayant de faire des jeux de mots pour parler à sa manière.

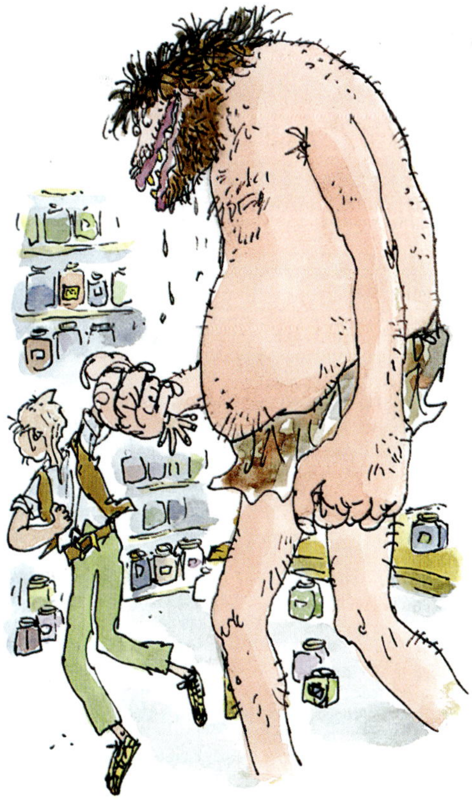

Quentin Blake, illustration du *Bon Gros Géant*.

 COMPÉTENCE : je définis des personnages.

TEXTE INTÉGRAL

▶ Écoute le texte.
▶ Vérifie ce que tu as compris.
bordas.media/733907_033

Les petits tracas des grands ogres

Un ogre se rend chez un médecin.
Quel peut-être le sujet de cette consultation ?

— Ah ! Docteur, ça ne va vraiment pas fort. Je sens comme un poids sur l'estomac et j'ai toujours envie de vomir. Si ça continue, il faudra que je me mette au régime.

— Voyons, voyons, ne vous affolez pas. Ce n'est peut-être pas si grave que ça. Dites-moi ce que vous avez mangé ces jours derniers.

— Eh bien, avant-hier, j'ai croqué un gendarme, un coureur cycliste et une marchande de légumes. Tous bien frais et pas trop gras.

— Ce n'est vraiment pas ça qui vous a rendu malade. Et hier, qu'avez-vous mangé ?

— J'ai avalé une institutrice et quelques-uns de ses élèves. Je ne sais plus combien : ils sont tellement petits à cet âge-là !

— Vous n'avez quand même pas mangé la classe entière d'un seul coup ?

— Non, non, j'en ai gardé quelques-uns pour mon goûter. Et pour le dîner, je me suis fait un sandwich avec un gendarme et deux directeurs d'usine. Au dessert, j'ai pris une danseuse étoile avec son tutu.

— C'est tout ?

— Oui, oui.

— Vous êtes sûr ? Réfléchissez bien.

— Ah, oui, maintenant, je m'en souviens ! En traversant la forêt, j'ai mangé une fraise des bois.

— Ne cherchez plus. C'est ça qui vous a rendu malade !

— Vous pensez que c'est grave, docteur ?

— Mais pas du tout. Tenez, avalez ce cachet et dans trente secondes vous ne sentirez plus rien.

— Et je ne serai pas obligé de me mettre au régime ?

— Pas le moins du monde. Reprenez tranquillement votre alimentation habituelle. Mais évitez les fraises des bois et les framboises !

— Oh merci, docteur, merci beaucoup !

L'ogre, tout joyeux, retrouve son bel appétit. Il se rhabille en vitesse, remet ses souliers, saute sur le médecin... et n'en fait qu'une bouchée.

Bernard Friot, « Consultation », *Nouvelles histoires pressées*,

biographie

Bernard Friot
est un enseignant et écrivain français, né en 1951. Il est l'auteur de nombreux livres pour les enfants et les adolescents.

la clé des mots

L'expression « **avoir un appétit d'ogre** » signifie « manger en très grande quantité ». Elle fait référence aux ogres des contes et à leur appétit démesuré.

Je vérifie ma lecture

1. Qu'est-ce qui est effrayant dans les contes et devient amusant dans ce texte ?

2. À quels autres personnages du chapitre cet ogre te fait-il penser ? Justifie ta réponse.

3. **À DEUX** Mémorisez chacun(e) un des deux rôles et jouez le dialogue. Faites entendre les phrases exclamatives et interrogatives.

COMPÉTENCE : j'analyse une œuvre d'art.

Comment représenter un ogre de la mythologie en peinture?

Francisco Goya, *Saturne dévorant ses enfants*, 1820-1823, huile sur toile, (83 x 146 cm), musée du Prado, Madrid.

Je décris le tableau ➡ Méthode 12, p. 292

1. Lis le titre du tableau : qui sont les deux personnages représentés ?
2. Quels éléments du corps de Saturne attirent immédiatement le regard ? Pourquoi ?
3. Que fait ce personnage ?

J'approfondis la description

4. Comment la peinture montre-t-elle que Saturne est un géant par rapport à ses enfants ? Observe sa posture pour répondre.
5. Comment le peintre utilise-t-il la couleur pour souligner l'action du personnage ?

J'interprète

6. Qu'est-ce qui rend la scène particulièrement effrayante ?
7. Observe le regard du personnage, quel sentiment exprime-t-il ?
8. De quel ogre du chapitre Saturne se rapproche-t-il le plus ?

COMPÉTENCE : j'enrichis mon expression.

Les mots du merveilleux

1. **Classe les mots dans le tableau. Tu peux chercher les mots que tu ne connais pas dans un dictionnaire.**

a. magique
b. fantastique
c. étonnant
d. commun
e. prodigieux
f. féérique
g. quotidien
h. quelconque
i. déplaisant
j. extraordinaire
k. épatant
l. habituel
m. naturel
n. ordinaire

Synonymes de « merveilleux »	Antonymes de « merveilleux »

2. **Recopie et complète la carte mentale avec des mots de la même famille que l'adjectif « merveilleux ».**

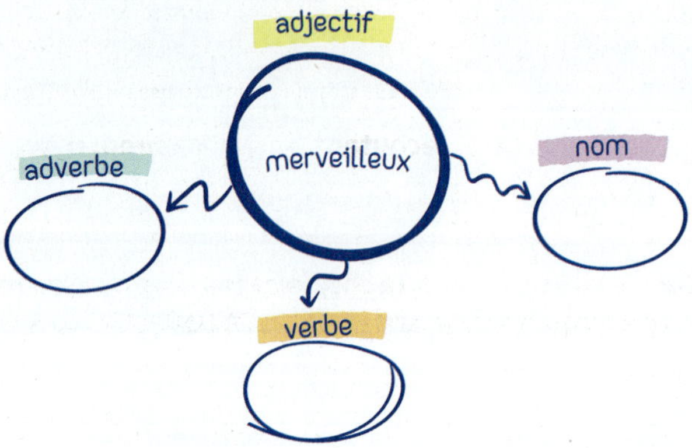

3. **Complète les groupes nominaux avec un adjectif ou un complément du nom parmi ceux proposés. Fais tous les accords nécessaires.**

Liste d'adjectifs : enchanté • merveilleux • prodigieux • féérique • magique

Liste de CDN : de sept lieues • de dragon • de sorcier • d'invisibilité • de cristal.

a. Il mit les bottes … et parcourut des paysages … .

b. La magicienne trouva une boule … dans le château … .

c. La fée agita sa baguette … et une dent … apparut.

d. Il mit sa cape … et découvrit son pouvoir … .

4. **Remets en ordre les lettres pour retrouver des mots qui appartiennent au vocabulaire de la magie.**

EICALEFM | STIORLEGE | TOPONI | CELLEMENTENSOR | ERIFEE | IMEAG

5. **Complète cette grille de mots croisés à partir des définitions.**

MOTS CROISÉS IMPRIMABLES

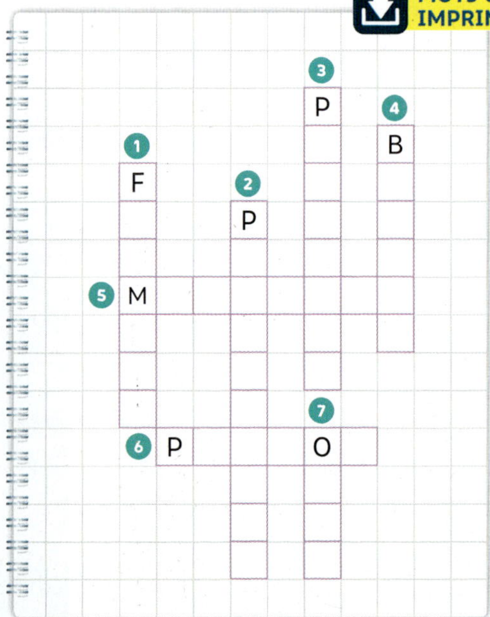

Définitions

1. Expression qui, lorsqu'elle est magique, permet de jeter un sort.
2. Parole qui prédit l'avenir.
3. Dans les contes, ils sont magiques.
4. Elles sont portées par l'ogre et l'aident à se déplacer plus vite.
5. Mauvais sort jeté à quelqu'un.
6. Une boisson magique.
7. Géant qui se nourrit de chair fraîche.

Je m'exprime à l'oral

Ton collège est transformé en un château venu d'un pays merveilleux. Décris certains lieux que tu connais bien (le réfectoire, la salle de classe, le gymnase…), en employant le vocabulaire de la page.

Grammaire
Orthographe

COMPÉTENCE : je maîtrise la langue pour améliorer mon expression.

Écrire au passé : les temps du récit (2)

À savoir

Pour **écrire un récit au passé** tu peux utiliser :
- le **passé simple** de l'indicatif pour l'action principale du récit, au premier plan.
  Il regardait derrière lui quand soudain il ***glissa****.*
- l'**imparfait** de l'indicatif pour exprimer une action secondaire du récit, à l'arrière-plan.
  Il ***rêvait*** *quand le réveil sonna.*

➡ Voir leçon « Employer les temps du récit », p. 341

J'identifie le temps des verbes

1. Dans le texte, repère les verbes conjugués et classe-les dans le tableau.

Dans la maisonnette d'un village, vivait une petite fille qui n'avait plus de mère. Son père, qui était déjà assez vieux, se remaria. Hélas, il ne sut pas bien choisir et il épousa une horrible marâtre. Celle-ci détestait la fillette et la traitait mal. Un jour, son mari se rendit au marché et elle profita pour demander à la petite fille d'aller chez sa tante. Méfiante, la fillette se rendit chez sa marraine lui demander conseil.

D'après le conte russe *Baba Yaga*.

Verbes conjugués à l'imparfait (actions à l'arrière-plan)	**Verbes conjugués au passé simple** (actions au premier plan)

Je respecte la concordance des temps

2. Complète chaque phrase en choisissant le temps qui convient.

a. Le Petit Poucet semait des morceaux de pain, mais les oiseaux les **dévoraient / dévorèrent**.

b. Alors que l'ogre dégustait son repas, on **frappa / frappait** à la porte.

c. Tout le monde dormait, Petit Poucet **se réveillait / réveilla** et **joua / jouait** un mauvais tour à l'ogre.

d. L'ogre mit ses bottes et **partait / partit**.

3. Complète ces phrases en conjuguant le verbe au temps qui convient.

Le Petit Poucet **(parler)** peu, mais il **(écouter)** beaucoup. Ayant entendu le projet de ses parents, de bon matin, il **(aller)** au bord d'un ruisseau, où il **(remplir)** ses poches de petits cailloux blancs.
Le Petit Poucet ne **(révéler)** rien à ses frères quand, avec leurs parents, ils **(partir)** dans une forêt fort épaisse, où on ne **(se voir)** pas l'un l'autre. Le bûcheron **(couper)** du bois, pendant que ses enfants **(ramasser)** des brindilles pour faire des fagots. Le père et la mère **(s'éloigner)** et **(s'enfuir)** par un petit sentier.

D'après **Charles Perrault**, « Le Petit Poucet », *Les Contes de la mère l'Oye*, 1697.

Je prépare la dictée

▶ Écoute la dictée.
bordas.media/733907_034

1. Dans le texte, choisis la bonne terminaison pour les verbes conjugués au passé simple de l'indicatif.

À peine sortie de la maison, la petite fille **vit / vie / vis** deux chiens très maigres, tout prêts à la dévorer. Elle leur **jette / jetas / jeta** du pain tendre, et ils ne lui **firent / font / fîmes** aucun mal. Ensuite, c'est la barrière qui **grinçai / grinça / grince** et qui **voulut / voulus / veux** se refermer pour l'empêcher de sortir. Elle lui **versai / versait / versa** de l'huile sur les gonds, et la barrière **s'ouvris / s'ouvrit / s'ouvre** largement.

D'après le conte russe *Baba Yaga*.

2. Écris ce texte en écoutant la dictée enregistrée.

Je m'exprime à l'écrit

Raconte, en un paragraphe, le repas d'anniversaire d'un ogre auquel tu as assisté en utilisant les temps du récit au passé.

Tomi Ungerer, *Le Géant de Zéralda*, © L'École des Loisirs, 1982.

Expression écrite

COMPÉTENCE : je définis des personnages.

Écrire une histoire d'ogre

SUJET Dans les contes, les ogres sont des monstres dont il faut se méfier. Ils sont très forts, ils sont cupides et surtout, ils aiment manger de la chair fraîche. Dans la situation initiale qui est proposée, l'ogre est un roi et soudain, il vient demander un service à un de ses sujets.

Écris la suite de ce conte qui met en scène un ogre.

Il était une fois un brave paysan qui cultivait paisiblement son lopin de terre et n'exigeait rien de la vie que de voir ses enfants grandir heureux. Hélas ! pour son malheur, il avait comme seigneur un ogre qui lui volait tantôt une poule, tantôt un mouton, quand ce n'était pas une vache. De plus, ce seigneur ogre exigeait une part de chaque récolte. Un jour, l'ogre vient trouver le paysan et lui demanda de...

ÉTAPE 1 J'imagine un élément déclencheur

Lis attentivement le début de l'histoire et imagine l'élément déclencheur qui va venir perturber la situation initiale en complétant cette phrase : « Un jour, l'ogre vint trouver le paysan et lui demanda de... »

★ La demande concerne le paysan.

★★ La demande concerne l'un des fils ou l'une des filles du paysan.

ÉTAPE 2 J'imagine des péripéties

Raconte les péripéties que va vivre le paysan à la suite de la demande de l'ogre.

★ Raconte une péripétie qui implique un personnage adjuvant.

Chat

Fée

Sorcier

★★ Raconte une péripétie qui implique un personnage adjuvant et une autre qui implique un objet magique.

Potion

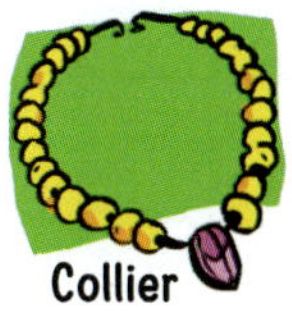
Collier
Paire de bottes

ÉTAPE 3 Je raconte le dénouement

Le problème soulevé par la demande de l'ogre trouve sa résolution. Raconte les circonstances de ce dénouement.

★ Le dénouement contient un affrontement entre l'ogre et le paysan.

★★ Le dénouement contient un affrontement entre l'ogre et le paysan et un dialogue.

Ma boîte à mots

Verbes d'action pour un affrontement : éviter, repousser, défier, inspecter, observer, se hisser, poursuivre, bondir, saisir, (s')agripper, arracher…
Verbes de parole : hurler, chuchoter, murmurer, ordonner, protester, bafouiller, questionner, répliquer…
Connecteurs : d'abord, ensuite, puis, alors, après, après ça, pendant ce temps, à ce moment-là…

ÉTAPE 4 J'imagine la situation finale

À la fin du conte, la situation redevient stable.

★ Raconte la situation finale du paysan.

★★ Raconte la situation finale du paysan et de l'ogre.

ÉTAPE 5 Je m'évalue

Relis ton histoire en t'aidant de la grille ci-dessous pour vérifier que tu as bien répondu au sujet.

	Oui	Non
J'ai respecté les quatre étapes de l'histoire.		
J'ai fait intervenir un personnage et/ou un objet magique.		
J'ai utilisé des connecteurs pour organiser mon conte.		
J'ai varié les verbes et j'ai utilisé la boîte à mots.		

COMPÉTENCE : je prépare une lecture expressive qui fait entendre des émotions.

Savoir conter

ÉTAPE 1 Je découvre les techniques d'une conteuse

▶ Regarde la vidéo. bordas.media/733907_035

Regarde la vidéo de Catherine Zarcate en train de raconter le conte « Le singe et le crocodile ».

1. Pourquoi la conteuse accompagne-t-elle son récit avec des gestes ?
2. Quels sont les différents tons employés par la conteuse ?
3. Quelles émotions la conteuse réussit-elle à faire passer ?
4. À quel personnage chaque émotion est-elle liée ?

Catherine Zarcate conte « Le singe et le crocodile ».

ÉTAPE 2 Je prépare ma lecture ➥ Méthode 7, p. 287

TEXTE IMPRIMABLE

1. **Choisis le passage du « Chêne de l'ogre » (texte p. 130) que tu vas conter :**
   – du début à « L'ogre s'en alla finalement trouver le sorcier. » (l. 39)
   – de « L'ogre revint » (l. 38) [...] « pour la dévorer aussi. » (l. 63)
2. **Repère les éléments importants.**
   – **Note** le nombre de personnages et les émotions liées à chacun pour indiquer le schéma de la voix.
   – **Souligne** les actions et réfléchis aux gestes que tu feras pour les accompagner.
   – **Surligne** la ponctuation et marque les pauses avec une barre oblique.
   – **Repère** les liaisons à prononcer.
3. **Entraîne-toi.**
   Place-toi devant un miroir et lis plusieurs fois le texte en variant le ton et en associant les gestes.

ÉTAPE 3 Je conte devant la classe

Conte l'extrait choisi calmement en variant le ton et en accompagnant ta lecture de gestes.

ÉTAPE 4 Je m'évalue

Évalue ta lecture du conte à l'aide de la grille ci-dessous.

	Oui	Non
J'ai varié le ton pour faire passer les émotions de chaque personnage.		
J'ai accompagné ma lecture de gestes expressifs.		
J'ai capté l'attention de mon public.		

COMPÉTENCE : je lis avec fluidité.

Lire de longues phrases

Le Petit Poucet et ses sept frères se sont perdus en forêt, ils trouvent refuge dans la maison de l'ogre et de ses sept filles. L'ogre a accepté de ne pas dévorer les enfants.

TEXTE IMPRIMABLE

On avait fait coucher les filles de l'ogre de bonne heure, et elles étaient toutes sept dans un grand lit, ayant chacune une Couronne d'or sur la tête. Le Petit Poucet, qui avait remarqué que les filles de l'ogre avaient des couronnes d'or sur la tête, et qui craignait qu'il ne prît à l'ogre quelques remords de ne les avoir pas égorgés dès le soir même, se leva vers le milieu de la nuit, et prenant les bonnets de ses frères et le sien, il alla tout doucement les mettre sur la tête des sept filles de l'ogre, après leur avoir ôté leurs couronnes d'or qu'il mit sur la tête de ses frères et sur la sienne, afin que l'ogre les prît pour ses filles, et ses filles pour les garçons qu'il voulait égorger.

D'après **Charles Perrault**, « Le Petit Poucet » (extrait),
Les Contes de ma mère l'Oye, 1697.

ÉTAPE 1 Je m'échauffe

1. Lis une première fois les virelangues.
a. Un dragon gradé dégrada un gradé dragon.
b. Trois ogres ocres griment trois autres ogres d'encre ocre.
c. Le cricri de la crique crie son cri cru et critique car il craint que l'escroc ne le croque et ne le craque.

2. Relis les virelangues en chuchotant puis en parlant de plus en plus fort.

ÉTAPE 2 Je prépare ma lecture

1. Que fait le Petit Poucet dans le texte ? **Explique** pourquoi.
2. **Lis** le texte, à voix haute, en marquant plus longtemps les pauses aux points et aux virgules afin de prendre conscience de ta respiration.
3. **Lis** le texte en baissant la voix sur le passage en bleu pour donner du rythme à la longue phrase.

ÉTAPE 3 J'évalue ma lecture orale

- **Vérifie** que tu lis à bonne allure et que ta lecture montre une bonne compréhension du texte.

Je lis à bonne allure	Je lis avec expressivité
Je lis le texte en entier en une minute.	Je fais varier le volume de ma voix pour donner du rythme aux longues phrases.

- **Améliore** tes compétences en relisant le texte autant de fois que nécessaire.

Fais le bilan sur les ogres dans les contes

Ce chapitre t'a permis de découvrir les caractéristiques du conte et de rencontrer des ogres mémorables. Fais maintenant le bilan de ce que tu as appris.

1 L'ogre dans les contes

1. **Rédige** un texte pour définir le personnage de l'ogre à partir des expressions suivantes.
   créature monstrueuse | chair fraîche | pouvoir magique | apparaît dans des contes merveilleux

2. Dans ce chapitre, des héros ou des héroïnes ont affronté un ogre. Comment ont-ils fait ?
   Raconte leur histoire en associant les éléments suivants.

Les personnages de conte	Que fait le héros / l'héroïne ?	Titre du conte
I. Le Chat Botté	**1.** Il / Elle défie l'ogre	**a.** *Le Chat Botté*
II. Aïcha	**2.** Il / Elle enferme l'ogre.	**b.** *Jack et le haricot magique*
III. Jack	**3.** Il / Elle vole l'ogre.	**c.** *Le Chêne de l'ogre*

3. **Indique** si les ogres rencontrés dans ce chapitre viennent en aide ou s'opposent au héros ou à l'héroïne.

L'ogre du « Chat Botté »

Le BGG

Le géant de « Jack et le haricot magique »

L'ogre du « Chêne de l'ogre »

4. Parmi les ogres du chapitre, lequel as-tu préféré ?
   Explique pourquoi.

2 Les caractéristiques du conte

SCHÉMA IMPRIMABLE

1. **Lis** et **mémorise** cette carte mentale sur la structure des contes.

Les contes...

- **se déroulent à une période indéterminée.** Ils sont écrits aux temps du passé (imparfait et passé simple).
- **ont pour cadre un univers merveilleux.** On peut y rencontrer des ogres, des sorcières...
- **racontent l'histoire de héros souvent jeunes** qui affrontent des opposants (ennemis) et reçoivent l'aide d'adjuvants (amis).
- **ont une structure fixe.** Leur situation initiale est perturbée par un élément déclencheur. Des péripéties s'enchaînent jusqu'au dénouement et la situation finale.

2. **Rassemble** tes souvenirs du chapitre et **complète** la carte mentale avec des exemples.

3 Le vocabulaire du conte

Vérifie le vocabulaire que tu as appris en complétant la grille de mots croisés ci-dessous.

MOTS CROISÉS IMPRIMABLES

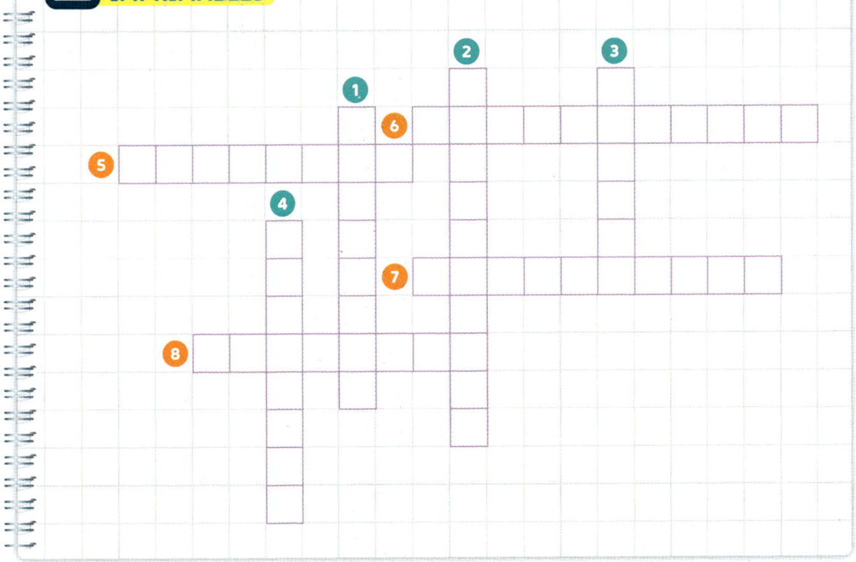

Vertical

1. Se dit de la situation au début d'un conte.
2. Désigne le moment de la résolution du problème dans un conte.
3. Se dit de la situation de la fin d'un conte.
4. Désigne les personnages qui s'opposent au héros ou à l'héroïne.

Horizontal

5. Désigne les personnages qui aident le héros ou l'héroïne.
6. Se dit de l'univers dans lequel se déroulent les contes.
7. Épreuves et aventures que le héros ou l'héroïne doit affronter.
8. Élément déclencheur qui vient perturber la vie du héros.

Projet COMPÉTENCE : j'exploite mes connaissances avec créativité.

Imaginer une histoire à l'aide d'un générateur de contes

Activité individuelle / de groupe
Tu vas créer un générateur de contes pour imaginer et raconter une histoire devant la classe.

MODÈLE IMPRIMABLE

ÉTAPE 1 Je réalise le générateur de contes

Fabrique ton générateur de contes.

– Choisis les éléments que tu inscriras ou dessineras dans chaque triangle en suivant les indications.

– Plie la feuille comme pour réaliser une cocotte en papier.

ÉTAPE 2 J'imagine mon histoire à l'aide de mon générateur

Choisis les éléments de l'histoire.

– Invente un héros ou une héroïne.

– Utilise le principe de la « cocotte en papier » pour créer les éléments composant de ton conte : le lieu, deux personnages secondaires (un qui aide et un qui s'oppose), un objet magique et la raison de la quête.

Imagine une histoire qui respecte les étapes d'un conte.

– Expose la situation initale : « Il était une fois ... qui vivait... »

– Annonce l'élément perturbateur qui annonce la quête : « Soudain... »

– Raconte au moins deux péripéries que traverse ton héros ou ton héroïne. Ces aventures peuvent impliquer un personnage secondaire et l'objet magique.

– Explique le dénouement : « La quête prit fin quand... »

– Conclus en disant ce que dévient ton héros ou ton héroïne dans la situation finale : « Il / Elle vécut... »

ÉTAPE 3 Je m'évalue

Après avoir présenté ton conte devant la classe, évalue-toi avec la grille ci-dessous.

	Oui	Non
J'ai rempli correctement le générateur de contes.		
Je suis capable d'imaginer un conte court en respectant les cinq étapes.		
Je suis capable de le présenter oralement.		

Le coin des curieuses et des curieux

Roman

Kelly Barnhill, trad. Marie de Prémonville
***L'ogresse et les orphelins*, 2022.**

Autrefois la petite ville de Pierre-dans-la-Vallée était prospère et joyeuse. Hélas, une fois la ville réduite en cendres, les habitants se tournent vers l'arrogant maire. Tous, sauf la gentille Ogresse qui vit à l'orée des bois. Quand une fillette disparaît, tous les soupçons se dirigent vers l'Ogresse.

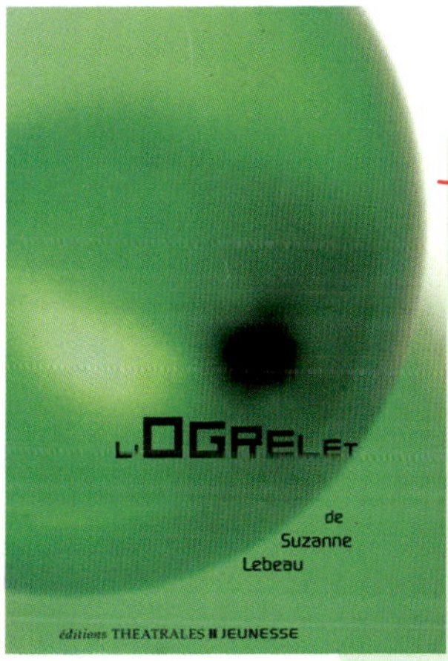

Théâtre

Suzanne Lebeau,
***L'Ogrelet*, 2003**

L'Ogrelet vit seul avec sa mère, à l'écart de la société. Tout va changer le jour où il va commencer à fréquenter l'école. Être différent, c'est une chose, mais être un ogre et avoir soif de sang frais, cela s'avère être encore plus compliqué.

Bande dessinée

Marika McCoola et Emily Carroll,
***L'Assistante de la Baba Yaga*, 2019**

Masha ne trouve plus sa place chez elle lorsque son père revient avec une belle-mère et sa fille. Elle décide de postuler pour devenir l'assistante de la redoutable Baba Yaga.

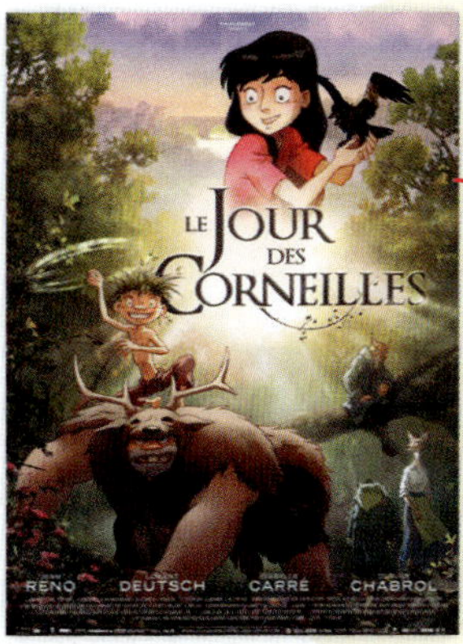

Film

Jean-Christophe Dessaint,
***Le Jour des Corneilles*, 2012**

Au cœur de la forêt vivent le fils Courge et son père, un géant. Persuadé qu'il n'existe rien au-delà de la forêt, le garçon grandit en ignorant la société des hommes, jusqu'au jour où pour soigner son père, il s'aventure dans un village.

Carnet de culture

Dresse un court portrait des ogres et des ogresses que tu rencontres dans tes lectures. Compare-les à ceux rencontrés dans le chapitre. Explique leurs différences et leurs ressemblances.

6 Une vie de monstre

Parcours de lecture dans *Ma vie de monstre* d'Anne Pouget

Qu'est-ce qui définit le monstre : l'apparence ou le regard de l'autre ?

Lavinia Fontana, *Portrait de Tognina Gonsalvus*, vers 1583, musée des Beaux-Arts, Blois.

Je m'exprime à l'oral

Ce portrait est celui d'une petite fille ayant réellement vécu au XVIIe siècle. Qu'a-t-elle pu entendre de bon ou de blessant, face à elle ou dans son dos, à la cour de France ?

Je découvre le roman et son autrice

Ma vie de monstre

L'autrice

Anne Pouget est née en 1955.
Historienne de formation, elle écrit des romans pour la jeunesse qui ont une trame historique.

La présentation du roman

Le roman *Ma vie de monstre* est tiré de faits réels.
Tognina et sa famille ont vécu en 1588 à la cour de France sous la protection de la reine, Catherine de Médicis.
Dans ce récit, tous les personnages sont réels à l'exception d'Odon, le sonneur de cloches dont Tognina tombe amoureuse.

Activité 1 Je fais des hypothèses de lecture

1. D'après la présentation de l'autrice, que peux-tu anticiper sur le contenu du roman ?
2. D'après le titre, de quoi va parler le roman ?
   Qui en sera le narrateur ?

Je découvre les personnages du roman

Activité 2 J'analyse un portrait de famille

1. Quelles sont les particularités de la famille de Tognina ?
2. Pourquoi le peintre a-t-il fait le portrait de cette famille ?

Portrait de la famille Gonsalvus tiré du documentaire de J. Pölster, *La Véritable Histoire de la Belle et la Bête*, 2014.

Je découvre le contexte historique du roman

Lire une histoire inspirée de faits réels permet de découvrir des événements historiques et un mode de vie.

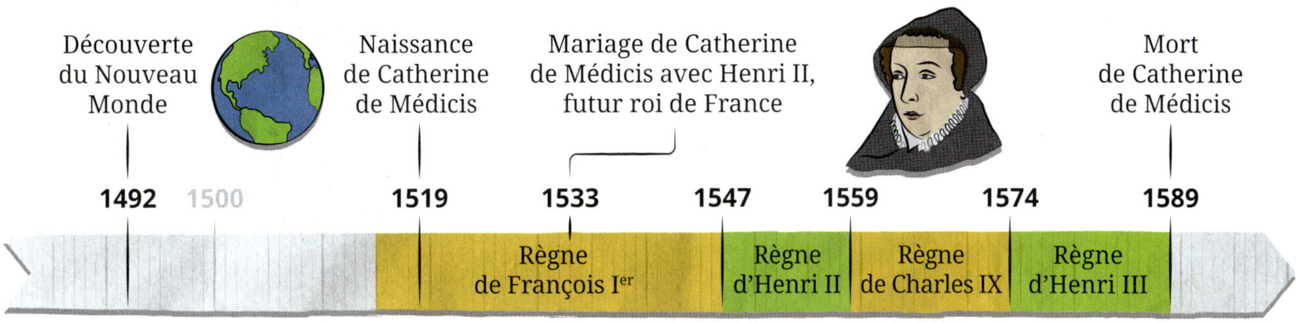

A Frise chronologique **FRISE IMPRIMABLE**

Mon père est né sur une île espagnole avec ce mal que tu lui connais : un corps entièrement recouvert de poils à la manière d'un loup. Un jour, alors qu'il n'avait que neuf ans, il a été capturé dans la rue par des marchands revenant du Nouveau Monde[1]. Ils l'ont emmené de force en France [...] puis l'ont offert au roi Henri[2], le deuxième du nom. Curieux, et voulant voir si un « sauvage » pouvait être éduqué, le roi l'a confié aux meilleurs professeurs de la Cour. L'intelligence de mon père a fait le reste : élève brillant, il est devenu avocat et occupe aujourd'hui la charge de conseiller royal.

Anne Pouget, *Ma vie de monstre*, chapitre 1, © Scrineo, 2018.

1. **Nouveau Monde :** Amérique.
2. **Henri II :** roi de France de 1547 à 1559.

Anonyme, *Portrait de Pierre Gonsalvus*, 1580, huile sur toile (190 × 80 cm).

B Histoire et portrait du père de Tognina

Activité 3 Je situe le roman dans l'histoire

1. Replace ces dates importantes pour les personnages du roman dans la frise chronologique (doc. **A**).
   - 1547 : Pierre Gonsalvus est offert au roi Henri II.
   - 1588 : Naissance de Tognina.
   - 1594 : Le célèbre savant, Ulisse Aldrovandi, rencontre Tognina.
   - 1595 : Réalisation du portrait de Tognina par Lavinia Fontana.
2. Quel événement historique a changé le destin du père de Tognina (docs **A** et **B**) ?
3. Comment le père de Tognina était-il considéré, avant d'arriver à la cour de France ?
4. Que penses-tu du destin du père de Tognina ?

COMPÉTENCE : j'analyse les points de vue.

Un divertissement à la cour

▶ Écoute le texte.
▶ Vérifie ce que tu as compris.
bordas.media/733907_036

Tognina, Madeline et Arigo ont hérité de leur père un corps couvert de poils. Ils vivent à la cour de France et sont au service de la Reine mère, Catherine de Médicis.

Quel rôle les enfants peuvent-ils jouer à la cour ?

Johann Georg Hinz, *Nature morte au cabinet de curiosités*, 1666, musée national Brukenthal, Roumanie.

Piteuse[1], Tognina baissa la tête et suivit Mademoiselle Hélène[2]. « *Sa Majesté*[3] *reçoit* » était une autre manière de dire qu'elle, son frère et sa sœur allaient être exhibés[4] comme des animaux savants devant les invités du jour.

Ces séances se déroulaient toujours de la même manière : d'abord, les convives[5] visitaient le cabinet de curiosités de la souveraine. Là, ils pouvaient s'extasier[6] devant la collection d'objets exotiques de la reine mère exposés dans des vitrines : animaux empaillés, insectes solidifiés dans du gel d'ambre, coquillages ou éventails tout droit venus du Nouveau Monde[7]. À l'issue de cette visite, les invités étaient installés dans le salon rose pour y prendre quelques rafraîchissements. Moment où l'on demandait à la famille de Tognina, aux folles, aux nains, de venir divertir les convives par leurs facéties[8]. [...]

Dans la garde-robe, Madeline et Arigo attendaient déjà vêtus de frais. Une femme de chambre retira sa robe à Tognina avant de la parer d'une toilette aux couleurs printanières.

La porte s'ouvrit sur leur mère, tenant un livre à la main.

— Que diriez-vous d'une histoire pour patienter ?

L'élégante femme s'assit entre ses enfants dans une proximité toute maternelle et se mit à lire d'une voix douce. Tognina écoutait, muette, cette maman si belle qui se penchait sur eux avec amour et, souvent, une tristesse désemparée. De ce que pouvait être sa peine, elle n'en parlait jamais. De ce qu'elle ressentait en voyant ses enfants ainsi exhibés, elle n'en disait jamais rien. Mais son regard souvent embué valait tous les mots !

Le moment venu, une femme de chambre vint chercher les trois enfants pour les conduire au rez-de-chaussée.

1. **Piteuse :** triste et honteuse.
2. **Mademoiselle Hélène** est la demoiselle de compagnie de la reine.
3. **Sa majesté :** la reine mère, Catherine de Médicis.
4. **Exhibés :** affichés, montrés.
5. **Convives :** invités.
6. **S'extasier :** s'émerveiller.
7. **Nouveau Monde :** au XVIe siècle, cette expression désigne l'Amérique.
8. **Facéties :** plaisanteries.

Les invités s'engouffraient joyeusement dans le salon, encore tout émerveillés de ce que l'on avait exposé à leurs regards dans le cabinet de curiosités.

Contrastant avec les robes couleur pêche, lilas ou turquoise, Catherine de Médicis se démarquait par son incontournable robe noire. Les convives installés, on servit les rafraîchissements.

La dizaine de personnes présentes applaudit à l'entrée de Madeline, Tognina et Arigo. Rompus[9] à cet exercice, les enfants marchèrent d'un même pas et firent une révérence[10]. Les éventails s'agitaient et chacun de leurs mouvements, telle une brise légère, faisait flotter les voilettes des dames avec une grâce tout aérienne.

Madeline prit la main d'Arigo et ils esquissèrent[11] quelques pas de danse au son de ce nouvel instrument qui semblait pleurer ses notes : le violon.

On applaudit dans un soupir feutré[12] de gants de satin[13].

Anne Pouget, *Ma Vie de monstre*, chap. 3 © Scrineo, 2018.

9. **Rompus :** habitués.
10. **Révérence :** mouvement du corps qu'on fait soit en s'inclinant, soit en pliant les genoux.
11. **Esquissèrent :** commencèrent.
12. **Soupir feutré :** bruit étouffé, ici par les gants.
13. **Satin :** tissu fin et brillant.

Je m'exprime à l'oral

1. Ce texte te paraît-il choquant ? Explique pourquoi.

Je comprends l'essentiel

2. LECTURE D'IMAGE Explique ce qu'est un cabinet de curiosités au XVIe siècle, en observant le tableau et en relevant ce qui y fascine les invités dans les lignes 7 à 13.

3. Dans quel but Madeline, Tognina, Arigo, les nains et les folles sont-ils conviés par Catherine de Médicis ?

Je lis entre les lignes

4. Pourquoi la mère de Tognina est-elle triste ?

5. Comment le public considère-t-il les enfants ?
AIDE *Repère le verbe répété qui montre que le public est vraiment au spectacle.*

6. À ton avis, que ressent Tognina au moment où Arigo et Madeline dansent pour les invités ?
DÉFI *Identifie la figure de style employée pour désigner le violon et précise l'impression qu'elle produit.*

Je maîtrise la langue : les reprises nominales ➥ p. 346

7. a. Dans les lignes 25 à 31, relève l'ensemble des mots ou expressions qui désignent la mère des enfants.
b. Quelles émotions t'inspire ce portrait ?

Je m'exprime à l'écrit

■ Pourquoi la reine considère certains personnages évoqués dans le texte comme des êtres fascinants ?

la clé des mots

Le mot « **curiosité** » vient du latin *cura*, qui signifie « temps passé à faire quelque chose » ou « quelque chose qui retient l'attention ».
Un cabinet de curiosités est un lieu où sont exposés des objets qui ont des qualités singulières qui retiennent l'attention.

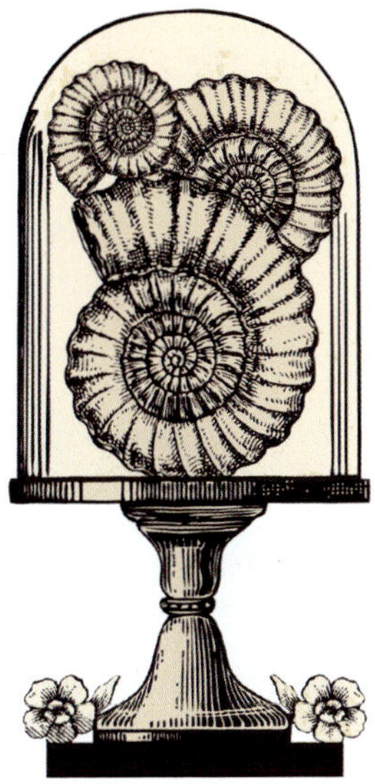

Lecture 2

COMPÉTENCE : je comprends une péripétie.

▶ Écoute le texte.
▶ Vérifie ce que tu as compris.
bordas.media/733907_037

Une culpabilité monstre

Tognina est amoureuse de son ami Odon. Trompée par une déclaration d'amour anonyme, elle dévoile ses sentiments au jeune homme, qui lui révèle qu'il ne les partage pas. Attristée, la jeune fille se sent condamnée à une vie solitaire et vient interroger sa mère sur son mariage.
D'après toi, que va lui révéler sa mère sur sa propre histoire d'amour ?

Dans un murmure, Tognina osa pour la toute première fois :

— Ce que l'on dit de vous, maman, vous fait-il de la peine ? On se demande comment une femme saine de corps et d'esprit, belle, de bonne famille, qui aurait pu prétendre à meilleur parti, a pu accepter d'épouser un homme-chien. Comment... (elle hésita)... comment avez-vous pu sans dégoût lui donner sept enfants ?

Comme si elle attendait cette question depuis longtemps, sa mère délaissa son ouvrage[1] et, le visage tourné vers sa fille, expliqua :

— J'avoue que quand la reine m'a parlé de ton père, j'étais répugnée[2] à l'idée de voir mon sort lié au sien. Je me demandais quelle faute j'avais pu commettre pour mériter telle punition ! Non, ce mariage n'était pas celui dont j'avais rêvé, et j'espérais secrètement qu'il soit annulé. La nuit de noces ? Oui, j'ai été terrifiée, car j'étais persuadée qu'un homme sauvage ne pourrait se comporter que comme une bête... Je tremblais, pensant que je n'y survivrais pas... Pourtant, ton père ne m'a pas touchée. [...] Nous nous sommes assis près du feu, maladroits chacun à notre manière, et alors Pierre – ton père – m'a ouvert son cœur. Il m'a parlé de son exil, de la famille à laquelle il avait été arraché en pleine enfance, de sa souffrance d'être ce qu'il est, le regard que lui portaient les gens. Il se disait malheureux, honteux – selon son propre aveu – devant ma beauté. Conscient de la terreur qu'il m'inspirait, il me promettait de ne me faire aucun mal. Le jour s'était levé sans que nous nous en soyons rendu compte, tout absorbés à échanger nos idées, des paroles de réconfort mutuel. Jour après jour, par la seule force de la parole, je me suis ouverte à la beauté de son âme, j'ai appris à voir au-delà de l'apparence, j'ai compris sa souffrance, compris tous les ressorts de son cœur.

1. **Ouvrage :** occupation.
2. **J'étais épugnée :** j'étais dégoûtée.

Pierre Gonsalvus et sa femme, vers 1575.

— Mais vous avez dû être si malheureux de nous voir naître : d'abord des enfants beaux, puis Madeline, moi, et après Arigo... [...] Oh, maman, comme je regrette de vous faire souffrir à être ce que je suis ! Comme j'aurais voulu naître normale et vous rendre fière de moi...

Sa mère l'entoura de ses bras, la serra contre sa poitrine et lui caressa le front :

— Ce n'est pas ta faute si tu es née ainsi. Sache qu'à mes yeux il n'y a aucune différence, que tu es aussi belle que ton père, tes frères ou tes sœurs, et que je suis fière de tous mes enfants de la même manière. Souviens-toi de ceci : l'amour se moque des apparences et supporte les mauvaises paroles. Et les sots qui ne s'arrêtent qu'à cela ne méritent pas qu'on s'y attarde.

Anne Pouget, *Ma vie de monstre*, chapitre 9,

la clé des mots

Le mot « **culpabilité** » vient du latin *culpabilis* et signifie « qui a commis une faute ». À cause de sa particularité physique, Tognina ressent de la culpabilité.

Je comprends l'essentiel

1. Qu'est-ce qui explique l'origine de l'apparence de Tognina ?

2. Quelle est la première réaction de la mère de Tognina lorsqu'elle apprend qu'elle doit épouser Pierre ?

3. Pourquoi la mère de Tognina change-t-elle d'avis à propos de Pierre ? Justifie ta réponse.

Je lis entre les lignes

4. Quel sentiment Tognina exprime-t-elle à la suite du discours de sa mère ?

AIDE *Lis les lignes 34-37.*

5. Quelle réflexion sur les êtres que l'on juge monstrueux ce passage propose-t-il ?

DÉFI *Repère une phrase qui contient une morale à la fin du texte.*

Je maîtrise la langue : le champ lexical → p. 353

6. a. Quel champ lexical repères-tu dans les lignes 15-33 ?
b. Que révèle-t-il sur le père de Tognina ?

Je m'exprime à l'oral

LECTURE D'IMAGE Quels points communs trouves-tu entre ce texte et le photogramme du film *La Belle et la Bête* ci-contre ?

Je m'exprime à l'écrit

■ Raconte la rencontre entre les parents de Tognina du point de vue de son père, Pierre.
Utilise les mots *peur* • *monstre* • *laid* • *belle*.

Jean Cocteau, *La Belle et la Bête*, 1946.
Avec Jean Marais et Josette Day.

▶ Écoute le texte.
▶ Vérifie ce que tu as compris.
bordas.media/733907_038

Faire la paix

Le Moignon, un nain de la cour de France, a déclaré son amour à Tognina. Celle-ci l'a rejeté comme elle-même a été rejetée par Odon. Quelques mois plus tard, la reine meurt. En apprenant la nouvelle, toute la cour est bouleversée. Tognina se réfugie dans le jardin pour laisser libre cours à ses émotions. Elle y rencontre par hasard Le Moignon.

Comment cette rencontre va-t-elle se passer ?

Diego Velázquez, *Le Nain de cour Francisco Lezcano*, v. 1643-1645, huile sur toile, (107,5 × 83,5 cm), musée du Prado, Madrid.

Désemparée[1], Tognina s'éloigna pour aller s'isoler dans le jardin, où elle tomba nez à nez avec Le Moignon. Le regard noyé de larmes, il avait l'air autant surpris qu'elle par cette rencontre imprévue. Gêné, il essuya ses pleurs d'un revers de manche et la menaça :

— Tu n'as pas intérêt à raconter que tu m'as vu pleurer !

— N'aie pas honte de tes pleurs. Ma mère dit toujours que les larmes ne dévoilent pas notre faiblesse, mais l'humanité qui est en nous.

La peine de Le Moignon avait l'air sincère. Il avait donc un cœur, qu'il dissimulait sous ses pitreries et sa cruauté. Elle le revit au bas des marches, minable d'amour, anéanti comme elle l'avait été devant Odon. Le Moignon était son miroir, elle s'y voyait pour la première fois !

Alors que rien ne l'aurait présagé quelques instants plus tôt, elle se pencha vers lui et, d'un geste affectueux, déposa un baiser sur sa joue.

Le Moignon porta sa main à son visage, incrédule.

— Pourquoi as-tu fait cela ? questionna-t-il.

C'était au tour de Tognina d'être au bord des larmes. Elle hoqueta :

— Faut-il une raison à tout ? Regarde-nous : nous passons notre temps à nous faire des farces cruelles, à nous battre, à comploter les uns contre les autres. Même dans nos différences, chacun se croit toujours supérieur à l'autre, et moi la première lorsque je t'ai repoussé avec mépris.

1. **Désemparée** : desespérée.

Quand je vois tes larmes, je réalise que nous avons un point commun : un cœur, capable de rêver et d'espérer, d'aimer et de souffrir pour toutes ces choses que nous n'obtiendrons jamais.

— Cela voudrait-il dire que tes sentiments à mon égard ont évolué ? demanda Le Moignon d'un ton vivifié.

Tognina fut chagrinée de la réponse qu'elle lui fit :

— Pas comme tu l'espérerais. Je suis désolée de ne pas t'aimer d'amour, c'est ainsi, et je n'y peux rien.

Ils se mirent naturellement à marcher côte à côte. Le Moignon prit la parole :

— C'est vrai : nous sommes cruels parce que nous souffrons. Je suis méchant parce qu'on est méchant avec moi et je me moque des autres comme ils se moquent de moi ! Je fais mes pitreries parce que c'est ce qu'on me demande. Je déteste cela et à la fois je m'y complais[2], parce que c'est mon seul moyen d'exister... [...]

La jeune fille prit une profonde inspiration pour avouer :

— Je suis désolée de t'avoir repoussé avec autant de méchanceté le jour où tu es venu me voir.

Anne Pouget, *Ma vie de monstre*, chapitre 14, © Scrinco, 2018.

2. **Je m'y complais** : j'y trouve de la satisfaction.

la clé des mots

Le Moignon fait toujours des **pitreries**. Le pitre était un acteur populaire chargé d'amuser la foule grâce à des grimaces ou de grosses plaisanteries. Cela a donné l'expression « faire le pitre », c'est-à-dire faire l'intéressant, se donner en spectacle.

Je comprends l'essentiel

1. Pourquoi Le Moignon pleure-t-il ?
2. Pourquoi Le Moignon interdit-il à Tognina de répéter ce qu'elle a vu ?
3. Explique la phrase : « Le Moignon était son miroir, elle s'y voyait pour la première fois ! » (l. 16-17)

Je lis entre les lignes

4. Quelle est la réaction de Tognina face à Le Moignon ? Comment s'explique-t-elle ?
5. Comment Tognina juge-t-elle son comportement et celui de Le Moignon à la cour ?
   AIDE *Relève les mots négatifs des lignes 26 à 29.*
6. Le Moignon a-t-il raison de se considérer comme un être méchant ? Justifie ta réponse en t'appuyant sur le texte.
7. À la fin du texte, pourquoi Tognina prend-elle une profonde inspiration avant de s'exprimer ?
   DÉFI *Indique comment cette dernière réplique de Tognina devrait être prononcée, si ce texte devait être joué.*

Je maîtrise la langue : le champ lexical ➡ p. 353

8. a. Relève les mots ou groupes de mots qui appartiennent au champ lexical des sentiments.
b. Pourquoi peut-on dire que Tognina et Le Moignon sont des amoureux comme les autres ?

Je m'exprime à l'oral ➡ Méthode 6, p. 286

DÉBAT « Les larmes ne dévoilent pas notre faiblesse, mais l'humanité qui est en nous » (l. 10-11) : Êtes-vous d'accord avec cette phrase ? Pourquoi ?

Je m'exprime à l'écrit

LECTURE D'IMAGE En t'inspirant du tableau de Velázquez et du texte, rédige le portrait physique et moral de Le Moignon.

COMPÉTENCE : je lis des œuvres en autonomie.

LECTURE EN LIBERTÉ

▶ Écoute le texte.
▶ Vérifie ce que tu as compris.
bordas.media/733907_039

Un nouveau départ ?

À la mort de Catherine de Médicis, la famille de Tognina est vendue à une duchesse italienne. En arrivant en Italie, tous sont séparés et Tognina rejoint sa nouvelle propriétaire : la marquise de Soragna.
Comment va se dérouler la vie de Tognina chez la marquise ?

Au petit jour, une domestique fit irruption dans la chambre, ouvrit les tentures[1], laissant un soleil tiède inonder la pièce. Une autre suivit, qui déposa un plateau sur un guéridon[2]. Puis elles quittèrent les lieux.

Tognina reprit conscience. Les murs inconnus autour d'elle lui rappelèrent les évènements récents. Elle se leva et se précipita à la fenêtre, espérant pouvoir s'échapper. Mais sa chambre était située à l'étage. [...]

Entendant du bruit dans l'escalier, elle alla se remettre au lit et se recouvrit de son drap comme on s'enveloppe d'un linceul[3].

La porte grinça sur ses gonds.

— Elle n'a rien mangé ! s'exclama une voix féminine.

Des pas s'approchèrent du lit et une main souleva la toile qui recouvrait la nouvelle arrivée.

— Allez, viens ! Il faut que je te prépare !

Tognina se laissa entraîner comme une chiffe molle[4] jusqu'à une tablette où l'on avait déposé des vêtements propres et de l'eau parfumée.

Le flacon débouché, d'où s'échappa une fraîche exhalaison[5], délivra en même temps de douloureux rappels : les arômes[6] de Monsieur René, de la reine Catherine, de Mademoiselle Hélène...

La chambrière[7] s'empara d'un linge humide et se mit à frictionner le visage de Tognina comme si elle lustrait[8] une paire de souliers crottés.

— Comment te nommes-tu ? Comprends-tu ce que je dis ?

L'aide qui l'accompagnait pouffa[9] :

— Ne te fatigue pas en vaines paroles ! As-tu déjà vu un singe parler ?... Tiens, la guenon[10], enfile ça...

L'ayant vêtue sans ménagement, la chambrière lui ouvrit la bouche de force :

— Tu n'as pas intérêt à me mordre sinon je te cogne !

La femme lui mit une cuillère de pâte verdâtre dans la bouche. L'autre lui tendit un verre d'eau en bêlant :

— Tiens ! Gargarise-toi[11] et recrache dans la bassine ! C'est pour les odeurs !

Tognina fit ce qu'on lui avait ordonné. La plus âgée des deux la poussa devant elle en la moquant :

— Ouste, la guenon ! La marquise t'attend ! [...]

1. **Tentures :** rideaux.
2. **Guéridon :** petite table.
3. **Linceul :** drap servant à enterrer un mort.
4. **Chiffe molle :** personne sans énergie.
5. **Exhalaison :** senteur.
6. **Arômes :** parfums.
7. **Chambrière :** domestique.
8. **Lustrait :** faisait briller.
9. **Pouffa :** ria
10. **Guenon :** femelle du singe.
11. **Gargarise-toi :** rince-toi la bouche.

Une femme élégante, d'une beauté mûre, au gracieux port de tête, posa sa tasse sur un guéridon en voyant son invitée s'approcher. Elle prit la parole :

— Je suis la marquise de Soragna. Quel est ton nom ?

Tognina baissa la tête.

— On m'avait pourtant dit que tu comprenais notre langue, insista la femme.

La jeune fille serra les mâchoires. Elle avait décidé de ne plus parler. Peut-être, si on la trouvait mal élevée et insupportable, peut-être la renverrait-on rapidement ? Sinon... Sinon elle chercherait tous les moyens de s'enfuir pour rejoindre les siens.

La marquise appela l'une des femmes de chambre.

— Notre amie est muette. A-t-elle mangé au moins ?

— Non, votre Seigneurie.

S'adressant de nouveau à Tognina :

— Ce que l'on t'a servi ne t'a pas plu ? Qu'aimes-tu ?

Elle tendit à son invitée une tasse remplie d'un breuvage noir :

— Connais-tu le café ?... Mais oui, suis-je bête ! On devait en servir à la Cour de France !

Tognina n'accepta pas la tasse proposée. La marquise l'invita à s'asseoir face à elle, mais sa visiteuse restait plantée comme un piquet, les yeux vissés sur ses chaussons.

— À ta guise[12] ! soupira l'élégante dame.

Raphaël, *Portrait de Maddalena Doni*, huile sur bois (65 × 45,7 cm), 1506, Palazzo Pitti, Florence.

Ayant décidé de l'ignorer, la marquise finit calmement son café puis posa sa tasse, se leva et sortit dans un froufrou de jupons. Les pas s'éloignèrent, le silence s'installa. Une servante entra pour retirer le plateau délaissé par la maîtresse des lieux et, en passant, bouscula délibérément[13] Tognina.

— Allez, pousse-toi de là, guenon.

C'en était trop ! Tognina se rua sur la jeune femme et la mordit avec autant de rage qu'elle avait de souffrance dans le cœur.

On accourut au bruit de la vaisselle cassée et des meubles retournés, on maîtrisa la sauvageonne[14], on la remonta de force dans sa chambre, on s'en débarrassa comme d'un vulgaire paquet. On claqua la porte, que l'on verrouilla.

Anne Pouget, *Ma vie de monstre*, chapitre 16, © Scrineo, 2018.

12. **À ta guise** : comme tu le veux.
13. **Délibérément** : volontairement.
14. **Sauvageonne** : fillette sans éducation.

Je lis pour réfléchir

1. Que subit Tognina dans ce passage ?
2. Pourquoi est-elle traitée ainsi ?
3. Comment Tognina réagit-elle au fur et à mesure du texte ?

▶ Écoute le texte.
▶ Vérifie ce que tu as compris.
bordas.media/733907_040

Un nouveau regard

Séparée des siens, Tognina refuse de communiquer avec les autres. Un jour, Ulisse Aldrovandi, médecin et professeur à l'université de Bologne, lui rend visite.

Quel discours un médecin peut-il tenir à la jeune fille ?

Portrait d'Ulisse Aldrovandi.

L'homme resta attentif et patient. Tognina finit par lui livrer le fond de sa pensée :

— Vous avez parlé de ce qu'on dit à mon sujet... Les autres ne voient en moi qu'un animal curieux et les femmes de chambre m'appellent « le singe », « la guenon » ou encore « la sauvageonne ». Pourtant, je suis bien élevée et instruite, mais ça elles ne le savent pas parce qu'elles ne se sont pas donné la peine de me connaître ! (Des larmes lui montèrent aux yeux, elle eut peine à finir sa phrase.) À l'intérieur de moi, mon cœur est comme un coffret rempli de rires et de larmes, d'amour et de *je t'aime*, mais personne n'en soulève jamais le couvercle. Je suis un peu comme une source d'eau fraîche, perdue au fond des bois, où nul ne vient s'abreuver[1]. [...]

Ulisse lui prit la main et, dans ce contact, elle sentit un véritable élan amical ; ce n'était pas le toucher des curieux ou des médecins, mais un geste affectueux, comme celui de son père lorsqu'il voulait la rassurer.

— Je ne reverrai jamais ma famille ! ajouta-t-elle.

Il sourit avec douceur :

— « Jamais » ! Encore un « jamais » ! Retiens ceci : dans la vie, il faut toujours garder espoir... L'espérance, c'est comme la lune ; même hors de notre portée, elle nous sert de lanterne et nous aide à avancer dans la nuit. Pour ce qui est de ta famille, je vais me renseigner. En attendant, vis chaque instant pour t'y préparer. Aie des choses heureuses à leur raconter lorsque tu les reverras. Prouve-leur qu'ils t'ont bien éduquée, qu'ils t'ont insufflé[2] force et courage pour vivre ta vie. Lorsque tu te réveilles le matin, saisis le jour qui se lève comme une promesse ; même si tu ne sais pas ce qu'il te réserve, prends-le comme un cadeau, car chaque matin est une nouvelle chance. Chacun de nous est l'acteur de sa propre vie. Certes, il y a le destin, contre lequel nous ne pouvons rien. Mais il y a le reste ! Au lieu de tout subir les bras ballants[3], tu peux, par tes actions, en modifier la trajectoire et la saveur. Comme dit l'adage[4] : « Allume ta chandelle au lieu de gémir dans le noir. » [...]

Ulisse se leva :

— Une autre invitée nous attend dans le salon. Nous nous reverrons en bas, dès que tu auras repris apparence humaine.

1. **S'abreuver** : boire abondamment.
2. **Insufflé** : transmis.
3. **Ballants** : pendants.
4. **Adage** : proverbe.

Il sortit, laissant surnager la fin de sa phrase : « apparence humaine »... Tognina fixa le plafond durant un long temps, puis quitta son lit. Elle s'approcha de la table de toilette, saisit un flacon qu'elle déboucha. [...] Avec des gestes lents, elle fit sa toilette et enfila les vêtements qu'on lui avait préparés. Était-ce cela, reprendre « apparence humaine » ? Puis elle se dirigea vers la sortie et descendit les marches de marbre blanc.

Anne Pouget, *Ma vie de monstre*, chapitre 17, © Scrineo, 2018.

Je comprends l'essentiel

1. Que ressent Tognina depuis son arrivée chez la marquise de Soragna ?

2. Quels conseils Ulisse donne-t-il à Tognina ?
AIDE *Relève les verbes à l'impératif des lignes 18 à 31.*

3. « Je suis un peu comme une source d'eau fraîche, perdue au fond des bois, où nul ne vient s'abreuver. » (l. 10-12) Explique cette phrase de Tognina.

4. LECTURE D'IMAGE L'image ci-dessous te semble-t-elle bien illustrer l'état d'esprit de la jeune fille ? Justifie ta réponse.

Je lis entre les lignes

5. Relève les comparaisons qu'Ulisse utilise pour faire comprendre à Tognina qu'elle peut changer son regard sur sa situation.
DÉFI *Analyse plus précisément l'image : « Allume ta chandelle au lieu de gémir dans le noir » (l. 30-31).*

6. À la fin du passage, quelle expression employée par Ulisse fait réagir Tognina ? Explique pourquoi.

Je maîtrise la langue : l'attribut du sujet ➥ p. 320

7. a. Dans les lignes 3 à 5, relève deux attributs du sujet qui caractérisent Tognina.
b. Pourquoi la jeune fille se sent-elle si mal dans sa peau ?

Je m'exprime à l'oral

■ D'après ce texte, quel est le sens de l'expression « avoir une apparence humaine » ? Es-tu d'accord avec cette définition ? Justifie ta réponse.

Je m'exprime à l'écrit

■ Ulisse revient dans son université. Sur le trajet, il écrit un compte rendu de son entretien avec Tognina, pour présenter ce cas extraordinaire à ses confrères. Rédige ce texte dans lequel le médecin insistera sur le portrait moral de la jeune fille.

Gerolamo Induno, *Mauvais Pressentiment*, 1862, huile sur toile (67 × 86 cm), pinacothèque de Brera, Milan.

Texte écho

COMPÉTENCE : je comprends l'implicite d'un texte.

▸ Écoute le texte.
▸ Vérifie ce que tu as compris.
bordas.media/733907_041

Un monstre amoureux

Pour sauver la vie de son père, la Belle a accepté de rester au château de la Bête. Depuis trois mois, elle est installée, et ne manque de rien puisque la Bête lui offre tout ce qu'elle désire, sauf la liberté.
Pourquoi la Bête retient-il la Belle prisonnière ?

biographie

Jeanne-Marie Leprince de Beaumont
(1711-1776).
est une femme de lettres française. Elle est l'autrice d'environ soixante-dix volumes de contes pour enfants.

Chaque jour, la Belle découvrait de nouvelles bontés[1] dans ce monstre. L'habitude de le voir l'avait accoutumée à sa laideur ; et, loin de craindre le moment de sa visite, elle regardait souvent à sa montre, pour voir s'il était bientôt neuf heures ; car la Bête ne manquait jamais de venir à cette heure-là.

Il n'y avait qu'une chose qui faisait de la peine à la Belle, c'est que le monstre, avant de se coucher, lui demandait toujours si elle voulait être sa femme, et paraissait pénétré de douleur lorsqu'elle lui disait que non. Elle lui dit un jour :

— Vous me chagrinez, la Bête ; je voudrais pouvoir vous épouser, mais je suis trop sincère pour vous faire croire que cela arrivera jamais ; je serai toujours votre amie, tâchez de vous contenter de cela.

— Il le faut bien, reprit la Bête ; je me rends justice, je sais que je suis bien horrible ; mais je vous aime beaucoup. Cependant je suis trop heureux de ce que vous voulez bien rester ici ; promettez-moi que vous ne me quitterez jamais.

La Belle rougit à ces paroles ; elle avait vu, dans son miroir, que son père était malade du chagrin de l'avoir perdue, et elle souhaitait de le revoir.

— Je pourrais bien vous promettre, dit-elle à la Bête, de ne vous jamais quitter tout à fait, mais j'ai tant d'envie de revoir mon père, que je mourrai de douleur si vous me refusez ce plaisir.

— J'aime mieux mourir moi-même, dit le monstre, que de vous donner du chagrin ; je vous enverrai chez votre père, vous y resterez, et votre pauvre Bête en mourra de douleur.

— Non, lui dit la Belle en pleurant ; je vous aime trop pour vouloir causer votre mort ; je vous promets de revenir dans huit jours. Vous m'avez fait voir que mes sœurs sont mariées et que mes frères sont partis pour l'armée ; mon père est tout seul, souffrez[2] que je reste avec lui une semaine.

— Vous y serez demain au matin, dit la Bête ; mais souvenez-vous de votre promesse. Vous n'aurez qu'à mettre votre bague sur une table en vous couchant quand vous voudrez revenir. Adieu, la Belle.

La Bête soupira selon sa coutume[3] en disant ces mots, et la Belle se coucha toute triste de l'avoir affligée.

Jeanne-Marie Leprince de Beaumont, « La Belle et la Bête »,
Contes moraux pour l'instruction de la jeunesse, 1757.

1. **Bontés :** qualités.
2. **Souffrez :** acceptez.
3. **Coutume :** habitude.

Je vérifie ma lecture

1. Que cherche à obtenir la Bête ?

2. Pourquoi La Belle n'accepte pas la demande de la Bête ?

3. Pourquoi Tognina ressemble-t-elle à la fois à la Belle et à la Bête ?

COMPÉTENCE : j'analyse une œuvre d'art.

Comment la sculpture peut-elle représenter la monstruosité ?

1 **Léopold Chauveau**, *Tante Louise*, vers 1911, bronze à la cire perdue, (43,5 × 27 × 29 cm), musée d'Orsay, Paris.

2 **Léopold Chauveau**, *Marfou*, 1911, plâtre, (12,5 × 13,5 × 17,8 cm), musée d'Orsay, Paris.

J'analyse les sculptures

1. Quels éléments paraissent monstrueux dans ces sculptures ?
2. Quels éléments rappellent une apparence humaine ?

Je comprends la composition des sculptures

3. Décris précisément une sculpture en montrant comment le sculpteur associe des éléments de différentes natures.
4. Compare les regards des deux créatures et explique comment l'artiste les met en valeur.
5. À partir de ta description, donne un titre qui explicite l'association des différents éléments. *Exemple : l'homme-chien.*

J'interprète

6. Pour toi, le sculpteur cherche-t-il à effrayer, toucher ou amuser avec ces deux œuvres ?
7. Quelle sculpture préfères-tu ? Pourquoi ?

biographie

Léopold Chauveau
(1870-1940)
s'initie à la sculpture vers 1905 alors qu'il exerce la médecine depuis plusieurs années. Dès 1907, les monstres deviennent un sujet récurrent de ses sculptures comme de ses dessins.

Vocabulaire

COMPÉTENCE : j'enrichis mon vocabulaire.

Les mots des émotions

1. a. Recopie et complète les cartes mentales de la colère et de la tristesse avec les mots suivants :

la peine • le chagrin • l´amertume • la rage • la fureur • l´irritation • s´emporter • se fâcher • s'énerver • regretter • pleurer • souffrir • irritable • malheureux • mélancolique • abattu • coléreux • morose • irascible

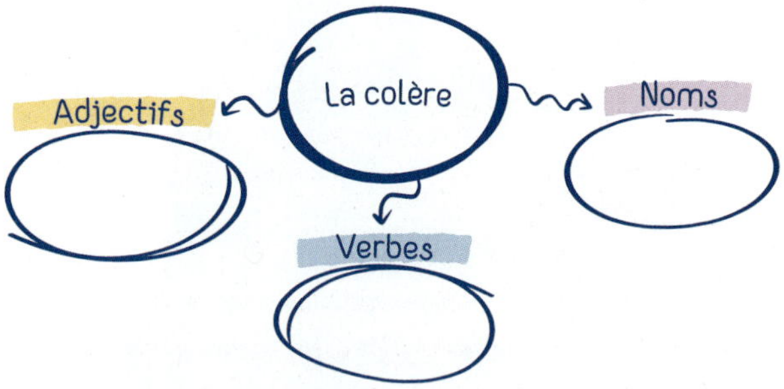

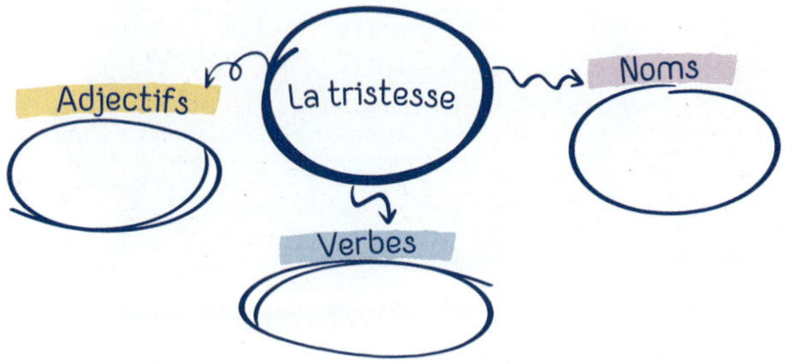

b. Sur le modèle de ces cartes mentales, réalise celle de la peur.

2. Associe chaque expression à la bonne émotion.

peur · colère · tristesse · joie · surprise · dégoût

a. rester bouche bée - b. soulever le cœur - c. bouillir de rage - d. être sur un nuage - e. broyer du noir - f. prendre ses jambes à son cou - g. couper le souffle - h. voir rouge - i. avoir le cafard - j. avoir la chair de poule - k. avoir le cœur gros - l. sortir de ses gonds

3. Repère le radical commun à chacun des mots de ces listes. Puis classe les mots selon leur classe grammaticale.

a. indignation, indigné, indigner
b. agacé, agaçant, agacer, agacement
c. exaspération, exaspérant, exaspéré, exaspérer
d. rage, enrager, rageur
e. nerveux, énerver, nervosité, énervement
f. irriter, irritation, irritant, irritable, irritabilité

4. a. Classe ces adjectifs selon l'émotion qu'ils expriment sur chacun des baromètres en tenant compte de leur intensité. Utilise un dictionnaire si besoin.

épanoui • gai • triste • furieux • mécontent • euphorique • mélancolique • désespéré • heureux • terrorisé • morose • épouvanté • intimidé • enjoué • effrayé • énervé • joyeux • fâché • inquiet • apeuré • mécontent

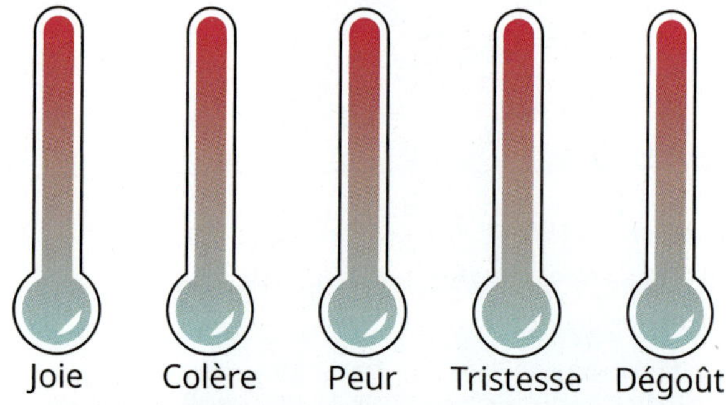

b. Complète le baromètre du dégoût avec des adjectifs d'intensité différente.

5. Complète ces phrases avec le verbe qui convient.

sourire • pleurer • rougir • bondir • trépigner

1. Hamid a peur des chiens, quand il en voit un, il … .
2. Ma sœur a cassé son vélo, elle … de colère.
3. Suzie … de joie, elle a gagné la course.
4. Lou ne … plus depuis que son serpent a disparu.
5. Mon frère … quand on ne surprend en train de danser.

Je m'exprime à l'oral

EN GROUPE Placez-vous en cercle autour d'une table.

– Un(e) élève se lève et annonce une émotion : joie, tristesse, colère, peur ou dégoût.

– Le camarade à sa gauche, lève la main et dit à son tour un nom, un adjectif, un verbe ou une expression en lien avec l'émotion demandée. Et ainsi de suite jusqu'à épuisement du thème. Si tu n'as pas de proposition, lève la main et dis : « Je passe. »

– Un(e) élève note les differents mots proposés.

COMPÉTENCE : je maîtrise la langue pour améliorer mon expression.

Décrire avec des attributs du sujet

À savoir

Pour décrire et permettre au lecteur de voir le décor ou le personnage, il faut apporter des précisions. Pour cela, on peut utiliser des **attributs du sujet**.

– Un attribut du sujet apporte des **précisions** sur le sujet grâce à un verbe attributif : être, sembler, paraître, devenir, ressembler à, exister, se montrer, demeurer, passer pour, rester, tomber, vivre.

– Il s'**accorde** en **genre** et en **nombre** avec le sujet.

*Tognina **paraît** malheureuse : les regards des servantes **semblent** méprisants.*

➡ Voir la leçon « L'attribut du sujet », p. 320.

Je repère les attributs du sujet

1. Repère les attributs du sujet dans les phrases suivantes. Puis réécris-les au pluriel.

a. Cette robe est neuve.
b. L'immense prairie semble brumeuse.
c. Sa moquerie devient vraiment insupportable.
d. Il est un bon ami.

2. Recopie uniquement les phrases qui contiennent un attribut du sujet. Encadre le verbe et souligne l'attribut du sujet.

a. Tognina semble triste aujourd'hui.
b. Nous prendrons un thé au salon.
c. Ce livre illustré est très ancien.
d. Tognina se parfume avant de descendre.
e. Est-elle seule dans ce grand château ?
f. La solitude devient trop pesante.

3. Repère l'attribut du sujet dans chaque phrase et indique sa nature.

a. Il est médecin dans une grande ville.
b. Le Moignon est amoureux de Tognina.
c. Ce tableau est à vendre.
d. Si j'étais vous, je ne dirais pas ça !
e. Ce plat italien a l'air délicieux.

Je manipule les attributs du sujet

4. Complète chaque phrase avec un attribut de la nature indiquée. Fais les accords nécessaires.

a. Cette jeune fille semble … (adjectif).
b. Tognina est … (groupe nominal).
c. Ulisse et Tognina deviennent … (groupe nominal).
d. Le personnage principal est … (nom propre).

5. Complète ces phrases en utilisant des verbes attributifs, autre que *être*.

a. Ulisse … malade, il est très pâle.
b. La marquise … pressée de recevoir les invités.
c. Ce chien … hargneux quand on veut le caresser.
d. La domestique … ennuyée par l'attitude de Tognina.
e. Cette peintre … Lavinia.

Je prépare la dictée

▶ Écoute la dictée. bordas.media/733907_042

1. Souligne les attributs du sujet.

2. Lis le texte et choisis les formes correctes pour respecter les accords.

Tognina est raide et **droit / droite** dans le salon. Ses dents sont serrées, elle a décidé de rester **muet / muette**. Elle ignore les domestiques qui semblent **furieuse / furieuses** contre elle. Tognina n'est pas **surpris / surprise**, ce n'est pas la première fois qu'elles sont **fâchées / fâchés**. Elle a pris l'habitude de rester **discret / discrète** et **prudent / prudente** pour se faire oublier.

D'après **Anne Pouget**, *Ma vie de monstre*, © Scrineo, 2018.

3. Écris ce texte en écoutant la dictée enregistrée.

Je m'exprime à l'oral

Propose une description des deux personnages sans utiliser plus d'une fois les termes « la Belle » et « la Bête ».

Utilise au moins trois attributs du sujet en variant les verbes attributifs.

Bill Condon, *La Bête et la Belle*, 2017.
Avec Emma Watson et Dan Stevens.

Expression écrite

COMPÉTENCE : je structure mon écrit grâce à des contraintes de style.

Rédiger une page du journal intime de Tognina

SUJET

Pour se sentir moins seule, Tognina tient un journal intime dans lequel elle se confie sur les événements qu'elle vit.

Rédige une page de ce journal à partir d'un extrait du roman.

Tognina souffre à cause de son apparence. Elle décide de rencontrer le célèbre chirurgien Ambroise Paré pour tenter de trouver une solution.

La jeune fille exposa son **malheur**. Ambroise Paré soupira d'impuissance.

— Il n'existe malheureusement aucune drogue qui pourrait te débarrasser de tous ces poils à part les arracher à la poix[1] !

— N'y a-t-il donc pas d'opération qui pourrait me retirer toute la peau du corps pour en faire pousser une autre, toute neuve et sans ce maudit pelage ? Même les serpents ont la chance de muer[2] !

— Tu ne voudrais tout de même pas qu'on te dépouille[3] comme un lapin ?

— Si ça pouvait me rendre **normale**, je m'y soumettrais sans hésiter !

Le médecin fit face à sa jeune interlocutrice et expliqua avec compassion :

— La chirurgie réparatrice existe bien, mais uniquement lorsqu'elle est utile pour restaurer un nez coupé ou des membres mutilés. [...]

La jeune fille comprit — car elle connaissait la réputation pleine d'humanité du médecin — qu'il déplorait la chose tout en avouant son impuissance à lui venir en aide.

Rappelé à l'ordre par un assistant, le médecin s'excusa et prit congé[4]. **Éperdue de chagrin**[5], Tognina revient sur ses pas.

Anne Pouget, *Ma vie de monstre*, chapitre 9, © Scrineo, 2018.

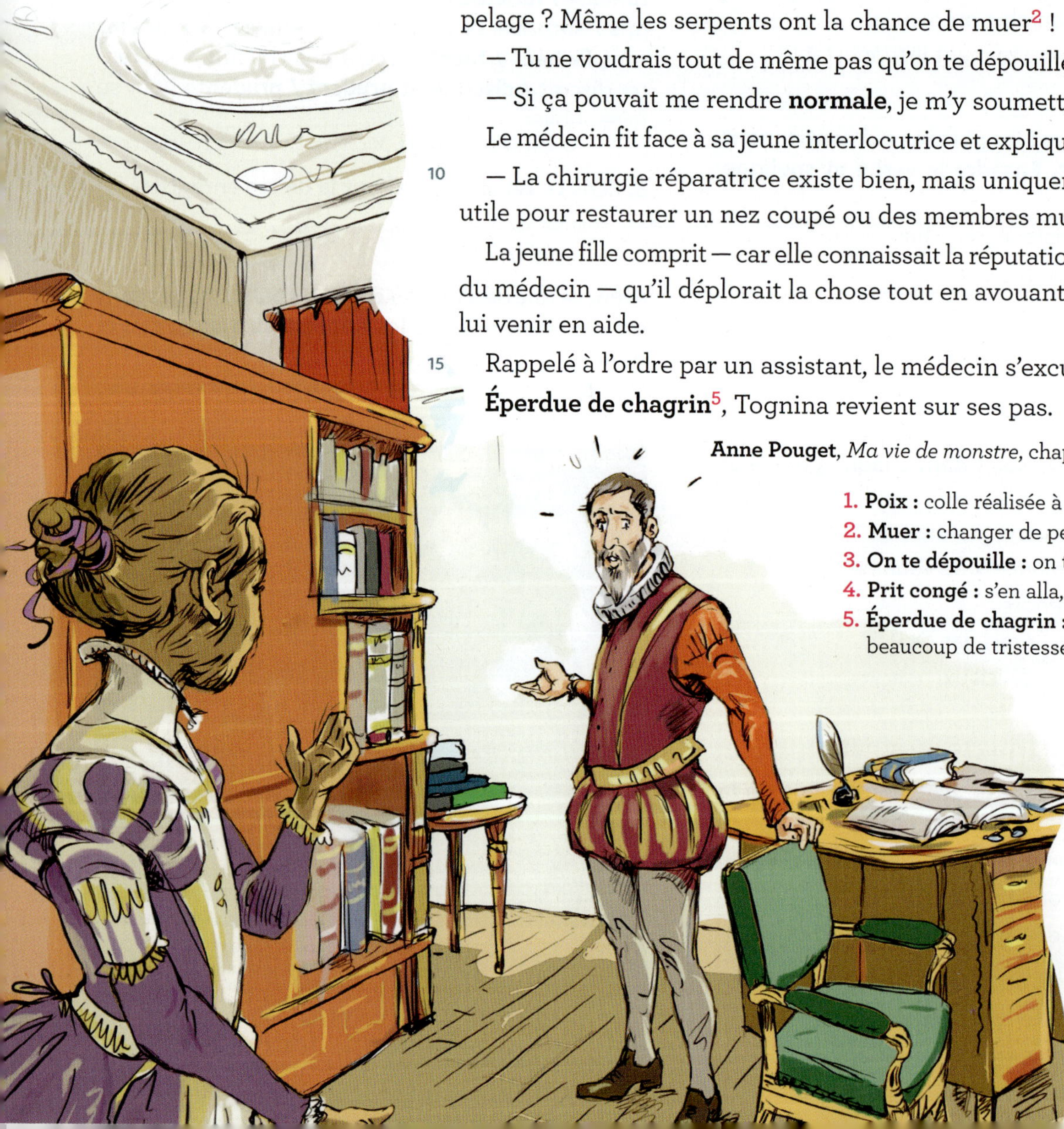

1. **Poix :** colle réalisée à partir de goudron.
2. **Muer :** changer de peau comme un serpent
3. **On te dépouille :** on t'enlève la peau.
4. **Prit congé :** s'en alla, partit.
5. **Éperdue de chagrin :** Tognina ressent beaucoup de tristesse.

ÉTAPE 1 Je découvre l'extrait

Lis le texte et réponds aux questions.

1. Que demande Tognina au médecin ?

2. Pourquoi le médecin ne peut pas répondre à cette demande ?

3. Qu'indiquent les mots en gras sur ce que ressent Tognina ?

4. À l'issue de cette rencontre, comment Tognina se sent-elle ?

ÉTAPE 2 Je rédige mon brouillon

Voici le début d'une page du journal intime de Tognina. Rédige la suite.

1. Dans un premier paragraphe, Togniga explique qui elle a rencontré.

2. Dans un deuxième paragraphe, elle raconte cette rencontre :

★ elle explique pourquoi elle a rencontré le médecin.

★★ elle explique les raisons de cette rencontre et résume ce qu'ils se sont dit.

3. Dans un troisième paragraphe, elle confie ce qu'elle a ressenti :

★ elle fait part de ses émotions après cette rencontre.

★★ elle rend compte de l'évolution de ses émotions avant, pendant et après cette rencontre.

Ma boîte à mots

Verbes pour exprimer des sentiments : je regrette ; j'ai besoin de ; j'aurais tellement aimé ; j'ai peur de ; j'appréhende ; ce qui m'étonne, c'est ; le seul problème, c'est que…
Verbes en lien avec le regard : observer, dévisager, interroger du regard, fixer…
Noms pour désigner la rencontre : entrevue, dialogue, entretien, discussion…
Verbes de la discussion : débattre, convaincre discuter, dialoguer, s'entretenir, se taire, affirmer…

ÉTAPE 3 J'améliore mon texte

1. Relis ton brouillon et vérifie avec la grille ci-dessous que tu réponds bien à la consigne.

	Oui	Non
Mon texte est écrit à la première personne du singulier (« je »).		
Mon texte raconte une rencontre très importante pour Tognina.		
Mon texte exprime les sentiments de Tognina.		
Mon texte est écrit principalement au passé composé et à l'imparfait.		

2. Améliore ton texte en corrigeant les passages qui te semblent maladroits et en vérifiant la syntaxe et l'orthographe.

Expression orale

COMPÉTENCE : je rédige un portrait.

Donner la parole à un monstre

SUJET Tu vas imaginer un être hybride, mi-l'humain mi-animal et lui prêter ta voix.
Fais le portrait de cet être exceptionnel et présente-le comme si tu étais lui.

ÉTAPE 1 J'imagine un être exceptionnel

1. **Dessine un être hybride**, entre l'humain et l'animal avec une expression particulière (colère, joie, tristesse...).
Inspire-toi des illustrations ci-contre, de créatures que tu connais ou de recherches au CDI ou sur Internet.
2. **Choisis-lui un nom ou un surnom.** Ajoute-le sur ton dessin.
3. **Accrochez** vos dessins dans la salle.

Benjamin Lacombe, *L'Étonnante Famille Appenzell*, © Éditions Margot, 2020.

ÉTAPE 2 Je fais le portrait de mon personnage

- **Rédige son portrait.**

– Décris son physique et son caractère et donne des indications sur ses émotions.
– Souligne avec des couleurs différentes les parties de ton portrait : description physique et description morale.

Ma boîte à mots

Adjectifs pour décrire le visage : rond, ovale, allongé, joufflu...
Adjectifs pour décrire l'expression du visage : triste, fatigué, soucieux, doux, sympathique, sévère, détendu, aimable, inquiet...
Adjectifs pour décrire une attitude : triste, fatigué, soucieux, doux, sympathique, sévère, détendu, aimable, inquiet...

ÉTAPE 3 Je présent mon personnage à la classe

1. **Entraîne-toi à faire parler ton personnage.**
   – Lis ton texte avec un ton qui correspond à l'émotion de ton personnage.
   – Relis plusieurs fois tes notes en levant régulièrement le regard.
2. **Présente** ton personnage devant la classe, en essayant de ne pas lire tes notes.
3. **Retrouvez** le nom et le dessin de chaque monstre.

ÉTAPE 4 J'évalue mon portrait

- **Évalue** ton portrait à l'aide de la grille ci-dessous.

	Oui	Non
Mon portrait est écrit à la première personne du singulier.		
Mon portrait physique et morale correspond à mon dessin.		
J'ai incarné mon personnage et je n'ai pas trop regardé mes notes.		

Lecture à voix haute

COMPÉTENCE : je lis avec expressivité.

Lire en variant les intonations

TEXTE IMPRIMABLE

Depuis qu'elle est en Italie, Tognina n'a pas de nouvelles de sa famille, mais comme promis, Ulisse a fait des recherches.

– Es-tu réveillée ? chuchota Ulisse.

Tognina ouvrit mollement les yeux. Le sourire apaisé d'Ulisse augurait quelque nouvelle réjouissante.

Il lâcha enfin :

– J'ai reçu une lettre de la marquise de Soragna. Ta famille va bien. Elle a obtenu de la recevoir à Parme. Tu vas retrouver les tiens prochainement !

Tognina fixa son protecteur, incrédule.

– Les revoir ? Dans combien de temps ?

– Une semaine, peut-être deux… murmura-t-il d'une voix douce.

– C'est trop long deux semaines, gémit-elle.

– Un si long voyage, ça ne s'improvise pas, ma chère !

D'après **Anne Pouget**, *Ma vie de monstre*, chapitre 23, © Scrineo, 2018.

ÉTAPE 1 Je m'échauffe

- **Module ta voix en fonction de la taille des lettres :** plus les lettres sont écrites en grand, plus tu dois dire les mots avec une voix forte.

J'ai reçu une lettre de ma famille, je suis folle de joie, enfin, je vais revoir mes parents, mes frères, mes sœurs !

ÉTAPE 2 Je comprends le texte

1. À quels sentiments les phrases exclamatives correspondent-elles ?

2. À quels sentiments les phrases interrogatives correspondent-elles ?

3. Comment les sentiments de Tognina et d'Ulisse évoluent-ils ? Souligne les mots et les indications typographiques qui te permettent de répondre.

ÉTAPE 3 Je prépare ma lecture

- **Lis le texte à voix haute en modulant le volume de ta voix**, pour faire entrendre celle des deux personnages. Aide-toi du repérage que tu as fait à l'étape 2.

ÉTAPE 4 J'évalue ma lecture orale

1. Vérifie que tu lis à bonne allure et que ta lecture montre une bonne compréhension du texte.

Je lis à bonne allure	Je lis avec expressivité
Je lis le texte en entier en moins d'une minute.	Je fais varier les intonations en modulant ma voix selon les personnages et leurs émotions.

2. Améliore tes compétences en relisant le texte autant de fois que nécessaire.

Bilan

COMPÉTENCE : je reconnais les relations entre les personnages.

Fais le bilan sur le roman *Ma vie de monstre*

Ce chapitre t'a permis de voir comment on pouvait être perçu, lorsque l'on est physiquement différent des autres. Fais maintenant le bilan sur ce que tu as appris.

1 Le roman *Ma vie de monstre*

1. **Résume** l'histoire du roman en choisissant la ou les bonnes propositions.

   a. **Les personnages de ce roman sont :** Ulisse • Octave • Madeleine • Madeline • Arigo • Catherine de Médicis • Marie-Antoinette • Le Moignon • Le Mignon • La marquise de Soragna • Le marquis de Soragna

   b. **L'histoire se passe en :** 1488 • 1588 • 1688

   c. **L'histoire se déroule en France et en :** Espagne • Italie • Angleterre

   d. **Au XVIe siècle, à la cour de France, la reine et le roi sont entourés par :**
   - des animaux fantastiques, des gobelins, des sorcières.
   - des animaux aquatiques, des nains et des fous.
   - des animaux exotiques, des nains, des naines, des fous et des folles.

   e. **L'autrice s'est inspirée :**
   - de faits réels • de contes • d'épopées antiques

2. **Recopie et complète** cette fiche présentant le personnage principal : Tognina

   Tognina …………… instruite et …………… .
   Tognina …………… du regard des autres.
   Tognina …………… de sa famille après la mort de …………… .
   Tognina …………… un médecin en Italie qui devient son ami.
   Tognina …………… Lavinia Fontana qui …………… .

3. **Choisis** trois mots qui évoquent les thèmes du roman.
   Explique ton choix.

   souffrance • tolérance • ressemblance • égalité • exclusion • différence • joie

4. Dans ce roman, tu as découvert des personnages qui ont réellement vécu.
   Pour chacun indique sa fonction : médecin • chirurgien • reine de France • conseiller royal.

Ambroise Paré

Catherine de Médicis

Ulisse Aldrovandi

Pierre Gonsalvus

2 Le monstre à la croisée des regards

1. **Lis et mémorise** ce schéma qui questionne la figure du monstre à travers les différents regards qui se posent sur lui.

Le monstre vu par…

ses ami(e)s et sa famille.
Les proches ont en général un regard tendre et de la compréhension.

lui-même.
Les monstres peuvent souffrir de leur différence physique, se sentir repoussants, effrayants.

un lecteur ou une lectrice.
La fiction permet de se mettre à la place des monstres et de comprendre ce qu'ils ressentent.

des étrangers.
Leur regard est souvent cruel, car ils jugent ou se moquent sans même connaître.

2. **Observe** la peinture authentique de Tognina que tu as découverte au début de ce chapitre. **Réponds** aux questions puis complète la carte mentale de Tognina.

a. Quelle a été ta première réaction en voyant ce portrait ?

b. Qu'as-tu appris dans le roman sur les manières dont elle était perçue par son entourage ?

c. Toi, qui la connais mieux à présent, que vois-tu dans ce portrait ?

SCHÉMA IMPRIMABLE

Tognina vue par…

ses amis et sa famille.

elle-même.

moi.

des étrangers.

Lavinia Fontana, *Portrait de Tognina Gonsalvus*, vers 1583.

Projet

COMPÉTENCE : j'exploite mes connaissances avec créativité.

Rédiger une publication *Bookstagram*

Activité individuelle

Bookstagram est un terme utilisé sur *Instagram* pour parler des passionnés de lecture qui publient des photographies de livres et des avis de lectures. Rédige la publication sous forme de bookstagram pour présenter le roman *Ma Vie de monstre* d'Anne Pouget.

ÉTAPE 1 Je présente le livre

- Écris une présentation du livre contenant le titre, le nom de l'autrice.
- Rédige un court résumé de l'histoire mettant en avant le personnage principal, les lieux, l'époque, les principales actions.

ÉTAPE 2 Je donne mon avis

- Rédige ton appréciation sur le livre en expliquant ce que tu as le plus ou le moins aimé.

Pour expliquer ton avis, tu peux parler :

– des personnages : sont-ils attachants ? Te sens-tu proches d'eux ?

– du cadre spatio-temporel : as-tu aimé découvrir une époque passée ? L'époque est-elle décevante, palpitante ?

– des thèmes qui t'ont le plus touché(e) ?

- Explique en une phrase pourquoi tu recommandes ou non de lire ce roman.

ÉTAPE 3 J'invente des hashtags

- Invente 3 hashtags en lien avec le roman, afin de compléter la liste suivante : #bookstagram, #maviedemonstre, #Tognina, #annepouget …

ÉTAPE 4 Je prends une photographie qui met en scène le livre

- Pour être réussie, ta photographie doit faire apparaître des éléments essentiels de l'œuvre : sers-toi d'objets, de tissus qui évoquent le personnage, les lieux, l'époque…

ÉTAPE 5 Je publie mon #bookstagram

- Télécharge le modèle du projet, pour le compléter. MODÈLE IMPRIMABLE

ÉTAPE 6 Je m'évalue

	Oui	Non
J'ai présenté le livre.		
J'ai résumé le livre.		
J'ai donné mon avis.		
J'ai créé un visuel en lien avec l'histoire.		

Le coin des curieuses et des curieux

Romans

R. J Palacio, traduit par Juliette Lê,
Wonder, 2014

« Je m'appelle August. Je ne me décrirai pas. Quoi que vous imaginiez, c'est sans doute pire. »

Né avec une malformation faciale, August, dix ans, n'est jamais allé à l'école. Aujourd'hui, pour la première fois, ses parents l'envoient au collège... Pourra-t-il convaincre les élèves qu'il est comme eux ?

Clémentine Beauvais,
***Les Petites Reines*, 2015**

Sacrées « Boudins de l'année » sur Facebook, Mireille, Astrid et Hakima sont décidées à ne pas se lamenter tout l'été. En selle ! Direction Paris, et la garden-party de l'Élysée, où elles ont chacune une excellente raison de se rendre.

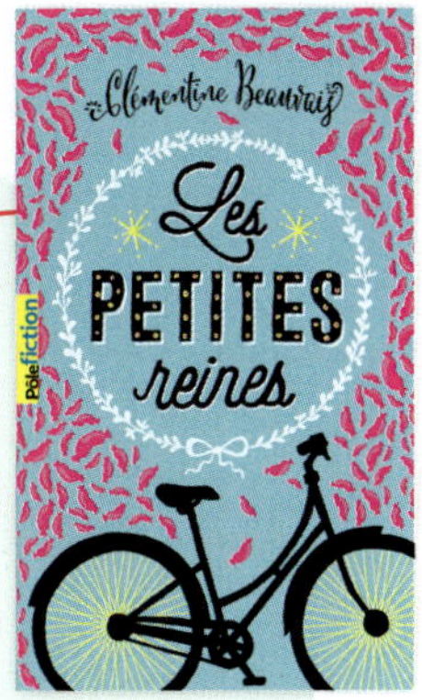

Serena Valentino, traduit par Alice Gallori,
***L'Histoire de la Bête*, 2020**

Qui est ce prince maudit vivant à l'écart du reste du monde dans ce grand château ? Les rares personnes à l'apercevoir le décrivent comme une bête à la crinière sauvage et aux griffes tranchantes.

Film

Bibo Bergeron
***Un monstre à Paris*, 2011**

En 1910, un monstre sème la panique dans Paris. Traqué par le redoutable préfet Maynott, il se cache dans le cabaret « L'Oiseau Rare » où chante Lucille, la star de Montmartre.

Album

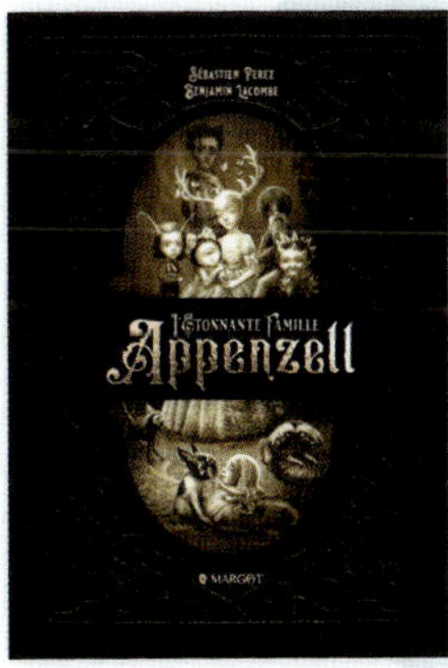

Sébastien Pérez, Benjamin Lacombe,
***L'Étonnante Famille Appenzell*, 2020.**

Les Appenzell forment une famille pas comme les autres. Tout commence par Charles, qui vient au monde avec des cornes.

Carnet de culture

Fais une galerie des personnages atypiques que tu rencontres : associe leur portrait en image ou en dessin à une présentation de quelques lignes et une devise affirmant que pour eux la différence est une force.

7 Méfie-toi des rusé(e)s !

Quelles tromperies les rusés utilisent-ils en littérature ?

Les Fables de La Fontaine, illustrées par **Marc Boutavant**

Je m'exprime à l'oral

Regarde l'attitude des deux animaux.
D'après toi, quel mauvais coup le renard prépare-t-il avec le loup ?

COMPÉTENCE : je découvre un genre littéraire.

Je découvre des rusés dans les fables

De l'Antiquité à aujourd'hui, la ruse est un moyen pour affronter plus fort que soi. Les ruses sont variées et se retrouvent dans de nombreux genres littéraires : fables, fabliaux (du latin *fabula*, l'histoire que l'on raconte), farces (pièces comiques médiévales), romans. Les **fables** sont des récits courts qui mettent souvent en scène des animaux et ont pour but de donner une leçon (morale).

Mosaïque romaine, Ve siècle ap. J.-C.

« Le Corbeau et le Renard », *Les Fables de La Fontaine* illustrées par **Joann Sfar** © Michel Lafon, 2018.

Jean-Baptiste Oudry, « Le Loup et l'Agneau », huile sur toile, 1751, musée des Beaux-Arts, Metz.

Activité 1 J'identifie des personnages rusés

1. Quels animaux reconnais-tu sur chaque image ?

2. Parmi les animaux que tu as identifiés, qui sont les plus rusés dans les fables que tu connais ?

Je découvre des rusés dans les fabliaux et les farces

Au Moyen Âge, les rusés sont des hommes et des femmes du peuple (paysan, bourgeois...). Comme le renard, ils utilisent la ruse pour affronter les personnages socialement plus élevés (roi, membres du clergé...).
Leurs histoires sont racontées dans des **fabliaux** ou des **farces**.
Les auteurs de ces textes, souvent inconnus, cherchent à faire rire.

Manuscrit original

Transcription en ancien français

Du vilain mire
Jadis estoit uns vilains riches,
Qui mout estoit avers et chiches ;

Adaptation en français moderne

Le paysan médecin
Il y avait jadis un paysan fort riche,
travailleur, mais très près de ses sous [...].
Il avait tout le pain, toute la viande [...]
qu'il fallait, mais pas de femme.

Activité 2 Je sais anticiper la suite d'un récit

1. Compare le texte en ancien français et l'adaptation en français moderne : qu'est-ce qu'un « vilain » ?
2. Lis le titre et le début du fabliau. À ton avis, pourquoi le vilain va-t-il se faire passer pour un médecin ?
3. Quelle ruse pourra-t-il imaginer pour y parvenir ?

Je découvre le roi des rusés : le renard

Depuis l'Antiquité, le renard est un animal lié à la malice.
Aujourd'hui encore, partout dans le monde, ce personnage apparaît sous différentes identités dans de nombreuses œuvres de fiction.

Goupix

Zorro

Fantastic Mr. Fox

Kitsune

Activité 3 Je m'informe sur des renards modernes

1. Fais des recherches sur chacun de ces héros. Trouve leur nationalité et explique le lien entre leur nom et le renard.
2. Explique pourquoi ce sont des rusés.

Lecture 1

COMPÉTENCE : je connais les étapes d'un récit.

▸ Écoute le texte.
▸ Vérifie ce que tu as compris.
bordas.media/733907_043

Avoir un renard comme ami

Le Renard et le Bouc

Capitaine Renard allait de compagnie
Avec son ami Bouc des plus haut encornés[1].
Celui-ci ne voyait pas plus loin que son nez ;
L'autre était passé maître en fait de tromperie.
La soif les obligea de descendre en un puits.
Là chacun d'eux se désaltère[2].
Après qu'abondamment tous deux en eurent pris,
Le Renard dit au Bouc : « Que ferons-nous, compère[3] ?
Ce n'est pas tout de boire, il faut sortir d'ici.
Lève tes pieds en haut, et tes cornes aussi :
Mets-les contre le mur. Le long de ton échine[4]
Je grimperai premièrement ;
Puis sur tes cornes m'élevant,
À l'aide de cette machine[5],
De ce lieu-ci je sortirai,
Après quoi je t'en tirerai.
– Par ma barbe, dit l'autre, il est bon[6] ; et je loue[7]
Les gens bien sensés comme toi.
Je n'aurais jamais, quant à moi,
Trouvé ce secret, je l'avoue. »
Le Renard sort du puits, laisse son compagnon,
Et vous lui fait un beau sermon[8]
Pour l'exhorter à patience[9].
« Si le ciel t'eût, dit-il, donné par excellence[10]
Autant de jugement[11] que de barbe au menton,
Tu n'aurais pas, à la légère,
Descendu dans ce puits. Or, adieu, j'en suis hors[12].
Tâche de t'en tirer, et fais tous tes efforts :
Car pour moi, j'ai certaine affaire
Qui ne me permet pas d'arrêter en chemin. »
En toute chose il faut considérer la fin[13].

Jean de La Fontaine, « Le Renard et le Bouc », *Fables*, Livre 3, 1668.

biographie

Jean de La Fontaine
(1621-1695)
est un écrivain français. Il est l'auteur de douze recueils de fables publiés entre 1668 et 1693. Certaines de ces fables sont inspirées d'auteurs de l'Antiquité : Ésope et Phèdre.

« Le Renard et le Bouc », illustration d'**Emmanuel Guibert**, 2020.

1. **Des plus haut encornés :** aux hautes cornes.
2. **Se désaltère :** boit.
3. **Compère :** ami.
4. **Échine :** partie de l'animal qui correspond au dos.
5. **Machine :** astuce, moyen.
6. **Il est bon :** je suis d'accord.
7. **Je loue :** je félicite.
8. **Sermon :** discours.
9. **Pour l'exhorter à patience :** pour l'encourager à être patient.
10. **Par excellence :** pour te rendre meilleur.
11. **Jugement :** intelligence.
12. **J'en suis hors :** j'en suis sorti.
13. **Il faut considérer la fin :** il faut penser au but que l'on veut atteindre.

« Le Renard et le Bouc », illustration d'**Emmanuel Guibert**, 2020.

Je comprends l'essentiel

1. Quelle est la relation entre le Renard et le Bouc au début de la fable ?
DÉFI *Relève, dans la fable, tous les termes qui qualifient leur relation.*

2. Pourquoi le Renard et le Bouc se retrouvent-ils au fond du puits ?

3. Comment le Renard parvient-il à sortir du puits ?

Je lis entre les lignes

4. Quelle fausse promesse permet au Renard de sortir le premier du puits ?

5. « En toute chose il faut considérer la fin » (v. 31) : comment le Renard applique-t-il cette règle, malgré sa relation avec le Bouc ?
AIDE *Quelle est la « fin » (le but) du Renard ?*

6. Relève des expressions qui montrent que le Renard est intelligent, alors que le Bouc ne l'est pas.

Je maîtrise la langue : les prépositions ➥ p. 307

7. Recopie ce résumé de la fable en ajoutant des prépositions que tu vas trouver dans le texte.

Le Renard et le Bouc se promenaient lorsqu'ils entrèrent ... un puits. Pris au piège, le Renard demanda ... son ami ... monter ... son dos ... sortir. Le Bouc crut son ami. Le Renard sortit ... ce puits mais abandonna son compagnon ... son sort.

Je m'exprime à l'oral

LECTURE D'IMAGE À quel moment de la fable l'illustration ci-dessus correspond-elle ? Justifie ta réponse en décrivant l'attitude du Renard.

Je m'exprime à l'écrit

■ Pour toi, peut-on tout se permettre afin d'obtenir ce que l'on désire, comme le dit la morale de la fable ? Justifie ta réponse.

la clé des mots

Le nom « **ruse** » vient du latin *recusare* : « repousser », « reculer ». À l'origine, la ruse désigne le trajet que fait le gibier qui fuit pendant la chasse. Le rusé multiplie donc les moyens de « s'en sortir ».

Lecture 2

COMPÉTENCE : je comprends l'implicite d'un texte.

▶ Écoute les textes.
▶ Vérifie ce que tu as compris.
bordas.media/733907_044

Un rusé flatteur

TEXTE 1 Le Corbeau et le Renard

Maître Corbeau sur un arbre perché,
Tenait en son bec un fromage.
Maître Renard par l'odeur alléché,
Lui tint à peu près ce langage :
« Hé bonjour, Monsieur du Corbeau,
Que vous êtes joli ! que vous me semblez beau !
Sans mentir, si votre ramage[1]
Se rapporte à votre plumage,
Vous êtes le Phénix des hôtes de ces bois[2]. »
À ces mots, le Corbeau ne se sent pas de joie ;
Et pour montrer sa belle voix,
Il ouvre un large bec, laisse tomber sa proie.
Le Renard s'en saisit, et dit : « Mon bon Monsieur,
Apprenez que tout flatteur
Vit aux dépens de celui qui l'écoute.
Cette leçon vaut bien un fromage, sans doute. »
Le Corbeau, honteux et confus,
Jura, mais un peu tard, qu'on ne l'y prendrait plus.

Jean de La Fontaine, « Le Corbeau et le Renard », *Fables*, Livre 1, 1668.

1. **Ramage :** chant des oiseaux.
2. **Le Phénix des hôtes de ces bois :** le plus bel oiseau de la forêt.

la clé des mots

Le verbe « **flatter** » vient de *flat*, « plat ». Le sens d'origine de *flatter* est très concret, il signifie « caresser avec le plat de la main ». Depuis le Moyen Âge, cette caresse est synonyme de « tromperie ».

« Le Corbeau et le Renard », illustration de **Voutch**, 2019.

Je m'exprime à l'oral TEXTE 1

1. As-tu de la peine pour le Corbeau ? Pourquoi ?

Je comprends l'essentiel TEXTE 1

2. À quoi le Renard pousse-t-il le Corbeau ? Dans quel but ?

3. Quel est le caractère de chacun des personnages ? Explique.

AIDE *Choisis entre les mots suivants : fier • rusé • hypocrite • triste • orgueilleux • intelligent • naïf*

TEXTE 2

Le Corbeau et le Renard

Un Corbeau, ayant volé un morceau de viande, s'était perché sur un arbre. Un Renard l'aperçut, et, voulant s'emparer de la viande, se posta devant lui. Il le complimenta sur sa taille et sa beauté, ajoutant que personne n'était mieux fait que lui pour être le roi des oiseaux, et qu'il le serait devenu sûrement, s'il avait de la voix. Le Corbeau, voulant lui montrer qu'il avait de la voix, lâcha la viande et poussa de grands cris. Le Renard se précipita et, saisissant le morceau, dit : « Ô Corbeau, si tu avais aussi de l'intelligence, il ne te manquerait rien pour devenir le roi de tous les oiseaux. » Cette fable tombe à point pour les sots.

Ésope, « Le Corbeau et le Renard », *Fables*, VIIe-VIe siècle av. J.-C., © G. Teilletche, 2022.

biographie

Ésope
(VIIe-VIe siècle av. J.-C.)
est un auteur grec. Il est le premier à avoir mis par écrit des fables qui étaient transmises à l'oral. Il est considéré comme le père des fables.

TEXTE 3

Le Corbeau et le Renard

Ceux qui aiment être flattés par des paroles rusées en sont vite punis et le regrettent honteusement. Alors qu'un Corbeau avait pris un fromage sur une fenêtre et qu'il allait le manger au sommet d'un arbre, un Renard l'aperçut et lui tint ce discours : « Mais que votre plumage, ô Corbeau, est plein d'éclat ! Quelle allure et quel regard élégants ! Si vous aviez de la voix, aucun oiseau ne serait supérieur. » Alors le Corbeau voulut montrer sa voix et laissa tomber le fromage ; en un instant le rusé Renard le saisit entre ses crocs.

Phèdre, « Le Corbeau et le Renard », *Fables*, Ier siècle ap. J.-C., © G. Teilletche, 2022.

biographie

Phèdre
(14 av. J.-C. – 50 ap. J.-C.)
est un auteur latin. Certaines de ces fables sont inspirées des fables d'Ésope.

Je lis entre les lignes TEXTE 1

4. D'après le Renard, quelles sont les qualités du Corbeau ?

5. « Apprenez que tout flatteur
Vit aux dépens de celui qui l'écoute. »

Par ces mots, le Renard donne-t-il une règle de bonne conduite, un conseil ou une information ?

Je mets en relation des textes TEXTES 1, 2, 3

6. Lis les fables dont s'est inspiré La Fontaine (textes 2 et 3). Sur quoi la flatterie du Renard porte-t-elle ? La Fontaine a-t-il gardé ces compliments ?

DÉFI *Relève tous les éléments qui changent d'une version à l'autre.*

Je maîtrise la langue : le COD TEXTE 1 ➥ p. 318

« Et pour montrer sa belle voix,
Il ouvre un large bec, laisse tomber sa proie. »

7. a. Repère les groupes nominaux COD dans ces deux vers.
b. Quel COD indique ce qui fait la fierté du Corbeau ? Quel COD indique ce que le Renard veut obtenir ?

Je m'exprime à l'écrit

■ Le Renard est un rusé. D'après toi, est-il un méchant personnage ? Justifie ta réponse.

Lecture 3

COMPÉTENCE : je connais les étapes d'un récit.

LECTURE EN LIBERTÉ

La Farce de Maître Pathelin, mise en scène de Richard Demarcy au théâtre du Grand Parquet en 2012, avec Nicolas Le Bossé (Agnelet) et Antonio Da Silva (Pathelin).

▸ **Écoute le texte.**
▸ **Vérifie ce que tu as compris.**
bordas.media/733907_045

Un vrai renard, ce mouton !

Pathelin est avocat. Il conseille à son client, le berger Agnelet, de bêler comme un mouton lors de son procès pour passer pour un simple d'esprit. Le berger gagne ainsi son procès. Il doit maintenant payer son avocat, Pathelin.

Quelle ruse le berger va-t-il trouver pour ne pas payer ?

PATHELIN, LE BERGER.

PATHELIN. — Ne t'ai-je pas bien conseillé ?

LE BERGER. — Bée !

PATHELIN. — Bée ! On ne t'entend plus, qui t'effraye ? Parle.

LE BERGER. — Bée.

PATHELIN. — Il faut partir, paye.

LE BERGER. — Bée.

PATHELIN. — Ah ! tu as fait ce que tu devais faire ! C'est vrai. Très bien ! Ce qui a trompé le juge c'est que tu t'es retenu de rire.

LE BERGER. — Bée !

PATHELIN. — Bée ! Pourquoi donc encore le dire ? Paye-moi bien gentiment !

LE BERGER. — Bée !

PATHELIN. — Allons, parle normalement, et paye moi, que je m'en aille !

LE BERGER. — Bée !

PATHELIN. — Eh, quoi ! Faut-il te dire que tu dois payer, à présent, et sans me faire attendre davantage ? Paye-moi, ne bêle plus.

LE BERGER. — Bée !

PATHELIN. — Est-ce que tu te moques de moi ? Es-tu devenu fou ? Ne veux-tu pas parler d'une autre façon ? Je te le jure : à moins que tu puisses t'envoler, tu payeras.

LE BERGER. — Bée !

PATHELIN. — Est-ce qu'il ose se moquer de moi ? (*Se parlant à lui-même.*) Quoi ! n'aurai-je autre chose de lui ? Comment !

LE BERGER. — Bée.

PATHELIN. — Ah ! tu t'amuses bien ici ; mais est-ce que tu sais bien de qui tu te moques, quand tu me dis « Bée » comme un enfant ?

LE BERGER. — Bée !

PATHELIN. — C'est ainsi que je suis payé de mes efforts ? Tu m'as dit que je prendrai de ton argent ! Fais-m'en la joie.

LE BERGER. — Bée !

PATHELIN. — Bée ! Il me fait manger mon oie. Par le diable ! ai-je tant vécu pour qu'un berger, vêtu comme un mouton, me roule dans la farine ?

LE BERGER. — Bée !

PATHELIN. — Ah ! je n'en tire que ce mot ! Dis si c'est pour rire, et finis-en. Puis viens souper chez moi.

LE BERGER. — Bée !

PATHELIN. — Il a raison. L'oison mène l'oie paître aux prés[1] ! Je me suis cru le maître des trompeurs qui laissent des mots comme paiement à rendre au jour de leur procès[2] ; et ce berger des champs me dépasse.

Anonyme, *La Farce de Maître Pathelin*, acte III, scène 6, 1460, d'après l'adaptation d'Édouard Fournier, 1872.

1. **L'oison mène l'oie paître aux prés ! :** expression qui signifie que c'est l'enfant qui finit par manipuler son parent.
2. **Qui laissent des mots comme paiement à rendre au jour de leur procès :** qui disent un mot (ici, *bée*) au lieu de payer.

David Prudhomme, *La Farce de Maître Pathelin*, © Actes Sud, 2017.

Je lis pour réfléchir

1. Pourquoi Pathelin a-t-il demandé au berger d'imiter un mouton plutôt qu'un autre animal ?

2. À ton avis, qui se rapproche le plus du rusé renard dans cette pièce : Pathelin ou le berger ? Justifie ta réponse.

3. LECTURE D'IMAGES Compare la représentation du berger dans le texte et dans les images. En quoi ce personnage peut-il être surprenant ?

COMPÉTENCE : je comprends l'implicite d'un texte.

▶ Écoute le texte.
▶ Vérifie ce que tu as compris.
bordas.media/733907_046

Le rusé, quel comédien !

TEXTE INTÉGRAL

Un filou avait formé le projet de voler un homme fort riche. Pour cela, un soir, il grimpa sur le toit de la maison de l'homme riche et y attendit le moment où, tous les domestiques étant couchés, il pourrait sans danger se glisser à l'intérieur. Mais le maître du logis l'avait aperçu sous la lumière de la lune.

C'était un homme rusé, qui décida de se jouer du voleur. Une fois couché, il dit tout bas à sa femme : « Demande-moi par quel moyen j'ai acquis tout ce que je possède. Je refuserai de te le dire ; insiste, insiste encore, et ne me laisse pas m'endormir tant que je ne te l'ai pas avoué ; mais surtout parle le plus fort que tu pourras. »

La femme, jouant le jeu, demanda à son mari d'où venait son argent. Il répondit avec un ton de mystère que c'était son secret. Elle revint à la charge. Lui, de son côté, joua toujours l'homme mystérieux. Enfin elle le pressa tant qu'il fit semblant de céder face à son insistance : il avoua qu'il avait été voleur et que c'était ainsi qu'il s'était fait une fortune considérable.

« Quoi, Sire ! s'écria la femme, vous avez été voleur, et on ne vous a jamais soupçonné ?

— C'est que j'ai eu un maître habile, un maître tel qu'il n'en existera pas avant longtemps ! Il ne volait que la nuit ; mais au moyen de certaines paroles magiques dont il possédait le secret, il était sûr de voler sans risque. Voulait-il rentrer quelque part ? il prononçait sept fois devant la lune le mot mystérieux et aussitôt un rayon de cet astre se détachait, puis il l'enfourchait et se trouvait porté sur le toit. Voulait-il redescendre ? il répétait le mot magique, et s'élançait sur son rayon qui le ramenait doucement à terre. J'ai hérité de son secret, puisqu'il faut vous l'avouer ; et, entre nous, je n'ai pas eu besoin de l'employer longtemps. »

Elle supplia donc son mari de le lui apprendre. Il se fit beaucoup prier, déclara qu'il voulait dormir, et avoua enfin que le secret consistait à prononcer sept fois le mot *seïl*[1]. Après cela il souhaita une bonne nuit à sa femme et fit semblant de ronfler.

Le voleur, qui n'avait pas perdu un mot de toute cette conversation, ne put résister à l'envie d'essayer la formule magique. Après avoir répété sept fois *seïl*, il ouvrit les bras et s'élança, mais il tomba à terre et se cassa une jambe.

Au bruit que fit sa chute, le bourgeois, faisant semblant de se réveiller, cria d'un ton d'effroi : « Qui est là ? — Ah ! Sire, répond le maladroit, c'est un homme que *seïl* n'a pas servi aussi bien que vous. »

On alla le saisir aussitôt, et il fut livré aux juges qui, le lendemain, le firent pendre.

Anonyme, « Du voleur qui voulut descendre sur un rayon de lune », d'après Louis Tarsot, *Fabliaux et Contes du Moyen Âge*, 1913.

1. ***Seïl* :** Saül, premier roi d'Israël dans la Bible.

la clé des mots

Le nom « **filou** » est dérivé de « fileur ». Il désigne à l'origine quelqu'un qui triche aux cartes, en faisant « filer » ses cartes d'une main à l'autre sans que personne ne le voie. « Filou » a pour synonyme « escroc », « coquin », « fripouille », « sacripant ».

« Le voleur qui s'était introduit dans une maison est puni », miniature tirée d'une traduction allemande des fables de *Kalila et Dimna* de Bidpaï, vers 1480, musée de Condé, Chantilly.

Je m'exprime à l'oral

1. Ce fabliau est-il amusant ? Explique ta réponse.

Je comprends l'essentiel

2. Où le voleur se trouve-t-il pendant le dialogue entre le mari et la femme ?

3. Quelle ruse le mari et la femme emploient-ils pour piéger le voleur ?

Je lis entre les lignes

4. Quels verbes montrent que le mari refuse de livrer son secret à sa femme ?

AIDE *Cherche des verbes du champ lexical de la parole (l. 28-31).*

5. Pourquoi le mari fait-il ainsi semblant d'être obstiné dans son refus ?

DÉFI *À quel métier du théâtre l'attitude du mari fait-elle penser ?*

6. Qui est le véritable rusé de cette histoire ? Justifie ta réponse.

7. LECTURE D'IMAGE L'image illustre le fabliau « Le voleur qui s'était introduit dans une maison est puni ». Quels indices dans l'illustration permettent de dire que cette histoire est proche de celle que tu viens de découvrir ?

Je maîtrise la langue : le présent de l'impératif ➥ p. 335

8. a. Relève, dans les lignes 7 à 10, les verbes à l'impératif.

b. Montre qu'ils font de l'homme riche un metteur en scène.

Je m'exprime à l'écrit

■ Imagine les instructions que le maître aurait données au mari pour utiliser le tour de magie.
- Utilise l'impératif.
- Commence par : « Mon disciple, fais comme je te dis. D'abord… »

COMPÉTENCE : je comprends l'implicite d'un texte.

► Écoute le texte.
► Vérifie ce que tu as compris.
bordas.media/733907_047

Les ruses du faux médecin

Un roi cherche un médecin pour guérir sa fille qui s'est coincé une arête de poisson dans la gorge. Une femme, maltraitée par son mari paysan, décide de se venger et recommande les talents de médecin de son mari, tout en prévenant : il a la tête si dure qu'il faudra le battre pour le convaincre d'aller soigner la princesse ! Les hommes du roi le frappent donc tant et si fort qu'il finit par accepter. Devant la princesse, il se gratte si frénétiquement que celle-ci expulse l'arête dans un éclat de rire.
Selon toi, quelle sera la suite de ce succès inattendu ?

La guérison que le vilain[1] venait d'opérer avait fait du bruit. À cette nouvelle, plus de quatre-vingts malades de la ville, dans l'espérance du même succès pour eux, étaient venus au château le consulter, et ils avaient prié le monarque de lui dire un mot en leur faveur. Le roi le fit appeler : « Maître, lui dit-il, je vous recommande[2] ces gens-là, guérissez-les tout de suite, que je les renvoie chez eux. — Sire, répondit le vilain, à moins que Dieu ne s'en charge avec moi, cela ne m'est pas possible, il y en a trop. — Qu'on fasse venir les deux sergents, reprit le prince. » À leur approche, le malheureux, tremblant de tous ses membres, demanda pardon, et promit de guérir tout le monde, jusqu'à la dernière servante.

Il pria le roi de bien vouloir sortir de la salle ainsi que tous ceux qui se portaient bien. Resté seul avec les malades, il les plaça tout autour de la cheminée, dans laquelle il fit faire un grand feu, et leur parla ainsi : « Mes amis, ce n'est pas une petite besogne[3] que de rendre la santé à tant de monde et surtout aussi rapidement que vous le désirez. Je ne connais qu'un moyen, c'est de choisir le plus malade d'entre vous, de le jeter dans le feu, et quand il sera consumé, de prendre ses cendres pour les faire avaler aux autres. Le remède est violent, j'en conviens, mais il est sûr, et je jure sur ma tête, que vous serez guéris. » Le guérisseur s'adressant au premier du cercle : « Tu me parais pâle et faible, lui dit-il, je crois que c'est toi qui es le plus mal. — Moi, Messire, point du tout, répondit l'autre, je me sens tout à fait soulagé dans ce moment, et ne me suis jamais si

bien porté. — Comment, coquin, tu te portes bien ! eh ! que fais-tu donc ici ? » Et mon homme aussitôt d'ouvrir la porte et de se sauver. Le roi était en dehors attendant l'événement, et prêt à faire bâtonner[4] le vilain s'il fallait encore en venir là. Il voit sortir un malade : « Es-tu guéri ? lui dit-il. — Oui, Sire. » L'instant d'après, un second paraît : « Et toi ? — Je le suis aussi. » Enfin, que vous dirai-je ? il n'y eut personne, jeune ou vieux, femme ou fille, qui voulût accepter à faire des cendres, et tous sortirent en se disant guéris.

Le roi, enchanté, rentra dans la salle pour féliciter le médecin. Il ne pouvait assez admirer comment, en aussi peu de temps, il avait pu opérer tant de miracles. « Sire, répondit le vilain, je possède un charme[5] d'une puissance sans pareille, et c'est avec cela que je guéris. » Le monarque le combla de présents[6] ; il l'assura de son amitié, et lui permit de retourner auprès de sa femme, à condition cependant que quand on aurait besoin de son secours, il viendrait sans se faire bâtonner. Le manant[7] prit ainsi congé du roi.

Par le tour qu'elle lui joua, son épouse le rendit médecin malgré lui et sans le savoir.

Anonyme, « Le vilain devenu médecin », adaptation du fabliau « Le vilain mire », d'après Louis Tarsot, *Fabliaux et Contes du Moyen Âge*, 1913.

1. **Vilain :** paysan.
2. **Recommande :** confie, remets à vos soins.
3. **Besogne :** tâche, travail difficile du fait de sa spécificité.
4. **Bâtonner :** frapper à coups de bâton.
5. **Charme :** pouvoir magique.
6. **Présents :** cadeaux, richesses.
7. **Manant :** paysan.

Je m'exprime à l'oral

1. Ce texte te fait-il rire ? Pourquoi ?
   DÉFI *Donne un exemple de geste, de parole et d'attitude qui t'ont fait rire.*

Je comprends l'essentiel

2. Pourquoi le vilain est-il victime de son premier succès ?
3. Pourquoi les patients se disent-ils subitement guéris ?

Je lis entre les lignes

4. Quelle ruse le vilain utilise-t-il avec les malades ?
   AIDE *Appuie-toi sur les termes médicaux dans les paroles du vilain (l. 13-19).*
5. Quelle ruse utilise-t-il avec le roi ?
6. La ruse a-t-elle servi l'épouse, le vilain ou les deux ? Pourquoi ?

Je maîtrise la langue : le COI ➥ p. 318

7. a. Lignes 34-37, repère deux groupes nominaux COI introduits par la préposition « de » indiquant les cadeaux destinés au vilain.
b. D'après toi, quel est le cadeau le plus précieux ?

Je m'exprime à l'écrit

■ Le faux médecin, de retour chez lui, raconte à sa femme les conseils qu'il a donnés à ses patients pour les effrayer. Imagine ses recommandations médicales, aussi originales qu'amusantes.
– Utilise des expressions comme : *je vous conseille de* • *préoccupez-vous de* • *évitez de* • *couvrez-vous de*
– Utilise des verbes comme : *mangez* • *buvez* • *brûlez*

La clé des mots

Le nom « **charme** » vient du latin *carmen* qui signifie à la fois « magie », « pouvoir de séduction » et « chant mélodieux ». De la même façon, le charmeur de serpents ensorcelle l'animal par sa musique magique et mélodieuse.

COMPÉTENCE : je comprends un texte long.

▸ Écoute le texte.
▸ Vérifie ce que tu as compris.
bordas.media/733907_048

Quel toupet, cette Matilda !

M. Verdebois vend des voitures trafiquées. Quand elle apprend qu'il escroque ses clients en diminuant le kilométrage, sa fille, Matilda, essaie de le convaincre d'arrêter ses pratiques malhonnêtes. Mais son père lui crie dessus. Elle décide alors de se venger.
Quelle ruse va-t-elle pouvoir imaginer ?

Matilda, tenant d'une main le chapeau et de l'autre un tube de superglu, entreprit de déposer un mince filet de liquide adhésif le long de la bordure intérieure. [...]

M. Verdebois, en mettant son chapeau, ne s'aperçut de rien mais, une fois arrivé au garage, il constata qu'il lui était impossible de l'ôter. Cette superglu était si puissante que, s'il avait tiré trop fort sur son chapeau, c'en était fait d'une bonne partie de ses cheveux. [...]

Lorsqu'il rentra à la maison ce soir-là, son chapeau tenait toujours aussi bien sur sa tête.

— Voyons, ne sois pas ridicule, lui dit sa femme. Viens ici, je vais te l'enlever.

Elle saisit les bords du chapeau et leur imprima une brusque saccade. M. Verdebois poussa un glapissement qui fit trembler les vitres.

— Aïïïïe ! hurla-t-il. Arrête ! Ne fais pas ça. Tu vas m'arracher la peau du front !

Matilda, du fond de son fauteuil, suivait avec intérêt la scène des yeux par-dessus le bord de son livre.

— Qu'est-ce qui t'arrive, papa ? demanda-t-elle. Ta tête a tout d'un coup enflé ou quoi ?

Le père foudroya sa fille d'un regard chargé de soupçons mais ne répondit rien. Qu'aurait-il pu lui dire ? [...]

Le lendemain, le chapeau tenait toujours aussi bien sur la tête de son mari. Mme Verdebois s'arma alors d'une paire de ciseaux et découpa circulairement le couvre-chef à petits coups, d'abord la coiffe, ensuite les bords. Là où la bande intérieure adhérait solidement aux cheveux, elle dut couper les mèches au ras du crâne, si bien que M. Verdebois se retrouva finalement avec une sorte d'anneau blanchâtre autour de la tête, un peu comme un moine. Et sur le front, là où la bande collait à la peau nue, subsista tout un semis de petits lambeaux de cuir brunâtre qu'aucun savonnage ne réussit à détacher. [...]

« Tout bien considéré, songea Matilda, l'expérience est plutôt réussie. »

Roald Dahl, *Matilda*, chap. 3, 1988, trad. Henry Robillot,

biographie

Roald Dahl
(1916-1990)
est un écrivain britannique. Il a été pilote de chasse, espion et comédien avant de faire de l'écriture son métier. Ses romans et ses nouvelles ont un grand succès auprès des lecteurs de tous les âges.

la clé des mots

Au sens propre, le nom « **toupet** » désigne une touffe de cheveux au sommet du crâne. Au sens figuré, « avoir du toupet » signifie avoir de l'aplomb pour faire des choses risquées ou interdites.

Je vérifie ma lecture

1. Quels plaisirs Matilda trouve-t-elle à cette ruse ?

2. Pourquoi Matilda a-t-elle du toupet ? Qui n'en a plus ?

3. Qu'est-ce qui différencie Matilda des autres rusés rencontrés dans ce chapitre ?

COMPÉTENCE : j'analyse une œuvre d'art.

Comment une illustration peut-elle raconter une fable ?

1 **Gustave Doré**, gravure sur bois illustrant la fable de Jean de La Fontaine « Le Loup devenu Berger », 1867.

2 **Marc Chagall**, gouache illustrant la fable de Jean de La Fontaine « Le Loup devenu Berger », 1927.

J'analyse la composition des illustrations

➥ Méthode 12, p. 292

1. Dans chaque illustration, quel animal observes-tu au premier plan ?
2. Au second plan de l'illustration, quelle est la proie du loup ? Quelles oppositions de couleur permettent de la repérer dans l'illustration ?
3. Repère le berger dans l'illustration 2. Quelle couleur Chagall a-t-il utilisée pour permettre de le retrouver facilement ?

J'approfondis la description

4. Observe les vêtements du loup dans l'illustration 1. Comment reconnaît-on qu'il veut se faire passer pour un berger ?
5. Quel obstacle se situe entre le loup et les moutons dans l'illustration 2 ?

J'interprète

6. Quelle ruse le loup utilise-t-il ?
7. À partir de ces illustrations, imagine l'histoire de ce loup devenu berger. Écoute l'enregistrement pour découvrir la fable de La Fontaine.

Les fables de La Fontaine ont été illustrées par beaucoup d'artistes depuis le XVIIe siècle. Parmi eux on peut citer, au XIXe siècle, **Gustave Doré** (1832-1883) et, au XXe siècle, **Marc Chagall** (1887-1985).

▸ **Écoute le texte.**

bordas.media/733907_049

Vocabulaire

COMPÉTENCE : j'enrichis mon expression.

Les mots de la ruse

1. Tous ces mots sont construits sur la racine *fab*, comme le mot « fable ». Associe-les à leur définition.

fabuliste – affable – fabliau – affabulation – affabulateur – fabuleux

a. Petit récit médiéval
b. Extraordinaire
c. Récit imaginaire, mensonger
d. Bavard et gracieux
e. Qui raconte des mensonges
f. Celui qui écrit des fables

2. a. Classe ces adjectifs dans le tableau. Explique tes choix.

dupe – malin – farceur – malicieux – fripon – perspicace – sournois – trompeur

Adjectifs exprimant une qualité	Adjectifs exprimant un défaut

b. Les adjectifs « malin » et « malicieux » peuvent être une qualité ou un défaut. Emploie chacun d'eux dans deux phrases. Dans l'une, ils expriment une qualité, dans l'autre un défaut.

3. Classe ces mots dans le tableau.

loyauté – farce – leurre – astuce – franchise – naïveté – piège – machination

Synonymes de *ruse*	Antonymes de *ruse*

4. Trouve le synonyme de « malin » qui convient à chaque définition.

rusé – intelligent – débrouillard – ingénieux – espiègle

a. Qui sait imaginer des solutions.
b. Qui utilise sa raison pour résoudre des problèmes.
c. Qui se sort de toutes les situations.
d. Qui aime jouer et surprendre les autres.
e. Qui manipule pour gagner.

5. Complète les expressions suivantes avec les noms d'animaux proposés.

singe – bourrique – renard – mouton – dindon – âne

a. Être rusé comme …
b. Être … de la farce
c. Être malin comme …
d. Suivre les autres comme …
e. Être bête comme …
f. Faire tourner quelqu'un en …

6. Une périphrase est une figure de style qui permet de désigner un mot par une expression plus complète, qui peut être imagée. Trouve l'animal qui se cache derrière chacune de ces périphrases.

le chat – la chouette – les grenouilles – le chien – l'hirondelle

a. Le fléau des rats (La Fontaine)
b. L'oiseau de Minerve (La Fontaine)
c. Le plus fidèle ami de l'homme
d. La messagère du printemps
e. Les citoyennes des étangs (La Fontaine)

Je m'exprime à l'oral

Trouve un titre pour cette illustration en utilisant une périphrase pour désigner le renard.

Rebecca Dautremer, « Le Renard », *Les Fables de La Fontaine*, huile, gouache, empreinte de tissu sur papier aquarelle (38 × 28 cm), 2018. Coll. particulière.

Grammaire Orthographe

COMPÉTENCE : je maîtrise la langue pour améliorer mon expression.

Exprimer un ordre, un conseil, un souhait

À savoir

Pour exprimer un **ordre**, un **conseil** ou un **souhait**, on peut utiliser un verbe conjugué à l'**impératif** : Reste ! Approche.
On peut aussi employer un **verbe de demande** ou **de recommandation** : Il faut que tu restes ; je te prie d'approcher.

➥ Voir la leçon « Le présent de l'impératif », p. 335

J'emploie l'impératif présent

1. Un Renard délivre ses conseils de grand rusé. Conjugue les verbes à l'impératif selon la personne indiquée.

a. Ne (*paniquer*) pas, (*faire*)-moi confiance et (*obéir*)-moi. (*2e personne du singulier*)

b. Pour gagner à tous les coups, (*suivre*) mes conseils : (*surveiller*) tes adversaires, (*attendre*) ton tour et (*agir*) le plus vite possible. (*2e personne du singulier*)

c. Pour échapper aux soupçons, (*masquer*) votre visage, (*déformer*) votre voix, (*ralentir*) votre allure. (*2e personne du pluriel*)

d. On nous accuse : (*trouver*) un témoin, (*contredire*) les accusations et (*jouer*) les innocents. (*1re personne du pluriel*)

e. Si vous deviez finir en prison, (*patienter*), (*réfléchir*) et (*concevoir*) un plan d'évasion. (*2e personne du pluriel*).

2. Transforme ces morales en phrases impératives.

a. Il ne faut jamais se moquer des misérables.

b. En toute chose, il faut considérer la fin.

c. Il faut se contenter de sa condition.

3. Imagine l'ordre à l'impératif que donne chacun de ces personnages, au singulier ou au pluriel.

a. Le renard demande le fromage au corbeau.

b. Le roi interdit de mentir à ses sujets.

c. Le loup exige une réponse du renard.

d. Le rusé invite le bouc à entrer dans le puits.

4. Réécris ces phrases en utilisant le verbe indiqué.

a. Laissez dire les sots, le savoir a son prix.
→ Je te recommande de...

b. Garde-toi de juger les gens sur la mine.
→ Je t'interdis...

c. Il se faut s'entraider, c'est la loi de nature.
→ Je vous prie...

5. Indique si les impératifs utilisés indiquent un ordre, un conseil ou un souhait.

a. Méfie-toi des renards !

b. Cesse de me tendre des pièges !

c. Viens avec moi pour me protéger.

d. Regarde toujours qui se cache sous le masque des apparences.

Je prépare la dictée

▸ Écoute la dictée. bordas.media/733907_050

1. Dans le texte, choisis la bonne terminaison pour les verbes conjugués au présent de l'impératif.

Pourquoi te tiens-tu ainsi à l'écart, disait un renard à un certain pigeon qu'il voyait perché sur un toit. **Descends / Descend**, **vient / viens** près de moi sans crainte. La paix est faite entre les quadrupèdes et les oiseaux : pigeons et renards peuvent désormais jouer ensemble en toute sûreté. **Vient / Viens** donc, ne te **fait / fais** pas attendre.

D'après **Marie de France**, « Le Renard et le Pigeon », *Fables*, XIIe siècle.

2. Écris ce texte en écoutant la dictée enregistrée.

Je m'exprime à l'écrit

Dans la fable « Le Loup et la Cigogne », le Loup s'étouffe avec un os. La Cigogne le sauve en retirant l'os.

a. Imagine le court dialogue entre les deux animaux : le Loup demande de l'aide, la Cigogne donne des ordres ou des conseils. Utilise au moins quatre verbes à l'impératif présent.

b. Écris une morale, en commençant par : « Il faut toujours ... »

Louis-Maurice Boutet de Monvel, « Le Loup et la Cigogne » *Fables choisies pour les enfants et illustrées*, 1888.

Expression écrite

COMPÉTENCE : j'écris en suivant des contraintes de genre, de forme, de style.

Changer la fin d'une fable

SUJET Dans les fables, les rusés atteignent souvent leur objectif, mais pas toujours. Dans la fable d'Ésope « Le chien, le coq et le renard », le rusé renard trouve plus rusé que lui et se trouve pris au piège.

Réécris la fin de la fable pour qu'une dernière ruse sauve le renard.

Un chien et un coq qui s'étaient liés d'amitié voyageaient ensemble.

À la tombée de la nuit, les deux amis s'arrêtent au pied d'un arbre pour y dormir : le coq se perche sur une branche, tandis que le chien se couche dans un creux qu'il a trouvé entre les racines.

Selon son habitude, à la fin de la nuit, le coq se met à chanter pour annoncer le jour. Un renard l'entend et accourt.

Posté au pied de l'arbre, le renard demande au coq de descendre :

– Quelle voix splendide tu as, maître coq ! Je n'en ai jamais entendu de si belle : viens donc pour que je t'embrasse !

– Réveille d'abord le concierge qui dort en bas, au pied de l'arbre, lui répond le coq, et je descendrai dès qu'il aura ouvert !

Le renard chercha donc à parler au concierge : aussitôt le chien bondit et le mit en pièces.

Ésope/Annie Collognat, « Le chien, le coq et le renard » (extrait), *Fables*,

ÉTAPE 1 Je découvre la fable

1. **Lis attentivement la fable.**

2. **Pour identifier les différents éléments et le déroulement de la fable, recopie et complète le résumé de la fable ci-dessous avec les mots et expressions proposés.**

coq • renard • chien • au sommet d'un arbre • pied de l'arbre • racines • chante • prévenir le concierge • s'approche • tue • descendre

Situation initiale Un … et un … voyagent ensemble. Le soir, pour se reposer, le … s'installe … et le … dort au …, entre les … . Le matin, le coq …

Élément perturbateur Un … entend le coq et … de l'arbre.

Péripétie 1 Le … demande au … de … de l'arbre.

Péripétie 2 À la demande du coq, le renard va … pour qu'il ouvre la porte.

Élément de résolution et situation finale Le chien … le renard.

ÉTAPE 2 J'invente une troisième péripétie

Pour changer la fin de la fable, ajoute une ruse de renard.

Imagine la suite de cette phrase : « Le renard chercha donc à parler au concierge quand il vit le chien endormi. »

★ Choisis une des ruses ci-dessous et développe-la.

– Le renard fait en sorte que le chien dévore le coq.
– Le renard fait tomber le coq de l'arbre.
– Le renard attire le chien dans un piège.

★★ Fais intervenir un nouveau personnage.

★★★ Invente un événement de ton choix.

ÉTAPE 3 Je trouve une nouvelle fin

Écris la nouvelle fin, dans laquelle le renard est sauvé, en tenant compte de la troisième péripétie.

★ La nouvelle fin contient une ou deux phrases.

★★ La nouvelle fin contient un dialogue.

★★★ La nouvelle fin contient une morale.

Ma boîte à mots

Verbes de dialogue : réplique, crie, suggère, interroge, ment, interpelle, questionne…
Verbes de mouvement : arrive, part, s'enfuit, chemine, court, approche, fait le tour…
Les sentiments : peur, joie, tristesse, inquiétude, gaieté, colère…
Les relations : ami, ennemi, compagnon, allié, traître…

ÉTAPE 4 Je relis mon texte

Relis ce que tu as écrit en t'appuyant sur cette grille d'évaluation.

	Oui	Non
Les trois personnages de la fable et le décor sont conservés.		
J'ai ajouté une péripétie qui relance l'intrigue et qui suscite l'intérêt du lecteur.		
J'ai inventé une fin dans laquelle le renard est sauvé.		

Expression orale

COMPÉTENCE : je mémorise et récite avec expressivité.

Apprendre et réciter une fable

Le chat blanc

Un petit chat blanc
qui faisait semblant
d'avoir mal aux dents
disait en miaulant :
« Souris mon amie
j'ai bien du souci.
Le docteur m'a dit :
– Tu seras guéri
si entre tes dents
tu mets un moment,
délicatement,
la queue d'une souris ».
Très obligeamment
souris bonne enfant
s'approcha du chat
qui se la mangea.

MORALITÉ
Les bons sentiments
ont l'inconvénient
d'amener souvent
de graves ennuis
aux petits enfants
comme-z-aux souris.

Claude Roy, *Enfantasques*,

ÉTAPE 1 Je comprends la fable que je vais apprendre

■ **Lis la fable en silence, puis réponds aux questions suivantes.**

a. Combien y a-t-il de personnages ? Nomme-les.
b. Quelle ruse le chat emploie-t-il pour manger la souris ?

ÉTAPE 2 Je fais chanter le texte pour mieux le retenir

■ **Lis la fable à voix haute :**

– une première fois en respectant la ponctuation.
– une deuxième fois en appuyant sur les sons α.
– une troisième fois en appuyant sur le dernier mot de chaque vers (la rime).

ÉTAPE 3 Je mémorise mon texte ➡ Méthode 3, p. 283

▶ Écoute le texte.
bordas.media/733907_051

1. **Relis** plusieurs fois le discours du chat (v. 5 à 12), puis récite-le. Appuie-toi sur les sons que tu as travaillés à l'étape 2.
2. **Relis** le début et la fin du poème, puis récite-les.
3. **Récite** toute la fable plusieurs fois à tous ceux qui voudront bien t'écouter.

ÉTAPE 4 Je m'évalue

■ **Évalue** ta récitation de la fable avec la grille ci-dessous.

	Oui	Non
J'ai récité la fable sans erreur et sans hésiter.		
J'ai marqué les sons importants.		
J'ai adapté ma diction au discours du chat.		

Lecture à voix haute

COMPÉTENCE : je lis avec expressivité.

Lire en faisant entendre des émotions

Le père de Matilda est garagiste et trafique des voitures avant de les vendre. Il explique sa technique à son fils Michael en présence de Matilda.

TEXTE IMPRIMABLE

« On peut **vraiment** faire tourner le compteur en arrière avec une perceuse ? s'enquit Michael.

– Ce sont les ficelles du métier que **je t'apprends**, dit le père. [...] Et j'ai trouvé cette astuce **tout** seul, hein, ajouta-t-il avec fierté. Je me suis ramassé un **joli magot** comme ça. »

Matilda, qui avait écouté avec attention, intervint :

« **Mais**, papa, c'est encore plus **malhonnête** que la sciure ! C'est **dégoûtant** ! Tu **trompes** des gens qui te font confiance.

– Si ça ne te plaît pas, ne mange pas ce qu'on te sert ici. C'est sur **mes** bénéfices que tu te nourris.

– C'est du vol, insista Matilda. Ça me fait **honte** ! »

Deux taches rouges apparurent aux pommettes du père.

« Non mais, pour **qui** tu te prends avec tes sermons ! hurla- t-il. [...] Tu n'es qu'une petite **cruche** ignorante qui parle à tort et à travers. »

Roald Dahl, *Matilda*, chap. 2, trad. Henry Robillot,
© Éditions Gallimard, 2007.

ÉTAPE 1 Je repère des émotions dans le texte

- **Lis silencieusement le texte.**
  a. Quelle émotion domine chez chaque personnage ?
  b. Quel personnage change d'émotion ? À quel moment ce changement a-t-il lieu ?
- **Écoute le texte.**
  À quelle émotion les mots en couleur dans le texte correspondent-ils : fierté, colère, étonnement ?

▸ Écoute le texte.
bordas.media/733907_052

ÉTAPE 2 Je m'entraîne à faire entendre des émotions

1. **Lis** les mots du texte qui expriment la fierté plus vite et plus fort que les autres mots de la phrase.
2. **Lis** les mots du texte qui expriment l'étonnement plus lentement et plus fort que les autres mots de la phrase.
3. **Lis** les mots du texte qui expriment la colère presque en criant.

ÉTAPE 3 J'évalue ma lecture orale

1. **Vérifie** que tu lis à bonne allure et que ta lecture montre une bonne compréhension du texte.

Je lis à bonne allure	Je lis avec expressivité
Je lis le texte en entier en une minute.	Je fais entendre les différentes émotions présentes dans le texte.

2. **Améliore** tes compétences en relisant le texte autant de fois que nécessaire.

Bilan **COMPÉTENCE :** je réflechis à un genre littéraire.

Fais le point sur les rusé(e)s en littérature

Ce chapitre t'a permis de lire différents textes mettant en scène des personnages de rusés dans différents genres littéraires, de l'Antiquité à aujourd'hui.
Fais maintenant le bilan de ce que tu as appris.

1 De sacré(e)s rusé(e)s !

- Les personnages de rusés que tu as rencontrés ont tous joué un rôle pour obtenir ce qu'ils veulent et duper quelqu'un. **Reconstitue** chaque histoire en associant les éléments de chaque liste.

Les rusées et les rusés

I. Le berger
II. L'homme riche
III. Le renard
IV. Le vilain
V. Matilda

Le rôle que les rusé(e)s jouent

1. Un voleur magicien
2. Un médecin
3. Une innocente
4. Un idiot
5. Un flatteur admiratif
6. Un ami fidèle

Les dupés

a. Le bouc
b. Le corbeau
c. Le roi
d. Le voleur
e. Maître Pathelin
f. Le père, M. Verdebois

2 Les qualités et les défauts d'un personnage rusé

1. **Indique** pour chacun de ces personnages, s'il ruse en séduisant, en mentant ou en trompant.
2. **Explique**, dans un court paragraphe, lequel de ces personnages de rusés tu préfères.

le vilain mire, p. 186

le berger, p. 182

le bourgeois, p. 184

Matilda, p. 188

Renard, p. 179

3 Fable, fabliau, farce

SCHÉMA IMPRIMABLE

1. **Lis et mémorise** les définitions ci-dessous.

la fable,
court récit en vers ou en prose, où des animaux ou des hommes représentent des **caractères**, avec une **morale** délivrant un avertissement au lecteur.

le fabliau,
court récit médiéval en vers mettant en scène des personnages de différents milieux pour mieux s'en moquer.

On trouve beaucoup de rusé(e)s dans...

la farce,
pièce de théâtre médiévale où l'on se moque des rusé(e)s et de leurs stratagèmes.

2. **Complète** le schéma avec des exemples tirés du chapitre.
3. **Rassemble** tes souvenirs des textes que tu as lus dans le chapitre et du vocabulaire que tu as appris pour compléter la grille de mots croisés ci-dessous.

MOTS CROISÉS IMPRIMABLES

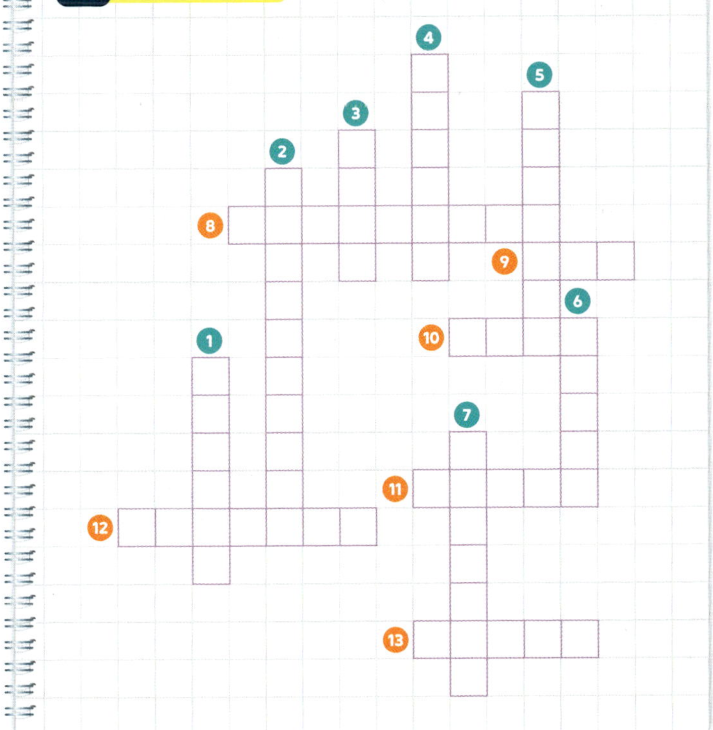

Vertical

1. Auteur de fables latin.
2. Auteur connu pour ses fables au XVIIe siècle.
3. Animal piégé dans un puits par le Renard.
4. « Paysan » en ancien français.
5. Fausse identité du « vilain mire ».
6. Auteur de fables grec.
7. Court récit en vers mettant en scène des personnages de différents milieux pour s'en moquer.

Horizontal

8. Auteur de fables.
9. Volaille plus maligne qu'un renard.
10. Astre soi-disant magique selon le bourgeois.
11. Pièce de théâtre médiévale se moquant des rusés et de leurs stratagèmes.
12. Oiseau trompé par le renard.
13. Récit en prose ou en vers dans lequel des animaux représentent des caractères humains.

COMPÉTENCE : j'exploite mes connaissances avec créativité.

Présenter et illustrer une fable

Activité individuelle
Tu vas choisir une fable de La Fontaine qui met en scène un renard. Puis tu vas écrire un court texte pour la présenter et réaliser une illustration pour l'accompagner.

Activité de groupe
Vous allez créer un recueil de fables autour du personnage du renard.

ÉTAPE 1 Je choisis une fable

La Fontaine a écrit vingt-et-une fables mettant en scène le malicieux renard.

- Fais une recherche sur Internet pour trouver la liste et lis-les dans un recueil ou en ligne.
- Choisis la fable que tu préfères.

Florence Patte, « Le Renard et les raisins », plat en terre cuite émaillée, 2002.

ÉTAPE 2 Je présente la fable que j'ai choisie

- Au brouillon, écris une courte introduction dans laquelle tu expliques pourquoi tu as fait ce choix. Tu peux, par exemple, parler des émotions que tu as ressenties ou des souvenirs évoqués à la lecture.
- Recopie ton texte d'introduction et la fable, à la main ou à l'ordinateur.

ÉTAPE 3 J'illustre la fable

- Réfléchis aux principaux éléments de la fable que tu vas illustrer. Dessine-les ou compose-les avec des collages.

ÉTAPE 4 J'évalue mon travail

- Relis ton travail à l'aide de la grille ci-dessous.

	Oui	Non
J'ai justifié mon choix.		
J'ai illustré tous les éléments importants de la fable.		
La mise en page finale est claire.		

ÉTAPE 5 Nous créons un recueil de fables

EN GROUPE Rédigez une préface collective pour le recueil de la classe. Pour cela, chaque élève présente le renard de sa fable en recopiant et complétant le texte ci-dessous.

> Dans la fable [*titre de la fable*], Renard joue le rôle d'un [*séducteur, hypocrite, manipulateur, menteur, beau-parleur, traître...*] pour tromper [*préciser le nom du personnage et dire en quelques mots qui il est*] et obtenir [*expliquer le but du renard*].

Le coin des curieuses et des curieux

Bandes dessinées

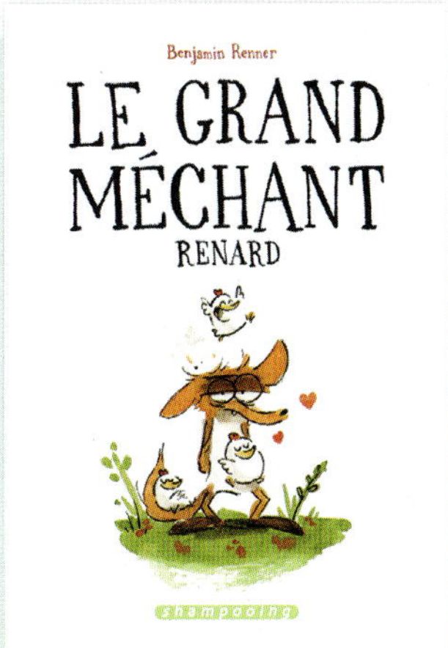

Benjamin Renner,
***Le Grand Méchant Renard*, 2015**

Lorsqu'un renard essaie de trouver sa place de grand prédateur avec l'appui du loup, les événements tournent assez vite mal. L'album a été adapté en film d'animation en 2016.

J.M. Mathis et T. Martin,
***Le Roman de Renart*, tomes 1-3, 2007-2009**

Retrouve le personnage de Renart dans cette adaptation en bande dessinée du roman médiéval. Renart, jamais avare de stratagèmes, y manipule Ysengrin, le loup, aussi idiot que cruel.

Film

Wes Anderson,
***Fantastic Mr Fox*, 2009**

Maître Renard vit avec sa famille en dévorant les poules de trois riches fermiers. Mais ces derniers comptent bien se venger.

Livre

Jean Anouilh, *Fables*, 1973

Dans ces *Fables*, tu retrouveras une réécriture moderne souvent amusante des classiques de La Fontaine : par exemple, la cigale devient une artiste de cabaret. Face à elle, se tient non pas la fourmi, mais un renard, qui a la révélation de sa vie.

Carnet de culture

Pour tous ses mauvais coups, on cherche le Renard ! Rédige un « avis de recherche » qui fait la liste de toutes les ruses que tu as découvertes dans tes lectures. Pense à mentionner la récompense offerte et à insérer son portrait.

8 Mais de qui se moque-t-on ?

Parcours dans *Le Médecin malgré lui* de Molière

Qu'est-ce qui rend la ruse si amusante dans *Le Médecin malgré lui* ?

Le Médecin malgré lui, opéra de **Charles Gounod**, inspiré de la pièce de Molière, mise en scène de Laurent Pelly, Grand Théâtre de Genève, 2016.

Je m'exprime à l'oral

Observe l'expression des personnages au second plan.
Que semblent-ils penser du médecin au centre de l'image ?

COMPÉTENCE : je définis l'univers d'une œuvre.

Je découvre Molière

Naissance de Jean-Baptiste Poquelin, dit **Molière**.
1622

Molière fonde sa troupe de théâtre et parcourt la France.
1643 - 1658

De retour à Paris, **Molière** commence à écrire et mettre en scène ses plus grandes **comédies**.
1659

Molière et sa troupe s'installent au théâtre du **Palais-Royal** (actuelle Comédie-Française) sur ordre du roi Louis XIV.
1661

Le Médecin malgré lui est créé pour la première fois. C'est un **succès**.
1666

Molière crée sa dernière comédie ***Le Malade imaginaire***.
Il **meurt** après une représentation.
1673

Activité 1 Je repère des éléments clés

Complète cette fiche sur Molière à partir de la frise ci-dessus.

Molière en quelques éléments clés

Identité de l'artiste

Nom officiel :

Nom d'artiste :

Dates importantes

Dates de naissance et de mort :

Date de création de la troupe :

Date de l'installation au Palais-Royal :

Œuvres

Dans sa pièce *Jean-Baptiste, Madeleine, Armande et les autres...*, Julie Deliquet met en scène la vie de Molière et le travail de sa troupe.

Activité 2 J'analyse une mise en scène

Observe la photographie et réponds aux questions.

1. Avec quel accessoire, la metteuse en scène montre-t-elle que Molière, au premier plan était aussi comédien ?

2. Quel élément du décor montre qu'au XVIIe siècle la durée des actes était liée aux conditions d'éclairage ?

D'après **Molière**, *Jean-Baptiste, Madeleine, Armande et les autres...* mise en scène de Julie Deliquet, Comédie-Française, 2022.

Je découvre la figure du médecin dans les comédies de Molière

Molière a souvent critiqué les médecins dans ses pièces. En effet, au XVIIe siècle, ceux-ci passaient pour très savants, notamment parce qu'ils parlaient le latin, mais ils étaient souvent incapables de soigner leur patient.

Doc. 1

Molière, *Le Médecin volant*, mise en scène de Dario Fo à la Comédie-Française, 1990.

Doc. 2

Molière, *Le Malade imaginaire*, mise en scène de Georges Werler, au théâtre de la Porte-Saint-Martin, Paris, 2008.

Doc. 3

Le Médecin malgré lui, opéra de **Charles Gounod**, inspiré de la pièce de Molière, mise en scène de Vincent Tavernier. Opéra de Rennes, 2017.

Activité 3 J'analyse la représentation des médecins

1. Identifie les médecins dans les documents 1 et 2.
2. Repère Sganarelle, médecin malgré lui, dans le document 3.
3. Qu'est-ce qui est amusant ces représentations de médecins ? Justifie ta réponse en t'appuyant sur les expressions, les gestes et les costumes des comédiens incarnant un médecin dans les trois documents.

COMPÉTENCE : j'analyse les effets d'un texte.

▶ Regarde la vidéo.
▶ Vérifie ce que tu as compris.
bordas.media/733907_053

Quel habile homme, ce Sganarelle !

Ce premier extrait se situe au tout début de la pièce. On appelle ce passage la scène d'exposition. Un couple entre en scène en se disputant. ***Quel peut être le sujet de cette dispute ?***

Acte I
Une forêt près de la maison de Sganarelle.
Scène 1. SGANARELLE, MARTINE,
paraissant sur le théâtre en se querellant[1]

SGANARELLE. – Oh ! la grande fatigue que d'avoir une femme ! [...]

MARTINE. – Voyez un peu l'habile homme [...] !

SGANARELLE. – Oui, habile homme. Trouve-moi un faiseur de fagots[2] qui sache, comme moi, raisonner des choses[3], qui ait servi six ans un fameux médecin, et qui ait su dans son jeune âge son rudiment[4] par cœur. [...]

MARTINE. – [...] Un homme qui me réduit à l'hôpital[5], un débauché, un traître, qui me mange tout ce que j'ai ? [...] Et qui, du matin jusqu'au soir, ne fait que jouer et que boire !

SGANARELLE. – C'est pour ne me point ennuyer.

MARTINE. – Et que veux-tu, pendant ce temps, que je fasse avec ma famille ?

SGANARELLE. – Tout ce qui te plaira.

MARTINE. – J'ai quatre pauvres petits enfants sur les bras...[6]

SGANARELLE. – Mets-les à terre.

MARTINE. – Qui me demandent à toute heure du pain.

SGANARELLE. – Donne-leur le fouet. Quand j'ai bien bu et bien mangé, je veux que tout le monde soit saoul dans ma maison.

MARTINE. – Et tu prétends, ivrogne, que les choses aillent toujours de même ?

SGANARELLE. – Ma femme, allons tout doucement, s'il vous plaît.

MARTINE. – Que j'endure[7] éternellement tes insolences[8] et tes débauches ?

SGANARELLE. – Ne nous emportons point, ma femme.

MARTINE. – Et que je ne sache pas[9] trouver le moyen de te ranger à ton devoir ?

SGANARELLE. – Ma femme, vous savez que je n'ai pas l'âme endurante, et que j'ai le bras assez bon. [...]

MARTINE. – Crois-tu que je m'épouvante de tes paroles ?

SGANARELLE. – Doux objet de mes vœux, je vous frotterai les oreilles[10].

MARTINE. – Ivrogne que tu es !

SGANARELLE. – Je vous battrai. [...] Je vous rosserai ! [...] Je vous étrillerai !

MARTINE. – Traître, insolent, trompeur, lâche, coquin, pendard, gueux, bélître, fripon, maraud[11], voleur !...

SGANARELLE, *(il prend un bâton, et lui en donne*[12]*)*. – Ah ! vous en voulez donc ?

MARTINE, *(criant)*. – Ah ! ah ! ah ! ah !

SGANARELLE. – Voilà le vrai moyen de vous apaiser.

Molière, *Le Médecin malgré lui*, acte I, scène 1, 1666.

1. **Se querellant :** se disputant.
2. **Faiseur de fagots :** bûcheron.
3. **Raisonner des choses :** réfléchir.
4. **Rudiment :** manuel de grammaire latine pour débutant.
5. **Me réduit à l'hôpital :** m'oblige à mendier.
6. **Sur les bras :** dont je dois m'occuper.
7. **[Tu prétends que] j'endure :** [tu crois que] je vais souffrir.
8. **Insolences :** moqueries (irrespectueuses).
9. **Et que je ne sache pas :** [et tu crois] que je ne saurai pas.
10. **Je vous frotterai les oreilles, je vous rosserai, je vous étrillerai :** je vous battrai.
11. **Pendard, gueux, bélître, fripon, maraud :** insultes utilisées pour qualifier quelqu'un de malhonnête.
12. **Lui en donne :** la frappe avec.

Le Médecin malgré lui, opéra de **Charles Gounod**, inspiré de la pièce de Molière, mise en scène de Vincent Tavernier, opéra de Rennes, 2017. Avec Marc Scoffoni (Sganarelle) et Ahlima Mhamdi (Martine).

Je comprends l'essentiel

1. Quelle relation unit les deux personnages ?

2. Avant d'être bûcheron, chez qui Sganarelle a-t-il travaillé pendant six ans ?

3. Quel portrait Martine dresse-t-telle de Sganarelle ?

Je lis entre les lignes

4. Jusqu'à la ligne 16, qu'est-ce qui montre que Sganarelle fait semblant de ne pas comprendre les reproches de Martine ?

DÉFI *Relève les jeux de mots de Sganarelle.*

5. Montre que la dispute devient de plus en plus violente.

AIDE *Observe le sens des verbes et les signes de ponctuation.*

6. Qui domine progressivement l'échange ?

7. **LECTURE D'IMAGE** Comment le jeu des acteurs traduit-il la tension entre les personnages ?

Je maîtrise la langue : les types de phrases ➡ p. 342

8. a. Repère les phrases dans lesquelles un personnage donne des ordres.
b. Quel personnage apparaît comme un tyran ?

Je m'exprime à l'oral

■ À ton avis, Sganarelle se montre-t-il habile dans cette scène ? Pourquoi ? Pour répondre, tu peux t'aider de la rubrique « La clé des mots ».

La clé des mots

Sganarelle est traité d'« **habile homme** » par Martine. Ici, cela ne signifie pas qu'il est adroit de ses mains mais qu'il est très rusé, qu'il excelle dans l'art de résoudre un problème par des moyens peu honnêtes.

▶ Regarde la vidéo.
▶ Vérifie ce que tu as compris.
bordas.media/733907_054

Molière, *Le Médecin malgré lui*, mise en scène de Vincent Tavernier, théâtre de Montreuil-sur-Mer, 2020. Avec Jeanne Bonenfant (Martine), Quentin-Maya Boyé (Valère) et Laurent Prévôt (Lucas).

Martine trouve sa vengeance

Alors que Martine cherche à se venger de son mari qui l'a battue, elle croise deux hommes qui cherchent un médecin.
Comment va-t-elle profiter de cette rencontre pour se venger de Sganarelle ?

Acte I, scène 4
VALÈRE, LUCAS, MARTINE

VALÈRE. – [...] Nous tâchons de rencontrer quelque habile homme, quelque médecin particulier[1] qui pût donner quelque soulagement à la fille de notre maître, attaquée d'une maladie qui lui a ôté tout d'un coup l'usage de la langue. Plusieurs médecins ont déjà épuisé toute leur science après elle[2] ; mais on trouve parfois des gens avec des secrets admirables, de certains remèdes particuliers, qui font le plus souvent ce que les autres n'ont su faire, et c'est là ce que nous cherchons.

MARTINE. *(Elle dit ces deux premières lignes bas.)* – Ah ! que le ciel m'inspire une admirable invention pour me venger de mon pendard[3]. *(Haut.)* Vous ne pouviez jamais vous mieux adresser[4] pour rencontrer ce que

1. **Particulier :** différent, unique.
2. **Ont déjà épuisé toute leur science après elle :** ont déjà fait tout leur possible.
3. **Pendard :** qui mérite d'être pendu.
4. **Vous ne pouviez jamais vous mieux adresser :** vous ne pouviez pas mieux tomber.

vous cherchez, et nous avons ici un homme, le plus merveilleux homme du monde pour les maladies désespérées.

VALÈRE. – Et, de grâce, où pouvons-nous le rencontrer ?

MARTINE. – Vous le trouverez maintenant vers ce petit lieu que voilà, qui s'amuse à couper du bois.

LUCAS. – Un médecin qui coupe du bois !

VALÈRE. – Qui s'amuse à cueillir des simples[5], voulez-vous dire ?

MARTINE. – Non ; c'est un homme extraordinaire qui se plaît à cela, fantasque[6], bizarre, quinteux[7], et que vous ne prendriez jamais pour ce qu'il est. Il va vêtu d'une façon extravagante[8], affecte[9] quelquefois de paraître ignorant, tient sa science renfermée, et ne fuit rien tant tous les jours que d'exercer les merveilleux talents qu'il a eus du Ciel pour la médecine.

VALÈRE. – C'est une chose admirable que[10] tous les grands hommes ont toujours du caprice, quelque petit grain de folie mêlé à leur science.

MARTINE. – La folie de celui-ci est plus grande qu'on ne peut croire, car elle va parfois jusqu'à vouloir être battu pour demeurer d'accord de sa capacité[11] ; et je vous donne avis que vous n'en viendrez pas à bout, qu'il n'avouera jamais qu'il est médecin, s'il se le met en fantaisie[12], que vous ne preniez[13] chacun un bâton, et ne le réduisiez, à force de coups, à vous confesser[14] à la fin ce qu'il vous cachera d'abord[15]. C'est ainsi que nous en usons[16] quand nous avons besoin de lui.

VALÈRE. – Voilà une étrange folie !

MARTINE. – Il est vrai ; mais, après cela, vous verrez qu'il fait des merveilles.

VALÈRE. – Comment s'appelle-t-il ?

MARTINE. – Il s'appelle Sganarelle. Mais il est aisé à connaître[17] : c'est un homme qui a une large barbe noire, et qui porte une fraise[18], avec un habit jaune et vert.

Molière, *Le Médecin malgré lui*, acte I, scène 4, 1666.

5. **Simples :** plantes médicinales.
6. **Fantasque :** qui a des idées étranges.
7. **Quinteux :** capricieux.
8. **Extravagante :** très originale.
9. **Affecte :** fait semblant.
10. **C'est une chose admirable que :** c'est étonnant comme.
11. **Demeurer d'accord de sa capacité :** reconnaître ses compétences (ici, de médecin).
12. **S'il se le met en fantaisie :** s'il l'a décidé.
13. **Que vous ne preniez :** à moins que vous ne preniez.
14. **Confesser :** avouer.
15. **Ce qu'il vous cachera d'abord :** ce qu'il commencera par vous cacher.
16. **Usons :** faisons.
17. **Aisé à connaître :** facile à reconnaître.
18. **Fraise :** large collerette plissée.

Je comprends l'essentiel

1. Que cherchent Valère et Lucas ? Pourquoi ?

2. De qui Martine veut-elle se venger ?

3. Quelle ruse Martine invente-t-elle?

4. Dans les lignes 8 à 9, comment le spectateur devient-il complice du mensonge de Martine ?

AIDE *Demande-toi à quoi servent les indications entre parenthèses.*

Je lis entre les lignes

5. Quel mensonge permet à Martine de rendre à Sganarelle ses coups de bâton ?

DÉFI *Relève les mots appartenant au champ lexical de la folie (l. 18 à 32).*

6. Qu'est-ce qui amuse les spectateurs dans la ruse de Martine ?

7. LECTURE D'IMAGE À quoi voit-on que Valère et Lucas sont naïfs ?

Je maîtrise la langue : les conjonctions de coordination ➡ p. 308

« Plusieurs médecins ont déjà épuisé toute leur science après elle; mais on trouve parfois des gens avec des secrets admirables [...]. »

8. a. Relève la conjonction de coordination dans cette réplique de Valère.

b. Que montre-t-elle de l'état d'esprit du personnage ?

Je m'exprime à l'écrit

■ Imagine la scène de la rencontre entre Valère, Lucas et Sganarelle. Écris un dialogue avec au moins deux répliques pour chaque personnage.

COMPÉTENCE : je comprends l'implicite d'un texte.

▶ Regarde la vidéo.
▶ Vérifie ce que tu as compris.
bordas.media/733907_055

Le retour de bâton

Lorsque Valère et Lucas se présentent devant Sganarelle, ce dernier refuse d'admettre qu'il est médecin. Avertis par Martine que Sganarelle préfère cacher ses talents, les deux hommes insistent.

Comment vont-ils convaincre Sganarelle d'avouer qu'il est médecin ?

Acte I, scène 5
SGANARELLE, VALÈRE, LUCAS

SGANARELLE. – Messieurs, en un mot autant qu'en deux mille, je vous dis que je ne suis point médecin.

VALÈRE. – Vous n'êtes point médecin ?

SGANARELLE. – Non.

LUCAS. – V'n'êtes pas médecin ?

SGANARELLE. – Non, vous dis-je !

VALÈRE. – Puisque vous le voulez, il faut donc s'y résoudre. *(Ils prennent un bâton et le frappent.)*

SGANARELLE. – Ah ! Ah ! Messieurs ! je suis tout ce qu'il vous plaira.

VALÈRE. – Pourquoi, Monsieur, nous obligez-vous à cette violence ?

LUCAS. – À quoi bon nous bailler[1] la peine de vous battre ?

VALÈRE. – Je vous assure que j'en ai tous les regrets du monde. [...]

SGANARELLE. – Que diable est ceci, Messieurs ? De grâce, est-ce pour rire ou si tous deux vous extravaguez[2], de vouloir que je sois médecin ?

VALÈRE. – Quoi ! vous ne vous rendez pas encore, et vous vous défendez d'être médecin ?

SGANARELLE. – Diable emporte si je le suis ! [...] *(Là, ils recommencent de le battre.)* Ah ! ah ! Eh bien, Messieurs, oui, puisque vous le voulez, je suis médecin, je suis médecin, apothicaire[3] encore, si vous le trouvez bon. J'aime mieux consentir[4] à tout que de me faire assommer. [...]

VALÈRE. – Enfin, Monsieur, vous aurez contentement[5] avec nous et vous gagnerez ce que vous voudrez, en vous laissant conduire où nous prétendons vous mener.

SGANARELLE. – Je gagnerai ce que je voudrai ?

VALÈRE. – Oui.

SGANARELLE. – Ah ! je suis médecin, sans contredit[6]. Je l'avais oublié ; mais je m'en ressouviens. De quoi est-il question ? Où faut-il se transporter ?

VALÈRE. – Nous vous conduirons. Il est question d'aller voir une fille qui a perdu la parole.

Molière, *Le Médecin malgré lui*, acte I, scène 5, 1666.

la clé des mots

Les **didascalies**, du grec « διδάσκω » (*didaskô*), qui signifie « enseigner », donnent des indications de mouvement, de gestes, de ton pour le jeu de l'acteur.

1. **Bailler :** donner.
2. **Ou si tous deux vous extravaguez :** ou bien est-ce que tous les deux vous délirez.
3. **Apothicaire :** pharmacien.
4. **Consentir :** accepter.
5. **Vous aurez contentement :** vous serez heureux.
6. **Sans contredit :** sans aucun doute.

Je m'exprime à l'oral

1. Cette scène te semble-t-elle drôle ? Pourquoi ?

Je comprends l'essentiel

2. Quel mot répété par Sganarelle, au début de la scène, va finalement être contredit par la fin de la scène ?

AIDE *Appuie-toi sur les marques de la négation dans le début du texte.*

3. Qu'est-ce qui est amusant dans la réplique de Valère à la ligne 12 ?

DÉFI *Trouve d'autres répliques qui font rire pour la même raison.*

Je lis entre les lignes

4. Que sait le spectateur de plus que chaque personnage sur la scène ?

5. Pourquoi les coups de bâton sont-ils comiques dans cette scène ?

6. Quel argument convainc finalement Sganarelle de se faire passer pour un médecin ?

7. LECTURE D'IMAGE Comment voit-on sur la photographie de mise en scène que cette scène est pleine d'actions et de mouvements ?

Je maîtrise la langue : les emplois du présent de l'indicatif ➥ p. 325

« Eh bien, Messieurs, oui, puisque vous le voulez, je suis médecin, je suis médecin, apothicaire encore, si vous le trouvez bon. »

8. a. Explique les différents emplois du présent de l'indicatif dans cette phrase.
b. Qu'est-ce que cela nous dit de l'état d'esprit de Sganarelle ?

Je m'exprime à l'écrit

■ Au terme de ces trois premières lectures, quel portrait moral peux-tu dresser de Sganarelle ? Choisis deux adjectifs parmi les propositions suivantes et justifie ton point de vue.

malhonnête • *malin* • *intelligent* • *menteur* • *malicieux* • *manipulateur*

Le Médecin malgré lui, opéra de **Charles Gounod**, inspiré de la pièce de Molière, mise en scène de Laurent Pelly, Grand Théâtre de Genève, 2016. Avec José Pazos (Lucas), Boris Grappe (Sganarelle), Nicolas Carré (Valère).

LECTURE EN LIBERTÉ

▶ **Regarde la vidéo.**
▶ **Vérifie ce que tu as compris.**
bordas.media/733907_056

Sganarelle, quel incroyable médecin !

Sganarelle est conduit auprès de la fille de Géronte, Lucinde, qui a perdu la parole.

Comment Sganarelle va-t-il convaincre Géronte qu'il est bien médecin ?

Molière, *Le Médecin malgré lui*, mise en scène de Jean Liermier, au théâtre des Amandiers, à Nanterre, 2007. Avec Éric Elmosnino, Marie Druc.

Acte II, scène 4

LUCINDE, GÉRONTE, SGANARELLE, VALÈRE, LUCAS, JACQUELINE.

SGANARELLE. – Est-ce là la malade ?

GÉRONTE. – Oui. Je n'ai qu'elle de fille[1] ; et j'aurais tous les regrets du monde si elle venait à mourir.

SGANARELLE. – Qu'elle s'en garde bien ! Il ne faut pas qu'elle meure sans l'ordonnance du médecin.

GÉRONTE. – Allons, un siège.

SGANARELLE, *assis entre Géronte et Lucinde.* – Voilà une malade qui n'est pas tant dégoûtante[2] [...].

GÉRONTE. – Vous l'avez fait rire, Monsieur.

SGANARELLE. – Tant mieux : lorsque le médecin fait rire le malade, c'est le meilleur signe du monde. *(À Lucinde.)* Eh bien, de quoi est-il question ? Qu'avez-vous ? Quel est le mal que vous sentez ?

LUCINDE, *répond par signes, en portant sa main à sa bouche, à sa tête et sous son menton.* – Han, hi, hom, han. [...]

SGANARELLE, *la contrefaisant*[3]. – Han, hi, hom, han, ha. Je ne vous entends point[4]. Quel diable de langage est-ce là ?

GÉRONTE. – Monsieur, c'est là sa maladie. Elle est devenue muette, sans que jusques ici[5] on en ait pu savoir la cause ; et c'est un accident qui a fait reculer son mariage.

SGANARELLE. – Et pourquoi ?

GÉRONTE. – Celui qu'elle doit épouser veut attendre sa guérison pour conclure les choses.

SGANARELLE. – Et qui est ce sot-là, qui ne veut pas que sa femme soit muette ? [...] *(Se tournant vers la malade.)* Donnez-moi votre bras. *(À Géronte.)* Voilà un pouls qui marque que votre fille est muette.

GÉRONTE. – Eh ! oui, Monsieur, c'est là son mal ; vous l'avez trouvé tout du premier coup [...] je voudrais bien que vous me puissiez dire d'où cela vient.

SGANARELLE. – Il n'est rien de plus aisé. Cela vient de ce qu'elle a perdu la parole.

GÉRONTE. – Fort bien. Mais la cause, s'il vous plaît, qui fait qu'elle a perdu la parole ?

SGANARELLE. – Tous nos meilleurs auteurs vous diront que c'est l'empêchement de l'action de sa langue.

1. **Je n'ai qu'elle de fille :** c'est ma seule fille.
2. **Qui n'est pas tant dégoutante :** qui est jolie.
3. **Contrefaisant :** imitant.
4. **Je ne vous entends point :** je ne vous comprends pas.
5. **Jusques ici :** jusqu'à maintenant.

GÉRONTE. – Mais encore, vos sentiments sur cet empêchement de l'action de sa langue ? [...]

SGANARELLE. – [...] je tiens que cet empêchement de l'action de sa langue est causé par de certaines humeurs[6], qu'entre nous autres savants nous appelons humeurs peccantes[7], peccantes, c'est-à-dire... humeurs peccantes; d'autant que les vapeurs formées par les exhalaisons des influences[8] qui s'élèvent dans la région des maladies, venant... pour ainsi dire... à... Entendez-vous le latin ?

GÉRONTE. – En aucune façon.

SGANARELLE, *se levant avec étonnement.* – Vous n'entendez point le latin ?

GÉRONTE. – Non.

SGANARELLE, *en faisant diverses plaisantes postures.* – *Cabricias, arci thuram, catalamus, singulariter, nominativo haec musa,* « la Muse », *bonus, bona, bonum. Deus sanctus, estne oratio latinas ? Etiam,* « oui ». *Quare ?,* « pourquoi » *? Qui a substantivo et adjectivum, concordat generi, numerum et casus*[9]...

GÉRONTE. – Ah ! que n'ai-je étudié ! [...]

SGANARELLE. – Or, ces vapeurs dont je vous parle, venant à passer, du côté gauche où est le foie, au côté droit où est le cœur, il se trouve que le poumon, que nous appelons en latin *armyan,* ayant communication avec le cerveau, que nous nommons en grec *nasmus,* par le moyen de la veine cave, que nous appelons en hébreu *cubile,* rencontre en son chemin lesdites vapeurs qui remplissent les ventricules de l'omoplate [...].

GÉRONTE. – On ne peut pas mieux raisonner, sans doute. Il n'y a qu'une seule chose qui m'a choqué : c'est l'endroit du foie et du cœur. Il me semble que vous les placez autrement qu'ils ne sont ; que le cœur est du côté gauche, et le foie du côté droit.

SGANARELLE. – Oui ; cela était autrefois ainsi : mais nous avons changé tout cela, et nous faisons maintenant la médecine d'une méthode toute nouvelle.

GÉRONTE. – C'est ce que je ne sais pas, et je vous demande pardon de mon ignorance.

SGANARELLE. – Il n'y a point de mal ; et vous n'êtes pas obligé d'être aussi habile que nous.

Molière, *Le Médecin malgré lui,* acte II, scène 4, 1666.

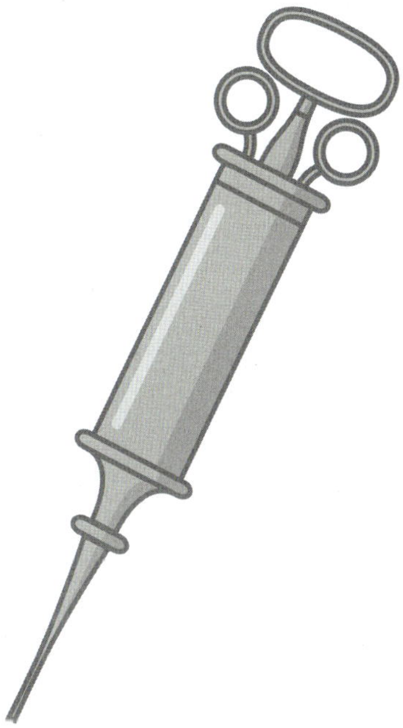

6. **Humeurs :** au XVIIe siècle, désignent des substances qui coulent dans le corps et provoquent des maladies.
7. **Peccantes :** mauvaises.
8. **Les exhalaisons des influences :** ici, Sganarelle utilise des termes médicaux de façon tout à fait fantaisiste. Ce qu'il dit n'a aucun sens.
9. Expressions qui imitent le latin.

Je lis pour me divertir

1. Que penses-tu de la maladie de Lucinde ?
2. Aimerais-tu être ausculté(e) par Sganarelle si tu étais malade ?

Je lis pour réfléchir

3. Qu'est-ce qui est amusant à voir et à entendre dans cette auscultation ?
4. Pourquoi peut-on dire que Molière se moque des médecins au travers du personnage de Sganarelle ?
5. Que penses-tu de l'attitude de Géronte face au diagnostic de Sganarelle ? Pourquoi peut-on dire que Géronte est naïf ?

COMPÉTENCE : je comprends l'implicite d'un texte.

▶ Regarde la vidéo.
▶ Vérifie ce que tu as compris.
bordas.media/733907_057

Lucinde tombe le masque

Lucinde fait semblant d'être malade car son père veut la marier à un homme riche, Horace, alors qu'elle est amoureuse du jeune Léandre. Soudain, elle se remet à parler.
Que va-t-elle pouvoir dire ?

Acte III, scène 6
LUCINDE, GÉRONTE, LÉANDRE, JACQUELINE, SGANARELLE.

GÉRONTE. – Voilà ma fille qui parle ! Ô grande vertu[1] du remède ! Ô admirable médecin ! Que je vous suis obligé[2], Monsieur, de cette guérison merveilleuse ! et que puis-je faire pour vous après un tel service ?

SGANARELLE, *se promenant sur le théâtre, et s'essuyant le front.* – Voilà une maladie qui m'a bien donné de la peine !

LUCINDE. – Oui, mon père, j'ai recouvré[3] la parole ; mais je l'ai recouvrée pour vous dire que je n'aurai jamais d'autre époux que Léandre, et que c'est inutilement que vous voulez me donner Horace.

GÉRONTE. – Mais...

LUCINDE. – Rien n'est capable d'ébranler[4] la résolution que j'ai prise.

GÉRONTE. – Quoi ?

LUCINDE. – Vous m'opposerez en vain de belles raisons[5].

GÉRONTE. – Si...

LUCINDE. – Tous vos discours ne serviront de rien.

GÉRONTE. – Je...

LUCINDE. – C'est une chose où je suis déterminée.

GÉRONTE. – Mais...

LUCINDE. – Il n'est puissance paternelle qui me puisse obliger à me marier malgré moi.

GÉRONTE. – J'ai...

LUCINDE. – Vous avez beau faire tous vos efforts.

GÉRONTE. – Il...

LUCINDE. – Mon cœur ne saurait se soumettre à cette tyrannie[6].

GÉRONTE. – La...

LUCINDE. – Et je me jetterai plutôt dans un couvent[7] que d'épouser un homme que je n'aime point.

GÉRONTE. – Mais...

LUCINDE, *parlant d'un ton de voix à étourdir*[8]. – Non. En aucune façon. Point d'affaires. Vous perdez le temps. Je n'en ferai rien. Cela est résolu.

GÉRONTE. – Ah ! quelle impétuosité[9] de paroles ! Il n'y a pas moyen d'y résister. *(À Sganarelle.)* Monsieur, je vous prie de la faire redevenir muette.

SGANARELLE. – C'est une chose qui m'est impossible. Tout ce que je puis faire pour votre service est de vous rendre sourd, si vous voulez.

GÉRONTE. – Je vous remercie. *(À Lucinde.)* Penses-tu donc...

1. **Vertu :** pouvoir.
2. **Obligé :** reconnaissant.
3. **Recouvré :** retrouvé.
4. **Ébranler :** changer.
5. **Vous m'opposerez en vain de belles raisons :** toutes les belles raisons que vous pourrez me donner ne réussiront pas à me faire changer d'avis.
6. **Tyrannie :** autorité injuste.
7. **Couvent :** maison de religieuses où entraient, au XVIIe siècle, les jeunes filles qui ne se mariaient pas.
8. **Étourdir :** rendre sourd.
9. **Impétuosité :** vivacité.

LUCINDE. – Non. Toutes vos raisons ne gagneront rien sur mon âme.

GÉRONTE. – Tu épouseras Horace dès ce soir.

LUCINDE. – J'épouserai plutôt la mort.

SGANARELLE, *à Géronte*. – Mon Dieu ! arrêtez-vous, laissez-moi médicamenter cette affaire. C'est une maladie qui la tient, et je sais le remède qu'il y faut apporter.

GÉRONTE. – Serait-il possible, Monsieur, que vous pussiez aussi guérir cette maladie d'esprit ?

SGANARELLE. – Oui ; laissez-moi faire, j'ai des remèdes pour tout.

Molière, *Le Médecin malgré lui*, acte III, scène 6, 1666.

Le Médecin malgré lui, opéra de **Charles Gounod**, inspiré de la pièce de Molière, mise en scène de Vincent Tavernier, opéra de Rennes, 2017. Avec Héloïse Guinard (Lucinde) et Jean-Vincent Blot (Géronte).

Je m'exprime à l'oral

1. Que penses-tu de l'attitude de Lucinde ?

Je comprends l'essentiel

2. Pourquoi Lucinde faisait-elle semblant d'être muette ?

3. Qu'y a-t-il d'amusant dans la confrontation entre Géronte et Lucinde ?

AIDE *Appuie-toi sur la longueur des répliques de chacun.*

4. Qu'y a-t-il d'amusant à ce que Géronte demande à Sganarelle de soigner la « maladie d'esprit » de sa fille (l. 41-42) ?

Je lis entre les lignes

5. LECTURE D'IMAGE Comment la volonté de Lucinde est-elle exprimée par le jeu de la comédienne ?

6. Comment Géronte réagit-il lorsqu'il découvre que sa fille a retrouvé la parole ?

DÉFI *Formule les indications qu'un metteur en scène pourrait donner à un acteur qui jouerait ce personnage.*

7. La ruse de Lucinde pour pouvoir épouser Léandre semble-t-elle avoir fonctionné ? Pourquoi ?

8. Quelles répliques de Sganarelle montrent qu'il est un imposteur ?

Je maîtrise la langue : les temps du discours ➥ p. 341

– Oui, mon père, j'ai recouvré la parole ; [...] pour vous dire que je n'aurai jamais d'autre époux que Léandre, et que c'est inutilement que vous voulez me donner Horace.

9. a. À quels temps sont conjugués les verbes dans cette réplique ?
b. Explique leur emploi pour montrer que Lucinde est décidée à tenir tête à son père.

Je m'exprime à l'écrit

■ Réécris la scène en inversant la longueur des répliques entre Géronte et Lucinde.
– Géronte fait de longues phrases où il explique l'avantage qu'il y a à épouser un homme riche comme Horace.
– Lucinde n'a presque rien à répondre. Elle ne finit pas ses phrases.

COMPÉTENCE : je connais les étapes du récit.

▶ **Regarde la vidéo.**
▶ **Vérifie ce que tu as compris.**
bordas.media/733907_058

Tout est bien qui finit bien ?

On a découvert que Sganarelle n'était pas médecin et Géronte veut le faire pendre. Quant à Lucinde, elle s'est enfuie avec Léandre. Mais les deux amoureux décident finalement d'affronter Géronte et d'obtenir son accord pour leur union.

Pour quelles raisons Géronte peut-il accepter le mariage de Léandre et Lucinde ?

Acte III, scène 11
LÉANDRE, LUCINDE, JACQUELINE, LUCAS,
GÉRONTE, SGANARELLE, MARTINE.

LÉANDRE. – Monsieur, je viens faire paraître Léandre à vos yeux et remettre Lucinde en votre pouvoir. Nous avons eu dessein[1] de prendre la fuite nous deux, et de nous aller marier ensemble ; mais cette entreprise[2] a fait place à un procédé[3] plus honnête. Je ne prétends point vous voler votre fille, et ce n'est que de votre main que je veux la recevoir. Ce que je vous dirai, Monsieur, c'est que je viens tout à l'heure de recevoir des lettres par où j'apprends que mon oncle est mort, et que je suis héritier de tous ses biens.

GÉRONTE. – Monsieur, votre vertu m'est tout à fait considérable[4], et je vous donne ma fille avec la plus grande joie du monde.

SGANARELLE, *à part*. – La médecine l'a échappé belle[5] !

MARTINE. – Puisque tu ne seras point pendu, rends-moi grâce[6] d'être médecin, car c'est moi qui t'ai procuré[7] cet honneur.

SGANARELLE. – Oui ! c'est toi qui m'as procuré je ne sais combien de coups de bâton.

LÉANDRE, *à Sganarelle*. – L'effet[8] en est trop beau pour en garder du ressentiment[9].

SGANARELLE. – Soit. *(À Martine.)* Je te pardonne ces coups de bâton en faveur de la dignité où tu m'as élevé[10] : mais prépare-toi désormais à vivre dans un grand respect avec un homme de ma conséquence[11], et songe que la colère d'un médecin est plus à craindre qu'on ne peut croire.

Molière, *Le Médecin malgré lui*, acte III, scène 11, 1666.

1. **Nous avons eu dessein :** nous avons eu l'intention, le projet.
2. **Entreprise :** projet.
3. **Procédé :** démarche.
4. **Votre vertu m'est tout à fait considérable :** votre honnêteté me plaît beaucoup.
5. **La médecine l'a échappé belle :** la médecine a failli disparaître.
6. **Rends-moi grâce :** remercie-moi.
7. **Procuré :** donné.
8. **Effet :** conséquence, résultat.
9. **Ressentiment :** rancune.
10. **En faveur de la dignité où tu m'as élevé :** pour te remercier de m'avoir permis d'accéder au rang de médecin.
11. **De ma conséquence :** de mon importance.

Le Médecin malgré lui, opéra de **Charles Gounod** inspiré de la pièce de Molière, mise en scène de Vincent Tavernier. Opéra de Rennes, 2017.

Je m'exprime à l'oral

1. Est-ce que tout est bien qui finit bien ?

Je comprends l'essentiel

2. Pourquoi Géronte accepte-t-il de donner sa fille à Léandre ?
3. Comment se déroulent les retrouvailles entre Martine et Sganarelle ?
4. Pourquoi Léandre intervient-il dans l'échange entre Martine et Sganarelle ?

Je lis entre les lignes

5. Pourquoi Sganarelle décide-t-il de faire la paix avec Martine ?
6. Pourquoi la réplique de Sganarelle « La médecine l'a échappé belle ! » (l. 10) est-elle comique ?
   AIDE *Demande-toi si Sganarelle parle vraiment de la médecine en général ?*
7. Que penses-tu de la dernière réplique de Sganarelle ?
   DÉFI *Tu peux relire le premier extrait (p. 204) pour justifier ta réponse.*
8. LECTURE D'IMAGE Comment le succès de Sganarelle se voit-il dans l'image ?

Je m'exprime à l'écrit

■ Lucinde n'intervient pas dans cette scène. Donne-lui la parole en imaginant une réplique qu'elle pourrait prononcer.

COMPÉTENCE : : j'identifie un genre littéraire.

▶ Écoute le texte.
▶ Vérifie ce que tu as compris.
bordas.media/733907_059

Knock, héritier de Sganarelle

Dans cette comédie, Knock se fait passer pour un médecin et tente de convaincre chacun que « tout bien portant est un malade qui s'ignore ».
Comment Knock peut-il convaincre la femme qu'elle est malade ?

biographie

Jules Romains (1885-1972) est un auteur, poète et dramaturge français. Il est célèbre pour sa fresque romanesque *Les Hommes de bonne volonté* et son personnage de médecin, Knock.

Acte II, scène 4
KNOCK, LA DAME EN NOIR

KNOCK, *la fait asseoir.* – Vous vous rendez compte de votre état ?

LA DAME. – Non.

KNOCK, *il s'assied en face d'elle.* — Tant mieux. Vous avez envie de guérir, ou vous n'avez pas envie ?

LA DAME. – J'ai envie.

KNOCK. – J'aime mieux vous prévenir tout de suite que ce sera très long et très coûteux.

LA DAME. – Ah ! mon Dieu ! Et pourquoi ça ?

KNOCK. – Parce qu'on ne guérit pas en cinq minutes un mal qu'on traîne depuis quarante ans.

LA DAME. – Depuis quarante ans ?

KNOCK. – Oui, depuis que vous êtes tombée de votre échelle.

LA DAME. – Et combien est-ce que ça me coûterait ?

KNOCK. – Qu'est-ce que valent les veaux, actuellement ?

LA DAME. – Ça dépend des marchés et de la grosseur. Mais on ne peut guère en avoir de propres[1] à moins de quatre ou cinq cents francs.

KNOCK. – Et les cochons gras ?

LA DAME. – Il y en a qui font plus de mille.

KNOCK. – Eh bien ! ça vous coûtera à peu près deux cochons et deux veaux. [...]

LA DAME. – Mais qu'est-ce que je peux donc avoir de si terrible que ça ?

KNOCK, *avec une grande courtoisie.* — Je vais vous l'expliquer en une minute au tableau noir. (*Il va au tableau et commence un croquis.*) Voici votre moelle épinière, en coupe, très schématiquement, n'est-ce pas ? Vous reconnaissez ici votre faisceau de Türck et ici votre colonne de Clarke[2]. Vous me suivez ? Eh bien ! Quand vous êtes tombée de l'échelle, votre Türck et votre Clarke ont glissé en sens inverse (*il trace des flèches de direction*) de quelques dixièmes de millimètres. Vous me direz que c'est très peu. Évidemment. Mais c'est très mal placé. Et puis vous avez ici un tiraillement continu qui s'exerce sur les multipolaires. [...]

LA DAME. – Oh ! là là ! J'ai bien eu du malheur de tomber de cette échelle !

Jules Romains, *Knock ou le Triomphe de la médecine*, acte II, scène 4,

1. **Propres :** convenables.
2. **Faisceau de Türk, colonne de Clarke :** organes inventés par Knock.

Je vérifie ma lecture

1. À quoi vois-tu que Knock n'est pas un médecin sérieux ?
2. Penses-tu que la patiente est vraiment malade ? Justifie ta réponse.
3. Quels éléments font rire le spectateur ? Compare-les à ceux que tu as repérés dans *Le Médecin malgré lui*.

Découverte artistique

COMPÉTENCE : j'analyse une œuvre d'art.

Comment un costume permet-il de montrer la transformation d'un personnage ?

Doc. A

Doc. B

Costumes de Sganarelle d'Érick Plaza-Cochet. dans l'opéra de **Charles Gounod** inspiré du *Médecin malgré*.

Je compare deux costumes

1. Décris précisément, de haut en bas, chacun des deux costumes, en nommant aussi les accessoires.

2. Quels sont les points communs et les différences entre les deux costumes ?

Je comprends la transformation d'un costume

3. À quel moment de la pièce chacun des costumes de Sganarelle correspond-il ?

4. Quels rôles les accessoires jouent-ils pour le personnage ? Et pour le spectateur ?

J'interprète le choix des costumes

5. Dans la symbolique des couleurs, le jaune peut représenter la richesse et la chaleur, mais aussi le mensonge et la maladie. Explique pourquoi c'est intéressant de l'associer à ce personnage.

6. À quoi le spectateur voit-il que Sganarelle est toujours le même personnage quel que soit son costume ?

COMPÉTENCE : j'enrichis mon expression.

Les mots de la dissimulation

1. **En t'aidant des étymologies du mot « masques », retrouve la définition des mots.**

mâchurer — mascarade — mascara — mascaron — mascotte

« Masque » a deux étymologies possibles :
– « masca » qui signifie « démon » ou « masque » ;
– « mascarare » qui signifie « noircir le visage », « rendre méconnaissable ».

a. Divertissement où les participants sont déguisés ou masqués.
b. Tête sculptée qui sert de décoration en architecture.
c. Personne ou chose considérée comme symbole ou porte-bonheur.
d. Barbouiller de noir.
e. Produit de maquillage destiné à allonger et colorer les cils.

2. **Complète les phrases avec les mots de la famille de « masque » en tenant compte du sens. Tu peux t'aider des mots vus dans l'exercice 1.**

a. Tout le monde a cru que Sganarelle était médecin. Personne ne l'a... .
b. L'auscultation de Lucinde est une véritable... .
c. Lucinde tombe le....pour dire à son père ce qu'elle ressent.
d. Les comédiens se....avant le spectacle.

3. **Recopie et complète le tableau.**

	Verbe	Nom	Adjectif
a.	Mentir	Mensonge	Menteur
b.	....	Tromperie	....
c.	Filouter	....	....
d.	....	Manipulation	....
e.	Baratiner	....	....

4. **Remplace, dans chaque phrase, le verbe « tromper » par un des verbes proposés.**

a. duper b. rouler c. escroquer d. berner

1. Martine trompe Valère et Lucas.
2. Lucinde trompe Géronte.
3. Géronte est trompé par Sganarelle.
4. Sganarelle n'est pas trompé par Lucinde

5. **Retrouve l'origine de ces synonymes du nom « déguisement ».**

habit — artifice — maquillage — camouflage — fard — travestissement

a. *vestis* : le vêtement (nom latin).
b. *farben* : teinter, colorer (verbe allemand).
c. *habitus* : que l'on a l'habitude de porter (nom latin).
d. *artifex* : l'artiste (nom latin).
e. *maken* : faire, contrefaire (verbe néerlandais).
f. *camuffare* : se cacher derrière de la fumée (verbe italien).

6. **Classe ces adjectifs selon leur intensité.**

a. farceur • vaurien • crapule
b. gredin • menteur • coquin
c. malin • fripon • pendard
d. rusé • malicieux • habile
e. fourbe • trompeur • hypocrite

Je m'exprime à l'écrit

Explique pourquoi le costume de Sganarelle est important pour tromper Lucinde. Utilise le plus de mots possibles vus dans cette page.

Molière, *Le Médecin malgré lui*, mise en scène de Nicolas Rigas, théâtre du Petit Monde. Avec Nicolas Rigas (Sganarelle) et Mylène Bourbeau (Lucinde).

COMPÉTENCE : : je maîtrise la langue pour améliorer mon expression.

Accorder les participes passés

À savoir

- Les **verbes du premier groupe** ont un participé passé en **« -é » Chanter → chanté**
- Les **verbes du deuxième groupe** ont un participe passé en **« -i » Finir → fini**
- Les **verbes du troisième groupe** ont un participe passé en **« -i, -it, -is, -u ».**

Prendre → pris
Ouvrir → ouvert
Partir → parti
Venir → venu

- Les **participes passés** en position d'**adjectif s'accordent** comme eux en **genre** et en **nombre** avec le nom dont ils sont épithètes. Je préfère les **lettres** écrites à la main.
- Les **participes passés** employés avec l'**auxiliaire *être* s'accordent en genre et en nombre avec le sujet.**

Elle est cachée derrière l'arbre.

➡ Voir leçon « Bien accorder le participe passé », p. 339.

Je connais le participe passé des verbes

1. Classe ces verbes en fonction de leur terminaison au participe passé.

amener • faire • dormir • vêtir • servir • remettre • danser • acquérir • chanter • construire • joindre

2. Indique l'intrus dans ces listes de verbe en trouvant leur participe passé.

a. souffrir • adoucir • mentir • dormir
b. ouvrir • couvrir • offrir • venir
c. taire • tendre • suivre • battre
d. écrire • prendre • dire • défaire

Je sais accorder le participe passé

3. Accorde, si besoin, ces participes en position d'adjectif avec le nom auquel ils se rapportent.

a. Lucinde est la fille aimé… de Géronte.

b. Géronte veut que sa fille épouse un homme fortuné… : Lucinde, têtu…, refuse.

c. Martine est une épouse rusé… .

d. Sganarelle fait partie des personnages connu… pour leurs mensonges.

4. Mets les verbes entre parenthèses au participe passé puis accorde-les avec le nom auquel ils se rapportent.

a. Géronte a fait appel aux meilleurs médecins pour guérir sa fille (*affaiblir*).

b. Les soins (*prescrire*) par Sganarelle se sont révélés efficaces !

c. Lucinde, (*guérir*), va épouser Léandre ; Sganarelle, (*nommer*) médecin de la famille, va gagner de l'argent.

d. Les menteurs (*couvrir*) d'honneurs comme Sganarelle sont mes personnages préférés.

5. Dans les phrases suivantes, choisis le bon accord.

a. La véritable identité de l'auteur est Jean-Baptiste Poquelin mais il est **connu / connue** sous le nom de Molière.

b. Le père de Molière s'occupait du petit mobilier des appartements royaux qui lui étaient **confié / confiés**.

c. Molière s'est **consacré / consacrée** au théâtre.

d. À ses débuts, la troupe de Molière a **emprunté / empruntée** de l'argent pour monter des spectacles.

6. Dans les phrases suivantes, mets les verbes entre parenthèses au participe passé et accorde-les.

a. « Mes enfants sont (*affamer*) ! » s'exclame Martine.

b. Sganarelle arrive dans une pièce où Lucinde est (*installer*).

c. Sganarelle n'est pas (*effrayer*) de se faire passer pour un médecin.

d. Géronte qui ne connaît rien à la médecine est (*impressionner*) par les mots savants utilisés par Sganarelle.

Je prépare la dictée

▶ **Écoute la dictée.** bordas.media/733907_060

1. Choisis la bonne terminaison pour les verbes conjugués au passé composé.

Ils m'ont fait médecin malgré moi. Toutes mes études ne sont **allé / allée / allées** que jusqu'en sixième. Je ne sais pas comment l'idée m'est **venu / venue / venues**: mais quand j'ai vu qu'ils voulaient à tout prix que je devienne médecin, je me suis **pris / prit / prise** au jeu. L'erreur s'est **répandu / répandue / répandus** : chacun est **endiablés / endiablé / endiablée** à me croire habile homme. On est **venu / venue / venus** me chercher de tous les côtés.

D'après **Molière**, *Le Médecin malgré lui*, acte III, scène 1, 1666.

2. Écris ce texte en écoutant la dictée enregistrée.

Je m'exprime à l'écrit

Un an après son mariage, Lucinde retrouve une amie d'enfance à qui elle raconte son incroyable histoire. Rédige son récit au passé composé.

Sers-toi des verbes ou des groupes verbaux suivants : *venir* • *mentir* • *tomber amoureux* • *faire semblant* • *se taire*.

Expression écrite

COMPÉTENCE : je sais argumenter.

Faire une critique de mise en scène

SUJET Pour mettre en scène une pièce de théâtre, comme *Le Médecin malgré lui*, les metteurs en scène font de nombreux choix (acteurs et actrices, décors, costumes,...) qui plaisent plus ou moins aux spectateurs.

***Écris la critique d'une mise en scène du* Médecin malgré lui.**

Doc. 1

Molière, *Le Médecin malgré lui*, mise en scène de Victor Bianco, Compagnie L'Oreille en Verre, 2008.

Doc. 2

Molière, *Le Médecin malgré lui*, mise de scène Colette Roumanoff, 2015.

Doc. 3

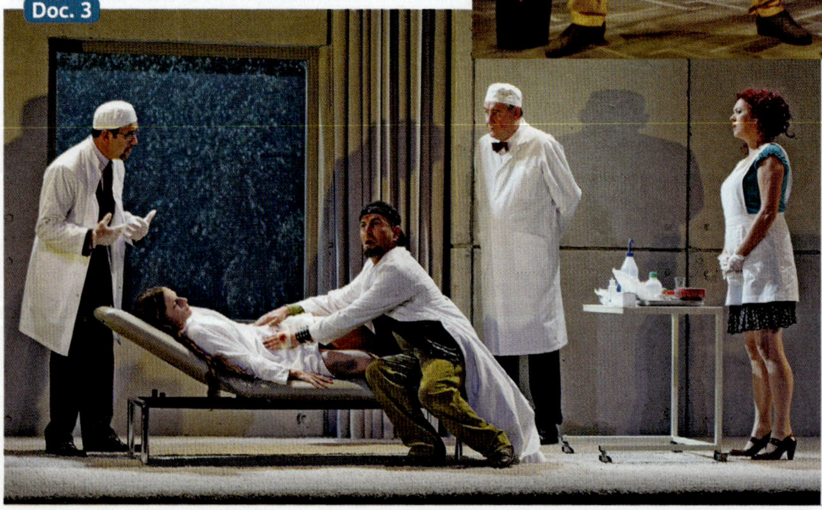

Molière, *Le Médecin malgré lui*, mise en scène de Jean-Claude Berruti, Comédie de Saint-Étienne, 2009.

ÉTAPE 1 Je compare les mises en scène

1. Quelle mise en scène est classique avec des costumes et des accessoires d'époque ?
2. Quelle mise en scène est moderne, déplaçant la scène dans un hôpital moderne, où les comédiens ont des costumes de médecins contemporains ?
3. Quelle mise en scène semble prendre la pièce au second degré, en exagérant les couleurs, les costumes et les décors ?

ÉTAPE 2 Je choisis la mise en scène que je préfère

1. Classe les mises en scène par ordre de préférence.
2. Note les arguments précis pour expliquer comment la mise en scène met en valeur le comique de la pièce.

★ Appuie-toi sur deux éléments différents : costumes, décor.

★★ Appuie-toi sur trois éléments différents : costumes, décor, jeu des comédiens.

3. Classe tes arguments du moins fort au plus fort.

Ma boîte à mots

Adjectifs pour qualifier les costumes et le décor : moderne, contemporain, classique, d'époque, riche, sobre, minimaliste, daté, anachronique, plaisant, réaliste…
Adjectifs pour qualifier le jeu des comédiens : exagéré, statique, amusant, étonnant, expressif, dynamique, décalé, déconcertant…

ÉTAPE 3 Je rédige ma critique

★ **1. Rédige ta critique en utilisant tes arguments de l'étape 2.**
Ajoute une comparaison avec une autre mise en scène.

★★ Ajoute une comparaison avec deux autres mises en scène.

2. Ajoute une conclusion pour expliquer comment la mise en scène accentue le comique d'une pièce de théâtre.

Ma boîte à mots

Verbes de goût : je préfère, j'apprécie, j'adore, j'admire…
Connecteurs logiques : dans un premier temps, tout d'abord, puis, ensuite, par ailleurs, de plus, enfin…
Adjectifs synonymes de « beau » (par ordre d'intensité) : agréable, charmant, joli, plaisant, attirant, attrayant, superbe, sublime, splendide, éblouissant…
Adverbes d'intensité (par ordre d'intensité) : pas du tout, nullement, très peu, assez peu, moyennement, beaucoup, énormément, totalement, complètement, infiniment…

ÉTAPE 4 Je relis mon texte

■ **Relis** ta critique en t'appuyant sur cette grille d'évaluation ci-dessous.

	Oui	Non
J'ai présenté la mise en scène que je préfère.		
J'ai argumenté en parlant d'éléments précis de la mise en scène, classés par ordre d'importance.		
J'ai utilisé un lexique varié et précis.		
J'ai conclu en expliquant ce qui était amusant dans la mise en scène.		

Expression orale

COMPÉTENCE : je mémorise et je récite avec expressivité.

Jouer une scène de théâtre

SGANARELLE. *Il revient vers sa femme, et lui dit, en lui pressant la main.* – Ô çà, faisons la paix nous deux. Touche là. [...]
MARTINE. – Je ne veux pas.
SGANARELLE. – Eh !
MARTINE. – Non.
SGANARELLE. – Ma petite femme !
MARTINE. – Point.
SGANARELLE. – Allons, te dis-je.
MARTINE. – Je n'en ferai rien.
SGANARELLE. – Viens, viens, viens.
MARTINE. – Non : je veux être en colère.
SGANARELLE. – Fi, c'est une bagatelle, allons, allons.
MARTINE. – Laisse-moi là.
SGANARELLE. – Touche, te dis-je.
MARTINE. – Tu m'as trop maltraitée.
SGANARELLE. – Eh bien va, je te demande pardon, mets là, ta main.
MARTINE. – Je te pardonne. (*Elle dit le reste bas.*) Mais tu le payeras.

Molière, *Le Médecin malgré lui*, acte I, scène 2, 1666.

ÉTAPE 1 Je comprends la situation

1. Pourquoi Sganarelle tient-il à serrer la main de Martine ?
2. Comment Martine réagit-elle ?
3. Que pense Martine au fond d'elle-même ?

ÉTAPE 2 Je réfléchis au jeu des acteurs

1. **Imagine** une didascalie indiquant l'attitude et l'intonation de Sganarelle tout au long de cette scène.
2. **Explique** comment jouer les deux dernières phrases de Martine (l. 17).

ÉTAPE 3 Je prépare la lecture

À DEUX **Répartissez-vous les rôles.** Entraînez-vous à dire les répliques en tenant compte des réponses apportées aux questions précédentes.

ÉTAPE 4 Je joue la scène devant la classe

À DEUX **Jouez la scène devant la classe.**
La classe donne des conseils d'amélioration à l'aide de la grille ci-dessous.

	Non	Oui
Le texte est dit clairement avec la bonne intonation.		
Les gestes des deux comédiens correspondent à la situation.		
La didascalie finale est bien respectée.		

Lecture à voix haute

COMPÉTENCE : je lis avec expressivité.

Varier les intonations

Toinette se fait passer pour un médecin auprès de son maître Argan, qui pense souffrir d'une grave maladie.

Autoritaire	TOINETTE. – [...] C'est du poumon que vous êtes malade.
Surpris	ARGAN. – Du poumon ?
Interrogatif	TOINETTE. – Oui. Que sentez-vous ?
Inquiet/lent	ARGAN. – Je sens de temps en temps des douleurs de tête.
Autoritaire	TOINETTE. – Justement, le poumon.
Inquiet/lent	ARGAN. – Il me semble parfois que j'ai un voile devant les yeux.
Neutre	TOINETTE. – Le poumon.
Inquiet/lent	ARGAN. – J'ai quelquefois des maux de cœur.
Neutre	TOINETTE. – Le poumon.
Inquiet/lent	ARGAN. – Je sens parfois des lassitudes par tous les membres.
Neutre	TOINETTE. – Le poumon.
Inquiet/rapide	ARGAN. – Et quelquefois il me prend des douleurs dans le ventre, comme si c'étaient des coliques.
Autoritaire/rapide	TOINETTE. – Le poumon. Vous avez appétit à ce que vous mangez ?
Timide	ARGAN. – Oui, monsieur.
Autoritaire/rapide	TOINETTE. – Le poumon.

Molière, *Le Malade imaginaire*, acte III, scène 10, 1673.

ÉTAPE 1 Je comprends le texte

1. Qu'est-ce qui est absurde dans le diagnostic fait par le faux médecin Toinette ?
2. Argan met-il en doute les paroles de ce faux médecin ?
3. Pourquoi le mensonge de Toinette rend-il la scène amusante ?

ÉTAPE 2 Je prépare ma lecture

▶ Regarde la vidéo.
bordas.media/733907_061

Entraîne-toi à lire les répliques de Toinette ou d'Argan avec l'intonation et le débit demandés.
Regarde la vidéo de la scène pour varier les expressions de ton visage en fonction des intonations.

ÉTAPE 3 J'évalue ma lecture orale

1. **Vérifie** que tu lis à bonne allure et que ta lecture montre une bonne compréhension du texte.

Je lis à bonne allure	Je lis avec expressivité
Je lis le texte en entier en moins d'une minute.	Je fais varier les intonations pour accentuer le comique de l'extrait.

2. **Améliore** tes compétences en relisant le texte autant de fois que nécessaire.

Bilan COMPÉTENCE : je sais reconnaitre les éléments d'une pièce comique.

Fais le bilan sur les ruses dans *Le Médecin malgré lui*

Ce chapitre t'a permis de lire une pièce de théâtre où les ruses et les mensonges font rire le spectateur. Fais maintenant le bilan sur ce que tu as appris.

1 Une pièce pleine de rebondissements

1. **Fais un résumé** du *Médecin malgré lui* en remettant les phrases dans l'ordre.

a. Valère et Lucas cherchent un médecin.

b. Lucinde révèle qu'elle n'est pas malade.

c. Sganarelle reçoit des coups de bâton.

d. Sganarelle se dispute avec Martine.

e. Martine prétend connaître un médecin.

f. Sganarelle ausculte Lucinde.

g. Sganarelle prend l'habit de médecin.

h. Sganarelle devient médecin pour le reste de sa vie.

2. **Associe** chaque personnage rusé à celui qu'il manipule.

Les personnages rusés

Les personnages manipulés

2 Des ruses qui font rire

1. Complète les définitions des types de comique avec les mots suivants :
situation • geste • caractère • langage • répétition

- Le comique de … relève du jeu des comédiens.
- Le comique de … s'appuie sur les mots et la façon de parler des personnages.
- Le comique de … s'appuie sur le retour d'une action dans une scène ou une pièce.
- Le comique de … est liée à ce qui se passe dans la scène.
- Le comique de … s'appuie sur les défauts des personnages.

2. Explique, à partir de la photographie de mise en scène, quels types de comique sont présents dans l'acte I scène 5 du *Médecin malgré lui*. Pour t'aider tu peux relire l'extrait page 208.

Molière, *Le Médecin malgré lui*, mise en scène de Dario Fo à la Comédie-Française, 1991.

3 Les ruses dans *Le Médecin malgré lui*

SCHÉMA IMPRIMABLE

1. Lis et mémorise cette carte mentale sur la ruse dans *Le Médecin malgré lui*.

2. Explique sur quoi reposent les ruses d'un de ces personnages : Sganarelle, Martine, Lucinde en suivant le modèle de la carte mentale ci-dessous.

Les ruses dans *Le Médecin malgré lui* reposent sur…

la dissimulation, le mensonge. Certains personnages prennent des fausses identités ou mentent.

les cinq types de comique. Les comiques de geste, de langage, de répétition, de situation, de caractère permettent aux rusé(e)s de se sortir de toutes les situations.

la complicité du spectateur. Le spectateur s'amuse des ruses parce qu'il comprend les motivations des rusé(e)s.

la résistance au plus fort. Les ruses permettent de se venger de personnages qui dominent.

Projet

COMPÉTENCE : : j'exploite mes connaissances avec créativité.

Écrire une scène de théâtre inspirée du *Médecin malgré lui*

Activité de groupe
Vous allez inventer et jouer des scènes mettant en scène Sganarelle soignant une fausse ou un faux malade.

ÉTAPE 1 Nous cherchons des idées EN CLASSE ENTIÈRE

■ Faites la liste des maladies possibles que pourrait interpréter la fausse ou le faux malade. Ces maladies doivent pouvoir être mimées.
Inspirez-vous des maladies fictives listées ci-dessous pour en inventer d'autres :
- la fainéantite paralysante aiguë ;
- le sautillon spasmodique ;
- la hurlite incontrôlable ;
- la surdité sélective ;
- la « non »-ite systématique.

■ Faites une liste des motivations qui poussent le malade à feindre la maladie (par exemple, rester au lit toute la journée, refuser d'écouter les adultes, faire rire ses amis…)

ÉTAPE 2 Nous écrivons la scène EN GROUPE

■ Chaque groupe choisit une maladie et une motivation.

■ Imaginez comment le faux malade va incarner sa « maladie » : ce qu'il va dire, le ton qu'il va employer, comment il va bouger….

■ Ensemble, écrivez au moins quatre répliques racontant l'auscultation de l'élève faussement malade par Sganarelle.
- Inventez des mots qui ont l'air scientifiques. Vous pouvez reprendre les termes de la « consultation » de Sganarelle (p. 210-211).
- Ajoutez des didascalies pour guider le jeu.

■ Écrivez ensuite au moins deux répliques dans lesquelles le faux médecin fait peur au malade, qui lui avoue pourquoi il joue au malade.

■ Répétez la scène entre vous et corrigez les répliques si besoin.

ÉTAPE 3 Nous jouons la scène

■ Chaque groupe joue sa scène devant le classe qui évalue la proposition avec les critères suivants.

	Oui	Non
On reconnaît bien Sganarelle : il emploie un lexique faussement scientifique.		
La fausse ou le faux malade incarne sa maladie par ses répliques et par ses gestes.		
Les répliques s'enchaînent bien.		
Il y a bien quatre répliques qui racontent l'auscultation.		
Il y a bien deux répliques qui racontent le dévoilement du mensonge.		

Le coin des curieuses et des curieux

Théâtre

Pierre Gripari,
Sept Farces pour écoliers, 2012

Des farces courtes, cocasses et hilarantes, à lire à la maison ou en classe, à mettre en scène et à jouer.

Roman

Laurent Bazire,
Les Médecins ridicules, 2014

Paris, XVIIe siècle. Jean-Armand de Mauvillain se rend de toute urgence chez son ami Molière, qui l'a fait appeler au chevet de son enfant malade. Malgré toute la science de Mauvillain, l'enfant meurt. Dès lors, à travers ses pièces, Molière s'emploie à dénoncer le charlatanisme des médecins.

Film

Lorraine Lévy,
Knock, 2017

Knock, un ex-filou repenti devenu médecin diplômé, arrive dans le petit village de Saint-Maurice pour faire fortune. Pour cela, il va convaincre la population que tout bien portant est un malade qui s'ignore.

Bande dessinée

Molière, adaptation par **Virginie Cady** et **Laurent Perecelay**
Le Médecin malgré lui, 2009

Découvrez le texte intégral de Molière servi par un noir et blanc nerveux et une mise en scène rythmée qui rendent à merveille l'ambiance des planches et le jeu des acteurs.

Carnet de culture

Fais la présentation d'une des œuvres que tu as lues ou vues, en expliquant pourquoi tu l'as aimée, pourquoi tu la recommandes.
Recopie un dialogue qui a retenu ton attention et illustre-le en dessinant les personnages.
Tu peux enregistrer cette présentation et faire une lecture expressive du dialogue retenu.

9 Les secrets de fabrication du monde

Comment les textes fondateurs expliquent-ils la création du monde grâce aux éléments naturels ?

Vincent Van Gogh, *La Nuit étoilée* (détail), 1889, huile sur toile (74 x 92 cm), Museum of Modern Art, New York.

Je m'exprime à l'oral

Que semble-t-il se passer dans ce ciel étoilé ?

COMPÉTENCE : je découvre un thème littéraire.

Je découvre des récits fondateurs

Les **textes fondateurs** font le récit de la **création du monde**. Ils aident l'homme à comprendre d'où il vient et ce qu'il est. Ils témoignent de l'importance et de la puissance des divinités et des éléments naturels. Ils racontent les étapes clés de la création. Tout autour du monde, quelles que soient les civilisations, on trouve de tels récits de création.

A

L'Épopée de Gilgamesh raconte les exploits d'un héros « pour deux tiers divin et un tiers humain », dans un monde où les divinités ont le pouvoir de créer ou de défaire la nature ou les hommes. Il existe plusieurs versions de ce long poème de 1 600 vers. La plus ancienne, mise par écrit autour du XVIIIe siècle av. J.-C., a été trouvée en Mésopotamie, sur des tablettes d'argile gravées en akkadien (écriture cunéiforme).

B

La **Bible** rassemble des textes sacrés du judaïsme et du christianisme. La première partie, appelée **Ancien Testament** par les chrétiens, est commune aux deux religions. Écrit en hébreu et en araméen entre le VIIIe siècle et le IIe siècle av. J.-C, ce texte sacré fait le récit de la création du monde, des animaux et des premiers humains, Adam et Ève, dans la Genèse. On y lit aussi la vie de leurs descendants, dont Noé et ses enfants qui sont sauvés du déluge, ou Moïse.

C

Le **Coran** est le livre sacré de l'islam. Rédigé en arabe au VIIe siècle ap. J.-C., il est composé de 114 parties, les sourates, écrites en vers, qui rassemblent les paroles transmises par Allah au prophète Mahomet. Plusieurs sourates racontent la création divine du monde et des êtres vivants, et le destin de patriarches comme Noé.

1

2

3

Image 1
Zakariya ibn Muhammad al-Qazwini, *Paysage avec le soleil et la lune*, gouache sur papier, XVIIe siècle.

Image 2
Gilgamesh, musée du Louvre, Paris.

Image 3
Jean Mielot, *L'Arche de Noé*, XVe siècle.

Activité 1 Je repère les grandes caractéristiques de trois récits fondateurs

1. Retrouve le récit fondateur auquel correspond chaque image.
2. Pour chaque récit, précise sa ou ses langue(s) d'origine et sa date de rédaction.

Je découvre le rôle des éléments naturels dans les récits de création

Dans les **légendes** de nombreuses civilisations, les **éléments naturels** interviennent dans la **création** de la nature, des hommes et des animaux : l'eau, l'air, le feu, la terre ainsi que le bois ou le métal sont à l'origine de la vie et des phénomènes.

Image 4
La création d'Adam par Dieu, d'après la Bible.

Gravure, XVIe siècle.

Constantin Hansen, *Prométhée* (détail), vers 1845.

Image 5
La création de l'homme par Prométhée, d'après un mythe grec.

Image 6
La création des hommes par la divinité Nuwa, d'après un mythe chinois.

Activité 2 Je trouve le secret de la création de l'homme dans différentes civilisations
Observe les images 4, 5 et 6. À partir de quel élément commun l'homme est-il fabriqué, selon ces trois récits ?

Image 7
Le feng shui est un art millénaire issu de la pensée taoïste chinoise, qui repose sur l'équilibre de la circulation des énergies.

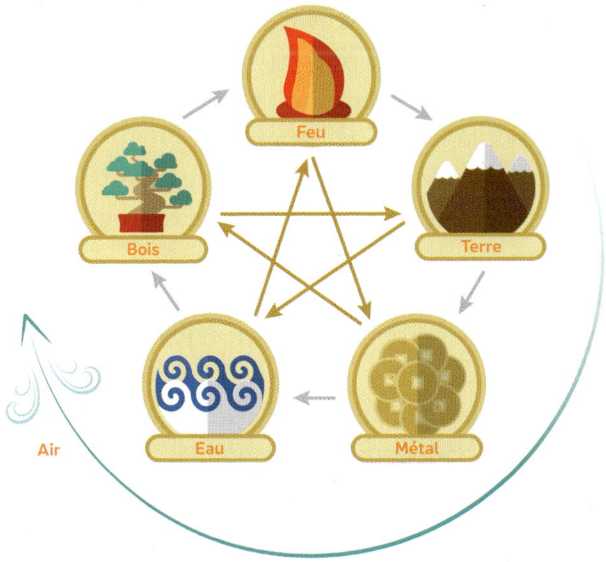

Image 8
« Le poumon de la Terre »

Image 9
« Le feu du ciel »

Activité 3 Je réfléchis à l'interaction des éléments naturels
À l'aide du schéma (image 7), explique les expressions illustrées par les images 8 et 9, en montrant comment les éléments s'associent dans ces phénomènes naturels.

Lecture 1 **COMPÉTENCE :** je comprends un texte long.

LECTURE EN LIBERTÉ

▶ Écoute le texte.
▶ Vérifie ce que tu as compris.
bordas.media/733907_062

Comment créer le monde ?

Livres sacrés de religions monothéistes, la Bible (texte 1) et le Coran (texte 2) racontent la création de la nature et de l'être humain.
Comment ce miracle a-t-il pu avoir lieu ?

TEXTE 1

Il y a très longtemps, lorsque le temps n'existait pas encore, notre monde était sombre et désolé[1]. Dieu commença alors à créer l'ordre et la beauté.

Tout d'abord, il ordonna à la lumière de jaillir[2] dans l'obscurité. Et la lumière parut.

Puis il enjoignit[3] aux océans en furie de reculer, et ainsi parut la terre ferme. Mais la terre était vide et silencieuse, mis à part le clapotis des vagues et le murmure du vent. Aussi Dieu donna-t-il à la terre l'ordre de produire des plantes et des arbres. Quel aspect magnifique offraient ces premières feuilles vertes et ces fleurs éclatantes !

Alors, au zénith[4] du vaste ciel qu'il avait créé, Dieu ordonna au soleil de briller pendant le jour et à la lune de répandre une douce clarté pendant la nuit. Il créa des étoiles pour scintiller sur le velours sombre du ciel[5].

Le ciel et la mer étaient encore silencieux et vides. Dieu mit alors dans l'océan des créatures pour y nager, depuis le plus petit poisson jusqu'à la plus grosse baleine. Il fit les oiseaux pour chanter d'harmonieuses mélodies tout en voletant d'un arbre à l'autre. C'était un monde merveilleux, et Dieu vit comme tout cela était bon.

Mais la terre restait toujours vide. C'est alors que Dieu fit les animaux. Il créa les petites créatures à fourrure aussi bien que les énormes et puissantes bêtes sauvages. Les forêts et les bois, les champs et les plaines s'animèrent grâce aux animaux que Dieu avait faits.

Dieu commanda à tous les poissons et à tous les oiseaux, de même qu'à tous les autres animaux, de se reproduire et de se multiplier, afin que le monde entier soit peuplé, animé et heureux. [...]

Dieu observa avec satisfaction le vaste univers avec le monde magnifique qu'il avait créé. Mais il savait qu'il lui restait à faire l'œuvre la plus merveilleuse de sa création.

– Maintenant, je vais faire des êtres humains, dit Dieu. Ils auront une intelligence pour penser, me connaître et m'aimer, et je les chargerai de maintenir le monde en bon état.

Dieu commença par faire l'homme, appelé Adam. [...] Alors Dieu fit la femme, Ève, pour être son épouse, afin qu'ensemble ils puissent parler, faire des projets, rire et s'aimer.

Dieu les bénit tous deux et leur dit de jouir de tout dans le monde qu'il avait fait. Ils devaient avoir des enfants pour les aider dans la tâche qui leur était confiée. Mais, même si Dieu leur avait confié la responsabilité du monde créé dans lequel ils vivaient, ils devaient toujours obéir à Dieu.

Mary Batchelor, « Dieu crée le monde » Genèse 1 et « Dieu crée les êtres humains » Genèse 1-2, *La Bible en 365 histoires,* © Excelis, 1988.

1. **Désolé :** désert, dépeuplé, ravagé.
2. **Jaillir :** surgir, sortir vivement.
3. **Enjoignit :** ordonna.
4. **Au zénith :** au plus haut point.
5. **Le velours sombre du ciel :** métaphore qui compare le ciel à un tissu épais, très doux et légèrement brillant.

Alexander Calder, *Hope of the Volubilis*, 1976, lithographie (52 x 72 cm), Sprengel Museum, Hanovre.

TEXTE 2

« Dieu et créateur de toute chose, unique et victorieux » (sourate 13)

Le souverain du monde éleva les cieux, s'assit sur son trône et soumit le soleil et la lune de manière à ce que les deux astres poursuivent leur course jusqu'au point indiqué. Le mouvement et l'ordre furent déterminés. Qui peut ignorer ces merveilles ? Dieu déroula la terre, éleva les montagnes, et fit couler les fleuves. Il créa les deux sexes et ordonna à la nuit d'envelopper le jour. Il arrosa de la même eau les jardins plantés de vigne, les blés et les palmiers.

Puis le Seigneur choisit pour chaque peuple un envoyé chargé de le diriger. [...]

Ainsi, le souverain de l'univers avait créé des nuages lourds, chargés de pluie. Le tonnerre célébrait ses louanges, les anges le craignaient. [...]

Il fit couler les torrents dans leurs lits entraînant l'écume. Dieu établit le solide et l'éphémère. L'écume disparut subitement pour que ne reste sur terre que ce qui sert aux hommes.

Marie-Ange Spire, *Récits, légendes et traditions du Coran*,

Je lis pour réfléchir TEXTES 1 ET 2

1. Identifie les différentes étapes de la création du monde et leur ordre dans les deux textes.

2. Dans les deux textes, relève des expressions qui désignent chacun des quatre éléments naturels : l'air, le feu, l'eau et la terre.

3. Dans ces textes, quelle place l'être humain occupe-t-il ?

COMPÉTENCE : j'analyse les effets d'un texte.

▸ Écoute le texte.
▸ Vérifie ce que tu as compris.
bordas.media/733907_063

Comment créer un homme ?

Dans l'épopée qui porte son nom, Gilgamesh est un demi-dieu violent, qui terrorise les hommes. Ceux-ci se plaignent auprès de leurs créateurs Ea et Arourou. Ces divinités vont mettre au monde un nouvel homme capable de s'opposer à Gilgamesh.
Comment vont-ils s'y prendre ?

La terre, ici, n'a pas la finesse des alluvions[1] apportées par les crues de l'Euphrate[2]. Elle est grossière, parsemée d'écorces et de graviers. Mais c'est le bon matériau pour l'œuvre qu'ils ont promis d'accomplir. Un homme rudimentaire[3]. Un être tout d'un bloc, à la fibre compacte et dure. Une flamme brûlera en lui, mais charbonneuse[4], comme l'aube avant le lever du jour.

Ea, sans attendre, creuse comme s'il ouvrait un fossé dans le sol, puis crache dans la terre et commence à pétrir.

Jadis, pour la première fournée d'hommes, il avait fallu tuer un dieu et incorporer à l'argile sa chair et son sang. Pour ce nouvel être, la salive suffit. Elle est le levain qui fera gonfler sa pâte.

Arourou chantonne pendant qu'Ea malaxe. Son chant s'étend sur la steppe[5] comme une tente, étouffe tous les bruits, endort chaque être animé. Les dieux sont seuls. Ils créent.

Lorsque du matériau monte une vapeur, Arourou prend la relève d'Ea. Elle modèle la créature et lui donne sa forme. Après quoi, elle cueille un rameau de tamaris[6] et fouette le pâton inerte[7] pour y éveiller la vie, puis elle rejoint Ea et tous deux observent à l'écart.

C'est l'instant du mystère. Quel être, réellement, se prépare à naître ? Sans doute, son destin est tracé : conçu pour servir de rival à Gilgamesh. Anou l'a dit. Mais ce destin, écrit sur sa tablette[8], comment l'accomplira-t-il ? [...]

Dans le grand corps immobile, la vie commence à chauffer. La terre croûte en surface. Des écailles sèches tombent. Une peau grenue[9] apparaît sous la gangue[10]. La poitrine frémit. Le souffle circule, cherche la narine.

Arourou et Ea se regardent. Leur créature est achevée et il est temps, pour eux, de quitter les lieux.

Jacques Cassabois, *Le Premier Roi du monde. L'épopée de Gilgamesh*, © Le Livre de poche jeunesse, 2004.

1. **Alluvions (nom féminin) :** dépôts de terre et de sable apportés par les cours d'eau.
2. **Euphrate :** un des deux fleuves le long duquel s'est développée la civilisation mésopotamienne.
3. **Rudimentaire :** très simple.
4. **Charbonneuse :** mystérieuse, qui brûle d'un feu secret et sacré.
5. **Steppe :** vaste plaine.
6. **Tamaris :** arbrisseau aux feuilles fines en épi.
7. **Pâton inerte :** morceau de pâte sans vie.
8. **Tablette :** support en cire sur lequel on écrit.
9. **Grenue :** granuleuse, rugueuse.
10. **Gangue :** matière terreuse et minérale qui entoure une pierre précieuse.

Viviane Koenig, Sarah Loulendo, *Gilgamesh*, Coll. « La Mythologie en BD », © Casterman, 2019. Avec l'aimable autorisation des auteurs et des éditions Casterman.

Je comprends l'essentiel

1. Que doivent faire Ea et Arourou ? Pourquoi ?

DÉFI *Cherche le sens de ces deux noms propres et dis à quel élément renvoie chacune de ces divinités.*

2. Quel élément naturel utilisent-ils ?

3. En repérant ce que fait successivement chacune des deux divinités (l. 7-18), nomme les deux nouveaux éléments naturels utilisés.

Je lis entre les lignes

4. « C'est l'instant du mystère » (l. 19) : explique le sens de cette expression.

AIDE *Repère le type de phrase particulier employé dans la suite du paragraphe.*

5. Comment la créature prend-elle vie ?

6. Enkidou est-il un « homme rudimentaire » ? Pourquoi ?

Je maîtrise la langue : les figures de style ➥ p. 360

7. a. Quelle périphrase désigne la salive à la ligne 11 ?

b. À quelle sorte de préparation alimentaire cela fait-il penser ?

Je m'exprime à l'écrit

- Invente trois périphrases pour désigner la créature Enkidou.

Exemple : Gilgamesh : « le roi brutal ».

Je m'exprime à l'oral

LECTURE D'IMAGES Observe l'adaptation en bande dessinée de la création d'Enkidou. Imagine les questions qu'il peut se poser quand la déesse le laisse seul.

la clé des mots

Le nom « **mystère** », du latin *mysterium* « chose secrète », désigne d'abord une cérémonie secrète et sacrée. Au Moyen Âge, c'est une pièce de théâtre qui sert à enseigner la religion chrétienne. De nos jours, le mot est employé dans d'autres domaines que celui de la religion : l'enquête policière (« une disparition mystérieuse »), la science (« le mystère du triangle des Bermudes »), les attitudes (« avoir un air mystérieux »).

Lecture 3

COMPÉTENCE : je comprends l'implicite d'un texte.

▶ Écoute le texte.
▶ Vérifie ce que tu as compris.
bordas.media/733907_064

Comment faire naître une montagne ?

Le Tibet se situe au nord de l'Himalaya, en Asie. La civilisation tibétaine raconte que le monde est construit autour d'une montagne divine qui a surgi de nulle part.
Quel phénomène a pu rendre cela possible ?

Lentement, des vapeurs montent des quatre coins de l'horizon. Sans faire de bruit, une brise se lève. Elle augmente peu à peu. Bientôt des vents furieux venus de toutes les directions sifflent et soufflent à travers l'espace. Des nuages énormes explosent en pluies torrentielles[1]. Un immense océan incroyablement profond se forme. Des éclairs aveuglants zèbrent l'obscurité, le tonnerre gronde. Une tempête de titans secoue l'univers ! Et les vents augmentent encore. Ils fouettent les eaux de pluie qui se mettent à mousser. Cette écume[2] se change en de multiples arcs-en-ciel qui se solidifient, se transforment en terre ferme et sombrent au fond de l'océan.

C'est alors qu'une montagne, le mont Mérou, émerge des eaux. Le mont Mérou ne ressemble pas à une vraie montagne puisqu'il est plus large au sommet qu'à sa base. Il se trouve exactement au milieu de notre univers. [...]

Le mont Mérou a belle allure : il scintille car il est tapissé de cristal à l'est, de lapis-lazuli au sud, de rubis à l'ouest et d'or au nord. Ces pierres précieuses ne sont pourtant que de l'écume solidifiée mais elles auréolent[3] la montagne d'une lueur d'arc-en-ciel. Les sources de quatre grands fleuves jaillissent à ses pieds et sept cercles de montagnes d'or baignées par des mers d'eau douce l'entourent. [...]

Le mont Mérou n'est pas désert : dans ses grottes vit le peuple des demi-dieux et, plus haut, règnent les dieux. Au sommet s'étend la ville d'or des trente-trois dieux, gouvernée par le puissant Indra. Elle brille de mille et une couleurs et son éclat rayonne bien au-delà de l'horizon. Au milieu, pousse un arbre immense, magnifique, l'arbre des souhaits. Il fait bien des envieux ! Des divinités jalouses, les Asuras, ont élu domicile[4] dans ses racines et cherchent par tous les moyens à se l'approprier.

Anne Tardy, *Les Naissances du Monde*,

1. **Pluies torrentielles :** pluies extrêmement abondantes et violentes.
2. **Écume :** mousse blanchâtre qui se forme à la surface d'une eau agitée.
3. **Elles auréolent :** elles forment comme une couronne.
4. **Ont élu domicile :** ont choisi d'habiter.

Mandala cosmologique et mont Mérou, tapisserie de soie (83,8 x 83,8 cm), XIVe siècle, Metropolitan Museum of Art, New York.

Thangka du mont Mérou, XIXe siècle, Trongsa Dzong, Trongsa, Bhoutan.

la clé des mots

Les pierres sont désignées par des couleurs ou définissent des couleurs : « **rubis** » vient du latin *rubius*, « rouge » ; « **lapis-lazuli** » est formé à partir du latin *lapis*, « pierre » et du persan *lazuli, lazur*, « bleu », qui a donné « azur » en français ; « **cristal** » vient du latin *crystallum*, « glace » ; « **or** » a pour origine le latin *aurum*, « or, matière précieuse ».

Je m'exprime à l'oral

1. LECTURE D'IMAGES Observe les représentations du mont Mérou et retrouve les points communs avec le texte.

Je comprends l'essentiel

2. De quel élément naturel la montagne surgit-elle ?

3. Qui habite dans cette montagne ?

4. Pourquoi cette montagne ne ressemble-t-elle pas à une « vraie montagne » ?

Je lis entre les lignes

5. Dans quelle atmosphère se déroule l'apparition du mont Mérou ?

DÉFI *Repère les sons qui sont répétés pour illustrer l'intensité des événements.*

6. D'après ce qu'on peut observer dans le ciel, à quoi peuvent correspondre les nuances de couleur associées à chacun des quatre points cardinaux (l. 16-18) ?

7. Relève les expressions qui montrent que cette montagne est riche de merveilles.

8. Explique pourquoi cet endroit est un lieu idéal qui peut provoquer l'envie.

AIDE *Montre qu'il contient tout ce qui est nécessaire à la vie.*

Je maîtrise la langue : les compléments circonstanciels ➥ p. 322

9. a. Relève les compléments circonstanciels de lieu dans le dernier paragraphe (l. 24-34).

b. Sers-toi de ton relevé pour expliquer la place privilégiée de l'arbre des souhaits.

Je m'exprime à l'écrit ➥ Méthode 9, p. 289

■ Rédige un court texte pour décrire l'arbre à souhaits de bas en haut.

Utilise des compléments circonstanciels de lieu pour montrer la progression de ta description.

▶ Écoute le texte.
▶ Vérifie ce que tu as compris.
bordas.media/733907_065

Comment éclairer le monde ?

Parmi les civilisations précolombiennes d'Amérique du Sud, les Aztèques, peuple du Mexique, expliquent par un mythe la création du soleil et de la lune.

Quels rôles les dieux ont-ils pu jouer dans la création de ces deux astres ?

En un temps où le monde était plongé dans les ténèbres, les dieux se réunirent à Teotihuacan[1] et demandèrent qui allait prendre la charge d'éclairer le monde. Le riche et prétentieux Tecciztecatl, la divinité aux coquillages, déclara : « Ce sera moi. » Mais il fallait aussi un autre candidat. Les dieux désignèrent alors, peut-être par dérision, le pauvre Nanahuatzin, le pustuleux, qui était atteint d'une grave maladie de peau, mais qui accepta.

Pendant que les dieux allumaient un grand feu dans un « four divin », chacun des deux héros se retira au sommet d'une pyramide pour s'y consacrer pendant quatre jours à l'ascèse[2] et aux rites. Les offrandes de l'un étaient luxueuses, celles de l'autre dérisoires. Mais tandis que le premier offrait des morceaux de corail[3] rouge comme son sang, le second offrait des épines d'agave[4] teintes de son propre sang.

Au début de l'épreuve finale, les dieux formèrent deux files, constituant une sorte d'avenue qui menait au feu divin. Chaque candidat devait courir entre les deux files et se lancer dans les flammes. Tecciztecatl essaya vainement à quatre reprises, mais à chaque fois le courage lui manqua. Le pauvre Nanahuatzin, plus valeureux, s'y jeta alors du premier coup, gagnant ainsi l'épreuve. Son rival, stimulé par la honte, le suivit alors dans les flammes, dont l'ardeur avait diminué.

Vint ensuite un long moment pendant lequel les dieux attendaient la première aurore. Enfin le ciel commença à blanchir de toutes parts et les dieux tombèrent à genoux, se demandant dans quelle direction le soleil allait se lever.

Enfin, Nanahuatzin, devenu le soleil, apparut, resplendissant. Il fut bientôt suivi par Tecciztecatl, devenu la lune. Les deux astres brillaient alors presque autant l'un que l'autre. Les dieux en furent choqués et l'un d'eux lança un lapin au visage de la lune qui perdit ainsi son éclat.

Mais ni le soleil ni la lune n'avaient la force de se mouvoir. Les dieux décidèrent alors qu'il valait mieux donner leur vie pour animer le soleil. Ehecatl, le vent, se chargea de les sacrifier les uns après les autres.

Mais le soleil restait encore immobile, alors le vent, soufflant avec violence, le contraignit à entrer en mouvement. La lune resta en arrière et, depuis lors, ces deux astres cheminent séparément.

D'après **Guy Stresser-Péan** *La Légende aztèque de la naissance du soleil et de la lune*, 1960.

1. **Teotihuacan :** cité ancienne, dans la région de Mexico.
2. **Ascèse :** privation que l'on s'impose pour se purifier moralement.
3. **Corail :** animal marin qui ressemble à de petits arbres colorés.
4. **Agave :** sorte de cactus.

En haut à gauche, Teccizteccat (le dieu de la lune), en haut à droite, Nanahuatzin, (le dieu du soleil), détail du codex de Borbonicus, XVIe siècle.

Je comprends l'essentiel

1. LECTURE D'IMAGE Est-ce que les deux divinités ressemblent à ce que tu as imaginé en lisant le texte ? Pourquoi ?

2. À quoi va servir le feu qu'on allume ?

DÉFI *Dessine la scène au moment de l'épreuve finale pour placer correctement les personnages.*

3. Quels personnages se métamorphosent en soleil et en lune ?

Je lis entre les lignes

4. Explique la personnalité des deux divinités en fonction des offrandes qu'elles font.

5. Quelles sont les deux actions qui déclenchent le mouvement des astres ?

AIDE *Dans les lignes 29-31, trouve le verbe qui en désigne une et qui vient du latin* sacer, *« sacré », et* facere, *« faire ».*

6. Pourquoi ce mouvement des astres est-il nécessaire ?

Je maîtrise la langue : phrase simple, phrase complexe ➥ p. 348

« Les dieux décidèrent alors qu'il valait mieux donner leur vie pour animer le soleil. Ehecatl, le vent, se chargea de les sacrifier les uns après les autres. »

7. a. Dans ce passage, identifie la phrase simple et la phrase complexe.

b. Quel élément naturel affiche sa puissance dans la phrase simple ?

Je m'exprime à l'écrit

■ Explique l'importance de Nanahuatzin, Tecciztecatl et Ehecatl dans la création du jour et de la nuit. Rédige des phrases complexes qui utilisent les conjonctions « parce que » et « car ».

la clé des mots

Le nom « **aurore** » vient du latin *aurora* qui désigne la lueur brillante et rosée qui apparaît au lever du soleil à l'Est. Ce mot a lui-même pour racine *ausora*, du sanscrit *ush*, qui signifie « brûler ». Aux aurores, le ciel donne parfois l'impression d'être en feu.

TEXTE INTÉGRAL

▶ Écoute le texte.
▶ Vérifie ce que tu as compris.
bordas.media/733907_066

Comment survivre à la sécheresse ?

Selon les Shoshones, peuple amérindien qui habite dans l'Ouest américain, un petit serpent ramène l'espoir chez les hommes après une terrible canicule.

Comment un si petit animal peut-il sauver le monde ?

C'était lors d'une vague de chaleur d'une gravité exceptionnelle. On étouffait littéralement. L'air chaud vibrait sur la prairie roussie, les lacs et rivières étaient à sec, les sources taries. Bêtes et gens cherchaient un abri précaire à l'ombre des maigres feuillages. Les habitants d'un coin particulièrement touché se lamentaient :

« Hélas, nous en périrons tous ! »

« Les troupeaux nous quittent. Ils vont à la recherche de l'eau ! »

« Les poissons sont partis avec la dernière eau de nos rivières. »

« Les roses elles-mêmes ne nous laisseront pas une graine à croquer. Elles se fanent toutes avant même de s'épanouir. »

Ces lamentations émurent un petit serpent à écailles. Ce n'était pas un serpent ordinaire. Sortant de sa cachette, il s'adressa d'une voix humaine à ces gens désolés – et ils en furent assez surpris. Le serpent leur dit tout de go[1] :

« J'ai de grands pouvoirs magiques, et j'ai décidé de vous venir en aide. Tout ce que vous aurez à faire, c'est de me jeter dans le ciel. »

« Mais tu vas retomber et te briser l'échine[2] », répondit le sorcier du village. Il était considéré comme le plus grand magicien de la région, et le serpent ne lui inspirait aucune confiance. Puis, il craignait la concurrence !

« Je ne vais rien me briser du tout ! » repartit le serpent. « Je m'accrocherai au ciel avec mes écailles, et en même temps j'y gratterai un peu de pluie et de neige à votre intention. La prairie[3], là-haut, est en glace bleue. »

Le sorcier n'abandonnait pas son opposition : « Mais tu es bien trop petit ! » protestait-il encore.

« Qu'à cela ne tienne ! Je peux ramper d'un bout à l'autre de l'horizon. Allez-y, lancez-moi de toutes vos forces, aussi haut que vous le pourrez. »

Le sorcier ne souffla plus mot, mais, saisissant le serpent qui s'était lové[4], il le lança rageusement vers le ciel, de toutes ses forces ! comme pour s'en débarrasser à jamais.

Dans son envol, le serpent se déroula. Il devint de plus en plus long. Il s'étira tellement qu'à la fin sa tête et sa queue touchaient à la terre, de chaque côté de l'horizon, tandis que son épine dorsale[5] s'incurvait en suivant la voûte céleste[6]. Il se trémoussait un peu pour gratter la glace du ciel avec ses écailles.

Comme il grattait tant et plus, son corps se mit à changer de couleur, passant du rouge au jaune, au vert, au bleu, au violet. La glace du ciel commença à fondre, et les gouttes de pluie tombèrent sur la terre, en ondée[7] bienfaisante.

la clé des mots

Gravité vient du latin *gravitas* qui signifie au sens propre « pesanteur », « lourdeur ». Au sens figuré, ce mot a pris le sens d'« importance ». Ici, il est employé dans son sens propre : la chaleur est telle qu'elle pèse sur la nature et les hommes. Elle est écrasante.

1. **Tout de go :** sans hésiter, directement.
2. **Échine :** colonne vertébrale.
3. **Prairie :** grande étendue.
4. **Lové :** enroulé.
5. **Épine dorsale :** colonne vertébrale.
6. **Voûte céleste :** ciel, au-dessus de l'horizon.
7. **Ondée :** pluie soudaine.

Tout renaissait. L'eau revenait dans les rivières, les sources chantaient, les animaux revenaient vers le sol natal, les roses s'épanouissaient. Et les Indiens ?

Dans leur joie, ils levèrent le visage vers le ciel. Ils laissaient la pluie arroser leur corps et lui redonner la vitalité. Et, sous la douche céleste, ils se mirent à danser en l'honneur du serpent qui, depuis ce jour-là, continue à incurver[8] son corps élastique, tel un ruban coloré, chaque fois qu'il pleut, un jour de soleil.

Vladimir Hulpach, *Légendes et contes des Indiens d'Amérique*, traduction d'Yvette Joye, © Éditions Gründ, 1977.

8. **Incurver :** courber.

Xavier Giacometti, *Yakari*, saison 1 (2005-2006), épisode 25, « Le serpent arc-en-ciel ».

Je comprends l'essentiel

1. Dans quelle situation se trouve le peuple Shoshone au début et à la fin de l'extrait ?

2. LECTURE D'IMAGES Observe les images extraites de l'adaptation de ce mythe en dessin animé et remets-les dans l'ordre du récit.

Je lis entre les lignes

3. Comment le sorcier réagit-il à la proposition du serpent ? Relève ses arguments.

4. Qu'est-ce que « la prairie » dont parle le serpent à la ligne 21 ?

AIDE *Compare cette prairie à celle de la ligne 2.*

5. Quel phénomène météorologique est évoqué par l'expression « douche céleste » (l. 42) ?

DÉFI *Identifie la figure de style employée et relève le champ lexical appartenant à cet élément naturel.*

6. Pourquoi peut-on dire que ce petit serpent est extraordinaire ?

Je maîtrise la langue : les types de phrases ➥ p. 342

7. a. Quel est le mode verbal employé par le serpent lorsqu'il demande aux hommes de l'aider à atteindre le ciel ?

b. Quel trait de caractère montre-t-il en s'exprimant ainsi ?

Je m'exprime à l'oral

■ Explique comment ce texte montre l'importance du lien entre les animaux, la nature et les humains.

Je m'exprime à l'écrit

■ Imagine ce que dit le petit serpent aux humains une fois la pluie venue.
Utilise des phrases impératives pour les conseils de sagesse qu'il pourrait leur donner sur l'avenir de la planète.

Texte écho

COMPÉTENCE : je donne mon avis sur ce que j'ai lu.

▶ Écoute le texte.
▶ Vérifie ce que tu as compris.
bordas.media/733907_067

Comment expliquer le monde par la science ?

Dans ce livre de conversations avec sa petite-fille, Hubert Reeves partage ses connaissances sur la création de l'univers et l'origine de la vie.

À ton avis de quoi l'être humain est-il fait ?

biographie

Hubert Reeves
est un astrophysicien d'origine canadienne, né en 1932. Il œuvre pour la vulgarisation scientifique et la défense de l'environnement.

Depuis très longtemps, les humains observent dans la nature des phénomènes plus ou moins étranges et se posent des questions. Par exemple : Qu'est-ce que le grondement de tonnerre ? Certains prétendaient que c'est la voix d'une divinité en colère. [...] Pourquoi le soleil disparait-il au moment des éclipses ? Est-il vrai qu'un dragon l'a mangé ? [...]

Il y a un peu moins de trois mille ans, dans la Grèce antique, des hommes cherchaient des réponses plus convaincantes. C'est alors qu'ils décidèrent de ne plus faire appel à ces personnages imaginaires pour expliquer leurs observations, mais de chercher dans la nature elle-même [...] les réponses à leurs questions. Et ils trouvèrent des réponses intéressantes : les éclipses sont causées par le passage de la Lune devant le Soleil ; le tonnerre est un phénomène naturel qui passe entre les nuages. [...] Il n'y a rien là de « surnaturel ». [...]

— Dans un de tes livres, tu as écrit que nous sommes des « poussières d'étoiles ». Qu'est-ce que cela veut dire ?

— C'est encore là une des grandes découvertes de la science contemporaine. Une découverte qui nous relie au monde des étoiles.

Touche ton front en regardant le ciel. Croirais-tu que les atomes[1] qui forment ton corps sont nés dans les étoiles ? C'est bien ce que les astronomes ont découvert grâce à leurs télescopes et à leurs patients travaux. Comme je te l'ai déjà dit, au centre des étoiles, il fait très chaud – des millions de degrés – et des réactions nucléaires[2] ont lieu. Elles engendrent de nouveaux atomes qui s'accumulent dans le corps de l'astre. Plus tard, après la mort et le démembrement de chaque étoile[3], ces atomes errent dans l'espace. Un certain nombre vont se retrouver dans la matière qui constitue notre planète. Ils circulent dans les sols et dans les océans. Et un jour, ils entrent dans les cycles de vie de toutes les espèces. Depuis, ces atomes composent chaque individu et ta nourriture t'en apporte constamment. On peut vraiment dire que nous sommes des poussières d'étoiles !

Hubert Reeves, *L'Univers expliqué à mes petits-enfants*, Point sciences, © Éditions du Seuil, 2011.

1. **Atomes :** particules très petites constituant la matière.
2. **Réactions nucléaires :** processus physiques qui transforment la matière et les atomes.
3. **Démembrement de l'étoile :** séparation de tous les éléments physiques et chimiques qui composent une étoile.

Je vérifie ma lecture

1. À quelle époque les hommes ont-ils cherché des causes scientifiques aux phénomènes naturels ?

2. Explique l'expression « nous sommes des poussières d'étoiles » (l. 16-17).

3. À partir des autres textes du chapitre, cite des « personnages imaginaires » qui ont servi aux hommes pour expliquer certains phénomènes naturels.

COMPÉTENCE : j'analyse une œuvre d'art.

Comment la sculpture met-elle les éléments de la nature en harmonie ?

Eduardo Chillida, *Peigne du vent*, sculptures en acier, 1977, Saint-Sébastien, Espagne.

J'analyse la composition de la sculpture

1. Où se trouve cette œuvre ? Explique l'importance du choix de cet emplacement.
2. Dans quoi la sculpture en arrière-plan est-elle encastrée ?
3. En t'aidant de la légende, identifie sa matière.

Je repère les détails et le fonctionnement de l'œuvre

4. À ton avis, d'où vient l'eau qui jaillit du sol ?
5. Explique le fonctionnement de cette sculpture.

J'interprète

6. Explique le titre de cette œuvre.
7. Nomme tous les éléments naturels présents dans cette œuvre et explique comment ils sont associés de façon harmonieuse et surprenante.

Vocabulaire

COMPÉTENCE : j'enrichis mon expression.

Les mots et les expressions des éléments naturels

1. Précise si ces mots sont construits à partir de la racine latine *terra* ou grecque *géo* puis donne leur définition.

a. terrestre
b. géographie
c. territoire
d. géologie
e. atterré
f. géolocalisation
g. terreux
h. géologue

2. Retrouve la définition de chacune des expressions et emploie-les dans une phrase.

Expressions

a. Être pris entre deux feux.
b. Passer le baptême du feu.
c. Brûler à petit feu.
d. Faire feu de tout bois.
e. Faire la part du feu.
f. Avoir le feu sacré.
g. Être sans feu ni lieu.

Définitions

1. Partir au combat pour la première fois.
2. Faire un compromis, sacrifier quelque chose pour sauver le reste.
3. Ne pas avoir d'attache, être libre.
4. Être confronté(e) à deux menaces.
5. S'affaiblir, perdre ses forces.
6. Utiliser tout ce qui est disponible.
7. Être passionné(e), enthousiaste pour une activité ou un métier.

3. Associe les mots pour créer des périphrases qui définissent *le soleil* • *la foudre* • *les étoiles* • *les gouttes de la rosée.*

le feu l'astre les filles les larmes	de l'aurore du ciel de la nuit

4. Trouve l'intrus dans chaque série et justifie ton choix.

a. aquarium, aquarelle, équation, aquatique
b. aréopage, aérien, aéronautique, aéroport, aérer
c. éolien, oléagineux, éolienne, hydréole, éoliser
d. venteux, ventilé, éventé, aventure, ventouse

5. Trouve un adjectif synonyme pour chacune des expressions soulignées.

a. C'est limpide comme de l'eau de roche. C'est …
b. La voisine m'a foudroyé du regard. Elle était …
c. Tu peux compter sur lui, c'est un roc ! Il est …
d. Ça coule de source. C'est …

Je m'exprime à l'écrit

Décris les éléments naturels présents dans cette image en utilisant des périphrases et le vocabulaire de la page.

Hiroshige, *Les Tourbillons de Naruto à Awa*, 1855, Victoria and Albert Museum, Londres.

COMPÉTENCE : je maîtrise la langue pour améliorer l'expression.

Demander une information

À savoir

La **phrase interrogative** sert à **demander une information.**
– Elle se termine par un **point d'interrogation.**
– Elle peut débuter par un **mot interrogatif** (*comment, pourquoi, quand, est-ce que… ?*).
Comment** viens-tu **?** **Est-ce que** tu aimes faire du vélo **?
– Elle peut **inverser** le **sujet** et le **verbe.**
Viendrais-tu** pour mon anniversaire **?

➥ Voir fiche 27, « Les types de phrases », p. 342

J'identifie des phrases interrogatives

1. Repère les phrases interrogatives et justifie tes réponses.
a. Découvrez les mythes du monde.
b. Nanahuatzin est-il courageux ?
c. L'arc-en-ciel est un symbole d'espoir.
d. Gilgamesh n'est pas un roi bienveillant.
e. Où le mont Mérou est-il situé dans la légende ?

2. Indique si les phrases interrogatives sont correctement construites.
a. Quelles qualités de ce personnage ?
b. Les divinités ont-elles accompli un acte généreux ?
c. Le petit serpent désintéressé est ?
d. Pourquoi le sorcier il refuse l'aide du serpent ?
e. Est-ce qu'Adam est façonné avec de la terre ?

Je construis des phrases interrogatives

3. Complète ces phrases interrogatives en ajoutant, quand c'est nécessaire, la ponctuation, le verbe, le pronom sujet et/ou le mot interrogatif.
a. Le mont Mérou … une montagne mythologique ?
b. … s'appelle la créature créée par Ea et Arourou ?
c. Comment les éléments naturels sont-ils utilisés dans les récits fondateurs ….
d. … certaines personnes préfèrent … des réponses scientifiques aux phénomènes naturels ….

4. Formule les questions qui permettraient de demander des informations sur les éléments en gras.
a. La Mésopotamie se situe **entre deux fleuves** : le Tigre et l'Euphrate.
b. Le mont Mérou s'est élevé **grâce aux vents**.
c. Selon la Bible, **Adam et Ève** sont les premiers êtres humains.
d. Enkidou et Gilgamesh sont **effectivement** rivaux.

5. Formule les questions qui pourraient correspondre aux réponses suivantes.
a. Le peuple shoshone est originaire d'Amérique du Nord.
b. Les récits mythologiques servaient à expliquer certains phénomènes naturels.
c. Grâce aux progrès scientifiques, on peut mieux comprendre l'univers qui nous entoure.
d. Les humains partagent de nombreux mythes communs, même s'ils n'ont pas les mêmes croyances.

Je prépare la dictée

▸ **Écoute la dictée.**
bordas.media/733907_068

1. Conjugue les verbes entre parenthèses à la 2e personne du pluriel au temps indiqué.

– Comment … (*arriver*, passé composé) ici ? (*être*, présent) …-vous perdus ? Qui … (*être*, présent) ? C'est dans ma brume que vous vous êtes perdus. C'est moi qui la fabrique. Je l'ai répandue mais je vais la dissiper.
Comment … (*faire*, présent)
– Regardez plus bas. Que (*voir*, présent)

D'après **Tomi Ungerer**, *Le Maître des Brumes*,
© L'école des loisirs, 2013.

2. Écris ce texte en écoutant la dictée enregistrée.

Je m'exprime à l'écrit

Continue le dialogue du texte de la dictée entre les enfants et le maître des Brumes.
– Le vieil homme interroge les enfants sur la raison de leur présence.
– Les enfants questionnent le maître des Brumes sur le brouillard, son origine, sa fabrication.

Expression écrite

COMPÉTENCE : j'écris en suivant des contraintes de genre, de forme et de style.

Écrire un mythe à partir d'un phénomène naturel

SUJET Pour expliquer des phénomènes naturels qui semblaient inexplicables, les hommes ont eu recours à des histoires faisant intervenir des divinités.

Imagine un mythe dans lequel des forces divines sont à l'origine de l'un des trois phénomènes naturels présentés dans cette page.

Aurore boréale à Tromsø, en Suède.

Nébuleuse de l'Aigle vue du téléscope James-Webb, 2022.

Tourbillons de Naruto à Awa, Japon.

ÉTAPE 1 Je choisis le phénomène naturel pour lequel je vais écrire un mythe

- **Choisis une image et décris les formes, les couleurs du phénomène naturel et précise quels éléments naturels il implique.**

★ Formule une comparaison.

★★ Formule une métamorphose et une périphrase.

ÉTAPE 2 J'explique l'état du monde avant et après le phénomène

- **Décris en une ou deux phrases le problème posé dans le monde avant, puis décris en une ou deux phrases la solution amenée dans le monde d'après.**

★ Utilise deux couples d'adjectifs antonymes.

★★ Utilise trois couples d'adjectifs antonymes.

ÉTAPE 3 J'imagine les actions de la divinité impliquée dans le phénomène

- **Choisis une divinité et explique pourquoi et comment elle intervient dans la création du phénomène naturel et quels éléments naturels elle utilise.**

★ Utilise deux verbes d'action et deux éléments naturels.

★★ Utilise trois verbes d'action et au moins trois éléments naturels.

Ma boîte à mots

Adjectifs antonymes : sombre/lumineux ; chaud/froid ; calme/tempêtueux ; silencieux/assourdissant ; uniforme/coloré ; terne/éclatant...
Divinités de la mer : Poséidon, une sirène, Charybde, Scylla
Divinités du vent : Éole, Ehecatl, Typhon
Divinités du feu et de la lumière : Ra, Aurore, Helios, Apollon
Divinités du Ciel : Zeus, Odin
Verbes d'action : souffler, transformer, renverser, remuer, créer, s'élever, ériger, jaillir, pulvériser, exploser, vaporiser, engloutir, s'envoler, se propulser, surgir, détruire, révéler, apparaître, disparaître...
Sentiments qui poussent à agir : ennui, colère, jalousie, solidarité, peur...

ÉTAPE 4 Je rédige mon mythe au brouillon

- **Raconte ton mythe en trois ou quatre paragraphes.**

* En trois paragraphes	** En quatre paragraphes
1. Le monde avant le phénomène **2.** L'acte de création (actions de la divinité, éléments naturels convoqués, changements...) **3.** Le monde après le phénomène	**1.** Le monde avant le phénomène **2.** Les motivations de la divinité pour changer le monde **3.** L'acte de création (actions de la divinité, éléments naturels convoqués, changements...) **4.** Le monde après le phénomène

ÉTAPE 5 Je relis mon texte

- **Relis** ton mythe en t'appuyant sur cette grille d'évaluation.

	Oui	Non
J'ai raconté une création.		
J'ai utilisé les éléments naturels.		
J'ai fait intervenir une divinité capable de manipuler les éléments.		
J'ai utilisé des figures de style qui donnent du sens à mon mythe.		

Expression orale

COMPÉTENCE : je prépare un oral.

Préparer une interview

SUJET Certains textes du chapitre ont proposé des explications mythologiques pour différents phénomènes naturels. Au XXIe siècle, il est cependant important de connaître le point de vue des scientifiques pour apprendre.

Prépare des questions pour interviewer un ou une scientifique.

Thomas Pesquet est ingénieur en aéronautique et astronaute à l'ESA.

« L'homme a toujours besoin de se confronter à des choses qui le dépassent. C'est en sortant de sa zone de confort que l'on apprend. J'ai vu la beauté de la Terre, mais aussi sa fragilité. »

David Louapre est docteur en physique, vidéaste et vulgarisateur scientifique.

« Mon plaisir est de parler des résultats scientifiques qui m'amusent, de faire découvrir de nouveaux horizons. »

Aline Peltier est volcanologue à l'Institut de physique du globe de Paris et directrice de l'Observatoire Volcanologique du Piton de La Fournaise.

« À 15 ans, j'ai eu la chance de voir l'Etna et le Stromboli en éruption, et suite à cela j'ai eu envie de comprendre comment les volcans fonctionnaient et d'en faire mon métier. »

Léa Bello est docteure en géophysique. Elle est journaliste scientifique au service vidéo du journal *Le Monde*.

« J'ai choisi de faire de ma curiosité mon métier et de partager mon intérêt pour les recherches tant en sciences humaines qu'en sciences de la terre et de l'environnement. »

ÉTAPE 1 Je me renseigne sur la personne à interviewer

- **Lis sa présentation et repère les mots clés.** Effectue une recherche sur Internet pour en apprendre un peu plus sur son métier.

ÉTAPE 2 Je formule des questions

- **Prépare des questions.**

  – Prépare deux questions pour mieux connaître la personne que tu vas interroger. Intéresse-toi à son métier, à ses études, au quotidien de son travail, à ses projets.

  – Prépare quatre questions en lien avec les mythes de création du chapitre.

ÉTAPE 3 J'organise mon interview

1. **Vérifie la syntaxe de tes questions.** Pour chaque question, vérifie la présence d'un mot interrogatif, l'inversion du sujet et du verbe.
2. **Organise tes questions.** Tu peux choisir d'aller du plus général au plus particulier ou du plus simple au plus complexe.

ÉTAPE 4 Je m'évalue

- **Évalue** la préparation de ton interview avec cette grille d'évaluation.

	Oui	Non
Mes questions sont correctement construites.		
Mes questions sont variées.		
J'ai fait le lien avec des mythes du chapitre.		
J'ai proposé une interview organisée, en groupant les questions semblables.		

Lecture à voix haute

COMPÉTENCE : je lis avec expressivité.

Varier les rythmes de lecture

Pyrène aime Hercule, mais celui-ci retourne en Grèce. Désespérée, Pyrène s'enfuit dans la nature.

TEXTE IMPRIMABLE

La plus terrible tristesse s'abattit sur la jeune fille. Elle courut vers l'est sans plus attendre, à perdre haleine, traversant les fourrés de ronces, grimpant aux flancs arides des collines, pataugeant dans les étangs, ne s'arrêtant que pour boire et pour pleurer. Quand elle comprit qu'elle ne rattraperait jamais Hercule, elle se coucha sur l'herbe et poussa un immense cri de tristesse. Alors les loups affamés arrivèrent de toutes parts… Hercule au loin entendit un cri. Il n'hésita pas, courant encore plus vite sachant que Pyrène était en danger. Mais lorsqu'il arriva, il n'y avait plus sur le sol que quelques os blanchis. Fou de douleur il s'attaqua aux rochers, puis il empila de gros blocs de pierre en guise de tombeau, créant une haute montagne. Avant de partir, il mit le feu. Tout brûla. Des marins grecs nommèrent alors cet endroit : la montagne de feu.

D'après **Michel Cosem**, *Les Plus Beaux Contes des Pyrénées*,
© Éditions Cairn, 2017.

ÉTAPE 1 Je comprends l'essentiel du texte

1. Lis silencieusement le texte et réponds aux questions.

a. Pourquoi la jeune fille s'enfuit-elle dans la nature ?

b. Quand Hercule arrive, que comprend-il ? Qu'est-il arrivé à la jeune fille ?

c. Quelles sont les émotions ressenties par la jeune fille puis par Hercule ?

d. En grec, « le feu » se dit *pyro*. Explique l'origine des montagnes Pyrénées à l'aide du texte et de cette étymologie.

▶ Écoute le texte.
bordas.media/733907_099

2. Écoute attentivement le texte.
Repère les moments de pause, de silence et ou d'accélération.

ÉTAPE 2 Je m'entraîne à varier les rythmes dans ma lecture

1. Lis en marquant bien les pauses en fin de phrase (. /…).

2. Lis en marquant plus légèrement les pauses associées à la ponctuation faible (, : ;).

3. Lis en accélérant lorsqu'il n'y a pas de ponctuation intermédiaire ou qu'il y a une accumulation d'actions.

ÉTAPE 3 J'évalue ma lecture orale

1. Vérifie que tu lis à bonne allure et que ta lecture montre une bonne compréhension du texte.

Je lis à bonne allure	Je lis avec expressivité
Je lis le texte en entier en une minute.	Je fais varier les rythmes en respectant la ponctuation : silences, pauses, accélérations.

2. Améliore tes compétences en lisant le texte autant de fois que nécessaire.

Bilan

COMPÉTENCE : je réfléchis à un thème littéraire.

Fais le point sur les récits de création

Tu as découvert comment des civilisations anciennes ont révélé les secrets de la création du monde grâce aux éléments naturels. Fais maintenant le bilan de ce que tu as appris.

1 Les récits de création autour du monde

- **Associe** chaque création à la civilisation qui lui correspond.

a. Civilisation shoshone **b.** Civilisation aztèque **c.** Civilisation mésopotamienne **d.** Civilisation tibétaine **e.** Civilisation judéo-chrétienne

L'arc-en-ciel

Le mont Mérou

Le dieu du soleil et le dieu de la lune

Enkidou

Adam

2 Les éléments naturels dans les récits de création

1. Quels sont les éléments naturels présents dans les mythes que tu as découverts dans le chapitre ? Aide-toi des symboles représentés pour les citer. Parfois, plusieurs réponses sont possibles.

Feu

Eau

Terre

Air

2. **Qui suis-je ?**
Je suis l'élément qui revient le plus souvent dans les récits de création.
Chez les Latins, je suis le souffle de vie que l'on appelle *anima*.
Chez les Aztèques, je suis celui qui sacrifie et permet la course des astres.
Chez les Tibétains, je suis la force qui soulève les montagnes.
Je suis …

3 Les caractéristiques des récits de création

SCHÉMA IMPRIMABLE

1. **Lis et mémorise** cette carte mentale qui présente les caractéristiques des récits de créations.

Les récits de création…

expliquent la création du monde, l'apparition de l'homme sur terre, les phénomènes naturels.

rassurent les êtres humains confrontés à des phénomènes qu'ils ne comprennent pas.

présentent des points communs d'une civilisation à l'autre, même s'ils sont issus de croyances différentes.

donnent à réfléchir sur l'importance des éléments dans la nature, la préservation du monde…

2. **Complète** la carte mentale avec des exemples tirés des récits de créations vus dans le chapitre.

3. **Formule** cinq questions auxquelles la carte mentale peut répondre, en variant les mots interrogatifs.

Projet

COMPÉTENCE : j'exploite mes connaissances avec créativité.

Créer un quiz culturel

Activité collective
En groupe, vous allez élaborer un quiz culturel pour défier vos camarades.
Les questions de votre quiz s'appuieront sur l'ensemble du chapitre.

CARTES IMPRIMABLES

ÉTAPE 1 Nous préparons notre quiz

- Choisissez un élément naturel comme emblème de votre groupe : eau, feu, terre, bois, métal.
- Parcourez le chapitre et choisissez quatre informations pour votre quiz. Elles peuvent concerner les noms des personnages, les éléments naturels dans la création, etc.
- Choisissez les types de question à poser parmi les propositions suivantes : question avec des réponses à choix multiples (QCM), question fermée pour répondre vrai/faux, association de paires, identification d'un intrus, définition à compléter, …
- Rédigez quatre questions et leurs réponses.
- Recopiez-les sur les cartes.

ÉTAPE 2 Nous vérifions notre travail

- Évaluez vos questions en vous appuyant sur la grille ci-dessous.

	Oui	Non
Nos questions portent sur des points précis et exacts du chapitre.		
Nous avons proposé plusieurs types de question.		
Les réponses sont claires et donnent les informations nécessaires.		

ÉTAPE 3 Nous jouons

- Chaque équipe prépare une feuille comme celle ci-contre.
- Un(e) élève pioche une question, annonce son emblème et la lit.
L'équipe qui a rédigé la question ne joue pas et marque une croix pour cette réponse.
Les autres équipes répondent sur leur grille.
- Une fois toutes les cartes jouées, relevez les grilles et comptez les points.
L'équipe gagnante est celle qui a le plus grand nombre de points.

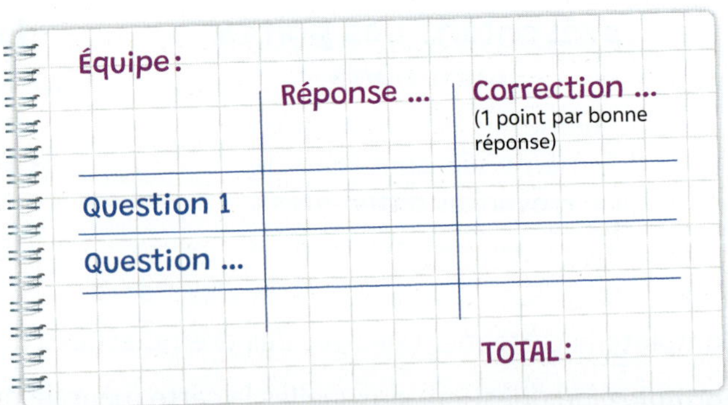

Le coin des curieuses et des curieux

Livres

Collectif
***Mythologie nordique*, 2022**

Retrouve les héros de séries TV, de films ou de jeux vidéo que tu connais dans les légendes nordiques originelles.

Collection « Aux origines du Mondes », 2022

Cette collection dévoile la création du monde dans différentes cultures, pour voyager dans le temps et dans l'espace et apprendre que les phénomènes les plus quotidiens n'ont pas toujours la même explication.

Album

Trébor et Gion
***Gromislav, le géant qui couvait la terre*, 2019**

Et si la terre sur laquelle nous marchons était le corps d'un géant endormi ? Inspiré d'un mythe slave, cet album invite à réfléchir à la beauté et à la fragilité de la nature.

Podcast

***Les Mondes de Chloé* épisode « Étoiles filantes (les Perséides) »**

Grâce aux réponses de sa grand-mère (jouée par l'astrophysicienne Françoise Combes), Chloé apprend tout des étoiles filantes et du spectacle magique des Perséides.

Film

Benoît Philippon et Alexandre Heboyan
***Mune. Le gardien de la lune*, 2015**

Mune est désigné pour être « gardien de la Lune ». Mais en raison de sa maladresse, cette mission va devenir une quête extraordinaire qui fera de lui un gardien de légende.

Carnet de culture

Crée un abécédaire de la création en associant chaque lettre de l'alphabet à un nom propre ou un mot important dans les découvertes que tu peux faire. Par exemple : A comme Adam, B comme Big Bang, C comme Croyance, etc.

10 Le monde dans tous les sens

Comment la poésie fait-elle appel à nos sens pour recréer le monde ?

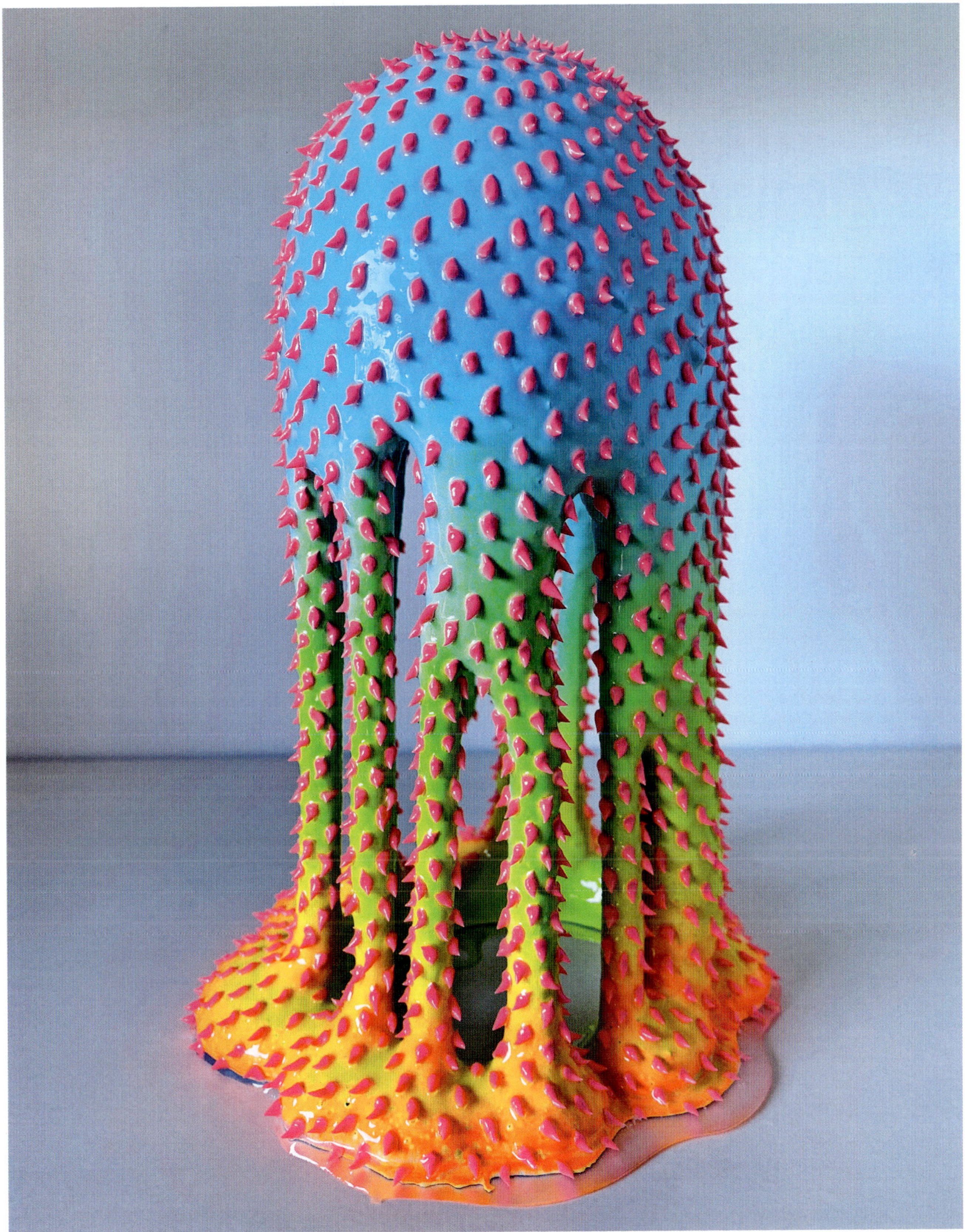

Dan Lam, *Too good to be true (Trop beau pour être vrai)*, 2019, mousse en polyuréthane, acrylique et résine (21,6 x 12,7 x 14 cm).

Je m'exprime à l'oral

Imagine-toi toucher cette œuvre. Que pourrais-tu sentir et ressentir ?

À la découverte

COMPÉTENCE : je découvre des genres littéraires.

Je découvre l'art de la poésie

« C'est le langage le plus expressif qui passe par les sens pour aller jusqu'à l'âme. »

Léopold Sédar Senghor, 1988.

" L'esprit du poète est une véritable fabrique d'images. "

Pierre Reverdy, 1956.

"La poésie, c'est quelque chose que l'on a sur le cœur."

MC Solaar, 1992.

« La poésie, ça sert à voir avec les oreilles. »

Jean-Pierre Depétris, 2010.

Miss Tic, pochoir de rue, 2015.

"On essaye de rendre jolies des choses qui pourtant nous sont très proches et très communes."

Grand Corps Malade, 2015.

"Les poètes [...] sont des gens qui travaillent sur les mots et qui les maintiennent en vie."

Michel Butor, 1997.

Activité 1 Je comprends les particularités de la poésie

1. Associe chacune des citations à une ou plusieurs de ces affirmations.
a. La poésie est un art du langage.
b. La poésie exprime des sentiments personnels.
c. La poésie embellit le monde.
d. La poésie s'adresse aux sensations.

2. La citation de Miss Tic associe deux idées contraires : « le luxe », dont on peut se passer, et les « premières nécessités », qui sont indispensables pour vivre. Pour toi, l'expression poétique c'est en plus ou c'est essentiel ?

3. Dis ce qu'est la poésie pour toi.

Je découvre le pouvoir de la poésie

La **poésie** a le pouvoir de **créer**, de **séduire**, d'**émouvoir**, en faisant appel à des images fortes et à nos cinq sens. Par les mots, elle nous fait sentir, redécouvrir et **comprendre le monde** d'une manière singulière.

Orphée charmant les animaux, mosaïque, IIIe siècle après J.-C., musée archéologique de Palerme, Sicile.

Orphée, fils de Calliope, muse de la Poésie, et d'Apollon, Dieu des Arts, charme les êtres vivants et les objets grâce à sa lyre et à ses dons pour la musique.

Activité 2 Je m'informe sur la vie d'Orphée

1. Quels éléments du texte retrouves-tu dans l'image ?
2. Comment voit-on qu'Orphée a un grand pouvoir ?
3. Pourquoi Orphée est-il considéré comme le premier des poètes ?

Extrait 1

Voici venir les temps où vibrant sur sa tige
Chaque fleur s'évapore ainsi qu'un encensoir[1] ;
Les sons et les parfums tournent dans l'air du soir ;
Valse mélancolique et langoureux vertige !

Charles Baudelaire

1. **Encensoir :** récipient suspendu pour brûler de l'encens.

Extrait 2

Celui qui décréta
Qu'être de bois
C'est être froid
N'a jamais caressé
– C'est certain –
Un bol tourné
À la main

Béatrice Libert

Extrait 3

L'Océan sonore
Palpite sous l'œil
De la lune en deuil
Et palpite encore

Paul Verlaine

Extrait 4

Mon verre s'est brisé comme un éclat de rire.

Guillaume Apollinaire

Extrait 5

Amour de sœur — comme lorsque tu bois du lait
Sœurette sœurette à l'arôme d'orange

Tristan Tzara

Activité 3 Je réfléchis aux sensations que la poésie peut convoquer

1. Associe chaque extrait à la sensation ou aux sensations qu'il convoque.
   a. La vue **b.** Le goût **c.** Le toucher **d.** L'ouïe **e.** L'odorat
2. Quelles sensations te semblent agréables ? Pourquoi ?
3. Dans quels extraits les sensations sont-elles liées à un sentiment de tendresse ?

COMPÉTENCE : j'analyse les effets d'un texte.

▶ Écoute le poème.
bordas.media/733907_069

Haut en couleur

Dans un poème en vers libres, les vers ont des longueurs variées et les rimes ne sont pas obligatoires.

biographie

Blaise Cendrars
(1887-1961)
est un écrivain voyageur, né en Suisse, connu pour ses poèmes et ses romans, inspirés par tous ses déplacements.

L'oiseau bleu

Mon oiseau bleu a le ventre tout bleu
Sa tête est d'un vert mordoré[1]
Il a une tache noire sous la gorge
Ses ailes sont bleues avec des touffes de petites plumes jaune doré
Au bout de la queue il y a des traces de vermillon[2]
Son dos est zébré de noir et de vert
Il a le bec noir les pattes incarnat[3] et deux petits yeux de jais[4]
Il adore faire trempette se nourrit de bananes et pousse un cri qui ressemble au sifflement d'un tout petit jet de vapeur
On le nomme le septicolore

Blaise Cendrars, « L'oiseau bleu », *Feuilles de route*, 1924

1. **Mordoré :** brun aux reflets dorés.
2. **Vermillon :** rouge vif aux reflets orangés.
3. **Incarnat :** rouge vif.
4. **Jais :** pierre noire très lisse.

la clé des mots

Le nom « **poème** » vient du grec *poiesis*, qui signifie « création » : c'est un langage qui peut tout créer et tout faire percevoir.

Je m'exprime à l'oral

1. Écoute le poème en fermant les yeux. Que vois-tu ?

Je comprends l'essentiel

2. Que décrit le poème ?

3. Relève tous les éléments qui montrent que le poète « fait le tour » de ce qu'il décrit.

4. LECTURE D'IMAGE Quels sont les points communs entre le texte et la sculpture ?

Je lis entre les lignes

5. Explique le sens du dernier mot du poème et compare-le au titre.
AIDE *Compte le nombre de couleurs de l'objet de la description.*

6. À quels animaux le vers 8 fait-il penser ? Pourquoi est-ce surprenant ?

7. Compare le bruit que fait le septicolore et son apparence.
DÉFI *Quelle figure de style fait entendre ce bruit ?*

8. Dans quelle sorte d'ouvrage pourrait-on trouver une telle description ? Est-ce que le premier mot du poème y figurerait ? Pourquoi ?

Niki de Saint Phalle, *Le Dieu Soleil*, 1981-1982, acrylique, émail, cire et résine de polyester peint (26 x 31 x 10,1 cm). Collection particulière.

Je maîtrise la langue : l'adjectif épithète et l'attribut du sujet ➥ p. 310 et 320

9. a. Repère les adjectifs des vers 1 à 4 et indique leur fonction.
b. Un adjectif répété trois fois dans le poème n'appartient pas au champ lexical de la couleur. Pourquoi donne-t-il de la valeur au septicolore ?

Je m'exprime à l'écrit

■ Fais des recherches sur les sculptures de Niki de Saint Phalle et, à la manière de Cendrars, décris-en une en utilisant des adjectifs et une comparaison pour faire entendre les bruits émis par la sculpture que tu as choisie.

COMPÉTENCE : je comprends l'implicite d'un texte.

▶ Écoute les poèmes.
bordas.media/733907_071

Dans l'air du temps

Dans un poème, les vers ont souvent une longueur régulière et les strophes sont organisées avec des rimes.
Un calligramme est un poème dont la disposition des lettres, des mots ou des vers représente un dessin en lien avec le thème.

biographie
Louise Ackermann
(1813-1890)
est une poétesse française. Elle aborde souvent le thème de la solitude dans ses œuvres.

Poème 1 La rose

À Madame M....

Quand la rose s'entr'ouvre, heureuse d'être belle,
De son premier regard elle enchante autour d'elle
Et le bosquet natal et les airs et le jour.
Dès l'aube elle sourit. La brise avec amour
Sur le buisson la berce, et sa jeune aile errant
Se charge en la touchant d'une odeur enivrante ;
Confiante, la fleur livre à tous son trésor.
Pour la mieux respirer en passant on s'incline ;
Nous sommes déjà loin, mais la senteur divine
Se répand sur nos pas et nous parfume encore.

Louise Ackermann, « La rose », *Contes et poésies*, 1863.

Je m'exprime à l'oral

1. Comment peux-tu qualifier les parfums évoqués dans ces deux poèmes ?

Je comprends l'essentiel

2. Quels objets sont décrits dans chacun des poèmes ?
3. Lequel des cinq sens apparaît alors comme le plus important ?

Je lis entre les lignes

4. Dans le poème 1, relève deux adjectifs et un verbe qui font de la fleur une personne.
DÉFI *Trouve une autre expression qui fait de la brise une personne.*

5. Pourquoi peut-on dire que le parfum du poème 1 est à la fois fragile et puissant ?
AIDE *Appuie-toi sur le dernier vers.*

Poème 2 L'œillet

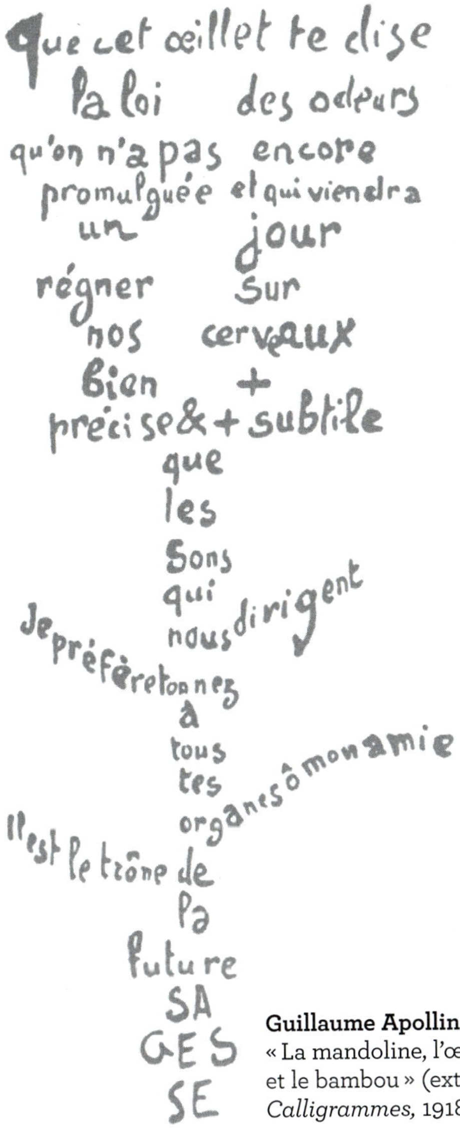

Guillaume Apollinaire, « La mandoline, l'œillet et le bambou » (extrait), *Calligrammes*, 1918.

biographie

Guillaume Apollinaire
(1880-1918)
est un poète français. Dans ses recueils *Alcools* et *Calligrammes* il prend des libertés avec les formes de la poésie classique, inventant ainsi de nouvelles formes poétiques.

Transcription

Que cet œillet[1] te dise
La loi des odeurs
Qu'on n'a pas encore promulguée[2] et qui viendra
Un jour
Régner sur nos cerveaux bien plus précise et plus subtile
Que les sons qui nous dirigent
Je préfère ton nez à tous tes organes
Ô mon amie
Il est le trône de la future SAGESSE

1. **Œillet :** fleur dont le centre ressemble à un œil.
2. **Promulguée :** proclamée, rendue officielle.

6. LECTURE D'IMAGE Dans le calligramme, à quel élément de la fleur le dernier mot du poème correspond-il ?

7. Selon les deux poèmes, comment la sensation convoquée peut-elle nous guider ?

Je maîtrise la langue : le présent de l'indicatif → p. 325

8. a. Quelle est la valeur du temps verbal employé dans le poème 1 ?

b. Relève dans le calligramme (poème 2) un verbe conjugué au même temps avec la même valeur.

Je m'exprime à l'écrit

■ Réécris le premier poème sous la forme d'un calligramme. Le dessin pourra ressembler à ce qui est décrit ou aux images suggérées. Pense à mettre des mots et des sonorités en relief.

la clé des mots

Le mot « **parfum** » est un nom qui vient du verbe latin *perfumare*, « qui fume au travers ». C'est ainsi que l'on exprime une odeur entêtante qui se diffuse dans l'air. Il peut désigner une odeur (« un flacon de parfum ») ou bien une impression abstraite (« un parfum de victoire »).

Lecture 3

COMPÉTENCE : j'analyse les effets d'un texte.

▸ Écoute le poème.

bordas.media/733907_072

Le mot sur la langue

Dans un poème en vers libres, les différentes longueurs des vers, les jeux sur les sonorités ou les répétitions permettent de créer des effets de rythme.

biographie

Paul Fournel
(né en 1947)
est un écrivain français. Ses œuvres poétiques et romanesques mélangent souvent malice et gravité.

La crème des glaces

L'embêtant lorsqu'on entame une glace
C'est qu'on ne sait pas exactement comment sera son froid,
Car le froid, on le sait, n'est pas bêtement froid
Qui se réchauffe au fil du temps qui passe
(Les minutes d'été sont, à ce propos, plus courtes que celles d'hiver)
Non, pas seulement, car
Le froid du fruit n'est pas le froid du lait qui n'est pas celui de la crème ;
Le froid pistache n'a rien à voir avec le froid fraise,
Le froid sorbet ne rend rien au froid de la vanille,
Le froid à la menthe est plus froid que le froid au cassis,
Le froid fraise tagada est plus vif que le froid de praline,
Et que dire du froid citron comparé au simple glaçon ?
Il faut à chaque parfum préparer sa dentition
Mais pour cela il faut de l'imagination ;
Il faut regarder la glace avec des yeux mouillés d'expérience
Pas trop longtemps cependant (sauf si on aime boire).
Moi, mon froid préféré, par exemple, est le froid chocolat.
Mais j'avoue que parfois, je me demande si c'est vraiment
À cause de son froid que je le préfère.

Paul Fournel, « La crème des glaces », *Le Bel Appétit*, © P.O.L, 2015.

la clé des mots

« **Saveur** » vient du latin *sapor*, « ce que l'on goûte, ce que l'on savoure ». C'est la même origine que le « savoir » et le « sage » : goûter une glace ou une leçon, même étymologie !

Je comprends l'essentiel

1. Qu'est-ce qui, d'après ce poème, peut modifier le goût d'une glace ?

2. Quel parfum de glace le poète préfère-t-il ?

3. Quels sont les trois ingrédients différents qui peuvent changer le froid d'une glace ?

AIDE *Les trois ingrédients sont cités dans un même vers.*

Je lis entre les lignes

4. Explique pourquoi, lorsque l'on mange une glace, « les minutes d'été sont [...] plus courtes que celles d'hiver » (vers 5).

5. Pourquoi est-ce la « dentition » qu'il faut préparer (vers 13) et non la langue ?

Renato Guttuso, *Petite fille avec crème glacée*, 1958, collection De Ponti, Milan.

6. Quels mots riment avec « glaçon » ? Pourquoi sont-ils deux mots clés du poème ?

DÉFI *Explique pourquoi ces deux mots peuvent aussi être en lien avec la poésie en général.*

7. **LECTURE D'IMAGE** Quel détail sur le visage de la petite fille révèle à la fois le parfum de sa glace et la sensation qu'elle produit chez elle ?

Je maîtrise la langue : la versification ➥ p. 369

8. a. Quel jeu de sonorités est présent dans les vers 7 à 11 ?

b. Compare le mot ainsi mis en valeur avec celui du parfum préféré du poète du point de vue des sonorités. Que remarques-tu ?

Je m'exprime à l'écrit

■ Quel est ton « froid » de glace préféré ? Explique ton point de vue, en le comparant avec les autres « froids ».
Tu peux utiliser les adjectifs suivants : *vif* • *doux* • *piquant* • *relevé* • *sucré* • *acide* • *acidulé* • *amer* • *épicé* • *délicat* • *délicieux* • *fade*

Je m'exprime à l'oral

■ D'après toi, pourquoi un poème peut-il nous rendre plus experts dans un plaisir aussi simple que celui des glaces et friandises ?

▶ Écoute le poème.
bordas.media/733907_073

La surface des choses

Un poème en prose est une forme poétique particulière, sans vers disposés sur la page. Il ressemble à un récit en prose, mais sa composition s'appuie sur des figures de style, des jeux de rythme et de sonorité ainsi qu'une manière de penser propres à la langue poétique.

biographie

Francis Ponge
(1899-1988)
est un poète français. Il compose de nombreux poèmes en prose et obtient le Grand Prix de littérature de l'Académie française en 1984.

Le pain

La surface du pain est merveilleuse d'abord à cause de cette impression quasi panoramique qu'elle donne : comme si l'on avait à sa disposition sous la main les Alpes, le Taurus ou la Cordillère des Andes[1].

Ainsi donc une masse amorphe[2] en train d'éructer[3] fut glissée pour nous dans le four stellaire[4], où durcissant elle s'est façonnée en vallées, crêtes, ondulations, crevasses… Et tous ces plans dès lors si nettement articulés, ces dalles minces où la lumière avec application couche ses feux, – sans un regard pour la mollesse ignoble sous-jacente.

Ce lâche et froid sous-sol que l'on nomme la mie a son tissu pareil à celui des éponges : feuilles ou fleurs y sont comme des sœurs siamoises[5] soudées par tous les coudes à la fois. Lorsque le pain rassit[6], ces fleurs fanent et se rétrécissent : elles se détachent alors les unes des autres, et la masse en devient friable…

Mais brisons-la : car le pain doit être dans notre bouche moins objet de respect que de consommation.

Francis Ponge, « Le pain », *Le Parti pris des choses*, © Éditions Gallimard, 1942.

1. **Andes :** chaînes de montagnes aux crevasses profondes et aux pics élevés.
2. **Amorphe :** immobile.
3. **Éructer :** cracher.
4. **Stellaire :** qui se rapproche d'une étoile, comme le Soleil.
5. **Sœurs siamoises :** sœurs jumelles rattachées par un côté du corps.
6. **Rassit :** qui devient vieux et dur avec le temps.

Auguste Herbin, *Nature morte à la tasse café*, huile sur toile (38 × 46 cm), 1926. Collection privée.

Nicolas Boulard, *Pain 1*, bois
4 couches de contreplaqué
de peuplier découpé manuellement,
(240 × 120 × 2 cm), 2021.

Je comprends l'essentiel

1. Par quel sens le poète aborde-t-il le pain au début du poème ?
2. Montre que la surface de la croûte est très changeante en t'appuyant sur une accumulation.
3. Quel autre sens intervient à la fin du poème ? Pourquoi ?

Je lis entre les lignes

4. À quoi est comparée la croûte du pain ?
   AIDE *Relève les noms propres dans le premier paragraphe.*
5. LECTURE D'IMAGE D'après la sculpture ci-dessus, quelles sont les différences entre la croûte et la mie ? Compare-les à ce que dit le poète.
6. Pourquoi la croûte et la mie sont-elles comme deux mondes distincts ?
   DÉFI *Cherche dans un dictionnaire quel est le lien entre l'ingrédient principal du pain et les « fleurs » (l. 12).*
7. En t'aidant du sens de l'adjectif « stellaire » (l. 5), explique comment le poète fait du pain un objet cosmique.

Je maîtrise la langue : les déterminants démonstratifs ➥ p. 298

8. a. Repère tous les déterminants démonstratifs du poème.
b. Quel effet produisent-ils ?

Je m'exprime à l'écrit

■ Imagine qu'un être minuscule se promène à la surface du pain. Décris ce qu'il voit.
Tu peux t'inspirer des idées du poème et des deux œuvres plastiques.

Je m'exprime à l'oral

■ Pourquoi un tel choix de sujet pour un poème est-il surprenant ? Pourquoi est-il aussi intéressant ?

La clé des mots

La **texture**, c'est ce qui est étymologiquement « tissé ». C'est cette sensation de lien entre les petites parties d'une surface. C'est aussi l'origine du tissage des mots : « un texte ».

Écoute les poèmes.
bordas.media/733907_074

Prêter l'oreille

Les haïkus sont des poèmes japonais. Composés de trois vers toujours très brefs, ils évoquent souvent la nature et les sensations qu'elle suscite.

biographies

Matsuo Bashô (1644-1694) **Kobayashi Issa** (1763-1828) sont des poètes japonais, maîtres de l'art du haïku.

Michel-François Lavaur (1935-2015) est un poète français. Il pratique de nombreuses formes poétiques, dont le haïku.

1

Elles vont bientôt mourir
les cigales ; on ne s'en douterait pas
lorsqu'on les écoute.

Bashô

2

Il est midi
les loriots sifflent
la rivière coule en silence

Bashô

3

Dans le vieil étang
une grenouille saute
un ploc dans l'eau !

Bashô

4

Nuit d'été
le bruit de mes socques
fait vibrer le silence

Bashô

Katsushika Hokusai, *Vue de Kajikazawa dans la province Kai*, Japon, 1830-1833, musée des Beaux-Arts Pouchkine, Moscou.

5

Par un pet de cheval
éveillé
j'ai vu des lucioles voler

Issa

6

Dans ce monde impie
hokekyô !
chante l'oiseau

Issa

7

Sous l'archet du vent
ce soir
la nuit joue faux

Lavaur

8

Do ré mi fa sol
la cigale a bon dos
dit le rossignol

Lavaur

Katsushika Hokusai, *Vue du lac Suwa dans la province Shinano*, Japon, 1830-1833, musée des Beaux-Arts Pouchkine, Moscou.

Je lis pour me divertir

1. D'où viennent les bruits entendus dans ces poèmes ?

2. Quel(s) poème(s) associerais-tu aux images ? Pourquoi ?

Je lis pour réfléchir

3. Montre que les haïkus s'intéressent aux sons que l'on ne remarque pas.

4. Comment la forme de ces poèmes met-elle ces bruits en valeur ?

COMPÉTENCE : j'analyse les effets d'un texte.

▶ Écoute le texte.

bordas.media/733907_075

Évasion des sens

Albert Camus décrit la ville de Tipasa, une ville algérienne située au bord de la Méditerranée.

Quels sens la découverte de cette ville peut-elle éveiller ?

biographie

Albert Camus
(1913-1960)
est un écrivain et journaliste français. Il est né et a grandi en Algérie. Il a reçu le prix Nobel de littérature en 1957.

Nous arrivons par le village qui s'ouvre déjà sur la baie. Nous entrons dans un monde jaune et bleu où nous accueille le soupir odorant et âcre[1] de la terre d'été en Algérie. Partout, des bougainvillées rosat[2] dépassent les murs des villas ; dans les jardins, des hibiscus[3] au rouge encore pâle, une profusion de roses thé épaisses comme de la crème et de délicates bordures de longs iris bleus. Toutes les pierres sont chaudes. À l'heure où nous descendons de l'autobus couleur de bouton d'or, les bouchers dans leurs voitures rouges font leur tournée matinale et les sonneries de leurs trompettes appellent les habitants.

À gauche du port, un escalier de pierres sèches mène aux ruines, parmi les lentisques et les genêts[4]. Le chemin passe devant un petit phare pour plonger ensuite en pleine campagne. Déjà, au pied de ce phare, de grosses plantes grasses aux fleurs violettes, jaunes et rouges, descendent vers les premiers rochers que la mer suce avec un bruit de baisers. Debout dans le vent léger, sous le soleil qui nous chauffe un seul côté du visage, nous regardons la lumière descendre du ciel, la mer sans une ride, et le sourire de ses dents éclatantes. Avant d'entrer dans le royaume des ruines, pour la dernière fois nous sommes spectateurs.

Au bout de quelques pas, les absinthes[5] nous prennent à la gorge. Leur laine grise couvre les ruines à perte de vue. Leur essence fermente sous la chaleur, et de la terre au soleil monte sur toute l'étendue du monde un alcool généreux qui fait vaciller[6] le ciel. Nous marchons à la rencontre de l'amour et du désir.

Albert Camus, *Noces*, © Éditions Gallimard, 1959.

1. **Âcre :** irritant, agressif.
2. **Bougainvilliées rosat :** plantes violettes.
3. **Hibiscus :** plantes à grandes fleurs rouges, blanches ou violettes.
4. **Lentisques, genêts :** plantes typiques d'Algérie.
5. **Absinthes :** petits arbustes au feuillage vert pâle et aux fleurs jaunes, dont on extrait un alcool très fort.
6. **Vaciller :** trembler.

Nicolas de Staël, *Landscape*, 1954, huile sur toile (81 x 65 cm). Collection privée.

Je vérifie ma lecture

1. Comment ce texte réveille-t-il tous les sens ?
2. Quelles émotions le narrateur ressent-il ?
3. En le comparant aux poèmes du chapitre, explique pourquoi on peut dire que ce texte est « poétique ».

Découverte artistique

COMPÉTENCE : j'analyse une œuvre d'art.

Comment la chanson mêle-t-elle les sensations et les émotions ?

L'Amour à la machine

REFRAIN
Passez notre amour à la machine.
Faites-le bouillir
Pour voir si les couleurs d'origine
Peuvent revenir.
Est-ce qu'on peut ravoir à l'eau de Javel
Des sentiments,
La blancheur qu'on croyait éternelle,
Avant ?

Pour retrouver le rose initial
De ta joue devenue pâle,
Le bleu de nos baisers du début,
Tant d'azur perdu.

REFRAIN

Matisse[1], l'amour c'est bleu difficile,
Les caresses rouges fragiles,
Le soleil de la vie les tabasse,
Et alors, elles passent.

Allez ! À la machine !

Le rouge pour faire tomber la misère
De nos gentils petits grands-pères,
Noires, les mains dans les boucles blondes Tout autour du monde.

REFRAIN

Allez ! À la machine !

Alain Souchon, « L'amour à la machine », *C'est déjà ça*, 1994.

1. **Henri Matisse** (1869-1964) est un peintre français, chef de file du fauvisme, qui a beaucoup utilisé la couleur bleu cobalt.

biographie

Alain Souchon
(né en 1944)
est un auteur-compositeur-interprète français. Ses chansons abordent le thème de l'enfance, mais aussi des questions de société. Il chante cette chanson accompagné d'une Dobro, guitare qui produit un son amplifié aux accents métalliques.

J'analyse la composition de la chanson

1. Repère les rimes et indique comment elles sont disposées.
2. À quels sentiments les différentes couleurs sont-elles associées ?
3. Écoute la chanson. Que peuvent imiter les sons répétitifs de la guitare Dobro ?

J'approfondis l'analyse

4. Quel effet produit la différence de longueur de vers dans le refrain ? Quel mot est ainsi mis en valeur ?
5. D'après l'effet qu'il produit sur les couleurs, que peut désigner le « soleil de la vie » ?

J'interprète

6. Comment le sens de la vue fait-il réfléchir au temps qui passe ?
7. Comment la chanson associe-t-elle le quotidien à l'éternel ?

Vocabulaire

COMPÉTENCE : j'enrichis mon expression.

Les mots pour dire les sensations

1. Le mot « goût » vient du latin *gustus*, la « saveur ». Forme des mots de la même famille grâce aux préfixes et aux suffixes ci-dessous et précise leur classe grammaticale.

Préfixes	Suffixes
dé-, re-	-tion, -eur

2. Associe chaque expression figée à sa définition.

Expressions

a. Avoir un œil de lynx
b. Avoir de l'oreille
c. Toucher du doigt
d. Avoir du nez
e. Être au goût du jour

Définitions

1. Être proche du but
2. Savoir reconnaître les sons, les mélodies
3. Deviner ce qui va arriver
4. Être à la mode
5. Avoir une excellente vue

3. Retrouve deux verbes qui correspondent à chacun des cinq sens : toucher, vue, odorat, ouïe, goût.

exhaler • frôler • grésiller • ingurgiter • éblouir • effleurer • siroter • scruter • embaumer • envoûter

4. Trouve le verbe de la même famille que chacun de ces noms.

a. un murmure
b. un reflet
c. une puanteur
d. un massage
e. un régal

5. Identifie la sensation activée dans chaque liste et classe les mots du plus faible au plus intense.

a. ténébreux, éclairé, éclatant, lumineux, brumeux
b. entêtant, insipide, savoureux, fade, goûtu
c. ardent, chaud, tiède, bouillant, flambant

6. Classe ces adjectifs selon qu'ils font référence à une sensation agréable ou désagréable.

strident • feutré • flamboyant • suave • rêche • nauséabond • succulent • soyeux

Sensation agréable	Sensation désagréable

7. Trouve l'antonyme des adjectifs de la liste a dans la liste b.

a. brillant • gluant • épicé • éraillé • écœurant
b. doucereux • mat • appétissant • fade • sec

8. Forme des phrases courtes en associant un élément de chaque classe grammaticale. Tu peux créer des associations surprenantes.

Ex : La pluie sèche brûle les champs.

Noms	Adjectifs	Verbes
eau	assourdissant	tinter
sable	aigu	gratter
cloche	rêche	frôler
pluie	froid	murmurer
sel	piquant	brûler
fruit	sec	croquer

9. Emploie chaque expression dans une phrase de ton choix qui permet de comprendre son sens figuré.

a. Avoir le sang qui bout
b. Avoir le vague à l'âme
c. Avoir l'eau à la bouche
d. Se noyer dans un verre d'eau
e. Être sous l'eau
f. Mouiller le maillot

Je m'exprime à l'écrit

Écris trois phrases pour décrire trois sensations différentes, agréables ou désagréables, liées à l'image.

COMPÉTENCE : je sais formuler des questions.

Créer des effets poétiques

À savoir

- Les **figures de style** jouent avec la syntaxe, le sens ou les sonorités de la langue. Elles créent des **images** et des **effets de sens et de rythme** qui peuvent surprendre.
La **périphrase** décrit ou donne une explication :
« l'oiseau d'Athéna » = la chouette

– La **comparaison** associe deux thèmes avec un outil de comparaison : « Les yeux de la chouette brillent comme deux étoiles dans la nuit. »

– La **métaphore** associe deux thèmes sans outil de comparaison : « La chouette aux yeux d'or »

– La **personnification** donne un caractère humain à ce qui ne l'est pas : « La chouette semblait sourire. »

- En **poésie**, les **rimes** et les **jeux de sonorité** contribuent aussi à créer des effets.

– L'**assonance** et l'**allitération** répètent des sons de **voyelles** et de **consonnes** : « Sous le faîte, la chouette répète des chansons désuètes ».

– La **rime** répète un même son en fin de vers :
« chou**ette** / silhou**ette** / mu**ette** / nois**ette** ».

➡ Voir « Les figures de style » p. 360 et « La versification » p. 369.

Je joue sur le sens des mots

1. Écris des comparaisons pour associer les deux éléments, en variant l'outil de comparaison (tel, comme, aussi que, ressembler à...).

Ex. : neige / coton ➡ La neige est aussi légère que du coton.

a. yeux / fenêtre
b. verre d'eau / mer
c. bougie / soleil
d. chantilly / nuage
e. joue / tomate
f. sourire / ciel bleu
g. lac / miroir
h. café / nuit

2. Complète ces expressions avec un verbe désignant une action humaine pour créer une personnification.

Ex. : Le vent pleure dans les arbres.

a. Tes chaussures ... sous le lit.
b. L'avion ... des lignes dans le ciel.
c. Le stylo de l'écrivain ... sur la page.
d. Le sable ... l'eau de la mer.

3. Trouve des périphrases pour désigner ces éléments en les décrivant ou en expliquant.

Ex. : le sapin = le roi des forêts.

a. la pomme – b. les éclairs – c. le sable – d. le vélo – e. la rose – f. les larmes – g. le nuage – h. l'étoile – i. la lune – j. le requin

Je joue sur les sonorités et le rythme

4. Écris deux vers pour faire rimer ces couples de mots.

*Ex. : Au fond du tunn**el** / La lumière dessine un arc-en-ci**el**.*

a. rivière / distraire
b. silence / enfance
c. étoile / voile
d. chanson / raison

5. Crée une allitération à partir de chaque mot proposé, pour répéter le son de consonne souligné. Attention, n'utilise pas de mots de la même famille.

*Ex. : **m**er – **m**enace – **m**onter – écu**m**e – **m**ousse.*

a. forêt – b. assiette – c. froid – d. écoulement – e. crépitement – f. navire – g. vaincre

6. Trouve des mots de plus en plus longs pour rimer avec le mot donné.

*Ex. : fl**eur** – c**œur** – sav**eur** – extéri**eur** – apicult**eur**.*

a. main – b. jour – c. doux – d. vie e. – eau – f. vert – g. art

Je prépare la dictée

▶ Écoute la dictée.
bordas.media/733907_076

1. Voici une liste de mots, retirés des strophes suivantes ; ils forment une allitération en [p]. En t'aidant du sens, de la syntaxe et des rimes, trouve où les replacer.

penché • pleurs • pleurer • plus • peine • poids • plaine • prunelle

Ce matin, ... lourds dans la brise,
Les blés se sont mis à ... ;
Au fond de leur ... grise
J'ai vu des larmes s'égarer.

Courbés sous le ... de leur ...
Ils ont ... leur front trop lourd,
Et leurs ... brillaient dans la ... ,
Comme un bijou sur du velours

D'après **Blanche Lamontagne**, « Les blés », 1917.

2. Écris ce texte en écoutant la dictée enregistrée.

Je m'exprime à l'écrit

Écris un court poème à partir de ce vers de Baudelaire : « La terre est un gâteau plein de douceur. » Tu es libre de faire rimer ton texte ou non.

a. Fais la liste des mots liés à « terre » pour enrichir ta description de la nature (*herbe*, *mer*...).
b. Trouve des couples de mots qui associent un objet et une sensation, comme « gâteau » et « douceur ».
c. Utilise des figures de style vues dans la page.

COMPÉTENCE : j'écris en suivant des contraintes de genre, de forme ou de style.

Écrire un poème sur un objet du quotidien

SUJET La poésie permet de représenter le monde en jouant avec les sensations et les émotions.
Écris un poème qui présente un objet commun sans le nommer, et fais-le deviner grâce aux sensations et aux émotions qu'il provoque.

ÉTAPE 1 Je prépare le vocabulaire de mon poème à l'aide d'une carte mentale

1. Choisis un objet que tu as l'habitude de manipuler.
Sur la carte mentale, note le nom de ton objet ou dessine-le au centre.

2. Cherche des mots du même champ lexical que l'objet que tu as choisi.
★ Trouve trois mots.
★★ Trouve cinq mots.
★★★ Trouve dix mots.

3. Trouve des mots qui ont les mêmes sonorités que le nom de ton objet pour faire des assonances et des allitérations.
★ Trouve des noms.
★★ Trouve des noms et des adjectifs.
★★★ Trouve au moins un verbe, un nom, un adjectif, un adverbe.

4. Utilise des figures de style pour parler de ton objet.
★ Trouve une comparaison et une périphrase.
★★ Trouve, en plus des deux figures ci-dessus, une personnification.
★★★ Trouve, en plus des trois figures ci-dessus, une métaphore.

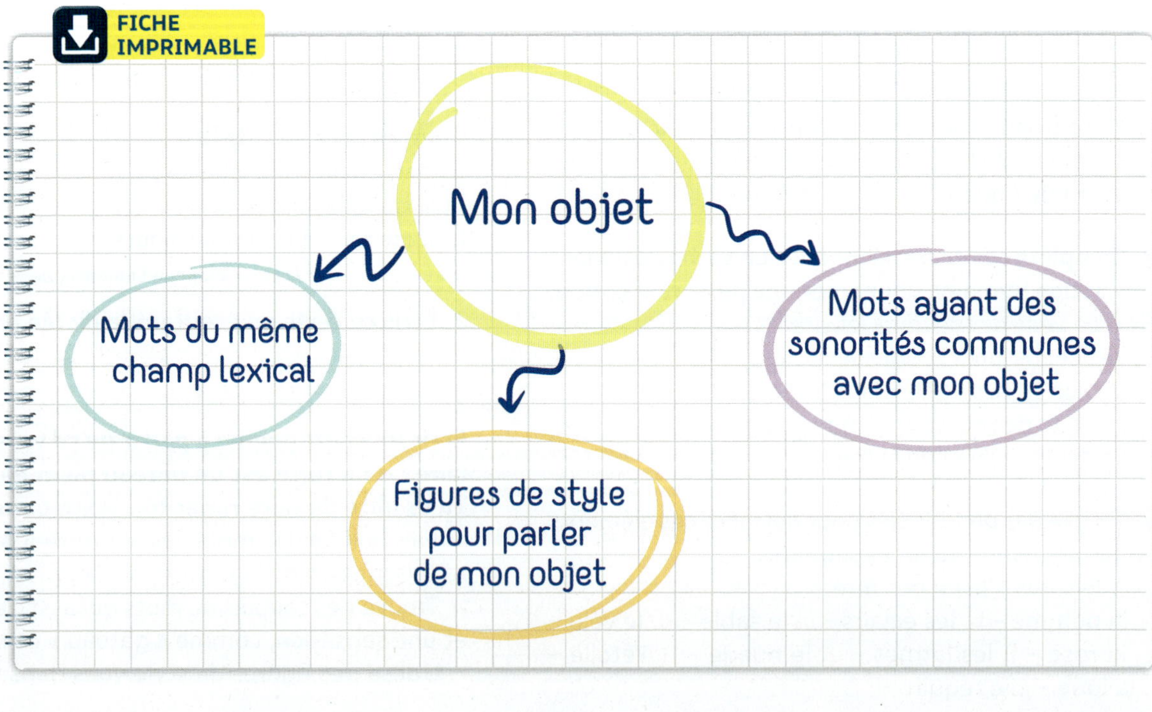

ÉTAPE 2 Je réfléchis aux émotions provoquées par cet objet

1. **Associe des sensations agréables ou désagréables à ton objet, en complétant les phrases suivantes.**

★ Complète deux phrases pour associer l'objet à deux sensations.

★★ Complète trois phrases pour associer l'objet à trois sensations.

★★★ Complète cinq phrases pour associer l'objet à cinq sensations.

> « Mon objet à la forme de … . »
> « Il fait le bruit de… . »
> « Quand on le touche, on a l'impression de… . »
> « Il a le goût de… . »
> « Il a l'odeur de… . »

2. **Quelles sensations ton objet suscite-t-il ?**

3. **Quelles émotions sont associées à ces sensations ? Sont-elles agréables ou désagréables ?**

Ma boîte à mots

Sensations agréables : douceur, chaleur, harmonie, onctuosité, calme, clarté…
Sensations désagréables : froideur, puanteur, âpreté, obscurité, sécheresse, viscosité, cacophonie…
Expressions imagées pour dire des émotions : être au septième ciel (joie) ; sortir de ses gonds, voir rouge (colère) ; ne pas en croire ses yeux, rester sans voix, couper le souffle (étonnement) ; prendre ses jambes à son cou (peur) ; avoir la gorge serrée, broyer du noir (tristesse) ; regarder de travers, soulever le cœur (dégoût)…

ÉTAPE 3 Je rédige mon poème

1. **Décris ton objet et exprime les émotions qu'il provoque en utilisant le maximum de mots et de formules de ta carte mentale et de l'étape 2.**

★ Ton poème contient une strophe.

★★ Ton poème contient deux strophes.

★★★ Ton poème contient trois strophes au moins.

2. **Organise ton poème.**

★ Fais rimer au moins deux vers.

★★ Fais rimer au moins deux vers dans chaque strophe.

★★★ Fais le plus de rimes possible.

ÉTAPE 4 Je relis mon poème

Relis ton poème à l'aide de cette grille d'évaluation.

	Oui	Non
J'ai décrit mon objet selon plusieurs sens.		
J'ai associé sensations et émotions.		
J'ai utilisé des figures de style, des jeux de sonorités, des rimes.		
J'ai écrit un poème qui fait deviner l'objet sans le nommer.		

Expression orale

COMPÉTENCE : je mémorise et je récite avec expressivité.

Dire et bruiter un poème en prose

L'Ouïe

Sourd, sourd, sourd. Anatole était sourd comme une colonne. De naissance, d'ailleurs. Un jour l'ouïe lui fut donnée par un **bienfaisant** guérisseur. Oiseaux chantaient, ruisseaux chantaient, hommes chantaient. Quel opéra ! Eh bien, Anatole comprit seulement le silence **inouï** du monde.

Boum

Je dis boum et tu dis boum-boum. Je réponds boum-boum-boum car je veux boumer plus que toi. Ça reboume **de plus en plus fort**, et c'est ainsi que commencent les grands empires. C'est ainsi que les grands empires finissent. Et d'ailleurs que, boum, ils recommencent.

Le Rossignol de Chine

Il y a une certaine façon de chanter chinois pour ces oiseaux-là. On n'y comprend rien. Aux rossignols de France on ne comprend rien **non plus**. Mais **quand même**, on sent qu'ils parlent français.

Norge, *Poésies, 1923-1988*, © A. A. M. Stols.

ÉTAPE 1 Je comprends les poèmes en prose

- **Lis les trois poèmes plusieurs fois et réponds aux questions suivantes.**
  a. Lequel des cinq sens domine dans ces textes ?
  b. Repère les mots qui appartiennent au champ lexical de ce sens.

ÉTAPE 2 Je lis les textes en faisant entendre leur rythme et leurs effets sonores

1. **Repère, dans chaque poème, les mots répétés et trouve une manière différente de les prononcer :** plus doucement ou plus fort, plus vite ou plus lentement, en appuyant sur un son…
2. **Insiste sur les mots et les groupes de mots en rouge** en les lisant sur un ton ou à un rythme différents.

ÉTAPE 3 À TROIS Non créons des sons pour accompagner la lecture des poèmes

1. **Pour chaque poème, réfléchissez à un bruit de fond correspondant au sens du texte.**
Ce bruit doit être produit avec votre voix, votre souffle, vos mains ou vos pieds. Il doit être assez doux pour rester en arrière-plan de la lecture du texte.
2. Décidez à quels moments le bruit de fond doit être présent.
3. Tour à tour, mettez en voix un poème, avec un lecteur et deux bruiteurs.

ÉTAPE 4 Je m'évalue

- **Évalue** ta lecture du poème avec cette grille d'évaluation.

	Oui	Non
Certains mots ou groupes de mots sont mis en valeur.		
Le bruit de fond convient à l'atmosphère du texte.		
Le rythme permet de faire comprendre le sens du poème.		

Lecture à voix haute

COMPÉTENCE : je lis avec expressivité.

Lire un poème en vers

TEXTE IMPRIMABLE

Sensation

Par les soirs bleus d'été, / j'irai dans les sentiers,
Picoté par les blés, / fouler l'herbe menue :
Rêveur, / j'en sentirai la fraîcheur à mes pieds.
Je laisserai le vent baigner ma tête nue.

Je ne parlerai pas, / je ne penserai rien :
Mais l'amour infini / me montera dans l'âme,
Et j'irai loin, / bien loin, / comme un bohémien,
Par la Nature, / – heureux comme avec une femme.

Arthur Rimbaud, *Poésies*, 1870.

ÉTAPE 1 Je vérifie ma compréhension

Lis le texte et vérifie que tu l'as compris en répondant à ces questions.

a. Qu'est-ce que le poète désire faire ?
b. Par quels sens perçoit-il ce qui l'entoure ?
c. Que ressent-il ?

ÉTAPE 2 Je prépare ma lecture

1. **Repère les rimes et les sons répétés dans les vers. Souligne-les d'une couleur.**
2. **Suis le rythme** en faisant attention :
   – aux **e** qui doivent être **prononcés** (ils sont notés en rouge).
   – **au nombre de syllabes.**
   Ces vers sont en alexandrins de 12 syllabes au vers 7, il faut prononcer le mot « bo-hé-mi-en » en coupant la dernière syllabe. C'est une **diérèse**.
   – aux **coupes brèves** à l'intérieur des vers (elles sont notées par une barre oblique rouge **/**).
3. **Entraîne-toi à lire lentement.**
   Ce poème est court, mais il est important de prendre le temps de bien poser sa voix pour le dire.
   N'oublie pas de lire le titre !

ÉTAPE 3 J'évalue ma lecture orale

1. **Vérifie** que tu lis à bonne allure et que ta lecture montre une bonne compréhension du poème.

Je lis à bonne allure	Je lis avec expressivité
Je lis sans aller trop vite pour poser ma voix.	Je respecte le rythme du poème pour marquer les émotions.

2. **Améliore** tes compétences en lisant le poème autant de fois que nécessaire.

Bilan

COMPÉTENCE : je réfléchis à un genre littéraire.

Fais le bilan sur l'expression des sensations en poésie

Ce chapitre t'a permis de lire des œuvres poétiques d'origines et d'époques variées. Fais maintenant le bilan de ce que tu as appris.

1 La diversité des poèmes dans les genres poétiques

1. **Identifie** la forme poétique (calligramme, poème en vers libres, poème en prose, haïku, poème rimé) des poèmes ci-dessous.
2. Laquelle de ces formes poétiques préfères-tu ? Laquelle est la plus surprenante selon toi ?

A

Courte nuit d'été.
Une goutte de rosée.
Sur le dos d'une chenille velue.

Yosa Buson

B

Parcourir l'Arbre
Se lier aux jardins
Se mêler aux forêts
Plonger au fond des terres
Pour renaître de l'argile
Peu à peu
S'affranchir des sols et des racines
Gravir lentement le fût
Envahir la charpente
Se greffer aux branchages

Andrée Chedid, « Destination : arbre » (extrait), *Tant de corps et tant d'âme*, © Flammarion, 1991.

C

Bel arrangement du matin,
Qui aveuglez d'air argentin
Les coteaux crépelés de thym ;

Brillez sur les toits et les portes,
Et sur toutes les routes tortes
De la campagne à demi-morte.

Tout luit, tout bleuit, tout bruit,
Le jour est brûlant comme un fruit
Que le soleil fendille et cuit.

Anna de Noailles, « Chaleur » (extrait), 1902.

D

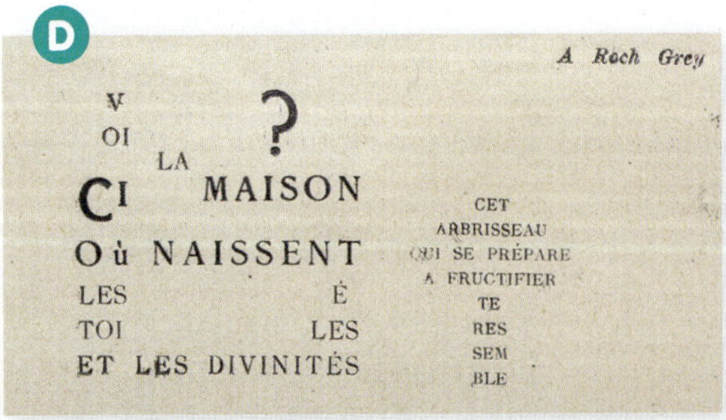

Guillaume Apollinaire, *Calligrammes*, 1918.

E

Celui qui regarde du dehors à travers une fenêtre ouverte, ne voit jamais autant de choses que celui qui regarde une fenêtre fermée. Il n'est pas d'objet plus profond, plus mystérieux, plus fécond, plus ténébreux, plus éblouissant qu'une fenêtre éclairée d'une chandelle. Ce qu'on peut voir au soleil est toujours moins intéressant que ce qui se passe derrière une vitre. Dans ce trou noir ou lumineux vit la vie, rêve la vie, souffre la vie.

Charles Baudelaire, « Les Fenêtres » (extrait), *Petits poèmes en prose*, 1869.

2 Le vocabulaire de l'analyse poétique

1. **Complète** cette grille de mots croisés.
2. **Réunis** les lettres dans les cases colorées pour former un mot répondant à cette définition : « syllabe qu'on lit en la coupant en deux pour respecter le mètre ».

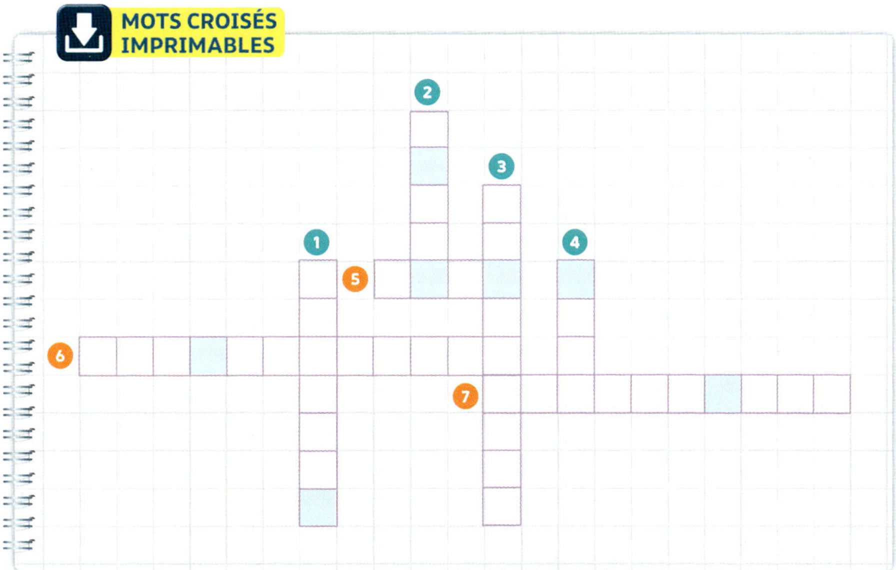

Vertical

1. Ensemble de vers formant un paragraphe.
2. Longueur d'un vers.
3. Répétition d'un son voyelle.
4. Répétition d'un même son en fin de vers.

Horizontal

5. Ligne dans un poème.
6. Répétition d'un son consonne.
7. Vers de douze syllabes.

3 La poésie, une expérience des sensations et des émotions

SCHÉMA IMPRIMABLE

1. **Lis et mémorise** cette carte mentale.
2. **Illustre** cette carte mentale avec des expressions ou des vers lus dans le chapitre.

La poésie recrée le monde de façon originale car…

elle s'adresse à tous les sens.
Les poètes explorent les sensations liées à des situations familières ou extraordinaires.

elle est un art du langage.
Les poètes utilisent des figures de style pour jouer sur le sens des mots et créer des images étonnantes, qui frappent l'esprit du lecteur.

elle exprime des sentiments personnels et universels.
Les poètes expriment leur sensibilité et le lecteur peut s'y reconnaître.

elle embellit le monde.
Les poètes créent de l'inédit et de l'harmonie, en passant par des formes poétiques variées.

Projet

COMPÉTENCE : j'exploite mes connaissances avec créativité.

Composer une nature morte en mots

Activité individuelle
Tu vas créer une nature morte en mots. À la manière des natures mortes associant des objets liés à différentes sensations, elle va représenter les cinq sens, mais grâce à des mots, des expressions ou des vers de ton choix.

Activité collective
Vous allez créer une anthologie poétique visuelle.

Collage.

ÉTAPE 1 Je cherche des idées et des mots

■ Trouve des mots, des expressions ou des vers pour illustrer chacun des cinq sens. Tu peux les choisir dans les poèmes du chapitre ou en écrire toi-même.

ÉTAPE 2 Je compose mon collage

■ Pour ton support, cherche une image représentant les cinq sens et imprime-la. Tu peux aussi la dessiner toi-même.
■ Réécris tes mots, tes expressions ou les vers collectés à l'étape 1 en travaillant leur forme avec des couleurs, des tailles, des styles d'écriture différents.
■ Colle-les sur l'image en jouant avec les éléments visuels : l'écrit peut masquer tout ou partie de l'image ou lui servir de légende.

ÉTAPE 3 J'évalue mon travail

	Oui	Non
J'ai trouvé des formules surprenantes, poétiques.		
J'ai créé des effets visuels.		
J'ai rendu compte de plusieurs sensations.		

ÉTAPE 4 Nous créons notre anthologie

■ EN GROUPE Réunissez vos natures mortes en mots pour créer une anthologie poétiques visuelles.

Le coin des curieuses et des curieux

Recueils de poèmes

Maurice Carême
***La poésie est un jeu d'enfant*, 2015**

Les classiques de l'œuvre de Maurice Carême sont illustrés par Bruno Gibert. Ces poèmes sont très amusants et vivants.

Pascale Moteki
***Les 24 saisons de Nanako*, 2015**

Bienvenue dans le journal d'une petite fille japonaise de 10 ans, qui suit avec passion toutes les sensations liées aux saisons, qu'elle décide de mettre en haïkus.

Album

Quentin Blake
***Promenade au pays de la poésie française*, 2013**

Dans cet album, le célèbre illustrateur de Roald Dahl nous invite à découvrir tous les poètes français qu'il aime tant au travers d'illustrations.

Roman

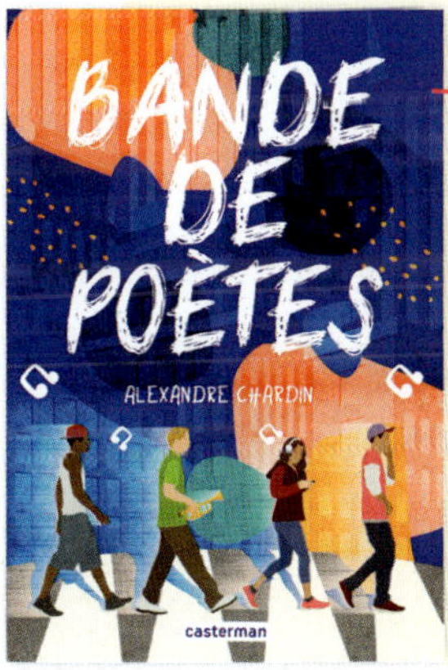

Alexandre Chardin
***Bande de poètes*, 2021**

Julien intègre un collège de banlieue avec des élèves très différents de lui. Ce roman écrit en vers raconte pourtant comment, autour d'un projet musical mêlant rap, piano et trompette, il va rencontrer de vrais amis.

Film

***En sortant de l'école*, depuis 2014**

Les vers de nombreux poètes français sont mis en image par de jeunes réalisateurs. Cette collection est l'occasion de découvrir ou de redécouvrir des poèmes de manière inattendue.

Carnet de culture

Écris un poème acrostiche avec les noms des poètes que tu apprécies au fil de tes découvertes. Par exemple **ÉLUARD** : ***É****tonnant* / ***L****iberté* / ***U****nique* / ***A****rtiste* / ***R****évolté* / ***D****écouverte*.

MÉTHODES

FICHE MÉTHODE

1

Comment lire les consignes et y répondre ?

Une consigne est une phrase qui t'indique ce qu'il faut faire. Pour l'appliquer correctement, il est nécessaire de la comprendre.

ÉTAPE 1 Je repère les éléments d'une consigne

Une **consigne** contient un ou plusieurs **verbes d'action**.
Elle peut aussi contenir de l'**aide** ou des **précisions**.

1. **Repère** le ou les **verbes** et **encadre**-les.
2. **Repère** les **mots importants** et **souligne**-les.
3. **Prépare** ce dont tu as besoin pour répondre : un texte, un dictionnaire, des couleurs…
4. **Reformule** la consigne pour en vérifier la compréhension.

Exemple : Lis la description, repère les adjectifs des lignes 15 à 18 et recopie-les dans ton cahier.

Reformulation : Après avoir lu le texte, je dois recopier dans mon cahier les adjectifs que j'ai trouvés dans les trois lignes indiquées.

ÉTAPE 2 Je réponds à la consigne

1. **Réponds** à la consigne en tenant compte du verbe qui indique le type de réponse attendue.

Verbes	Type de réponse attendue
lire, observer, étudier, examiner	Il s'agit de **parcourir** un document (texte, image…) avec attention.
entourer, encadrer, souligner, relever, lister, répertorier, repérer	Il s'agit de **faire un repérage** précis.
justifier, analyser, démontrer, expliquer, déduire, définir	Il s'agit de **donner une explication** sur un ou des éléments d'un document.
trier, regrouper, ordonner, hiérarchiser, classer	Il s'agit de **faire un classement** d'éléments.
remplacer, substituer, reformuler, réécrire	Il s'agit de **modifier un texte** en remplaçant certains éléments.
illustrer, remplir ou faire (un tableau), produire, créer, réaliser, imaginer	Il s'agit de **créer un contenu** en répondant à des indications de forme (tableau…), de contenu (nombre de lignes, illustration…).

2. **Rédige** la réponse sous la forme d'une **phrase** en **reprenant les éléments** de la question.

Exemple : Qui est le personnage principal ? → Tognina est le personnage principal.

3. **Cite** toujours le texte entre guillemets.

ÉTAPE 3 Je m'entraîne et je m'évalue

FICHE IMPRIMABLE

- Prends l'habitude d'évaluer ta compréhension des consignes de ton manuel avec la grille d'évaluation ci-dessous.

	oui	non
J'ai repéré le(s) verbe(s) et les mots importants.		
J'ai préparé le matériel dont j'ai besoin.		
Je suis capable de reformuler la consigne.		
J'ai rédigé ma réponse.		

FICHE MÉTHODE 2

Comment travailler au brouillon ?

Le brouillon est un outil essentiel pour préparer tes productions, écrites et orales.

ÉTAPE 1 J'utilise un brouillon : mon premier jet

1. **Choisis** un **support** de brouillon **adapté** : une feuille blanche pour un schéma, une feuille quadrillée pour rédiger.
2. **Écris tes idées** au crayon, pour pouvoir effacer facilement.
   – Laisse des marges pour pouvoir faire des ajouts dans ton second jet.
   – Pour un **travail oral**, ne rédige pas tout, **note** seulement les **mots clés**.
3. **Utilise des couleurs** pour associer ce qui va ensemble.

ÉTAPE 2 J'améliore mon brouillon : mon second jet

1. **Relis** ton brouillon et vérifie qu'il répond bien à la consigne posée :
   – repère les différentes parties. Numérote les idées ou les paragraphes ;
   – barre ce qui est faux, hors sujet ;
   – souligne ce qui est mal formulé.
2. **Réécris** les passages qui te semblent maladroits ou qui ne répondent pas précisément à la question.
3. **Vérifie** la construction des phrases, la ponctuation et l'orthographe. Demande de l'aide ou utilise un dictionnaire si nécessaire.

ÉTAPE 3 Je recopie mon brouillon

- **Recopie** proprement ton texte sur une feuille :
  – ne fais plus de ratures.
  – **marque** bien les différents **paragraphes** avec un **alinéa** (un blanc au début de la première ligne).
- Si tu dois travailler avec un traitement de texte, **respecte les règles de mise en page**. Tu peux aussi utiliser un correcteur orthographique.

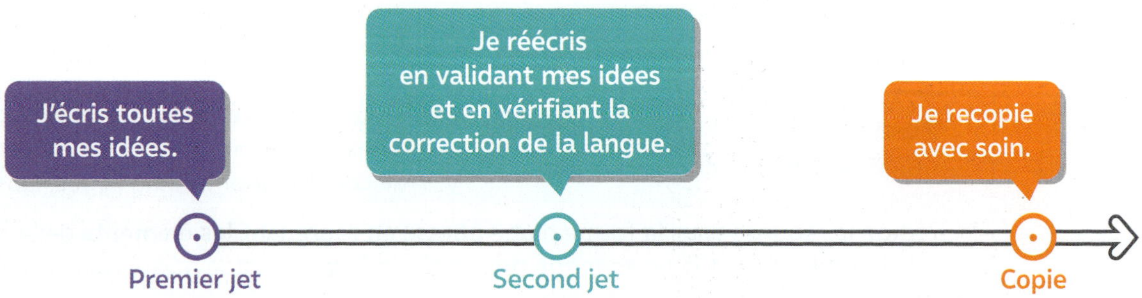

ÉTAPE 4 Je m'entraîne et je m'évalue

FICHE IMPRIMABLE

- Travaille au brouillon les activités proposées dans les ateliers « Expression écrite » de ton manuel et évalue-toi avec la grille ci-dessous.

	oui	non
J'ai fait deux versions.		
Entre le premier et le second jet, j'ai fait des modifications, suppressions et ajouts si nécessaire.		
Mon écrit répond bien à la consigne.		
J'ai produit un texte clair et sans ratures sur ma copie.		

FICHE MÉTHODE 3

Comment apprendre et mémoriser ?

Pour acquérir et consolider tes connaissances, tu as besoin de retenir des leçons, des textes, du vocabulaire.

ÉTAPE 1 Je me prépare

1. **Mets-toi dans de bonnes conditions**, au calme, en te concentrant sur ce que tu dois apprendre. Range tout ce qui peut te distraire.
2. **Vérifie que tu as bien compris** tout ce que tu dois apprendre. Demande de l'aide si ce n'est pas le cas.
3. **Souligne** les éléments importants : titres et sous-titres, mots clés, rimes pour une poésie…

ÉTAPE 2 Je choisis une méthode pour apprendre et mémoriser

- En fonction de ce que tu aimes le plus, trouve l'activité qui te convient.

J'aime

- **écrire**
  - J'**apprends** en **recopiant** les notions essentielles.
  - Je **récite** ou je **redis** en écrivant.
- **faire des schémas**
  - J'**apprends** en créant des **schémas** ou des **cartes mentales**. Je **récite** ou je **redis** en les suivant.
- **bouger**
  - J'**apprends** et je **récite** ou je **redis** en **marchant**, en associant des **gestes** à des **mots**.
- **écouter et parler**
  - J'**enregistre** ma leçon et je l'**apprends** en l'**écoutant**.
  - Je **récite** ou je **redis** à voix haute.

ÉTAPE 3 Je mémorise sur le long terme

ÉTAPE 4 Je m'entraîne et je m'évalue

FICHE IMPRIMABLE

- Pour t'entraîner et trouver la méthode qui te convient, tu peux apprendre la fable (p. 194), un poème du chapitre 10 ou une leçon de grammaire.
- Pour vérifier que tu as bien mémorisé ce que tu as appris, évalue-toi avec la grille ci-dessous.

	oui	non
J'ai appris et je peux réciter ou redire sans erreur tout de suite.		
J'ai appris et je peux réciter ou redire sans erreur quelques heures plus tard.		
J'ai appris et je peux réciter ou redire sans erreur quelques jours plus tard.		

FICHE MÉTHODE 4

Comment rendre compte d'une lecture ?

Rendre compte d'une lecture permet d'en garder une trace et de montrer que tu as compris ce que tu as lu.

ÉTAPE 1 Je prends des notes pendant ma lecture

- **Prendre des notes au fil de ta lecture** te permettra de réaliser facilement un bon compte rendu de lecture.

Je prends des notes sur

- **les références**
  - Auteur(e), titre, éditeur, année de publication
  - Genre : roman, pièce de théâtre, poésie…
  - Thème
- **les personnages**
  - Noms
  - Rôle
  - Portrait physique
  - Portrait moral
- **les lieux**
  - Lieu principal
  - Éléments importants du décor
- **les événements**
  - Début et fin de l'histoire
  - Résumé de chaque chapitre
  - Changements importants
- **ce que j'aime**
  - Les actions ou les personnages qui me marquent
  - Les phrases ou les passages qui me touchent

ÉTAPE 2 Je rends compte de ma lecture

- **Partage ta lecture** en choisissant une des propositions suivantes.
  - Rédige **un avis de lecture** pour conseiller ou déconseiller le livre.
  - Fais un **abécédaire** : 10 mots à justifier et qui définissent le livre.
  - Écris une **lettre à l'auteur ou à l'autrice** ou à l'**un des personnages**.
  - Fais un **résumé complet** de l'histoire en 15 à 20 lignes.
  - Écris une **autre fin**.
  - Écris une **nouvelle aventure** ou une **nouvelle étape**.
  - Imagine l'**interview** de l'un des personnages.

ÉTAPE 3 Je m'entraîne et je m'évalue

FICHE IMPRIMABLE

- Évalue chacun de tes comptes rendus de lecture au fil de l'année avec la grille ci-dessous.

	oui	non
J'ai pris des notes pendant ma lecture.		
Mon compte rendu est clair, organisé et personnel.		
Mon compte est conforme à l'histoire.		

FICHE MÉTHODE 5

Comment préparer et présenter un exposé ?

Dans un exposé, tu dois présenter le résultat de recherches personnelles de façon précise, dynamique et pas trop longue. C'est un exercice qui n'est pas difficile s'il est bien préparé.

ÉTAPE 1 Je rassemble les bonnes informations

1. Utilise des **sources adaptées** (CDI, bibliothèque personnelle, sites Internet fiables).
2. **Trie les informations** : garde seulement celles qui sont essentielles.
3. **Reformule-les** avec tes propres mots, ne te contente pas de recopier le texte tel quel.

ÉTAPE 2 Je prépare mon support

1. Choisis des images de **bonne qualité**.
2. Pour un diaporama, **limite le texte** des diapositives aux titres, aux mots clés, aux sources. N'abuse pas des effets visuels.
3. **Relis-toi** très attentivement.
4. Pense à bien **enregistrer** ton fichier (sur une clé USB, dans ton espace personnel sur l'ENT).

Préparer un exposé, c'est

- **rassembler les bonnes informations**
  - à partir de sources adaptées.
  - en triant l'essentiel.
  - en reformulant avec ses propres mots.
- **être à l'aise à l'oral**
  - en utilisant des fiches.
  - en s'entraînant.
- **soigner son support visuel**
  - en choisissant des images de bonne qualité.
  - en écrivant des textes très courts.
  - en présentant les éléments avec clarté et simplicité.

ÉTAPE 3 Je m'entraîne pour ma présentation orale

1. Sur les fiches, **note les idées principales** sous forme de cartes mentales ou de listes.
2. **Entraîne-toi** le plus possible : face à un miroir, en t'enregistrant ou en te filmant, face à un(e) camarade.
3. **Réfléchis aux questions** que l'on pourrait te poser et cherche les réponses.
4. **Relis** tes fiches régulièrement avant le jour de l'exposé.

ÉTAPE 4 Je m'entraîne et je m'évalue

FICHE IMPRIMABLE

- Prépare et présente un exposé sur un personnage d'aventurier (p. 62) ou une créature mythologique (p. 116) et vérifie ton travail avec la grille ci-dessous.

	oui	non
J'ai utilisé des sources d'information fiables.		
J'ai sélectionné les informations essentielles et je les ai reformulées.		
J'ai créé un support numérique clair, avec peu d'éléments par diapositive.		
Je peux parler plusieurs minutes de mon sujet en m'appuyant sur mes notes.		
Je suis capable de répondre à des questions sur mon sujet.		

FICHE MÉTHODE 6

Comment exprimer et défendre son point de vue ?

Pour participer à un débat où chacun défend son opinion, tu dois préparer tes idées. Il te faut ensuite les défendre, mais en restant capable de changer d'avis.

ÉTAPE 1 Je trouve des arguments et des exemples pour soutenir un avis

1. **Note** les idées qui te viennent en tête immédiatement.
2. **Repère** si ces idées sont des **arguments** ou des **exemples** : l'argument est une raison, annoncée par « parce que » ; l'exemple sert à l'illustrer. Dispose-les dans un tableau en deux colonnes.
3. **Cherches d'autres idées** en lisant tes cours, en discutant avec d'autres, en faisant des recherches et complète ton tableau pour associer au moins un exemple à chaque argument.

Exemple : Faut-il avoir peur de tous les monstres des histoires ?

Avis	*Argument*	*Exemples*
oui	*parce qu'ils sont violents*	*L'ogre du Petit Poucet égorge ses filles.* *Méduse pétrifie ceux qui la regardent.*
	car ils ne nous ressemblent pas	*Le Minotaure est hybride, mi-homme, mi-taureau.* *La Bête est entièrement velue, comme un animal.*
non	*parce qu'ils peuvent nous émouvoir*	*Tognina ressent la solitude loin de sa famille.* *Argus est très obéissant.*

ÉTAPE 2 Je structure mon propos

1. **Classe** tes arguments et les exemples correspondants, du moins convaincant au plus convaincant.
2. **Prépare ton oral en :**
   - **organisant** tes idées avec des connecteurs logiques :
     - pour le premier argument : *d'abord, en premier lieu...*
     - pour les suivants : *puis, ensuite, en outre...*
     - pour les exemples : *ainsi, en effet, par exemple...*
   - **montrant ta conviction** avec des adverbes comme « certainement, bien sûr, sans doute » et le présent de vérité générale.

ÉTAPE 3 Je participe au débat

1. Quand c'est à ton tour de parler, **adresse-toi aux autres** avec des phrases courtes, en les regardant, avec enthousiasme. Tu peux utiliser des questions, des phrases exclamatives ou l'humour pour mieux les impliquer.
2. Quand c'est aux autres de parler, **écoute attentivement** leurs idées pour y réagir ensuite. Explique alors pourquoi tu es d'accord ou non.

ÉTAPE 4 Je m'entraîne et je m'évalue

FICHE IMPRIMABLE

Prépare et présente ton opinion sur le personnage d'Ulysse (p. 34) et évalue-toi avec cette grille.

	oui	non
Mes arguments sont cohérents et structurés.		
Mes exemples sont assez développés et variés.		
Mon oral est enthousiaste et dynamique.		
J'ai écouté les arguments de mes camarades et j'ai su y répondre.		

FICHE MÉTHODE 7

Comment lire avec expressivité ?

Lire avec expressivité, c'est donner vie à un texte littéraire pour que celui ou celle qui t'écoute comprenne le texte et ressente des émotions.

ÉTAPE 1 Je me prépare à la lecture

1. Repère les **mots difficiles**, cherche leur sens et entraîne-toi à les lire plusieurs fois.
2. Repère les différents **personnages** et leurs **sentiments** : peur, joie, colère…
3. Repère les **changements** importants dans le texte : personnage, ton, sentiment.
4. Surligne la ponctuation et marque les pauses avec une barre oblique /.
   Dans sa valise, / elle dépose / ses vêtements, / sa trousse de toilette et / son passeport.
5. Repère les **liaisons** à prononcer.
   Pierre est plus occupé que Stéphane. Ils en ont assez !
6. Trace le **schéma de la voix** avec des flèches (voix qui monte ↗ / voix qui descend ↘) :
   Vite, il faut ranger ! ↗ *Ils rangent leurs affaires.* ↘

ÉTAPE 2 Je lis avec expressivité

Pour lire de façon expressive, je dois

- **me tenir correctement**, confortablement, en regardant le public.
- faire les **bonnes liaisons** entre les mots et **articuler**.
  Je m'entraîne, p. 65 et 117.
- **respirer**, en marquant des pauses, en respectant la ponctuation.
  Je m'entraîne, p. 91 et 143.
- **contrôler la vitesse** en n'allant ni trop vite ni trop lentement.
  Je m'entraîne, p. 37 et 249.
- **varier** l'**intonation** et le **volume** de ma **voix** en fonction des personnages, des sentiments à transmettre, de l'effet recherché.
  Je m'entraîne, p. 170, 195 et 223.

ÉTAPE 3 Je m'entraîne et je m'évalue

FICHE IMPRIMABLE

Après avoir lu un texte à haute voix, évalue-toi avec la grille ci-dessous.

	oui	non
J'ai correctement articulé.		
J'ai fait les bonnes liaisons.		
J'ai fait des pauses et respecté la ponctuation.		
J'ai varié les intonations.		

FICHE MÉTHODE 8

Comment construire un récit ?

Pour construire un récit, tu dois réfléchir à la fois aux idées que tu as pour nourrir l'histoire et à la manière dont elle peut susciter l'intérêt du lecteur.

ÉTAPE 1 Je comprends le sujet

- **Reformule le sujet** avec tes propres mots pour préciser :
  - le **personnage principal**, ses **adjuvants**, ses **opposants** ;
  - la **personne à laquelle il faut écrire le récit** : la première personne si le personnage principal raconte le récit, la troisième personne si c'est un narrateur extérieur à l'histoire ;
  - le **système des temps** à employer : temps du récit (passé simple et imparfait) ou temps du discours (présent, passé composé, futur) ;
  - le(s) **lieu(x)** et les **événements** : où va se passer le récit, ce qui va se passer.

ÉTAPE 2 Je note mes idées

- Avant de commencer à écrire :
  - **caractérise** chaque **personnage** avec trois adjectifs précis. Évite les adjectifs trop simples comme *beau*, *laid*, *petit* ou *grand* ;
  - **caractérise** les **lieux** pour définir l'ambiance de ton récit ;
  - **réfléchis** aux **actions** en variant les verbes. Évite les verbes trop fréquents comme *être*, *faire*, *avoir*, *voir*, *dire*, *montrer*.

ÉTAPE 3 Je structure mon récit

- Chaque paragraphe correspond à une étape du récit.

Situation initiale	Élément perturbateur	Péripéties	Élément de résolution	Situation finale
Mise en place des personnages et du cadre (1 paragraphe).	Changement majeur dans la situation initiale (1 paragraphe).	Actions pour résoudre l'élément perturbateur (1 péripétie = 1 paragraphe).	Action qui apporte une solution finale (1 paragraphe).	Retour à une situation stable (1 paragraphe).

ÉTAPE 4 Je m'entraîne et je m'évalue

FICHE IMPRIMABLE

- Évalue ton récit d'un épisode de l'*Odyssée* (p. 36), d'une aventure de Mowgli (p. 88) ou d'une rencontre de Tognina (p. 166) et évalue-toi avec la grille ci-dessous.

	oui	non
Mon récit est structuré : chaque paragraphe correspond à une étape.		
Mon récit caractérise bien les personnages et les lieux grâce à des adjectifs épithètes bien accordés.		
Mon récit est cohérent avec le cadre spatio-temporel du sujet.		
Mon récit est agréable car j'ai employé un vocabulaire varié.		

FICHE MÉTHODE 9

Comment organiser une description ?

Une description renseigne sur un personnage, un animal, un lieu ou un objet. C'est une pause dans le récit que tu dois organiser pour qu'elle aide le lecteur à imaginer ce qui est décrit.

ÉTAPE 1 Je prépare la description

1. **Réfléchis à l'intérêt de ta description** en répondant à ces questions :
   – Que voit-on ?
   – Qu'entend-on ?
   – Que sent-on ?
   – Quelle impression se dégage de l'élément décrit ?
2. **Réfléchis au point de vue :** la description ne sera pas la même selon qu'elle est faite par un personnage de l'histoire ou par un narrateur extérieur à l'histoire.
3. **Travaille le vocabulaire** en variant les expressions, en piochant dans les champs lexicaux appropriés. Évite l'expression « il y a » ou le nom « chose » qui ne sont pas très précis ; évite de répéter le verbe « être » en cherchant d'autres verbes attributifs.
4. **Utilise le même temps verbal** tout au long de la description : l'imparfait ou le présent.

ÉTAPE 2 Je rédige en utilisant les outils de la description

Les principaux outils de la description

- **Expansions du nom**
  - adjectifs → *un passage étroit*
  - compléments du nom → *la sorcière du conte*
- **Verbes qui expriment un état**
  - verbes attributifs → *être, apparaître, sembler…*
- **Connecteurs**
  - temporels → *d'abord, ensuite…*
  - spatiaux → *au centre, en bas, à côté de, derrière…*
- **Figures de style**
  - comparaisons → *un lac lisse comme un miroir*
  - métaphores → *un tapis de mousse*

ÉTAPE 3 Je m'entraîne et je m'évalue

FICHE IMPRIMABLE

■ Évalue ta description du Minotaure (p. 114) avec la grille ci-dessous.

	oui	non
Ma description est précise : on pourrait dessiner ce que je décris.		
Ma description est organisée : j'ai utilisé des connecteurs logiques.		
J'ai varié le vocabulaire, les verbes et les tournures de phrases.		

FICHE MÉTHODE 10

Comment lire un texte littéraire ?

L'analyse d'un texte littéraire engage un travail de compréhension et d'interprétation. Par ta lecture, tu mets en valeur l'intérêt du texte et l'effet qu'il produit sur le lecteur.

ÉTAPE 1 Je saisis les idées globales du texte

1. Observe le titre et le paratexte.
Fais des hypothèses sur le sujet dont il va être question, demande-toi si tu connais déjà l'auteur ou l'autrice ou l'œuvre.

2. Lis le texte une première fois.
– Note tes impressions : apprécies-tu ce texte ? pourquoi ?
– Résume-le. Ton résumé correspond-il à tes hypothèses de départ ?
– Demande-toi si l'histoire ressemble à une autre que tu connais déjà.
– Sers-toi du contexte ou d'un dictionnaire pour trouver le sens des mots que tu ne comprends pas.

ÉTAPE 2 J'approfondis ma lecture

Relis le texte en réfléchissant à tous les éléments importants.

Approfondir sa lecture, c'est

- **comprendre**
  - qui sont les personnages et leurs relations.
  - où se déroule l'action et à quelle époque.
  - quel est le thème du texte.
- **analyser**
  - le vocabulaire (champs lexicaux, mots positifs ou négatifs...).
  - les types et les formes de phrases.
  - le temps des verbes.
  - les figures de style.
- **expliquer** les émotions que le texte procure.
- **réagir** en donnant son avis personnel.

ÉTAPE 3 Je m'entraîne et je m'évalue

FICHE IMPRIMABLE

Pour les textes du manuel, vérifie que tu peux répondre « oui » aux trois critères de la grille ci-dessous.

	oui	non
Je suis capable de présenter le texte (auteur ou autrice, titre, etc.).		
J'ai compris les éléments essentiels (qui ? où ? quand ? quoi ?) et je peux les résumer rapidement.		
Je peux expliquer les enjeux du texte et donner mon avis.		

FICHE MÉTHODE 11

Comment lire une planche de bande dessinée ?

Pour analyser une planche de bande dessinée,
il faut comprendre que texte et image fonctionnent ensemble.

ÉTAPE 1 Je connais le lexique pour analyser une planche de BD

Stan Silas, *Biguden*, tome 1,
« L'Ankou », © EP Éditions, 2014.

Lexique de la BD

Structure

1. **Planche :** page complète.
2. **Vignette :** case.
3. **Bande ou strip :** ensemble des vignettes sur une même ligne.

Texte

4. **Cartouche :** commentaire du narrateur (celui qui raconte l'histoire).
5. **Bulle :** espace où sont reproduites les paroles et pensées des personnages.
6. **Onomatopées :** bruits.

Angles de vue

7. **Plongée :** vue du dessus.
8. **Contre-plongée :** vue du dessous.
9. **De face**

Cadrage

10. **Plan général :** vue d'ensemble.
11. **Plan d'ensemble :** personnages dans le décor.
12. **Plan rapproché :** élément précis.

ÉTAPE 2 Je sais expliquer une planche de BD

– Intéresse-toi au **cadrage** pour réfléchir à la place des éléments.
– Repère les **changements de plan et d'angle de vue** pour expliquer l'effet produit.

Ici, les personnages sont soit seuls, soit éloignés l'un de l'autre ; le plan général montre l'isolement et les vues en plongée et en contre-plongée insistent sur l'enfermement. Cette planche met en avant l'ennui du personnage.

ÉTAPE 3 Je m'entraîne et je m'évalue

FICHE IMPRIMABLE

■ Entraîne-toi à faire le commentaire d'autres planches de BD (p. 36, 111) et évalue-toi avec la grille ci-dessous.

	oui	non
J'ai utilisé le lexique de la BD.		
J'ai nommé les cadrages, les angles de vue.		
J'ai expliqué certains choix du dessinateur.		

FICHE MÉTHODE

12

Comment lire une image fixe ?

Comme un texte, une image est construite pour produire un effet sur celui ou celle qui la regarde. Pour l'analyser, il faut observer comment elle est composée et comprendre les intentions de l'artiste.

ÉTAPE 1 Je donne mes premières impressions

- Note ce qui **attire ton regard** en premier dans l'image.
- Formule le(s) **sentiment(s)** que cette image suscite en toi : le plaisir, la surprise, la joie, la tristesse, la peur, le dégoût…

ÉTAPE 2 J'identifie l'image

- Lis la **légende** pour te renseigner sur l'image. Les légendes contiennent toujours ces informations :
  (1) le **nom de l'artiste** ;
  (2) le **titre** de l'image ;
  (3) le **type d'image** (peinture, dessin, photographie, mosaïque…), ses dimensions et les matériaux utilisés (facultatif) ;
  (4) le **lieu de conservation** ;
  (5) la **date de réalisation**.

ÉTAPE 3 Je comprends la construction de l'image

1. **Délimite les plans.** Ils organisent l'espace de l'image, du plus proche (**premier plan**, puis **second plan**) au plus éloigné (**arrière-plan**).
2. **Repère les lignes de fuite.** Elles suivent des formes dans l'image et conduisent le regard souvent vers un point important, le **point de fuite**.
3. **Observe les couleurs et la lumière.** Elles créent du **contraste** en opposant les couleurs froides (violet, bleu, vert) aux couleurs chaudes (rouge, orange, jaune), les teintes claires aux teintes sombres, les zones d'ombre aux zones éclairées.

ÉTAPE 4 J'interprète l'image

1. Quelle **impression** se dégage de l'image dans son ensemble ?
2. Quels sont les **éléments les plus importants** mis en avant par la construction ? Attention, ce n'est peut-être pas ce que tu avais vu au premier coup d'œil.
3. Quel **sentiment** domine après avoir analysé la composition ?
4. Quelles sont les **intentions** de l'artiste : montrer un moment de vie, émouvoir, faire réfléchir ?

ÉTAPE 5 Je m'entraîne et je m'évalue

FICHE IMPRIMABLE

- Observe dans ton manuel une peinture (p. 149), une illustration (p. 123), une fresque (p. 32), une photographie (p. 201) ou une gravure (p. 15), analyse-la et évalue-toi avec la grille ci-dessous.

	oui	non
J'ai identifié l'image grâce aux informations de la légende.		
J'ai repéré les différents plans et les lignes de fuite.		
J'ai perçu les jeux de couleur et de lumière.		
J'ai exprimé les émotions suscitées par l'image.		
J'ai expliqué certaines intentions de l'artiste.		

Exemple

Rébecca Dautremer (née en 1971) (1), *Les Riches Heures de Jacominus Gainsborough* (2), illustration au crayon et à la gouache (3), © Éditions Sarbacane (4), 2018 (5).

1 Les groupes de personnages attirent mon attention. J'ai l'impression que le moment est paisible, dans un endroit calme au milieu de la ville.

2 Cette image est une illustration au crayon et à la gouache de Rébecca Dautremer, extraite de l'album *Les Riches Heures de Jacominus Gainsborough,* publié en 2018.

3

Les personnages sont rassemblés au **second plan**, la ville domine à l'**arrière-plan**. Un personnage au **premier plan** se tourne vers le second plan.

Les **lignes de fuite** dessinées par les arbres conduisent notre regard vers le haut, vers la ville. Une ligne **oblique** à partir du personnage au premier plan attire l'attention sur une des poussettes.

Les **zones d'ombre** au premier plan rassemblent les personnages sous les arbres, comme s'ils partageaient un secret. La grande place occupée par les **zones de lumière** renforce l'atmosphère de paix.

4 Je trouve que la scène dégage une impression de **calme**. La ville à l'arrière-plan est lumineuse et semble être un lieu **agréable** pour des aventures. Les regards des personnages et du spectateur se dirigent vers l'une des poussettes. Le personnage qui s'y trouve semble important : il attire la **curiosité**. À mon avis, l'artiste veut surtout nous **intriguer** sur son identité.

Étude de la langue

Grammaire

Les classes grammaticales

Les fonctions grammaticales

Les temps verbaux, conjugaison et emplois

Syntaxe

Lexique

1 Le nom et le groupe nominal

J'observe

Le couronnement de Thibault fut une cérémonie simple. Comme le voulait la tradition, les témoins l'attendirent d'abord dans la salle du Trône. Éclairé par la lumière des bougies, le siège royal semblait vivant.

D'après **Pascale Quiviger**, *Le Royaume de Pierre d'Angle*, © Rouergue, 2019.

a. Repère deux sortes de noms différents qui désignent des personnes.

b. Quels sont le genre et le nombre de chaque nom souligné ?

c. Trouve un nom qui désigne un objet et un autre qui désigne une chose abstraite (qu'on ne peut pas voir ou toucher).

Je retiens

▶ Regarde la leçon animée. bordas.media/733907_077

Le nom

- **désigne**
  - un **être vivant**. → *témoins, Thibault*
  - un **objet**. → *siège*
  - une **idée**. → *tradition*
- **peut être**
  - un **nom commun**. → *le couronnement*
  - un **nom propre**. → *Thibault (majuscule)*
- **a un genre**
  - **masculin**. → *le siège*
  - **féminin**. → *une cérémonie*
- **varie en nombre**
  - **singulier**. → *la lumière*
  - **pluriel**. → *les flammes*
- **est le noyau du groupe nominal (GN)**
  - Le nom est le plus souvent précédé d'un **déterminant**. → *le siège*
  - Il peut être accompagné d'un **adjectif** ou d'un **complément du nom**. → *une cérémonie simple ; la lumière des flammes*

Je m'entraîne

Exercices numériques

Je reconnais un nom

1 ★ **Dans chaque phrase, relève les noms en distinguant les noms communs et les noms propres.**

a. Je suis en train de lire le conte de Barbe-Bleue.

b. Demain, tu prendras le train avec Hakim.

c. La musique résonnait dans le quartier Bellevue.

d. Paris est ma ville préférée.

2 ★★ **Dans ces listes, trouve les noms et précise quel déterminant peut précéder chacun d'eux.**

a. mystérieux • visage • poudre • enchanté

b. avancée • lavable • éternuement • colérique

c. forme • rapidement • douceur • chanceux

3 ★★★ **Dans chaque liste, repère l'intrus et explique comment tu as fait pour le trouver.**

a. finir • partir • prévenir • cuir • envahir • maigrir • conquérir • avertir

b. étudier • publier • relier • confier • infirmier • modifier • replier • apprécier

c. parloir • abreuvoir • pleuvoir • lavoir • tiroir • séchoir • fermoir • espoir

Je reconnais le genre et le nombre d'un nom

4 ★ **Identifie les noms masculins pluriels.**

vase • musées • souris • yeux • voile • cheveu • ciel • tour • lynx • hibou • cas • corps • paix

★★
5 Mets les mots de l'exercice 4 au singulier quand ils sont au pluriel et au pluriel quand ils sont au singulier. Que remarques-tu ?

★★★
6 Repère dans les noms de l'exercice 4 ceux qui sont à la fois masculins et féminins. Fais une phrase pour les employer dans les deux genres.

Je reconnais ce que désigne un nom

★
7 Classe les noms selon ce qu'ils désignent : un être vivant, une chose ou une idée.

courage • lune • élève • carte • colère • paix • nourriture • ombre • monstre • prince • ami

★★
8 Complète ces phrases avec un nom désignant une idée.

a. Il faut beaucoup de ... pour affronter ses peurs.

b. Elle est heureuse depuis qu'elle écoute ses ... .

c. Les auteurs ont de l'... pour créer des mondes.

★★★
9 Emploie les trois noms dans une même phrase.

a. frère, ballon, colère

b. famille, repas, joie

c. pilote, nuages, vertige

d. sportif, course, défi

Je manipule le groupe nominal

★
10 Remplace chaque nom souligné par un autre nom de même genre et de même nombre.

a. Le sorcier sentait les ennemis approcher.

b. Sans ses amies, elle s'est un peu ennuyée à la plage.

c. J'adore les peintures de Picasso.

★★
11 Complète chaque groupe nominal avec un nom.

a. La petite ... attend le retour de son cher ... .

b. Pour décorer un ... neuf, les ... créatives fabriquent des ... verts.

c. Ces ... intrépides affrontent les plus grands ... .

★★★
12 Emploie chaque nom de l'exercice 10 dans une nouvelle phrase où il sera le noyau d'un groupe nominal : déterminant + nom + adjectif.

ORTHOGRAPHE

13 Complète les phrases avec l'un des deux mots proposés. À l'oral, explique ton choix.

a. ***travail* ou *travaille* ?**

J'adore cette artiste, son ... est original.

S'il ne ... pas régulièrement, il ne pourra pas progresser.

b. ***envoi* ou *envoie* ?**

L'... de votre colis coûte 5 €.

En voyage, elle ... une lettre par jour à sa mère.

c. ***vol* ou *vole* ?**

Cette montgolfière ... bien au-delà du rivage.

La police enquête après le ... commis.

Je joue avec les mots

GRILLE IMPRIMABLE

1. Complète la grille avec les noms de la même famille que les verbes suivants pour trouver le nom mystère.

a. venter – b. soigner – c. épicer – d. saluer – e. fouetter – f. vivre – g. trotter – h. fermer

2. Trouve le verbe qui correspond à ce nom mystère.

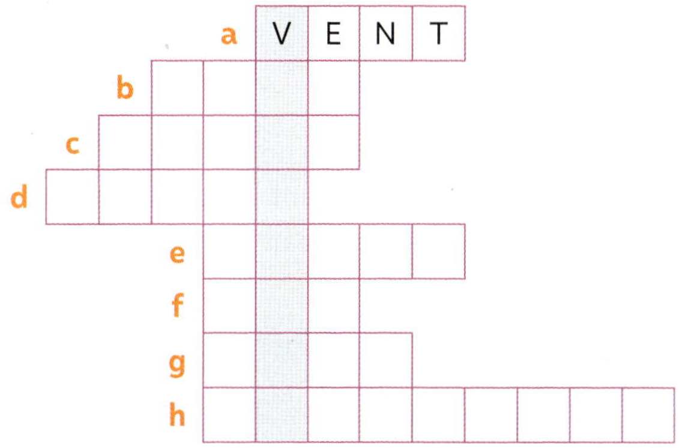

J'applique pour lire et écrire

[Ma mère] ne ressemblait pas aux mères de mes copines. En un sens, tant mieux : elle avait une allure folle, elle disait des gros mots et elle m'emmenait au cinéma pour un oui ou pour un non. Mais sa qualité de sorcière présentait des désavantages. Elle passait un temps fou dans sa cuisine à marmonner devant sa cocotte-minute en regardant bouillir de dégoûtantes purées brunâtres. L'appartement empestait pendant des jours. Et les catastrophes s'abattaient sur l'immeuble. Fuites d'eau à tous les étages, décès foudroyants de chiens du voisinage, éruptions de boutons sur des familles entières.

Marie Desplechin, *Verte*, © L'école des loisirs, 1996.

1. **Invente** d'autres catastrophes provoquées par la mère de Verte. Emploie des noms issus de la liste suivante et ajoute-leur des adjectifs.

incendie • séisme • tornade • avalanche • inondation • fièvre

2. **Réécris** la phrase en bleu en remplaçant tous les noms. Fais tous les accords nécessaires.

Je récapitule

FICHE IMPRIMABLE

Complète la leçon distribuée par ton/ta professeur(e) avec :

★ les mots de la leçon.

★★ des exemples personnels.

★★★ les mots de la leçon et des exemples personnels.

2 Les déterminants : articles, déterminants possessifs et démonstratifs

J'observe

Il était une fois un roi que ses sujets appelaient le Roi bon. Un jour qu'il était à la chasse, un petit lapin blanc, que les chiens allaient tuer, se jeta dans ses bras. Le roi caressa ce petit lapin, et dit : « Puisqu'il s'est mis sous ma protection, je ne veux pas qu'on lui fasse du mal. »

D'après **Jeanne Marie Leprince de Beaumont**, « Histoire du prince chéri », *Magasin des enfants*, 1756.

a. Quels mots te permettent de connaître le genre des mots en bleu ?

b. Le nom souligné est-il au singulier ou au pluriel ? Comment peux-tu le savoir ?

c. Remplace le mot « mal » par « peine ». Que constates-tu ?

Je retiens

▸ Regarde la leçon animée.
bordas.media/733907_078

- Les **déterminants précèdent** le nom dans le GN.
- Ils sont **variables** en **genre** et en **nombre** et ne peuvent pas être supprimés.

Articles définis	désignent ce qui est identifiable.	*le, la, l', les* Formes contractées avec une préposition : *au (à + le), aux (à + les), du (de + le)*
Articles indéfinis	désignent ce qui est non identifiable.	*un, une, des*
Déterminants possessifs	précisent qui possède le nom.	*mon, ma, mes ; ton, ta, tes ; son, sa, ses ; notre, nos ; votre, vos ; leur, leurs*
Déterminants démonstratifs	désignent ce que l'on montre ou ce dont on vient de parler.	*ce, cet, cette, ces*

Je m'entraîne

Exercices numériques

Je reconnais un déterminant

1 ★ **Dans chaque phrase, relève les déterminants.**

a. Dans ce film, la fin est très triste.

b. Au départ de la course, j'ai vu que mon vélo ne roulait plus.

c. Mila et Rayan apportent des gâteaux et un cadeau.

2 ★★ **Dans les phrases suivantes, relève les déterminants et précise leur genre et leur nombre.**

a. Ma cousine préfère les glaces aux fruits.

b. La chaleur du mois dernier a provoqué une grande sécheresse.

c. Je n'ai pas reçu leur invitation, je n'irai pas à cette prochaine réunion.

3 ★★★ **Dans les phrases suivantes, relève les déterminants et précise si c'est un article (défini ou indéfini) ou un déterminant (possessif ou démonstratif).**

a. Nous restons au chaud chez eux, le temps que cet orage se calme.

b. J'ai un doute sur ce danseur : ses gestes sont trop lents pour réussir cet enchaînement.

c. Tes parents leur ont parlé pendant la soirée du festival.

Je manipule les articles

4 ★ **Complète les GN suivants avec un article défini ou indéfini.**

a. ... peur bleue

b. ... beaux discours

c. ... pleine lune

d. ... poudre magique

5 ★★ **Fais une phrase avec chacun de ces noms en le faisant d'abord précéder d'un article masculin puis d'un article féminin.**

manche • mort • moule • voile • somme

6 ★★★ **Retrouve les articles dans le texte suivant.**

Pour l'aider à trouver un nouveau club, les amis de Tara lui ont envoyé des adresses. Avant d'en choisir un, la jeune attaquante lit la liste et la montre même à son entraîneur. Si tout va bien, elle réalisera son rêve de passer professionnelle.

Je manipule les déterminants possessifs

7 ★ **Dans les phrases suivantes, indique si le déterminant possessif désigne un ou plusieurs objets.**

a. Ils ont perdu leur valise, mais ils ont toujours leurs papiers.

b. Lili range ses cartons dans leur armoire.

c. Marie et Yannis ont admiré ses trophées et sa guitare.

8 ★★ **Réécris les phrases suivantes selon le changement indiqué. Fais toutes les modifications nécessaires.**

a. Son voisin (→ voisines) surveille son jardin (→ maison) pendant son voyage (→ vacances).

b. Tes explications (→ corrigé) m'aident à comprendre mes erreurs (→ note).

c. Dans leurs chambres (→ grenier), ils ont retrouvé leurs anciens vêtements (→ table).

9 ★★★ **Fais une phrase avec les noms suivants en utilisant les déterminants possessifs proposés dans l'ordre que tu souhaites.**

a. dessin / tableau (mes / votre)

b. oreiller / lit (leurs / mon)

c. citrouille / cuisine (sa / nos)

Je manipule les déterminants démonstratifs

10 ★ **Complète les phrases avec le déterminant démonstratif approprié.**

a. ... année, ils voyageront ... hiver.

b. ... dictionnaires sont sur ... étagère-là.

c. Il faut que tu voies ... film avec ... actrice incroyable !

11 ★★ **Complète les phrases avec un nom qui convient après le déterminant démonstratif donné.**

a. Cet ... va bientôt être démoli par ces ... .

b. Pour ce ..., Sam utilisera cette ... .

c. Donner cette ... à ces ... a été une très bonne décision.

12 ★★★ **Associe chaque nom avec le bon adjectif, puis emploie le GN dans une phrase en le faisant précéder d'un déterminant démonstratif.**

Noms : abri – baleines – victoire – déserts

Adjectifs : protégées – confortable – secs – inattendue

ORTHOGRAPHE

13 **Complète les phrases avec *ces* ou *ses*. À l'oral, explique ton choix.**

a. Rendez-lui ... affaires !

b. ... voitures-là sont moins polluantes.

c. Chan veut couper ... cheveux.

d. Partons vers ... collines, au loin.

e. Je viendrai le voir un de ... quatre.

f. Selma connaît ... tables de multiplication.

Je joue avec les mots

EN GROUPE **Le plus vite possible, trouvez dans la carte un déterminant pour accompagner chaque GN. Plusieurs réponses sont possibles.**

Attention, il ne faut pas changer le genre et le nombre des GN donnés !

ma un notre
la ces ce ses
leur cet l'
tes son des

a. ... repas de fête

b. ... ancienne maison

c. ... grande roue

d. ... arbre centenaire

e. ... heureux événement

f. ... verres fragiles

g. ... manga incroyable

h. ... bois sec

J'applique pour lire et écrire

Il lui offrit un collier d'or.
Elle voulut encor
Des gants, des bas, des souliers d'or,
Des robes et des manteaux d'or.
À la fin, elle eut tout en or :
Sa vaisselle, son lit, ses clés,
Ses tapis et jusqu'à la corde
À pendre son linge aux fils d'or.

Maurice Carême, « L'or » (extrait), *Figures*, © Nathan, 1977.

1. **Repère** tous les déterminants et indique de quelle sorte de déterminants il s'agit.

2. **Continue** la liste des cadeaux en employant tous les types de déterminants de la leçon.

Je récapitule

FICHE IMPRIMABLE

Complète la leçon distribuée par ton/ta professeur(e) avec :

★ les mots de la leçon.

★★ des exemples personnels.

★★★ les mots de la leçon et des exemples personnels.

3 Les pronoms personnels

J'observe

Quand les trois princesses furent à la porte du château, elles frappèrent. Aussitôt, une vieille femme épouvantable vint leur ouvrir. Elle n'avait qu'un œil au milieu du front, mais **il** était plus grand que cinq ou six autres.

D'après **Madame d'Aulnoy**, « Finette Cendron », *Contes nouveaux*, 1698.

a. Combien de personnages sont évoqués dans le texte ?

b. Quels mots permettent de ne pas répéter les GN qui les désignent ?

c. Que remplace le mot en gras ? Quelle est sa fonction ?

Je retiens

▶ Regarde la leçon animée. bordas.media/733907_079

Le pronom personnel

- **varie** en **personne**, en **genre** et en **nombre**.
  → *la vieille femme = elle.*
  les trois princesses = elles, leur (sans s) ; *l'œil = il.*
- **désigne**
  - **la personne qui** parle. → *Nous frappons à la porte. C'est à moi.*
  - **la personne à qui** l'on parle. → *Tu n'entends pas. Il vous aime.*
  - **la personne dont** on parle. → *Elle ne veut pas ouvrir. Je les entends.*
- **remplace** un **nom** ou un **GN**.
  → *Une vieille ogresse arriva. Elle n'avait qu'un seul œil.*
- **peut être**
  - **sujet**. → *Elles sont perdues.*
  - **COD**. → *L'ogre les surprend.*
  - **COI**. → *Il lui offre un abri.*

Je m'entraîne

Exercices numériques

Je reconnais un pronom

1 ★ **Dans les phrases suivantes, relève les pronoms.**

a. J'adore aller au cinéma en hiver.

b. Les pirates nous ont attaqués hier.

c. Devez-vous téléphoner à vos parents pour les prévenir ?

d. On dit qu'elle a déménagé.

2 ★★ **Dans le texte suivant, identifie si les mots en gras sont déterminants ou pronoms.**

À **la** fin du concert, **les** musiciens ont été félicités. **Ils** ont apprécié **le** bouquet de fleurs et **l'**ont gardé dans **leur** loge. Si **vous** voulez **les** remercier, il faut **vous** adresser à **leur** agent.

3 ★★★ **Dans les phrases suivantes, relève les pronoms et précise leur fonction.**

a. Vous nous avez manqué !

b. Ce lot de livres est à moi, je veux l'envoyer à mon cousin.

c. Yann et Chiara sont venus nous voir : ils voulaient notre avis.

d. Tout son équipement ne lui suffisait pas contre ce froid.

Je manipule les pronoms

4 ★ **Remplace les GN en gras par le pronom personnel qui convient.**

a. La cavalière avait préparé **son cheval** pour ce concours.

b. Ces écuries accueillent **les chevaux** toute l'année.

c. En été, les soigneurs donnent plus d'eau **aux chevaux**.

5 ★★ **Remplace tous les pronoms par un GN.**

a. Elle lui a demandé l'heure.

b. Voyager avec elle est une aventure !

c. Il la quitta pour toujours.

d. Il leur faisait du bien.

6 ★★★ **Rédige des phrases en remplaçant tous les pronoms personnels par des GN pour que l'on sache de qui ou de quoi il s'agit.**
a. Il le lui a donné.
b. Nous vous la montrons.
c. Elle leur a parlé d'elles.

Je respecte les accords liés aux pronoms

7 ★ **Choisis le pronom sujet adéquat. Plusieurs réponses sont parfois possibles.**
a. ... écoute de la musique sans arrêt.
b. ... voudrions connaître le prix.
c. ... cherchiez à rencontrer Sam : le voici !

8 ★★ **Change les pronoms selon les indications données et fais les accords nécessaires.**
a. Je (pluriel) reste chez eux (féminin) après les répétitions.
b. Il (féminin pluriel) devinait tous nos secrets, on ne pouvait rien lui cacher.
c. Elle (masculin) a décidé de nous (singulier) rejoindre.

9 ★★★ **Complète les phrases suivantes avec les pronoms qui conviennent pour répondre aux questions.**
a. Leurs vacances ? Elles ... passent à l'étranger.
b. À notre fils ? Nous ... ramenons une tour Eiffel miniature.
c. Ton chat ? Je ne ... ai pas vu de la journée.

J'évite les répétitions

10 ★ **Remplace les GN répétés par un pronom.**
a. Dino adore ces cartes. Il collectionne ces cartes.
b. Regarde ce pic là-bas ! Ce pic s'appelle le mont Perdu.
c. Les marins s'activaient. Les cordes blessaient les mains des marins.
d. Le bonheur n'est jamais loin. Il suffit de vouloir le bonheur très fort !

11 ★★ **Recopie le texte en remplaçant les répétitions par des pronoms.**
Le magasin était rempli de miniatures. C'est Max qui avait décoré le magasin. Max était un artiste très méticuleux, ses créations en papier faisaient l'admiration des passants. Les passants s'arrêtaient devant ces créations.

12 ★★★ **Redonne du sens à ce texte en remplaçant les pronoms par des GN adaptés.**
Même sur le navire, il ne quittait pas son violon. Alors qu'il affrontait les vagues, il le sortait de son étui pour faire résonner la musique sur le pont. Il était en bois précieux, il l'avait hérité de son grand-père.

ORTHOGRAPHE

13 **Réécris le texte en remplaçant *ma mère* par *mes sœurs* en faisant tous les changements nécessaires.**
Ma mère ne sortait jamais sans un chapeau. Elle ne l'oubliait jamais. Nos voisins la disaient bizarre ; moi, je lui trouvais de l'élégance. Elle en a eu plusieurs, mais elle a toujours préféré celui en feutre bleu. C'est à elle que je dois cette habitude de porter un chapeau toute l'année. Ma mère m'a offert mon premier chapeau quand j'avais dix ans. Elle l'avait choisi en feutre vert anis. Ma mère savait que c'était ma couleur préférée.

Je joue avec les mots

Invente des phrases courtes pour continuer sur le modèle ci-dessous. Chaque pronom objet devient à son tour pronom sujet de la phrase suivante.
Je <u>te</u> vois. <u>Tu</u> <u>me</u> réponds. <u>Je</u> <u>les</u> regarde. <u>Ils</u> nous...

J'applique pour lire et écrire

Auguste Renoir, *L'Après-midi des enfants à Wargemont*, 1884, musée Staatliche, Berlin.

1. **Décris** ce que font la fillette debout et la mère en utilisant des pronoms sujet et objet que tu souligneras.
2. **Imagine** ce que se dit la fillette assise à propos des deux autres personnages en utilisant des pronoms sujet et objet que tu souligneras.

Je récapitule

FICHE IMPRIMABLE

Complète la leçon distribuée par ton/ta professeur(e). avec :
★ les mots de la leçon.
★★ des exemples personnels.
★★★ les mots de la leçon et des exemples personnels.

4 Le verbe

J'observe

Peter aimait raboter. C'était peut-être ce qu'il préférait parmi toutes les compétences qu'il avait acquises en fabriquant cette hutte. Manier le rabot impliquait d'utiliser ses muscles, pas comme avec un tournevis par exemple. Cela mobilisait le corps tout entier. C'était un outil d'homme, pas d'enfant.

Sara Pennypacker, trad. Faustina Fiore, *Pax, le chemin du retour*, © Gallimard Jeunesse, 2021.

a. Combien y a-t-il de verbes conjugués dans ce texte ?

b. Combien y a-t-il de verbes à l'infinitif ?

c. Relève un verbe qui désigne une action et un autre qui exprime un état.

Je retiens

▶ Regarde la leçon animée. bordas.media/733907_080

Le verbe

est
le seul mot de la phrase qui **peut être encadré par une négation** :
ne … pas, ne … plus, ne … jamais

exprime
- une **action**. → *Les outils occupaient toute la place.*
- un **état** (verbe attributif). → *La cabane était sombre.*

varie selon
- le **temps** et le **mode**. → *Il bricola. Bricolons !*
- la **personne**. → *Je scierai la planche.*
  Tu scieras la planche.
- le **nombre**. → *Il vernissait le bois.*
  Nous vernissions le bois.

peut être
- **conjugué** aux modes personnels : il **s'accorde** avec le **sujet**.
  → *Elles dansaient mieux que personne.*
- **non conjugué** aux modes non personnels : dans ce cas, il n'a **pas de marque de personne**.
  → *Danser est ce que je préfère.*
  Il pénétra dans le château abandonné.

- Grâce à l'**infinitif**, on classe les verbes en **trois groupes**, qui organisent la conjugaison.
Pour trouver l'infinitif d'un verbe, on peut dire « c'est important de *mordre*, *grandir*, *peler* ».
1er groupe : les verbes en ***-er***, sauf « aller ». → *jeter, râler, étonner…*
2e groupe : les verbes en ***-ir***, ***-issons***, ***-issant***. → *frémir, finir, assombrir…*
3e groupe : tous les autres verbes. → *aller, faire, voir, prendre, être, avoir…*

Je m'entraîne

Exercices numériques

Je reconnais un verbe

1 ★ **Dans chaque série, identifie le verbe à l'infinitif.**

a. pars, partons, partir, partions

b. avaient, avoir, ont, a

c. pendre, pendent, pends, pendions

2 ★★ **Relève le verbe conjugué dans les phrases suivantes.**

a. Mes amies ont proposé de revenir plus tard.

b. Restez debout sans bouger !

c. À la fin, tout le monde se met à crier de plaisir.

3 ★★★ **Dans le texte suivant, relève tous les verbes et précise s'ils sont conjugués ou non.**

Au château, le roi reçut les voyageurs en les saluant avec joie. Le soir, lors du dîner, les invités goûtèrent à toutes sortes de plats. Ils voulaient tout découvrir et ils appréciaient de sentir de nouvelles odeurs. Dans leur pays, ils n'avaient pas l'habitude de consommer les légumes crus et de faire rôtir le poisson directement sur la braise. Les goûts salés et sucrés se mélangeaient à merveille et tous finirent leur assiette avec le sourire aux lèvres. Ce fut un vrai régal !

Je manipule les verbes

4 ★ **Complète ces phrases avec l'infinitif de ton choix.**

a. … n'est pas une bonne idée.

b Nous rêvions de … dans le Grand Nord.

c. Je vous autorise à … .

5 ★★ **Complète ces phrases avec un verbe à la forme négative, encadré par « ne … pas ».**

a. Elya … son sac.

b. À la montagne, on … les animaux sauvages.

c. … vous le cousin de Maël ?

6 ★★★ **Construis des phrases en employant chacun de ces verbes conjugués.**

avançons • copièrent • faisait • ont • crois

J'identifie les groupes verbaux

7 ★ **Classe les verbes suivants selon les trois groupes.**

gagner • sentir • prier • garantir • pleuvoir • abandonner • aller • franchir • dire

8 ★★ **Donne l'infinitif des verbes conjugués.**

a. Robinson vit sur une île perdue. / Robinson vit de la fumée au loin.

b. Elle lit très bien l'arabe. / Elle lie les branches ensemble.

c. Pourquoi te fies-tu à lui ? / Pourquoi fis-tu du bruit ?

9 ★★★ **Complète les phrases avec un verbe de ton choix, selon le groupe indiqué.**

a. Tout l'hiver, les ours… (3e groupe) dans une grotte.

b. Est-ce qu'ils … (2e groupe) vite ?

c. Les concerts en plein air me … (1er groupe) beaucoup.

J'utilise des verbes d'action ou attributifs

10 ★ **Les verbes soulignés expriment-ils une action ou un état ?**

Ce soir, le ciel est clair. Les astronautes décolleront à 23 h. Leur mission spatiale durera 6 mois, elle est inédite et dangereuse, mais tous ont suivi un entraînement de choc !

11 ★★ **Les verbes des phrases suivantes expriment-ils une action ou un état ?**

a. Je suis votre nouveau voisin. / Je suis les traces du gibier.

b. Ils ont de grands projets. / Ils sont les premiers arrivés.

c. Il paraît grand pour son âge. / Les fantômes apparaissent à partir de minuit.

12 ★★★ **Fais des phrases selon les indications données.**

a. Les enfants + *verbe attributif* + *adjectif*

b. Sam + *verbe d'action*

c. Vous + *verbe attributif* + *adjectif* parce que nous + *verbe d'action*

d. Pourquoi les pirates + *verbe d'action* ?

ORTHOGRAPHE

13 **Identifie la forme correcte dans les propositions suivantes et utilise l'autre forme dans une phrase.**

a. Il n'aurait pas dû **mettre** / **mètre** ces chaussures-là.

b. Si tu restes en plein soleil, tu vas **cuir** / **cuire** !

c. En musique, il faut **portée** / **porter** son instrument dès le premier cours.

d. Nous ne faisons que **passé** / **passer**.

Je joue avec les mots

Trouve un verbe commençant par les lettres : S, P, D, E.

a. Verbe du 1er groupe à l'infinitif.

b. Verbe du 2e groupe conjugué avec « tu ».

c. Verbe du 3e groupe à un temps du passé.

d. Verbe attributif conjugué avec « nous ».

e. Verbe d'action au présent.

J'applique pour lire et écrire

Quitter un appartement. Vider les lieux.
Éliminer, jeter.
Descendre, dévisser, décrocher.
Débrancher, démonter.
Empaqueter, emballer, envelopper, protéger, recouvrir.
Enlever, porter, soulever.
Balayer.
Fermer.
Partir.

Georges Perec, « Déménager » (extrait), *Penser-Classer*, © Éditions du Seuil, 1985.

1. **Identifie** le groupe de chaque verbe. Quel groupe n'est pas représenté ?

2. Dresse, à la manière de Perec, la liste des actions nécessaires pour « voyager », « gagner » ou « apprendre » en utilisant des verbes des trois groupes d'abord à l'infinitif, puis en les conjuguant au présent à la 3e personne du singulier.

Je récapitule

FICHE IMPRIMABLE

Complète la leçon distribuée par ton/ta professeur(e) avec :

★ les mots de la leçon.

★★ des exemples personnels.

★★★ les mots de la leçon et des exemples personnels.

Grammaire

5 L'adjectif

J'observe

Tiuri conduisait son cheval noir, Ardanwen, sur un chemin boueux. Peu de temps auparavant, des blocs **de glace** encombraient encore le torrent qui à présent coulait librement. L'eau était abondante, le flot impétueux. Tiuri releva la tête et prit une profonde inspiration.

D'après **Tonke Dragt**, *Les Secrets de la forêt sauvage*, 1965, trad. Mireille Cohendy, © Éditions Gallimard Jeunesse, 2022.

a. Chacun des mots soulignés est précisé par un autre mot. Trouve-le.

b. Que remarques-tu sur le genre et le nombre de ces couples de mots ?

c. Par quel mot simple peux-tu remplacer le groupe en gras ? Comment l'accordes-tu ?

Je retiens

Regarde la leçon animée. bordas.media/733907_081

L'adjectif

- **sert à** **donner des précisions** sur le nom :
  - la taille (→ *un important château*)
  - la forme (→ *des arbres tordus*)
  - la couleur (→ *un ciel bleu*)
  - l'état (→ *nos vieux jouets, une foule joyeuse*)
- **s'accorde** en **genre** et en **nombre** avec le **nom** qu'il accompagne. → *des exploits sportifs, de longues nuits*
- **peut être**
  - **simple**. → *un cheval noir, ces grandes rivières*
  - **formé** avec un **suffixe**. → *un chemin boueux, une histoire mémorable*
  - un **participe passé**. → *une route enneigée*
- **est placé** le plus souvent après le nom (→ *une vie heureuse*), mais il peut le précéder (→ *son petit bâton*).

L'adjectif peut avoir plusieurs fonctions : épithète (→ Fiche 10, p. 310), attribut du sujet (→ Fiche 15, p. 320).

Je m'entraîne

Exercices numériques

Je reconnais un adjectif

1 ★ **Relève les adjectifs dans cette liste.**

événement • chaleur • décrire • malade • fané • tranquillement • route • pauvre • idéale • cahier • spectaculaire • paix • dessin • espoir • haie • poussiéreux • pouvoir • vraiment

2 ★★ **Relève les adjectifs qui accompagnent les noms soulignés.**

a. Ces petites lampes étaient anciennes.

b. Dans les grands jardins anglais, la végétation est libre.

c. Il avait de longs cheveux frisés.

d. Le navire *Jefferson* a accosté dans un petit port finlandais.

3 ★★★ **Relève les adjectifs et identifie le nom ou le pronom auquel chacun d'eux se rapporte.**

a. Pourquoi fais-tu une tête aussi triste depuis la dernière chanson ?

b. Hiver comme été, infatigable, il prend son vieux vélo pour aller travailler.

c. Ils avancèrent calmement, prudents et attentifs aux moindres bruits.

J'identifie le sens des adjectifs

4 ★ **Classe les adjectifs selon leur sens : expriment-ils la taille, la forme, la couleur ou l'état ?**

un appartement biscornu • un voisin curieux • des souliers marron • une carafe ébréchée • une galette dorée • une voile pointue • de la salade croquante • une famille prudente • un arbre immense

5 ★★ **Fais une phrase en employant les GN avec un adjectif indiquant les caractéristiques mentionnées.**
a. une table (couleur / forme)
b. le sapin (taille / forme)
c. ma sœur (état / taille)
d. vos chaussures (couleur / état)

6 ★★★ **Fais une phrase avec chaque série d'adjectifs. Emploie-les dans l'ordre que tu souhaites, en veillant à bien les accorder.**
a. drôle / rassuré / grand
b. final / splendide / gratuit
c. riche / doré / secret
d. fleuri / énorme / nouveau

J'identifie les différents types d'adjectifs

7 ★ **Dans cette liste, repère les adjectifs simples.**
sec • lent • bulle • aigu • robe • très • long

8 ★★ **Dans cette liste, distingue les adjectifs simples des participes passés.**
vrai • joyeux • fatigué • surpris • transparent • doré • violent • content • mauvais • cassé

9 ★★★ **Chaque adjectif est formé avec un suffixe à partir d'un verbe. Trouve ce verbe.**
désirable • nuisible • réglable • lavable • portable • risible • prévisible • buvable

Je manipule les adjectifs

10 ★ **Complète ces GN avec le participe passé du verbe entre parenthèses utilisé comme adjectif.**
a. les décisions (prendre)
b. des amis (inviter)
c. une activité (finir)
d. des invitées (attendre)

11 ★★ **Complète ces GN avec l'adjectif correspondant au groupe souligné.**
a. un voyage <u>en mer</u>
b. un mur <u>de végétation</u>
c. des amis <u>du Mexique</u>
d. un mouvement <u>en cercle</u>

12 ★★★ **Trouve l'adjectif formé à partir des noms suivants, emploie-le dans un GN, et rédige ensuite une phrase.**
a. mensonge
b. Angleterre
c. chance
d. sport

ORTHOGRAPHE

13 **Réécris le texte suivant en remplaçant** *la forêt* **par** *ces bois*. **Fais tous les changements nécessaires.**
La forêt sombre se dressait devant Adel. Elle était immense et touffue. Peu d'aventuriers avaient déjà parcouru cette forêt qui était sauvage et mystérieuse. Elle paraissait même magique, comme une forêt légendaire, venue d'un conte ancien.

Je joue avec les mots

Dresse ton portrait chinois en utilisant uniquement des adjectifs.
Ma plus grande qualité : je suis...
Mon plus grand défaut : je suis...
Mon goût préféré : j'aime les aliments...
Ma couleur préférée : j'aime les choses...
Mon genre de personnages préféré : j'aime les personnages...
Ma saison préférée : j'aime les journées...
Ma musique préférée : j'aime la musique...

J'applique pour lire et écrire

<u>Maia s'enfonça dans la jungle</u>. [...] Les grands arbres devenaient plus denses, des plantes grimpantes s'enroulaient autour de leurs troncs gigantesques, recherchant la lumière, une orchidée écarlate qui pendait d'une branche <u>étincela comme un bijou dans un rayon de soleil</u>.

« Que c'est beau ! » s'exclama-t-elle à haute voix, en respirant profondément ce parfum de terre humide.

Eva Ibbotson, *Reine du fleuve*, trad. Élie Robert-Nicoud,
© Le Livre de poche Jeunesse, 2008.

1. **Relève** les adjectifs et explique quelle image ils donnent de la jungle.
2. **Réécris** ce texte pour décrire un paysage bien différent : change les deux passages soulignés par « Maia s'enfonça dans la forêt morte » et « apparut comme un fantôme au clair de lune » et modifie tous les adjectifs en conséquence.

Je récapitule

FICHE IMPRIMABLE

Complète la leçon distribuée par ton/ta professeur(e) avec :
★ les mots de la leçon.
★★ des exemples personnels.
★★★ les mots de la leçon et des exemples personnels.

Grammaire

6 L'adverbe

J'observe

Elle a scotché les couvertures et j'ai pu entrer dans mon tipi. On y était plutôt à l'étroit, mais ça me suffisait largement. Ça ne me posait pas de problème d'être pauvre, maintenant, pourvu que je sois un Indien.

Olivier de Solminihac, *Comment devenir un Indien*, © L'école des loisirs, 2008.

a. Que remarques-tu si tu enlèves les mots soulignés ?

b. Ces mots peuvent-ils changer de genre ou de nombre ?

Je retiens

Regarde la leçon animée. bordas.media/733907_082

L'adverbe

- **est**
  - **invariable**. → *Cette pomme est vraiment appétissante. / Ces pommes sont vraiment appétissantes.*
- **peut être**
  - un **mot simple**. → *plutôt*
  - formé avec un **adjectif et le suffixe -*ment***. → *largement*
- **sert à modifier ou compléter le sens**
  - d'un **verbe**. → *marcher lentement*
  - d'un **adjectif**. → *un Indien très joyeux*
  - d'un autre **adverbe**. → *très vite*
  - d'une **phrase entière**. → *Demain, il partira.*
- **exprime**
  - le **temps**. → *On part demain.*
  - le **lieu**. → *Il veut vivre ici.*
  - la **manière**. → *Vous parlez gaiement.*
  - l'**intensité**. → *C'est un train très rapide.*
  - la **négation**. → *Il ne pleut jamais.*

Je m'entraîne

Exercices numériques

1 ★ **Dans ces phrases, relève le ou les adverbes.**

a. Elle préfère partir discrètement.

b. Cet avion vole à très grande vitesse.

c. Aujourd'hui, il attend encore le soleil !

2 ★★ **Complète les phrases avec un ou des adverbes.**

a. La porte claque … .

b. Nos voisins chantent … .

c. Pour courir …, il faut s'entraîner … .

3 ★★★ **Trouve l'adverbe et remplace-le par un autre adverbe en *-ment*.**

a. Cet automne est très doux.

b. Il neige souvent à New York.

c. Les ogres mangent beaucoup de viande.

4 ★★★ **Identifie la classe grammaticale du mot sur lequel porte l'adverbe souligné.**

a. Les arbres penchaient légèrement sur la route.

b. À deux, le travail ne sera pas efficace.

c. Vous devez avancer vraiment prudemment !

Je joue avec les mots

Cherche l'intrus ! Lequel de ces mots n'est pas un adverbe ?

bruyamment • éventuellement • calmement • événement • librement • récemment

J'applique pour écrire

1. **Cherche** une recette de cuisine.
2. **Recopie**-la en ajoutant des adverbes en *-ment* pour préciser la manière de faire.

Je récapitule

FICHE IMPRIMABLE

Complète la leçon distribuée par ton/ta professeur(e) avec :

★ les mots de la leçon.

★★ des exemples personnels.

★★★ les mots de la leçon et des exemples personnels.

7 Les prépositions

J'observe

Rose-Aimée habitait le village **de** Limbé **dans** la région **du** Cap en Haïti. Autrefois, la campagne était belle. Les jardins **à** sucre succédaient **aux** champs de coton séparés les uns des autres **par** des haies d'orangers et de citronniers.

D'après **Maryse Condé**, *Rêves amers*, © Bayard Jeunesse, 2001.

a. Peux-tu supprimer les mots en gras ?

b. Remplace le nom « Cap » par « ville du Cap ». Quels mots faut-il alors mettre à la place de « du » ?

Je retiens

▶ Regarde la leçon animée. bordas.media/733907_083

Les prépositions

- **sont** invariables et indispensables. Elles ne peuvent pas être supprimées.
- **introduisent**
  - un groupe nominal prépositionnel (GNP). → *le village de Limbé*
  - un pronom. → *pour lui*
  - un infinitif. → *à vendre*
  - un adverbe. → *avant demain*
- **peuvent être**
  - **simples**. → *à, de, dans, vers, pour…*
    Pour t'en souvenir, mémorise la phrase : « Adam part pour Anvers avec deux cent sous. »
  - **composées**. → *loin de ; du côté de ; à cause de…*
- **entrent** dans la formation des **articles contractés**.
  → *la région du Cap / la région de la ville du Cap*

Je m'entraîne

Exercices numériques

1 ★ **Dans chaque phrase, relève les deux prépositions.**

a. L'équipage de la navette a atterri en pleine mer.

b. Les écureuils se cachent dans le chêne pour dormir.

c. Tu n'attends pas la fin du film pour partir ?

2 ★★ **Complète chaque phrase avec les prépositions qui conviennent.**

a. … aller … Rome, il faut passer … Florence.

b. Les soldats … armure ont surgi … la forêt … le chemin.

c. Viendrez-vous … ou … vos enfants ?

3 ★★ **Rédige une phrase qui contient les trois propositions données, dans l'ordre que tu veux.**

a. dans, chez, à côté de

b. pour, vers, en

c. avec, à cause de, sous

d. contre, de, par

4 ★★★ **Termine les phrases en ajoutant un GNP.**

a. James n'arrive jamais … .

b. Les ogres habitent … .

c. Noa cherche ses vêtements … .

Je joue avec les mots

Invente des groupes prépositionnels en variant la préposition pour compléter la proposition « Mon chien parle » et composer un poème surprenant.

Mon chien parle à mes voisins.
Mon chien parle…

J'applique pour écrire

L'homme marchait. Il réfléchissait. La rue était vide. Un chat miaula.

• **Enrichis** les phrases avec des groupes prépositionnels pour faire un récit plus étoffé.

Tu peux ajouter des compléments circonstanciels, des COI ou des compléments du nom.

Je récapitule

FICHE IMPRIMABLE

Complète la leçon distribuée par ton/ta professeur(e) avec :

★ les mots de la leçon.

★★ des exemples personnels.

★★★ les mots de la leçon et des exemples personnels.

8 Les conjonctions de coordination et de subordination

J'observe

« Vous aurez une belle princesse **et** vous la nommerez Désirée ; **car** on doit avouer qu'il y a longtemps que vous la désirez. N'oubliez pas, **aussitôt qu'**elle sera au monde, de nous appeler, **parce que** nous voulons lui faire don de qualités. »

D'après **Madame d'Aulnoy**, « La Biche au bois » (extrait), *Contes nouveaux ou Les Fées à la mode*, 1698.

a. Parmi les mots en gras, lesquels peuvent être supprimés ?

b. Quels éléments en gras signifient la même chose ? À quelle question permettent-ils de répondre ?

Je retiens

Regarde la leçon animée.
bordas.media/733907_086

Les conjonctions de coordination

- **sont**
  - *mais, ou, et, or, ni, car.*
  - **invariables** et le plus souvent supprimables.
- **relient** deux groupes de même fonction. → *Elle* ***et*** *moi*
- **expriment** l'**addition** (*et*) • la **négation** (*ni*) • l'**opposition** (*mais, or*) • l'**explication** (*car*) • le **choix** (*ou*).
  Pour t'en souvenir, mémorise « Mais où est Ornicar ? »

Les conjonctions de subordination

- **sont**
  - **invariables** et non supprimables.
  - **formées avec « que »** (*lorsque, pendant que, parce que...*) ou des **mots simples** (*quand, que, si, comme...*).
- **introduisent** une **proposition subordonnée** qui dépend d'une proposition principale. → *On crie [**quand** on a peur].*
- **expriment** le **temps** (*pendant que...*) • la **cause** (*parce que...*) • le **but** (*pour que...*) • l'**hypothèse** (*si*).

Je m'entraîne

Exercices numériques

1 ★ **Dans chaque phrase, relève une conjonction de coordination et une de subordination.**

a. Tu es sûr de toi quand tu parles, or tu as tort.

b. Mon père et sa sœur se baignent lorsqu'il fait chaud.

c. Je n'aime ni le café ni le thé parce que c'est amer.

2 ★★ **Complète les phrases avec une conjonction de coordination.**

a. Il est déjà couché : il était inquiet ... fatigué.

b. Le réveil a sonné ... personne ne l'a entendu.

c. Prends tes baskets ... nous allons courir.

3 ★★★ **Complète les phrases avec une conjonction de subordination.**

a. Il faut qu'elle vienne ... elle est notre meilleur goal.

b. ... l'orchestre s'arrête, le public partira.

c. Les arbres souffrent ... les chaleurs sont intenses.

Je joue avec les mots

Emploie chaque conjonction dans une phrase.

Tu peux essayer d'écrire un texte cohérent avec les six phrases créées.

lorsque • ou • parce que • tant que • et • donc

J'applique pour écrire

• **Formule cinq arguments** pour convaincre tes parents de te laisser voir tes ami(e)s. Utilise des conjonctions de coordination et de subordination pour justifier ton avis.

Je récapitule

FICHE IMPRIMABLE

Complète la leçon distribuée par ton/ta professeur(e) avec :

★ les mots de la leçon.

★★ des exemples personnels.

★★★ les mots de la leçon et des exemples personnels.

9 BILAN Connaître les classes grammaticales

5 classes grammaticales variables

le nom
- est le **noyau du groupe nominal** (GN).
- **désigne** un **être**, un **objet**, une **idée**.
→ *L'alpiniste atteint le sommet avec bonheur.*

le déterminant
indique le **genre** et le **nombre** du nom qu'il accompagne.
→ *notre table, le cerisier, ces fruits*

l'adjectif
exprime une **caractéristique** du nom qu'il accompagne, s'accorde avec lui. → *la table verte ; un moment agréable*

le pronom
remplace un nom ou un GN. → *Il nous a conduit chez elle.*

le verbe
désigne une **action** (*chanter, mettre*…) ou un **état** (*être, sembler*…).
→ *Quand je chante, je suis heureuse.*

5 classes grammaticales invariables

l'adverbe
modifie le sens d'un verbe, d'un adjectif, d'un autre adverbe.
→ *Elle a toujours très froid. Il est aussi grand que son frère. Le chien a méchamment mordu le facteur.*

la préposition
introduit un groupe prépositionnel.
→ *Dans cinq minutes, à cause de toi, nous serons en retard.*

la conjonction de coordination
sert à relier des mots, des groupes de mots et des propositions (*mais, ou, et, or, ni, car*).
→ *Elsa et Hakim adorent se baigner mais détestent marcher sur le sable.*

la conjonction de subordination
sert à introduire une proposition subordonnée.
→ *Il est en retard parce qu'il a attendu sa sœur.*

l'interjection
traduit une **émotion**, une **réaction** quand on s'adresse à quelqu'un. → *aïe, hein, oh…*

DÉFI BILAN

Identifie la classe grammaticale des mots soulignés.
★ 4 classes grammaticales trouvées
★★ 7 classes grammaticales trouvées
★★★ 10 classes grammaticales trouvées

Depuis quelques semaines, des rumeurs circulaient parmi le petit peuple des rues. On parlait d'une bande inconnue sévissant dans les quartiers les plus déshérités de la Ville Basse. Des hommes à toque de Loup qui n'opéraient qu'à la nuit noire. Police secrète ? Milice ? Brigands venus d'une ville voisine ? Nul ne pouvait le dire. Ceux qui avaient croisé leur chemin avaient trop peur pour témoigner. D'autres parlaient de rafles sauvages, d'une voiture-prison, d'enfants disparus mystérieusement.

Jean-Philippe Arrou-Vignod, *Le professeur a disparu (Enquête au collège, 1)*, © Éditions Gallimard Jeunesse, 2015.

10 L'adjectif épithète

J'observe

Lorsqu'il arrive à Lerne, Hercule est frappé par l'aspect sinistre du paysage. Au bord d'une forêt touffue s'étend un marais rempli d'eaux noires.

D'après **Hélène Kérillis**, *Les Douze Travaux d'Hercule*, © Hatier, 2016.

a. Quelle est la classe grammaticale des mots soulignés ?

b. Justifie à chaque fois l'accord des mots soulignés.

c. Lis le texte en supprimant les mots soulignés. Quelle version préfères-tu ? Pourquoi ?

Je retiens

▶ Regarde la leçon animée.
bordas.media/733907_084

L'adjectif épithète

- **est** une **expansion du nom**. → *Le petit chien joue.* C'est un **élément facultatif** du GN, on peut le supprimer. → *Le chien joue.*
- **apporte** des **précisions** sur le nom noyau du GN. → *Comment est le chien ? petit*
- **se situe** **avant** ou **après** le nom qu'il précise. Parfois, sa place peut changer le sens de l'épithète. → *un grand homme (grand = qualité morale) / un homme grand (grand = taille)*
- **s'accorde** en **genre** et en **nombre** avec le nom noyau du GN. → *une jolie balle colorée*
- **peut être**
  - un **adjectif**. → *petit*, *jolie*
  - un **participe passé** employé comme un adjectif. → *colorée*

Je m'entraîne

Exercices numériques

Je repère l'épithète

1 ★ **Repère l'adjectif épithète parmi les mots ou groupes de mots en gras. Explique comment tu as fait pour le trouver.**

a. J'ai mangé un **délicieux** gâteau **aux oranges**.

b. Ce **jeune** garçon est mon **frère**.

c. J'ai choisi une salopette **rayée** pour ma tenue de **rentrée**.

2 ★★ **Trouve l'adjectif épithète dans ces phrases.**

a. La pluie de septembre a rafraîchi l'atmosphère étouffante.

b. Tes tennis neuves sont sales !

c. Le monstre était d'une laideur extraordinaire.

3 ★★★ **Relève tous les adjectifs épithètes dans le texte.**

Il était une fois un magnifique rossignol qui nichait dans un bel arbre feuillu, près d'une misérable petite maison en bois. Son doux chant de cristal résonnait dans l'air printanier, enchantant la jeune fille qui habitait l'humble chaumière.

Je manipule les épithètes

4 ★ **Réécris ces phrases en supprimant les épithètes.**

a. La nouvelle voiture de sport de mon proche voisin est une luxueuse berline.

b. Pour couper la longue frange de sa cliente, la coiffeuse utilise des ciseaux pointus.

c. Les peintures rupestres de Lascaux attirent des touristes curieux de tous les pays.

5 ★★ **Place l'adjectif donné avant ou après le nom en gras selon le sens attendu.**

a. Victor Hugo est un **écrivain**. (grand)

b. J'ai acheté un **meuble**. (cher)

c. La **fillette** regardait par le trou de la serrure. (curieuse)

6 ★★★ **Remplace les GN en gras par un adjectif épithète de même sens.**

a. La pollution **de la Terre** devient un problème grave.

b. Les promeneurs apprécient cette météo **d'été**.

c. Le docteur a prescrit une radio **des poumons**.

J'accorde les épithètes

7 ★ **Choisis le bon accord de l'adjectif épithète dans chaque GN.**

a. **une fille** naïf / naïfs / naïve / naïves

b. **de** gros / grosse / grosses **cailloux**

c. **tes chaussures** préféré / préférés / préférée / préférées

8 ★★ **Complète le texte avec les adjectifs épithètes suivants :** *bavardes* • *attentive* • *compliquées* • *nouveau.*

Le … professeur demande à deux élèves … de se concentrer. Il a besoin d'une écoute … pour que les consignes … soient comprises.

9 ★★★ **Accorde chaque adjectif épithète entre parenthèses avec le nom qu'il précise.**

Deux (grand) adolescents (maigre) jetaient des glands (sec) sur une (petit) poule (roux). Soudain apparut une (petit) vieille au dos (voûté), aux épaules (osseux) et aux mains (ridé). Elle poussa un cri (strident) et sa voix (perçant) fit sursauter les garçons (cruel).

J'enrichis un GN avec des épithètes

10 ★ **Complète chaque GN avec un adjectif épithète de ton choix.**

a. J'ai acheté une … jupe.

b. As-tu vu ces fleurs … ?

c. Il a cuisiné un … poulet … .

11 ★★ **Remplace les adjectifs épithètes soulignés de manière à faire de la jeune fille une horrible femme.**

La magnifique jeune fille aux beaux yeux bleus et à la silhouette élancée fit un sourire éclatant qui dévoila ses petites dents blanches.

12 ★★★ **Recopie le texte en ajoutant un ou deux adjectifs épithètes à chaque nom souligné de manière à rendre la scène a. merveilleuse b. effrayante.**

L'héroïne arriva dans une forêt. Elle admirait les arbres et les fleurs, quand soudain, au loin, elle vit une créature qui approchait en agitant les bras.

ORTHOGRAPHE

13 **Réécris le texte en remplaçant tous les** ***un*** **par** ***deux*****. Fais toutes les modifications qui s'imposent.**

Pour la rentrée, j'ai acheté un grand cahier bleu, un nouveau crayon noir, une petite gomme carrée et une jolie trousse multicolore. J'ai aussi acheté une paire de baskets et un survêtement confortable. Mon oncle m'a offert un nouveau blouson chaud et une écharpe douce.

Je joue avec les mots

GRILLE IMPRIMABLE

Complète la grille de mots croisés avec l'adjectif épithète présent dans chaque phrase.

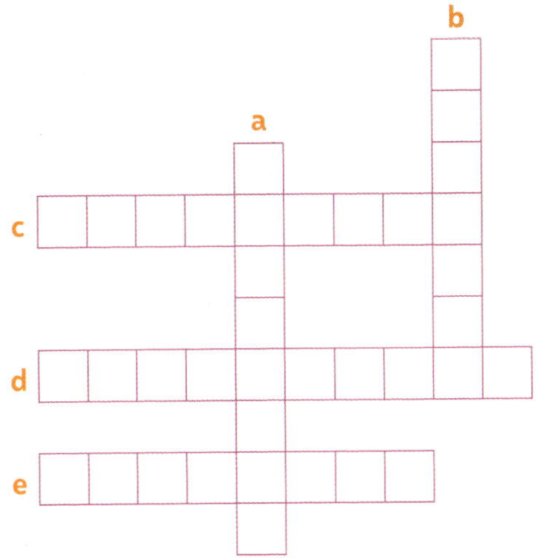

a. Avec d'immenses efforts, battre des records devient possible.

b. C'était stupide de sortir sous cette pluie intense.

c. Cette femme optimiste semble toujours confiante.

d. Les touristes sont restés stupéfaits devant les neiges éternelles.

e. La nouvelle chanson de ce groupe est très positive.

J'applique pour écrire

1. **Trouve** des adjectifs caractérisant l'allure, les yeux, le corps du monstre.

2. **Rédige** le portrait de ce monstre en utilisant des GN enrichis avec les adjectifs épithètes que tu as trouvés.

L'hydre de Lerne, XVIIIe siècle.

Je récapitule

FICHE IMPRIMABLE

Complète la leçon distribuée par ton/ta professeur(e) avec :

★ les mots de la leçon.

★★ des exemples personnels.

★★★ les mots de la leçon et des exemples personnels.

11 Le complément du nom

J'observe

Le roi Midas touche en chemin tout ce qu'il rencontre : il cueille une branche **d'arbre**, elle devient un rameau **d'or** ; il ramasse un caillou, il prend la teinte pâle **de l'or** ; il touche une motte **de terre**, elle devient lingot **d'or** ; il coupe des épis **de blé**, il récolte une moisson **d'or**.

D'après **Ovide**, *Narcisse et autres métamorphoses*, © Hatier, 2015.

a. Lis le texte en supprimant les éléments en gras. Est-ce que la phrase reste correcte ?

b. Quelle version préfères-tu ? Pourquoi ?

c. Quel mot introduit chacun des groupes ? Quelle est sa classe grammaticale ?

Je retiens

Regarde la leçon animée. bordas.media/733907_085

Le complément du nom (CDN)

- **est** une **expansion du nom**.
  → *Le professeur de français a conseillé des livres.*
  C'est un **élément facultatif du GN**, il peut être supprimé.
  → *Le professeur a conseillé des livres.*
- **apporte** des **précisions** sur le nom noyau du GN.
  → *Quel professeur ? de français*
- **se situe** **après** le nom qu'il précise sans s'accorder avec lui.
  → *des épis de blé*
- **se construit** **avec une préposition :** *de, à, par, en…* . C'est un GNP.
  → *une réponse par écrit, un sol en béton*

Je m'entraîne

Exercices numériques

Je repère les CDN

1 ★ **Trouve le CDN dans chaque phrase.**

a. Prends la route à gauche !

b. Mon petit frère préfère les chaussures sans lacets.

c. La poêle est-elle dans le grand tiroir du meuble ?

2 ★★ **Indique quel est le CDN parmi les mots ou groupes en gras. Explique comment tu l'as trouvé.**

a. La voiture **de mon père** a manqué **d'essence**.

b. Le médecin a parlé **à son patient** du vaccin **contre la grippe**.

c. Julie a mangé une **grosse** part **de tarte**.

3 ★★★ **Relève, dans le texte, tous les CDN.**

Dans un moulin en pierre vivait une jeune fille au visage toujours triste. Les gens du village ne voyaient jamais un sourire sur son visage de porcelaine. Un jour de mai, un garçon des environs vint rendre une visite de courtoisie à la jeune fille aux yeux sans joie.

Je manipule les CDN

4 ★ **Réécris les phrases suivantes en supprimant tous les CDN.**

a. L'oncle de Camille loua une limousine avec chauffeur.

b. Un ami de ma sœur déteste les excursions en montagne.

c. Mon pantalon sans poches est resté dans la salle à manger.

d. Les bagues en or et le collier de perles de ma grand-mère ont disparu.

5 ★★ **Remplace les adjectifs épithètes en gras par un CDN de même sens.**

a. As-tu rendu l'autorisation **parentale** ?

b. Le climat **tropical** ne me réussit pas.

c. Sens-tu cette fraîcheur **printanière** ?

d. Je suis fier de ton acte **courageux**.

6 ★★★ **Complète le texte avec les CDN suivants :** *à la silhouette élancée • de canard • sans manches • de montrer la nouvelle collection • en bois clair • à talons interminables • de mode • à l'expression volontaire.*

Le défilé … commence : les mannequins … s'avancent sur la scène …, juchées sur des chaussures … . Malgré le froid …, elles portent des combinaisons … . Mais la fierté … se lit dans leurs yeux … .

Je construis correctement les CDN

7 ★ **Associe chaque GN au CDN qui convient.**

a. Le bébé a encore mal • • pour la toux
b. La secrétaire a besoin de chemises • • aux dents
c. Prends ton sirop • • en carton

8 ★★ **Remplace les pointillés par la préposition qui convient :** *en • pour • sans.*

a. Certains adultes adorent les contes … enfants.
b. Les sacs … cuir ne sont plus à la mode.
c. Le maraîcher produit du raisin … pépins.

9 ★★★ **Réécris les phrases en remettant dans le bon ordre les deux CDN des mots en gras.**

a. Les enfants adorent les **tartes** de leur grand-mère aux fraises.
b. Ce professeur donne des **cours** pour adultes d'anglais.
c. J'ai acheté du **poisson** sans arêtes de rivière.

J'enrichis un GN avec des CDN

10 ★ **Complète les GN par un CDN en tenant compte de la préposition donnée.**

a. une émission **pour** …
b. une tasse **en** …
c. une plante **de** …
d. un exercice **sans** …
e. le monstre **aux** …
f. une voiture **avec** …
g. les cris **du** …
h. un médicament **contre** …
i. un pantalon **en** …
j. des fruits **de** …

11 ★★ **Complète les GN par un CDN.**

a. J'ai oublié mon cahier … .
b. Lino passe beaucoup de temps … .
c. Ma mère préfère les vêtements … .

12 ★★★ **Recopie le texte en rajoutant un CDN à tous les noms en gras.**

Pour sa nouvelle **chambre**, Lise aimerait avoir un petit **canapé**, des **rideaux** et un **tapis**. Ses parents lui ont déjà offert une **bibliothèque** et un joli **lit**. Quand les **travaux** seront terminés, Lise passera de bons **moments** dans sa **chambre**.

ORTHOGRAPHE

13 **Dans les CDN en gras, mets, s'il le faut, le nom entre parenthèses au pluriel.**

a. un bijou **en (or)**
b. un jeu **de (carte)**
c. une brosse **à (dent)**
d. un coup **de (poing)**
e. un battement **d'(aile)**
f. une bête **à (corne)**
g. une dictée **sans (erreur)**

Je joue avec les mots

Pour construire une cabane, cherchez une forêt sans lierre et un arbre de chênes. Il vous faut des branches de fer et du fil de bois, des clous en mousse et un tapis en métal, des feuilles de charpentier et un marteau d'arbres, une scie en tissu et un hamac à dents. N'oubliez pas de prévoir une échelle au chocolat et des friandises de deux mètres.

1. Rétablis l'ordre correct des compléments du nom pour que ces conseils aient du sens.

2. De la même manière, imagine un mode d'emploi farfelu pour faire un château de sable.

J'applique pour lire et pour écrire

[Mary observa le garçon] avec ses vêtements reprisés, sa drôle de bouille de petit paysan du Yorkshire et ses cheveux roux en bataille. Elle sentit, en s'approchant de lui, un parfum d'herbe et de fougères, comme s'il était imprégné des senteurs des plantes de la lande. Quand elle leva les yeux vers son visage aux yeux rouges, aux yeux bleus tout ronds, elle oublia immédiatement sa timidité.

D'après **Frances H. Burnett**, *Le Jardin secret*, trad. Antoine Lermuzeaux, © Éditions Gallimard Jeunesse, 1992.

1. **Relève** dans cet extrait tous les GNP compléments du nom.
2. **Rédige** la suite de cet extrait en continuant le portrait du garçon. Insère plusieurs CDN pour enrichir ta description.

Je récapitule

FICHE IMPRIMABLE

Complète la leçon distribuée par ton/ta professeur(e) avec :

★ les mots de la leçon.
★★ des exemples personnels.
★★★ les mots de la leçon et des exemples personnels.

12 Bien accorder dans le groupe nominal

Je retiens

Dans le **groupe nominal**, les différents **éléments s'accordent** en **genre** et en **nombre**.

- Le **nom noyau** donne le genre et le nombre du groupe : le **déterminant** et l'**adjectif** s'accordent avec le nom.
→ *des voisins généreux (masculin pluriel)*

- Quand il y a plusieurs adjectifs, ils s'accordent tous avec le nom.
→ *une ancienne statue précieuse, cachée dans un temple*

- Quand un adjectif complète plusieurs noms, il est au pluriel.
→ *la berge et la rue inondées*

- Quand il y a plusieurs noms de genre différent, si l'un deux est au masculin, le groupe est au masculin pluriel.
→ *ce drapeau et cette banderole noirs*

- Si le nom noyau est suivi d'un complément du nom, il faut vérifier sur quel nom porte l'adjectif.
→ *une poignée de marrons glacés*

Je m'entraîne

Exercices numériques

1 ★ **Forme des GN avec les éléments suivants en respectant les accords et emploie chacun dans une phrase.**

déterminants	une • des • ce • leurs
noms	balais • cabane • sentiment • qualités
adjectifs	vieux • isolée • grandes • terrible

2 ★ **Choisis un nom qui convient pour compléter ces GN.**

a. des … solitaires
b. cet … vert
c. notre … douce
d. les … fraîches
e. l'… froid
f. leurs … japonais
g. des … mauvaises
h. un … fidèle

3 ★ **Complète les GN avec un déterminant approprié, puis utilise-les dans une phrase.**

a. … chemin boueux et … forêt humide
b. … lointaines époques avec … nobles princesses
c. … pièce montée pour … fête réussie
d. … régions exotiques dans … pays chaud

4 ★ **Réécris ce texte en mettant tous les noms en gras au pluriel et en faisant les accords nécessaires.**

Dans l'ancien **bureau**, il repéra la **lampe** dorée, le **fauteuil** noir et la **table** vernie. Il admira la belle **collection** de timbres sur l'**étagère** en métal de la **bibliothèque**. Il toucha délicatement le fin **rideau** clair qui diffusait une douce **lumière** matinale sur ce surprenant **trésor** caché, oublié de tous.

5 ★★ **Complète les GN avec des adjectifs et utilise-les dans une phrase.**

a. cet outil … et ces machines …
b. leurs ancêtres … sur le continent …
c. aucune fleur … et aucun arbre …
d. cet immeuble et cette place … dans votre ville …

6 ★★ **Complète ces phrases avec deux GN au singulier pour que les accords soient respectés.**

a. J'ai mangé … et … froides.
b. … et … terrifiants ne me plaisent pas.
c. Il y avait … et … gentils.
d. As-tu déjà appris … et … italiennes ?

7 ★★ **Fais la liste des objets de ta trousse en les décrivant tous avec au moins deux adjectifs.**

Par exemple : une gomme bleue usée

8 ★★ **Réécris ce texte en mettant tous les GN au pluriel et en faisant les accords nécessaires.**

Connais-tu cet animal étrange ? Je veux parler du narval. J'admire ce mammifère marin que certains appellent la licorne aquatique. J'aimerais tellement observer ce cétacé protégé, menacé de disparition par l'homme et le changement climatique. D'après une fameuse légende nordique, cette créature a une origine étonnante.

Le narval aussi appelé la licorne aquatique.

9 ★★★ **Repère le nom associé à chaque adjectif entre parenthèses et fais les accords nécessaires.**

a. une équipe de joueuses (adulte)
b. un paquet de bonbons (sucré)
c. deux bouteilles d'eau (pétillant)
d. des gâteaux au chocolat (noir)

10 ★★★ **Accorde les déterminants et les adjectifs entre parenthèses si nécessaire.**

(une) vieilles légendes disent que (le) chats (noir) portent malheur, mais (une) nombreuses personnes n'y croient pas. Selon (une) (autre) superstitions bien (connu), (le) trèfle à quatre feuilles ou (le) fers à cheval portent bonheur, alors que (le) miroirs (brisé) annoncent (une) années de malchance.

11 ★★ **Associe chaque adjectif de la liste à un GN du texte et fais les accords nécessaires.**

animal • varié • métallique • annuel • public • monumental • connu • sauvage • étonnant

Jean et Carla sont des artistes ... pour leurs sculptures ... qui s'inspirent d'espèces ... . Leurs œuvres ... mesurent plus de dix mètres, on peut les admirer dans les musées ... ou dans des expositions ... . Elles donnent vie à des créatures ... et ... en même temps.

12 ★★★ **Réécris ce texte en mettant tous les GN au féminin pluriel et en faisant les accords nécessaires. Tu peux utiliser des noms synonymes.**

Dans ce grand pays perdu, un vieux lion majestueux règne depuis longtemps. Son fils, petit et innocent, apprend à devenir roi, mais cet héritier ignorant préfère parcourir le vaste désert étendu plutôt que d'écouter le nouveau projet fou de son père : faire la paix avec le tigre ennemi !

DÉFI ORTHOGRAPHE

Dans le texte suivant, les noms sont bien orthographiés mais des déterminants et des adjectifs sont mal accordés. Corrige-les en repérant le nom noyau.

★ 4 mots corrigés
★★ 7 mots corrigés
★★★ 10 mots corrigés

Mais la mer Rouge est très capricieuse et trop souvent mauvaise, comme tous ce golfes étroit et longues. Quand le vent soufflait soit de la côte d'Asie, soit de la côte d'Afrique, le *Mongolia*, long navire à hélice, pris par le travers, roulait épouvantablement. Les dames disparaissaient alors ; les pianos se taisaient ; chants et danses cessaient à la fois. Et pourtant, malgré la rafale, malgré la houle, le paquebot, poussé par ses puissant machine, courait sans retard vers le détroit de Bab-el-Mandeb.

Que faisait Phileas Fogg pendant ce temps ? On pourrait croire que, toujours inquiet et anxieux, il se préoccupait des changements de vent nuisible à la marche du navire, du mouvements désordonnées de la houle qui risquaient d'occasionner un accident à la machine, enfin de tous les avaries possible qui, en obligeant le *Mongolia* à faire escale dans quelque port, auraient compromis son voyage ?

D'après **Jules Verne**, *Le Tour du monde en 80 jours*, chap. IX, 1873.

Le Tour du monde en 80 jours, série de Buzz Kulik, 1989. Avec Pierce Brosnan dans le rôle de Philéas Fogg.

13 Le sujet

J'observe

Mon père, ma mère et moi **avancions** tant bien que mal, nos valises à la main. Les mouettes **criaillaient** au-dessus de nos têtes et Stella **jappait**, curieuse de tout. Enfin, mon père **s'arrêta** devant un étincelant bateau bleu foncé. « Voici notre nouvelle maison », **dit**-il.

D'après **Michael Morpurgo**, *Le Royaume de Kensuké*, trad. Diane Ménard, © Éditions Gallimard Jeunesse, 2000.

a. Justifie l'accord des verbes en gras.

b. Quelle est la classe grammaticale du mot ou groupe de mots avec lequel chacun de ces verbes s'accorde ?

c. Où ces mots sont-ils situés par rapport au verbe ?

Je retiens

▶ Regarde la leçon animée.
bordas.media/733907_087

Le sujet

- **est** : un **élément essentiel** de la phrase, on ne peut pas le supprimer. Il **commande l'accord du verbe**.
- **peut être** : un **GN** (*les mouettes*), un **nom propre** (*Stella*), un **pronom** (*il*), un **verbe** ou un **GV infinitif**…
- **se situe** :
  - le plus souvent **avant le verbe** ;
  - parfois **après le verbe** : **sujet inversé**.
- **se repère en répondant à la question** : **Qui est-ce qui ? / Qu'est-ce qui ?** + verbe
  → *Qui est-ce qui jappait ? Stella.*

Je m'entraîne

Exercices numériques

J'identifie le sujet

1 ★ **Indique le sujet des verbes en gras.**

a. En rentrant, tu **as oublié** de retirer ta casquette.

b. Les fruits et les légumes du jardin **ont souffert** de la chaleur.

c. L'auteur de ces dégradations **doit** réparer les dégâts.

2 ★★ **Précise si les mots en gras sont des sujets. Explique comment tu as fait pour répondre.**

a. Anna, pourriez-**vous** venir me voir ?

b. **Chanter** est un don !

c. Mes grands-parents **nous** ont offert un beau voyage.

3 ★★★ **Pour chaque phrase, indique le sujet du verbe et sa classe grammaticale.**

a. Les trois amis semblaient vraiment unis.

b. « Youpi ! », s'écria Archibald en recevant sa copie.

c. Tricher sur son voisin n'est pas une bonne idée.

Je manipule le sujet

4 ★ **Remplace les sujets en gras par un pronom personnel.**

a. Au milieu du gué, **un bateau** tournoyait dans le courant.

b. **Mes parents et moi** sommes allés en Italie.

c. **Cindy, Jack et toi** méritez une bonne punition !

5 ★★ **Remplace chaque pronom par un GN sujet.**

a. Il a gravi le mont Blanc.

b. Ils sont plus récents que la tienne.

c. Elle semble plus pratique.

★★★
6 **Remplace les pronoms personnels en gras par des GN sujets pour que le texte soit plus clair.**
Marilou sort sa tarte aux pommes du four. **Elle** est très bonne. **Elle** en donne une part à sa grand-mère. **Elle** la dévore. **Elle** mange un morceau aussi et trouve qu'**elle** est vraiment cuite à point !

Je respecte l'accord sujet-verbe

★
7 **Reconstitue les phrases en associant un élément de chaque colonne.**

a. Mes cousins et moi •	• les appelle.
b. Apprendre ses leçons •	• exagérez !
c. Vous •	• adorons nous disputer.
d. La mère des jumeaux •	• est parfois difficile.

★★
8 **Choisis la bonne terminaison de chaque verbe.**
a. Rénover les chambres (fait / fais / font) partie de mes projets.
b. Derrière le meuble se (cache / caches / cachent) deux petites souris.
c. Les tableaux de ce peintre (a / as / ont) beaucoup de succès.
d. La recette des macarons (sont / es / est) secrète.

★★★
9 **Complète le texte avec les sujets proposés :**
le vent • *celle-ci* • *Paul et Katia* • *des bruits* • *les deux enfants.*
... voulaient depuis longtemps explorer la maison abandonnée. ... avait été construite au cœur de la forêt. Ce matin-là, ... se levèrent tôt. Sur le chemin, ... leur firent un peu peur. Dans les arbres bruissait ... .

J'invente des sujets

★
10 **Ajoute un sujet de ton choix et accorde les verbes pour faire une phrase.**
a. prendre les clés de voiture
b. être une mauvaise habitude
c. ne pas finir ses épinards
d. saluer le public et partir

★★
11 **Complète chaque phrase par un sujet appartenant à la classe grammaticale indiquée.**
a. Au Moyen Âge, (GN) avaient l'habitude de voyager de château en château.
b. (Pronom personnel) exigeons plus de respect de votre part !
c. (GV infinitif) m'énerve au plus haut point !
d. Au fond de la caverne, dormaient (GN).

★★★
12 À DEUX **Donne un sujet à ton/ta camarade qui devra terminer la phrase. Inversez les rôles en changeant la classe grammaticale du sujet.**

ORTHOGRAPHE

13 **Réécris le texte suivant en remplaçant** ***Hamid*** **par** ***Sandra*** **et** ***Coline*****.**
Hamid adore jouer avec le chiot. Il le poursuit, l'attrape, lui fait des câlins. Un jour, le petit garçon le perd de vue. « Bidouille ! » crie-t-il. Hamid entend alors un jappement derrière le puits. Il retrouve alors le chiot coincé dans un arrosoir !

Je joue avec les mots

GRILLE IMPRIMABLE

Complète la grille de mots croisés avec les sujets des phrases suivantes.

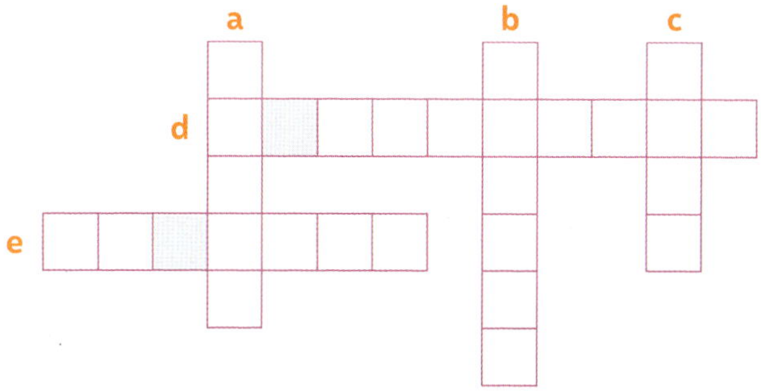

a. L'année dernière, Alice s'est cassé la jambe.
b. Gagner est sa raison de vivre.
c. Voulez-vous nous donner un coup de main ?
d. Lentement, l'escargot a rampé vers la salade.
e. Sous la table dormait le chat.

J'applique pour lire et pour écrire

Après la prière et la méditation, les jeunes filles relèvent leurs cheveux dans une bande de toile, passent leur tenue de nuit et lorsque la cloche sonne, elles se glissent sous la couverture blanche de leur lit et tirent les rideaux aux couleurs de leur classe.

Isabeau, Charlotte et Hortense, allongées dans le noir, attendent que leurs compagnes soient endormies.

D'après **Anne-Marie Desplat-Duc**, *Les Colombes du Roi-Soleil*, © Flammarion, 2005.

1. **Relève** tous les sujets de cet extrait.
2. **Invente** la suite en deux phrases : une dont le sujet sera « Isabeau, Charlotte et Hortense » et une dont le sujet sera le prénom d'une des trois amies.

Je récapitule

FICHE IMPRIMABLE

Complète la leçon distribuée par ton/ta professeur(e) avec :
★ les mots de la leçon.
★★ des exemples personnels.
★★★ les mots de la leçon et des exemples personnels.

14 Les compléments d'objet direct (COD) et indirect (COI)

J'observe

Une fois les vaisseaux tirés sur le rivage, nous avons occupé les terres. J'ai donné des champs et des lois à mes compagnons, et bientôt le travail et les joies de la famille les ont occupés.

D'après **Michel Laporte**, *12 récits de l'Énéide*, © Flammarion, 2010.

a. À quelles questions répondent les mots ou les groupes de mots soulignés ?

b. Précise quel mot est complété par ces mots ou ces groupes.

Je retiens

▸ Regarde la leçon animée.
bordas.media/733907_088

- Le **complément d'objet** (CO) est un **élément essentiel** de la phrase dans le groupe verbal (GV). Il ne peut pas être supprimé.
- Il **complète** un **verbe d'action**.
- Il est **placé** le plus souvent **après le verbe** mais il peut être placé devant quand le CO est un pronom.

Le COD
- **se construit** : **directement**, sans préposition.
- **peut être** : un **GN**, un **pronom personnel**.
- **se repère en répondant à la question** : verbe + ***qui ? / quoi ?***
  → *Nous avons occupé quoi ? Les terres.*

Le COI
- **se construit** : **avec une préposition** : *à, de...*
- **peut être** : un **GNP**, un **pronom personnel**.
- **se repère en répondant à la question** : verbe + ***à qui ? / à quoi ?*** ; verbe + ***de qui ? / de quoi ?***
  → *J'ai donné à qui ? À mes compagnons.*

Je m'entraîne

Exercices numériques

Je repère et j'identifie les CO

1 ★ **Relève les CO des verbes en gras.**

a. Luc **a acheté** des pommes au marché.

b. Je ne lui **parlerai** plus jamais !

c. Les enfants **demandent** toujours des friandises.

2 ★★ **Indique la classe grammaticale des CO en gras et précise si ce sont des COD ou des COI.**

La professeure d'EPS a encouragé **les élèves**. Ils ont fourni **un effort supplémentaire**. Pourtant, la fatigue gagnait **Fatima** mais elle a résisté **au découragement** et a battu **son record**. L'enseignante **lui** a souri et Fatima **l'**a remerciée **de sa bienveillance**.

3 ★★★ **Précise si les mots ou groupes en gras sont des CO. Explique comment tu as fait pour répondre.**

a. Derrière les nuages pointait **le soleil**.

b. **Ma tante** donne des graines **aux oiseaux**.

c. J'ai perdu mes clés **à la plage**, je **les** avais posées sur le sable.

Je manipule les COI

4 ★ **Complète les COI par la bonne préposition.**

a. Les enfants se moquent ... leur ami.

b. Ce coq n'appartient-il pas ... épiciers ?

c. Réfléchis bien ... ce projet !

5 ★★ **Trouve le verbe qui peut être complété par le COI donné.**

a. Notre professeur ... toujours **de** notre manque de participation.

b. Cette trousse ... **à** mon voisin.

c. Cette décision ne ... pas **de** moi.

6 ★★★ **Complète ces couples de phrases par la bonne préposition : *à* ou *de*.**

a. Clet **tient** vraiment … participer au concours. / Lucia **tient** son côté têtu … sa mère.

b. Que **penses**-tu … cette pièce de théâtre ? / Je **pense** sans cesse … lui !

c. Le perroquet **parle** uniquement … son maître. / Mon amie me **parle** souvent … ses problèmes.

Je remplace les CO

7 ★ **Remplace les pronoms en gras par un GN.**

a. Le CPE **leur** a téléphoné.

b. Pourrai-je **la** prendre demain ?

c. Vous ne **lui** obéissez jamais !

8 ★★ **Réécris les phrases en remplaçant les CO en gras par des pronoms personnels.**

a. Ce matin, j'ai encore raté **mon bus**.

b. Qui a pris **mes chaussons** ?

c. Sam se moque souvent **de Léa**.

9 ★★★ **Remplace les pronoms personnels CO, en gras, par un GN.**

a. Je **lui** demande.

b. Les enfants **en** veulent tous les jours.

c. Pourquoi **la lui** donnes-tu ?

J'invente des CO

10 ★ **Complète les phrases avec un CO de ton choix.**

a. J'ai assisté à … .

b. Le marin a réparé … .

c. Ma sœur rêve de … .

d. Réfléchissez à … .

e. Pouvez-vous distribuer … ?

f. Le héros souhaite … .

11 ★★ **Complète les phrases par un CO de la classe grammaticale indiquée.**

a. Ma famille aime beaucoup … (GN).

b. Le commerçant a vendu … (GN) … (GNP).

c. Je visite souvent … (GN) car je … (pronom personnel) trouve extraordinaire !

d. Accepterais-tu de … (pronom personnel) … (GNP) ?

12 ★★★ **Pour chacun des verbes suivants, invente une phrase avec un COD et un COI.**

servir • écrire • protéger • défendre

ORTHOGRAPHE

13 **Réécris le texte suivant en mettant tous les CO en gras au pluriel.**

Avant de partir, tu videras **la poubelle** et **la** nettoieras. Tu vérifieras aussi **le placard** et tu **le** laveras. Enfin, tu donneras **la clé à la voisine**. Elle **la** remettra **au propriétaire**.

Je joue avec les mots

Trouve la légende de l'image cachée dans le labyrinthe, en passant d'un mot à l'autre à l'horizontale ou à la verticale.

le	sable	à la	mer	renvoie	lui.
lance	la	au	autre	à	elle.
Il	balle	aux	enfant	encore	renvoie.
lancent	un	enfants	la	lui	renvoient.
Elles	seaux	et	ils	à	eux.

J'applique pour lire et pour écrire

Le vent **rafle**, le long de l'eau,
Les feuilles mortes des bouleaux,
Le vent sauvage de Novembre ;
Le vent **mord**, dans les branches,
Des nids d'oiseaux ;
Le vent **râpe** du fer
Et **peigne**, au loin, les avalanches,
Rageusement du vieil hiver,
Rageusement, le vent,
Le vent sauvage de Novembre.

Émile Verhaeren, « Dédié au sud-ouest » (extrait), *Les Villages illusoires*, 1895.

1. **Relève** les COD des verbes en gras. Sur quels éléments naturels le vent agit-il ?

2. **Continue** le poème, sans te soucier des rimes, en faisant agir le vent sur d'autres éléments.
Pour cela, utilise les verbes suivants et complète-les avec un COD ou un COI : *rafraîchir, se méfier de, plaire à, effleurer*.

Je récapitule

FICHE IMPRIMABLE

Complète la leçon distribuée par ton/ta professeur(e) avec :

★ les mots de la leçon.

★★ des exemples personnels.

★★★ les mots de la leçon et des exemples personnels.

15 L'attribut du sujet

J'observe

Jupiter se transforme en taureau. Son cou est **fort** et **musclé** ; ses cornes sont **petites**, elles brillent de l'éclat pur des pierres précieuses. Son front n'a rien de menaçant ; ses yeux rien de redoutable ; son expression paraît **paisible**.

D'après **Ovide**, *Narcisse et autres métamorphoses*, © Hatier, 2015.

a. Essaie de supprimer les mots ou groupes de mots en gras. Les phrases restent-elles correctes ?
b. Quelle est la classe grammaticale de ces éléments ?
c. Remplace le verbe introduisant ces éléments par un autre verbe. Que remarques-tu ?

Je retiens

▶ Regarde la leçon animée. bordas.media/733907_089

L'attribut du sujet

- **est** un élément **essentiel** de la phrase. Il ne peut **pas être supprimé**.
- **apporte** des **précisions** sur le sujet.
→ *Son cou est fort et musclé.*
- **se construit** avec un **verbe attributif** qui décrit un état (*être, sembler, devenir, paraître, passer pour…*).
- **peut être** un **adjectif** (*paisible*) ou un **participe passé** (*musclé*) ; un **nom** ou un **GN** ; un **pronom** ; un **GV infinitif**…
- **s'accorde** en **genre** et en **nombre** avec le sujet.
→ *Ses cornes sont petites.*
- **se repère**
  - en **remplaçant le verbe** qui l'introduit par **être**.
  → *Son expression paraît paisible. / Son expression est paisible.*
  - en vérifiant qu'on peut mettre le **signe** = entre le sujet et l'attribut.

Je m'entraîne

Exercices numériques

J'identifie l'attribut du sujet

1 ★ **Trouve les attributs des sujets en gras.**
a. **Le bébé** semble endormi et calmé.
b. **Son plus grand plaisir** est de faire la grasse matinée.
c. **Le roi et la reine** vécurent heureux.

2 ★★ **Dans chaque paire de phrases, quel élément en gras est attribut du sujet ? Explique comment tu l'as identifié.**
a. Mon fruit préféré est **l'ananas**. / J'ai mangé **de l'ananas**.
b. Les vacanciers sont arrivés **hier**. / Le coureur est arrivé **épuisé**.
c. La voisine demeure **dans une vieille maison**. / La voisine demeure **muette**.

3 ★★★ **Relève les attributs du sujet et indique leur classe grammaticale.**
a. Les photographies de ma grand-mère sont de précieux souvenirs.
b. Au fil des ans, ce pommier est devenu gigantesque.
c. Ces fruits te paraissent-ils bons ?

Je manipule l'attribut du sujet

4 ★ **Reconstitue les phrases en associant un sujet, un verbe et un attribut du sujet.**

Sujets	Verbes	Attributs du sujet
La cabane	est	fraîches.
Les orangeades	semblent	de devenir clown.
Le rêve de Luc	paraissait	abandonnée.

5 ★★ **Remplace le verbe** *être* **par un autre verbe attributif.**

a. Les cheveux de Sara sont soyeux.

b. Axel n'est-il pas un peu fatigué ?

c. Sois sage !

6 ★★★ **Remplace le mot en gras par un adjectif et emploie-le avec un verbe attributif.**

a. Irma a de la **fièvre**.

b. Les artistes montrent leur **créativité**.

c. Ce responsable fait preuve de **dynamisme**.

Je vérifie l'accord de l'attribut du sujet

7 ★ **Choisis le bon accord de l'attribut du sujet.**

a. Les moustaches de ce chat paraissent (doux / douce / douces).

b. Ces pulls semblent trop (usé / usés / usée / usées) pour être mis cet hiver.

c. Éléa, reste (attentif / attentifs / attentive / attentives) pendant la consigne !

8 ★★ **Accorde les attributs du sujet.**

a. Ces églises étaient (un lieu de culte important).

b. Ces chats paraissent (vif) et (gai).

c. Ma sœur deviendra (un grand avocat).

9 ★★★ **Complète les phrases avec un sujet en accord avec l'attribut du sujet.**

a. ... passe pour le meilleur boucher de la ville.

b. ... se sont révélées fausses.

c. ... n'est pas la meilleure.

Je trouve des attributs du sujet

10 ★ **Complète les phrases par un attribut du sujet.**

a. Demain, nous serons ... .

b. Mon ami est devenu ... .

c. Les animaux du zoo paraissent ... .

11 ★★ **Complète les phrases par un attribut du sujet de la classe grammaticale indiquée.**

a. Mon oncle et ma tante passent pour ... (GN).

b. L'important est ... (GV infinitif).

c. Ce pull est ... (adjectif).

12 ★★★ **Complète ce texte avec des attributs du sujet.**

Quand Tom vit l'homme-dragon, il parut ... . Ses yeux étaient ... devant cet être magnifique. La créature restait ..., elle paraissait plus ... qu'un ogre. L'enfant sembla ... : cette rencontre était ... .

ORTHOGRAPHE

13 **Réécris le texte en remplaçant** *Hector* **par** *Ana et Violette*. **Vérifie l'accord des attributs du sujet en gras.**

Hector est **un petit garçon intrépide**. Il est **rapide**. Il semble **triste** s'il doit rester **immobile**. Il paraît toujours **pressé** comme s'il était **un jeune lion nerveux** !

Je joue avec les mots

À DEUX **Fais deviner à ton binôme un des personnages de l'image en faisant son portrait avec trois attributs du sujet. Puis inversez les rôles.**

J'applique pour lire et pour écrire

La châtelaine était petite et ses cheveux bruns, longs et bouclés, étaient les plus beaux qu'il m'avait été donné de voir jusque-là. Son visage était celui d'un enfant, un ovale laiteux illuminé par ses yeux d'un bleu si intense que je m'y perdis aussitôt.

D'après **Viviane Moore**, *Le Seigneur sans visage*, © Castor Poche Flammarion, 2005.

1. **Relève** les attributs du sujet. Que ressent le narrateur devant la châtelaine ?
2. **Rédige** la suite de ce portrait en intégrant au moins cinq autres attributs du sujet.

Je récapitule

FICHE IMPRIMABLE

Complète la leçon distribuée par ton/ta professeur(e) avec :

★ les mots de la leçon.

★★ des exemples personnels.

★★★ les mots de la leçon et des exemples personnels.

Grammaire

16 Les compléments circonstanciels de temps (CCT), de lieu (CCL) et de cause (CC de cause)

J'observe

Le 2 décembre 1850, **avant le lever du jour**, Sarah cheminait à pas vifs au milieu des herbes hautes de la falaise. Parce qu'il faisait froid, elle serrait contre elle sa cape, attentive au vacarme des vagues. Celles-ci heurtaient les rochers plus bas.

D'après **Agnès Laroche**, *Le Fantôme de Sarah Fischer*, © Rageot, 2011.

a. Essaie de déplacer ou de supprimer les groupes soulignés. Les phrases sont-elles correctes ?

b. À quelle question chacun de ces groupes répond-il ?

c. En repérant le mot noyau et le mot introducteur, identifie de quelles sortes de groupes il s'agit.

Je retiens

▶ Regarde la leçon animée.
bordas.media/733907_090

Le complément circonstanciel (CC)

est un élément **facultatif** de la phrase. On peut le **déplacer** et le **supprimer**.

peut être
- un **GN** → *Le 2 décembre 1850*
- un **GN prépositionnel** (GNP). → *Avant le lever du jour*
- une **proposition subordonnée circonstancielle** → *puisque l'eau est bonne*
- un **adverbe** → *plus bas*

sert à préciser les circonstances de l'action
- le **lieu** (CCL) → *Où Sarah cheminait-elle ? au milieu des herbes*
- le **temps** (CCT) → *Quand Sarah cheminait-elle ? le 2 décembre 1850, avant le lever du jour*
- la **cause** (CC de cause) → *Pourquoi Sarah serrait-elle sa cape ? parce qu'il faisait froid*

Je m'entraîne

Exercices numériques

Je repère les CC

1 ★ **Réécris les phrases suivantes en déplaçant tous les CC puis en les supprimant.**

a. La dernière fois, tu as oublié d'éteindre le four quand tu as sorti le gâteau.

b. Grâce à un travail acharné, Loïs a réussi ses examens le mois dernier.

c. En classe, ce matin, Anna est devenue rouge à cause de son hoquet.

2 ★★ **Dans chaque phrase, relève le CC. Explique comment tu l'as identifié.**

a. Dans ma famille, je suis la seule à aimer les mathématiques.

b. Le bébé pleurait à cause d'une poussée dentaire douloureuse.

c. Le médecin lui a posé un plâtre pour deux mois !

3 ★★★ **Relève tous les CC dans le texte.**

Tout d'un coup survint la tempête. Sur le pont du bateau, les marins virent grossir les vagues en moins de deux secondes. Immédiatement, les voiles se mirent à claquer sous la force du vent. En haut du mât, la vigie faillit tomber quand il y eut une forte bourrasque. À tous les postes, l'équipage dut résister vaillamment pendant plusieurs heures, jusqu'à ce que le calme revienne.

J'identifie la classe grammaticale des CC

4 ★ **Précise la classe grammaticale des CC en gras.**

a. L'ours est sorti **de sa tanière**.

b. Les touristes admirèrent **longuement** la vue.

c. **Dès que nous avons fini de pique-niquer**, nous nous promenons **le long de la rivière**.

5 ★★ **Complète chaque phrase avec un CC de temps, de lieu ou de cause en respectant la classe grammaticale demandée.**

a. Nous irons à la piscine (proposition subordonnée circonstancielle).

b. (Adverbe) les enfants jouent au ballon.

c. Je me suis blessé (GNP).

6 ★★★ **Complète le texte avec des CC de temps, de lieu ou de cause appartenant à des classes grammaticales différentes.**

... Philémon est allé au cinéma ... . Il a fait la queue ... car le film était un succès ... .

Je distingue le CCT, le CCL et le CC de cause

7 ★ **Indique à quelle question répond chaque groupe en gras et précise s'il s'agit d'un CC de temps, de lieu ou de cause.**

a. **En raison des bouchons**, nous avons été retardés **sur la route**.

b. Je vais **bientôt** obtenir une promotion **grâce à mes efforts**.

c. Attends-moi **ici**, j'ai oublié mon portable **à la maison**.

d. **Quand l'orage gronda**, ils crièrent **fort**.

8 ★★ **Relève dans la phrase un CCT, un CCL et un CC de cause.**

Faute d'argent, Luce n'a pas pu s'acheter avant Noël la console de ses rêves dans la boutique de jeux.

9 ★★★ **Complète le texte avec les CC proposés. Indique s'il s'agit de CCL, CCT ou CC de cause.**

dans la cour • *après une petite vadrouille nocturne* • *de frayeur* • *à ce moment-là* • *hier* • *du fait de l'obscurité* • *pendant la nuit* • *au-delà de la porte* • *sur mes épaules.*

..., j'ai entendu ... un bruit ... . J'ai ouvert la porte mais ..., je n'ai rien vu. J'ai fait quelques pas ... et ..., j'ai senti un poids ... . J'ai sursauté ... . Mais c'était juste mon chat : il rentrait ... !

J'invente des CC

10 ★ **Recopie le texte suivant en ajoutant les CC demandés.**

(CCT), un acrobate habitait la roulotte (CCL), (CC de cause). (CCT) il faisait un spectacle (CCL).

11 ★★ **Invente une phrase qui contient un CC selon les indications données.**

a. Adverbe / CCL

b. Proposition subordonnée circonstancielle / CCT

c. GNP / CC de cause

d. GN / CCT

12 ★★★ **Invente des phrases selon le schéma indiqué.**

a. CCL + sujet + verbe + COD + CC de cause

b. CCL + verbe + sujet

c. CCT + sujet + verbe + COI + CC de cause

SYNTAXE

13 **Recopie le texte ci-dessous en rétablissant la ponctuation et les majuscules. Quand c'est nécessaire, encadre les CC par des virgules.**

Du côté de Bordeaux près de chez moi lors des dernières vendanges il y avait beaucoup de monde dans les vignes. En raison d'une météo ensoleillée les raisins étaient gorgés de jus et les vignerons souriaient de joie. Sur la vendangeuse je rayonnais : j'avais eu le droit de grimper sur la machine grâce à mon père.

Je joue avec les mots

ORAL **À DEUX** **Complétez la phrase suivante en ajoutant tour à tour un CC de temps, de lieu ou de cause. Soyez attentifs, chacun doit répéter la phrase en entier !**

« Ernest s'est cassé la jambe. »

J'applique pour écrire

1. **Observe** l'image.

2. **Rédige** un court texte dans lequel le père explique à sa femme ce qui est arrivé. Utilise des CC de cause, de temps et de lieu.

Je récapitule

FICHE IMPRIMABLE

Complète la leçon distribuée par ton/ta professeur(e) avec :

★ les mots de la leçon.

★★ des exemples personnels.

★★★ les mots de la leçon et des exemples personnels.

17 BILAN Connaître les fonctions grammaticales

Les fonctions grammaticales

- **en rapport avec le nom**
  - **adjectif épithète** directement associé au nom avec lequel il s'accorde.
    → *Les jeunes marins regardaient la mer démontée.*
  - **complément du nom** (CDN) lié au nom par l'intermédiaire d'une préposition.
    → *Le fils du roi portait une couronne en or.*
- **en rapport avec le verbe**
  - **sujet** : commande l'accord du verbe.
    → *Le sable était chaud.*
  - **complément d'objet direct** (COD) lié directement au verbe.
    → *J'aidais mes compagnons.*
  - **complément d'objet indirect** (COI) lié au verbe par l'intermédiaire d'une préposition.
    → *Mes compagnons renoncèrent à la guerre.*
  - **attribut du sujet** : donne des informations sur le sujet et se construit avec un verbe attributif.
    → *La maison semble hantée.*
- **en rapport avec la phrase**
  - **complément circonstanciel** qui précise les circonstances de la situation et exprime :
    - la **cause**
      → *Grâce à la pluie, nos récoltes sont bonnes.*
    - le **lieu**
      → *La lune brille au-dessus des toits.*
    - le **temps**
      → *Il arrivera avant midi.*

DÉFI BILAN

Dans le texte suivant, identifie la fonction grammaticale des mots soulignés.

★ 4 fonctions grammaticales trouvées
★★ 7 fonctions grammaticales trouvées
★★★ 10 fonctions grammaticales trouvées

Pendant trois mois, Maxime surveilla en détail la construction du Manège, choisissant chacun de ses éléments. Cherchant une décoration « à l'ancienne », il scruta la qualité des bois, le tain des sept miroirs ovales, l'entrelacement des guirlandes, l'arrondi de la coupole. Il décida du coloris – l'un sur tout le corps, l'autre aux crins et aux extrémités – des robes composées des douze chevaux. Le treizième serait blanc, avec une crinière, des brides et des sabots cuivrés. Il n'opta que pour un seul véhicule : un carrosse digne de celui du Chat botté, avec deux banquettes en velours cramoisi.

D'après **Andrée Chedid**, *L'Enfant multiple* © Flammarion, 1989.

Grammaire

18 Le présent de l'indicatif, conjugaison et emplois

J'observe

Actuellement, je suis en train de moderniser ma chambre car je rends son invitation à Cléa. Elle vient chez moi mercredi. J'ai tout mon dimanche, au moins jusqu'à l'heure du goûter dînatoire, pour chasser un maximum de déco ringarde. Je souhaite à présent camoufler Couc, un coucou qui sonne les heures.

D'après **Claire Castillon**, *L'Âge du fond des verres*, © Éditions Gallimard Jeunesse, 2021.

a. À quel temps sont conjugués tous les verbes ?

b. Quels sont les deux indices de temps qui montrent que l'action se déroule au moment où la narratrice raconte ?

c. Quel verbe correspond à une action qui se déroulera plus tard ?

d. Quel verbe exprime une action vraie à tout moment ?

Je retiens : la conjugaison

- Les **terminaisons** des verbes au présent de l'indicatif changent en fonction de leur **groupe**.

1er groupe	2e groupe	3e groupe		
Verbes en *-er* sauf *aller*	Verbes en *-ir* qui font *-iss* au pluriel	Verbes en *-ir, -oir, -re, -indre, -soudre*	Verbes en *-dre* sauf *-indre* et *-soudre*	*vouloir, pouvoir* et *valoir*
Chanter	**Finir**	**Savoir**	**Prendre**	**Vouloir**
je chante	je finis	je sais	je prends	je veux
tu chantes	tu finis	tu sais	tu prends	tu veux
il (elle) chante	il (elle) finit	il (elle) sait	il (elle) prend	il (elle) veut
nous chantons	nous finissons	nous savons	nous prenons	nous voulons
vous chantez	vous finissez	vous savez	vous prenez	vous voulez
ils (elles) chantent	ils (elles) finissent	ils (elles) savent	ils (elles) prennent	ils (elles) veulent

- Le **radical** de certains verbes du 1er groupe est **modifié** pour des raisons phoniques.

1er groupe				
Verbes en *-ger*	Verbes en *-cer*	Verbes en *-yer*	Verbes en *-éter, -éder, -eter, -eler*	Le verbe *jeter*
Nager	**Lancer**	**Nettoyer**	**Répéter**	**Jeter**
je nage	je lance	je nettoie	je répète	je jette
tu nages	tu lances	tu nettoies	tu répètes	tu jettes
il (elle) nage	il (elle) lance	il (elle) nettoie	il (elle) répète	il (elle) jette
nous nageons	nous lançons	nous nettoyons	nous répétons	nous jetons
vous nagez	vous lancez	vous nettoyez	vous répétez	vous jetez
ils (elles) nagent	ils (elles) lancent	ils (elles) nettoient	ils (elles) répètent	ils (elles) jettent

- Pour la conjugaison des verbes ***avoir***, ***être*** et ***aller***, voir les tableaux de conjugaison p. 372 et 374.

Je m'entraîne

Exercices numériques

Je reconnais un verbe au présent de l'indicatif

1 ★ **Repère dans la liste les verbes conjugués au présent de l'indicatif et indique leur infinitif.**
dorme • sort • cassez • jouer • font • soulèves • ordonnant • grattons • vends • dormir

2 ★★ **Repère dans la liste les verbes conjugués au présent de l'indicatif et classe-les selon les trois groupes.**
ferme • disais • viennent • frémis • partis • noyons • balançai • tournes • disparaissez

3 ★★★ **Repère dans ce texte les verbes conjugués au présent, indique leur infinitif et leur groupe.**
Cette statue ne vaut pas grand-chose. La spécialiste qui l'a examinée conclut qu'elle est en faux marbre. Son style laissait croire qu'elle datait de l'Antiquité, mais elle affirme que c'est une copie. Choisis-tu de la garder ou préfèrerais-tu t'en débarrasser ?

Je conjugue au présent de l'indicatif

4 ★ **Conjugue les verbes à la personne demandée.**
a. je (partir)
b. nous (attendre)
c. elles (aller)
d. ils (nettoyer)
e. vous (agir)
f. il (peindre)
g. tu (courir)
h. tu (bégayer)

5 ★★ **Conjugue les verbes aux deux personnes demandées. Attention au changement du radical.**
a. je/nous (croire)
b. tu/vous (voir)
c. elle/nous (nager)
d. tu/ils (accéder)
e. je/vous (appeler)
f. vous/elles (dire)
g. tu/nous (commencer)
h. je/nous (feuilleter)

6 ★★★ **Conjugue les verbes entre parenthèses et réécris ensuite le texte en remplaçant *mes amis et moi* par *je*.**
Mes amis et moi (souhaiter) explorer l'inconnu. Nous (être) inspirés par ces héros qui (agir) sans peur, (gravir) des montagnes, (combattre) des créatures ou (résoudre) des énigmes. Nous (essayer) toujours de deviner la suite de leurs aventures, mais nous ne (parier) pas, car la surprise (être) toujours immense. Grâce à eux, nous ne (craindre) rien et nous ne (s'ennuyer) jamais !

Je retiens : les emplois

Le présent s'emploie pour

- **des actions qui se déroulent au moment où l'on parle.** — Présent d'**actualité** → *Je suis en train de ranger.*
- **des actions proches du moment où l'on parle.** — **Passé proche** → *Nous venons juste de le voir.* / **Futur proche** → *Elle va partir bientôt.*
- **des actions qui sont toujours vraies.** — Présent de **vérité générale** → *Un coucou sonne les heures.*
- **des actions qui sont habituelles.** — Présent de **répétition** → *Il fait de la danse tous les jours.*
- **des actions soumises à une condition.** — Présent d'**hypothèse** → *Si vous avancez, vous verrez mieux le spectacle.*

Je m'entraîne

Exercices numériques

Je reconnais les emplois du présent

7 ★ **Dans les phrases suivantes, identifie la valeur du présent en t'aidant des mots soulignés.**
a. Depuis toujours, les bus anglais sont rouges.
b. Nous venons juste de nous coucher.
c. Zélie fait de l'escalade toutes les semaines.
d. Si tout va bien, vous embarquez pour le Mexique.
e. Allô ! Je suis content de t'entendre !

8 ★★ **Identifie les valeurs du présent dans ce texte.**

Depuis son enfance, Ava admire les montagnes et surtout le mont Everest, qui est le sommet le plus haut du monde. Aujourd'hui, elle rêve même de devenir alpiniste. Pour son anniversaire, ses parents viennent de lui annoncer une belle surprise : la semaine prochaine, elle part en voyage dans les Pyrénées. Si un moniteur est disponible, elle prendra des cours d'escalade.

9 ★★★ **Explique les différences d'emploi du présent de l'indicatif dans chaque série de phrases.**

a. À la maison, je termine mon repas à 19 h. / Je termine mon repas à l'instant. / J'arrive, je termine mon repas.

b. La gazelle court très vite. / Nous courons 50 minutes en moyenne. / Nous le voyons : il court se mettre à l'abri dans la grange car l'orage arrive. / Il arrivera à l'heure s'il court au lieu de marcher.

c. Je te promets que je viens dans cinq minutes. / Le chocolat vient des Amérindiens. / Nous venons vous rendre visite.

d. La reine est malade. / Une reine gouverne ses sujets. / La reine va prendre son thé sans sucre.

J'emploie le présent de l'indicatif selon ses différentes valeurs

10 ★ **Choisis le bon complément circonstanciel pour exprimer la valeur demandée et terminer chaque phrase.**

à l'instant • *tout à l'heure* • *tous les matins* • *à la même période* • *en ce moment*

a. (Vérité générale) Les arbres (rougir) … .

b. (Répétition) Les collégiens (se ranger) … .

c. (Futur proche) La séance (commencer) … .

d. (Actualité) Le public (applaudir) … .

e. (Passé proche) Les amis (partir) … .

11 ★★ **Complète ces débuts de phrases pour exprimer la valeur demandée. Tu peux ajouter des compléments circonstanciels de temps.**

a. (Vérité générale) Les pommes … .

b. (Répétition) Nous … .

c. (Hypothèse) Vous … .

d. (Actualité) Tu … .

e. (Passé proche) Il … .

12 ★★★ **Emploie chacun des groupes verbaux suivants dans un texte de trois lignes pour lui donner la valeur indiquée.**

a. (Répétition) s'échauffer ensemble

b. (Actualité) gagner du terrain

c. (Hypothèse) chanter juste

d. (Vérité générale) courir rapidement

ORTHOGRAPHE

13 **Conjugue correctement les verbes dans ce texte.**

Je ne me (servir) pas de ces outils : ils (prendre) la poussière dans mon garage. Comme tu (être) bricoleuse, les (vouloir)-tu ? Avec ton frère, vous (faire) de belles maquettes, que vous (vernir) et (exposer). Je me (réjouir) donc si tu (repartir) avec du matériel utile pour tes prochaines œuvres !

Je joue avec les mots

Emploie le présent de vérité générale pour former de nouveaux proverbes de ton choix à partir des formules données.

a. Qui va à la chasse perd sa place.
→ Qui va à la mer … .

b. Rien ne sert de courir, il faut partir à point.
→ Rien de sert de pleurer, … .

c. Quand le chat n'est pas là, les souris dansent.
→ Quand le soleil n'est pas là, … .

d. Chien qui aboie ne mord pas.
→ Oiseau qui … .

J'applique pour écrire

Michael Dudok de Wit, *La Tortue rouge*, 2016.

• **Écris à partir de cette image un texte au présent comprenant :**

– un dialogue en quatre phrases entre l'homme et la tortue, en utilisant le présent d'actualité ;
– deux phrases au présent de vérité générale pour parler des tortues ;
– trois phrases au présent de répétition pour expliquer comment vit cet homme.
– deux phrases au présent d'hypothèse pour imaginer ce qui va se passer dans les heures et les jours à venir.

Tu mettras ces phrases dans l'ordre que tu veux.

Je récapitule

FICHE IMPRIMABLE

Complète la leçon distribuée par ton/ta professeur(e) avec :

★ les terminaisons et les emplois du présent de l'indicatif.

★★ un verbe de chaque groupe conjugué au présent de l'indicatif et les emplois du présent de l'indicatif.

★★★ les terminaisons, les emplois du présent de l'indicatif et des exemples personnels.

19 Le futur de l'indicatif, conjugaison et emplois

J'observe

– Chasser ces oiseaux est très difficile, dit l'oncle Jules.
– Moi, dit Paul, je sais comment il faut faire : je me **coucherai** à plat ventre et je **glisserai** comme un serpent, sans respirer !
– Voilà une bonne idée, dit l'oncle Jules. Dès que nous **verrons** des bartavelles, nous **viendrons** te chercher.

D'après **Marcel Pagnol**, *La Gloire de mon père*, © Marcel Pagnol, L'eau des collines – Éditions de la Treille, Éditions Grasset & Fasquelle, 1957.

a. Quand les actions des verbes en gras se déroulent-elles ?
b. Donne l'infinitif et le groupe de ces verbes.
c. Quelle lettre commune précède la terminaison dans chacune de ces formes ?

Je retiens : la conjugaison

- Le **futur** est **formé** avec : **radical** du verbe + **r** + **ai**, **as**, **a**, **ons**, **ez**, **ont**

1er groupe → **chanter** : chante + **r** + **ai**, **as**, **a**, **ons**, **ez**, **ont**
2e groupe → **finir** : fini + **r** + **ai**, **as**, **a**, **ons**, **ez**, **ont**
3e groupe, le radical change selon les verbes → **faire** : fe + **r** + **ai**, **as**, **a**, **ons**, **ez**, **ont**

Remarques :
– Pour les verbes en ***-yer*** (*payer*, *essayer*), le ***-y*** devient ***-i*** :
→ *ils paieront, j'essaierai*, sauf pour *envoyer* qui est irrégulier : *tu enverras*
– Pour les verbes en ***-eter*** (*acheter*), le radical change comme au présent.
→ *il achètera*

Je m'entraîne

Exercices numériques

Je reconnais un verbe au futur

1 ★ **Repère dans la liste les verbes conjugués au futur de l'indicatif, indique leur radical et donne leur infinitif.**
boirons • fermez • attendrai • finissais • sera • changeons • voudront • vont • tutoierez

2 ★★ **Repère dans la liste les verbes conjugués au futur de l'indicatif et classe-les selon les trois groupes.**
voulons • dira • anticipai • crierons • brûlait • bâtirai • paierez • subiront • bois

3 ★★★ **Repère dans ce texte les verbes conjugués au futur, indique leur infinitif et leur groupe.**
Les travaux commenceront bientôt dans cette rue dont les trottoirs vont être refaits. Le chantier prend place petit à petit, les engins et les outils empêcheront bientôt la circulation. Mais les habitants retrouveront vite leurs habitudes et ils sont sûrs que la sécurité sera meilleure. La mairie, qui se soucie du confort de tous, marquera des points pour les prochaines élections.

Je conjugue au futur

4 ★ **Choisis le bon radical pour conjuguer ces verbes au futur, et ajoute la terminaison adéquate.**
a. **vouloir** : je voudr... ; je voul...
b. **rayer** : nous ray... ; nous rayer...
c. **frémir** : ils frémir... ; ils frémiss...
d. **jeter** : vous jetter... ; vous jet...
e. **voir** : tu voy... ; tu verr...

5 ★★ **Conjugue les verbes au futur à la personne demandée.**
a. je (prendre)
b. nous (chuchoter)
c. elles (savoir)
d. il (défier)
e. vous (lutter)
f. il (prévoir)
g. tu (courir)
h. je (nettoyer)

6 ★★★ **Conjugue les verbes entre parenthèses au futur de l'indicatif.**
L'hiver prochain, l'équipage (aller) plus au nord. Quand les glaces (recouvrir) le détroit, les hommes (finir) leur trajet à pied. Ils (suivre) la route des ours polaires et (pouvoir) les observer dans leur habitat naturel. Le bateau (rester) amarré et (abriter) le matériel trop fragile pour supporter les températures qui (descendre) en dessous de zéro. À leur retour, les explorateurs (réunir) les données et ils les (envoyer) aux scientifiques.

Je retiens : les emplois

Le futur s'emploie pour

- **des actions à venir, dans un avenir plus ou moins proche.** → Futur dans le **discours**
  → *Des clients viendront demain.*
- **des ordres atténués.** → Futur **de politesse**
  → *Tu me prêteras ton crayon, s'il te plaît.*
- **des actions soumises à une condition.** → Futur **d'hypothèse**
  → *Si vous avancez plus, vous verrez mieux le spectacle.*

Je m'entraîne

Exercices numériques

Je reconnais les emplois du futur

7 ★ **Ajoute un CC de temps adapté pour préciser que ces actions auront lieu dans un avenir plus ou moins proche.**

Ex. : *L'année prochaine*, j'irai en Italie.

a. Les voitures volantes existeront.
b. Il ne fera pas très beau.
c. Viendrez-vous nous voir ?
d. L'école utilisera la réalité virtuelle.

8 ★★ **Choisis le présent ou le futur pour compléter les phrases suivantes, en t'aidant du CCT.**

a. Habituellement, tu (partir) à vélo.
b. La prochaine fois, (prendre)-vous le train ?
c. D'ici jeudi, il (avoir) tous les documents.
d. Au même instant, le tonnerre les (surprendre).

9 ★★★ **Réécris cette recette en employant le futur de l'indicatif à la 2e personne du pluriel.**

Éplucher et couper les pommes. Pétrir et étaler la pâte, puis la garnir de confiture de marron. Disposer les pommes. Saupoudrer de sucre. Faire cuire à 180 °C pendant 30 minutes. Laisser refroidir et se régaler.

J'emploie le futur selon ses différentes valeurs

10 ★ **Indique la valeur du futur dans ces phrases.**

a. Ses chevaux ne reviendront jamais.
b. Vous fermerez votre manteau, il fait très froid.
c. Camille apprendra le surf si l'océan n'est pas trop agité.

11 ★★ **Réécris ces phrases au futur de l'indicatif.**

a. Au prochain coup de vent, les arbres vont frémir.
b. S'il continue ainsi, il va réussir.
c. Les parents vont-ils se reposer en rentrant ?

12 ★★★ **Emploie les deux verbes donnés dans une même phrase avec la valeur indiquée.**

a. (Hypothèse) partir, vivre
b. (Discours) aller, nager
c. (Politesse) rendre, ranger

ORTHOGRAPHE

13 **Relève les cinq erreurs de conjugaison du futur de l'indicatif dans ce texte et corrige-les.**

L'été prochain, les musiciens jouront pour l'inauguration du musée. Ils répèterons régulièrement et le chef d'orchestre leur apprendra quatre morceaux. Ce serra un spectacle que je manquerait pas. Toute la ville viendront.

Je joue avec les mots

Retrouve le verbe conjugué à la 3e personne du singulier au futur dans les anagrammes suivantes et emploie-le dans une phrase de ton choix.

recoupa • reparla • rase • avaler

J'applique pour écrire

• **Complète les CC de temps** suivants pour parler de ton avenir (en utilisant *je*), de celui des arbres (en utilisant *ils*), de tes amis (en utilisant *vous*), des humains (en utilisant *nous*).

Dans dix jours, …
Dans dix mois, …
Dans dix ans, …

Je récapitule

FICHE IMPRIMABLE

Complète la leçon distribuée par ton/ta professeur(e) avec :

★ les terminaisons et les emplois du futur.
★★ un verbe conjugué au futur et les emplois du futur.
★★★ les terminaisons, les emplois du futur et des exemples personnels.

Grammaire

20 L'imparfait de l'indicatif, conjugaison et emplois

J'observe

Les papillons étaient là par centaines à présent, peut-être par milliers. Le battement rythmé de leurs ailes couvrait la petite d'un bourdonnement familier. Avec eux, elle n'avait pas peur. Ils étaient ses amis, elle le savait. Elle le sentait.

Alice Brière-Haquet Castillon, *Phalaina*, © Éditions du Rouergue, 2020.

a. Relève les verbes conjugués à l'imparfait. Comment les as-tu identifiés ?

b. À quel groupe appartient chacun de ces verbes ?

c. Que remarques-tu sur les terminaisons ?

Je retiens : la conjugaison

- L'**imparfait** est **formé** avec : **radical** + **ais**, **ais**, **ait**, **ions**, **iez**, **iont**

1er groupe → **chanter** : chant + **ais**, **ais**, **ait**, **ions**, **iez**, **iont**
2e groupe → **finir** : fini + **ais**, **ais**, **ait**, **ions**, **iez**, **iont**
3e groupe, le radical change selon les verbes → **faire** : fais- + **ais**, **ais**, **ait**, **ions**, **iez**, **iont**

Remarques :

– Il ne faut pas oublier le ***-i*** à *nous* et *vous*, même si on ne l'entend pas.
→ *nous envoyions, nous criions, vous essayiez, vous gagniez*

– Les verbes en ***-ger*** nécessitent l'ajout d'un **e** à certaines personnes.
→ *je mangeais, tu mangeais, il mangeait, ils mangeaient*

– Les verbes en ***-cer*** nécessitent une **cédille** à certaines personnes.
→ *je lançais, tu lançais, il lançait, ils lançaient*

Je m'entraîne

Exercices numériques

Je reconnais un verbe à l'imparfait de l'indicatif

1 ★ **Dans cette liste, indique les verbes à l'imparfait.**
relais • nageais • portrait • faisions • habitaient

2 ★★ **Repère dans la liste les verbes conjugués à l'imparfait et indique leur groupe.**
serais • fuyions • étudiiez • voyaient • jurai

3 ★★★ **Repère les verbes conjugués à l'imparfait dans ce texte. Indique leur infinitif et leur groupe.**
Les feuilles ne bougeaient pas, mais le vent se leva. Alors les branches tremblèrent. Toute la forêt se réveillait. Les arbres dansaient, répondaient au souffle du dieu du vent qui se faisait de plus en plus fort.

Je conjugue à l'imparfait

4 ★ **Conjugue les verbes à la personne demandée.**

a. Tu n'(être) pas en retard. Je t'(attendre) pour 10 heures.

b. Le dessert (sentir) bon : les invités (avoir) l'eau à la bouche.

c. Si je (faire) des efforts, je pourrais le battre.

5 ★★ **Conjugue les verbes aux deux personnes demandées. Attention au changement du radical.**

a. je / nous (prolonger) le match

b. il / vous (épier) les adversaires

c. elles / nous (devancer) tout le monde

6 ★★★ **Conjugue les verbes entre parenthèses et réécris ensuite le texte en remplaçant** *Sam* **par** *mes sœurs et moi***.**
Sam n'(arriver) pas à y croire. Il (venir) de croiser la reine. Il (marcher) dans la rue, il (imaginer) ses vacances quand elle apparut devant lui. Il (vouloir) dire quelque chose, mais s'il (bégayer), il aurait honte !

Je retiens : les emplois

L'imparfait s'emploie pour

- **décrire.** — Imparfait de **description** → *Les papillons étaient multicolores.*
- **donner l'arrière-plan d'un récit au passé.** — Imparfait de **récit** → *Le soleil se levait au moment où il sortit du château.*
- **une habitude dans le passé.** — Imparfait d'**habitude** → *Le matin, les gardes ouvraient les grilles dès l'aube.*
- **une condition avec le conditionnel présent.** — Imparfait d'**hypothèse** → *Si vous chantiez, il applaudirait.*
- **une action passé dans le discours.** — Imparfait de **discours** → *Ce matin, il neigeait.*

Je m'entraîne

Exercices numériques

Je reconnais les emplois de l'imparfait

7 ★ **En t'aidant des mots soulignés, indique la valeur de l'imparfait dans ces phrases.**

a. Je voyais la maison : ses volets étaient rouges.

b. Si nous achetions les tickets, il nous remercierait.

c. Il ne pleuvait plus quand le train arriva.

8 ★★ **Identifie la valeur de l'imparfait dans ces phrases.**

a. Elle pleurait à chaque fois qu'elle perdait.

b. Je viendrais, si tu m'invitais !

c. Elle portait des tresses et ses bracelets tintaient.

9 ★★★ **Explique les différences d'emploi de l'imparfait.**

Ce renard était différent des autres : il était poli et ne savait pas mentir. Quand il devait entrer dans un poulailler, il demandait la permission. Le loup, qui était cruel, se moquait de lui, en disant : « Si tu n'étais pas poilu, on te prendrait pour une poule mouillée ! »

J'emploie l'imparfait selon ses différentes valeurs

10 ★ **Complète les phrases suivantes en employant l'imparfait de description.**

a. Derrière la maison, les champs … et les chemins … .

b. Sur cette photo, tu … et tes amis … .

c. Du haut de la tour, les routes … et les hommes … .

11 ★★ **Complète les phrases suivantes pour employer l'imparfait de récit.**

a. … quand Darius hurla.

b. … lorsque la nuit tomba.

c. … au moment où le lion surgit.

12 ★★★ **Emploie les verbes suivants à l'imparfait dans une phrase selon la valeur indiquée.**

a. (Habitude) : plonger

b. (Récit) : aboyer

c. (Hypothèse) : finir

d. (Description) : paraître

ORTHOGRAPHE

13 **Corrige les erreurs de conjugaison du texte.**

L'été finissait. Personne ne l'empêchaient de partir. Si elle le voulais, Lia pouvait rentrer. Mais elle préférer vivre là : l'air y était pur et rien ne menacait le calme.

Je joue avec les mots

À DEUX **Comme au morpion, placez un rond ou une croix quand vous conjuguez correctement un verbe et alignez trois symboles pour gagner.**

	déployer	financer	boire
je			
nous			
ils			

J'applique pour lire et écrire

Huit années avaient passé. Arthur respectait sa promesse. Il se levait toujours aux aurores pour s'entraîner deux fois plus fort que les autres écuyers. Il connaissait chaque arbre, chaque sentier. On aurait pu croire que la forêt lui appartenait tellement il s'y sentait à l'aise, mais c'était plutôt lui qui appartenait à la forêt.

Sophie Lamoureux, *Arthur et Merlin*, © Actes sud junior, 2022.

1. **Repère** dans le texte un imparfait d'habitude.
2. **Continue** le texte pour décrire la forêt à l'imparfait.

Je récapitule

FICHE IMPRIMABLE

Complète la leçon distribuée par ton/ta professeur(e) avec :

★ les terminaisons et les emplois de l'imparfait.

★★ un verbe conjugué à l'imparfait et les emplois de l'imparfait.

★★★ les terminaisons, les emplois de l'imparfait et des exemples personnels.

21 Le passé simple de l'indicatif, conjugaison et emplois

J'observe

Charles ne manquait ni d'esprit ni de courage ; voyant que personne ne venait à son secours, il se cramponna à une branche de saule pleureur qui pendait dans l'eau et se mit à crier le plus haut qu'il put. Ce fut son père qui l'entendit le premier et vint le retirer de la rivière.

D'après **Zulma Carraud**, « L'Enfant gâté », *Contes et historiettes à l'usage des jeunes enfants*, 1887.

a. Quels verbes expriment une action qui fait avancer le récit ?
b. Donne leur infinitif et leur groupe. Que remarques-tu des terminaisons ?

Je retiens

- Au **passé simple**, les terminaisons sont les mêmes, sauf pour les verbes du 1er groupe au singulier. Pour conjuguer au passé simple, il faut repérer la voyelle que l'on entend à la 3e personne du singulier.

J'entends [a].	J'entends [i].		J'entends [u].	J'entends [in].
Verbes du 1er groupe et *aller*	Verbes du 2e groupe	Verbes du 3e groupe	Verbes du 3e groupe en *-oir*, *être*, *avoir*	Verbes du 3e groupe en *-nir*
Manger	**Finir**	**Partir**	**Savoir**	**Tenir**
je mangeai	je finis	je partis	je sus	je tins
tu mangeas	tu finis	tu partis	tu sus	tu tins
elle mangea	elle finit	elle partit	elle sut	elle tint
nous mangeâmes	nous finîmes	nous partîmes	nous sûmes	nous tînmes
vous mangeâtes	vous finîtes	vous partîtes	vous sûtes	vous tîntes
ils mangèrent	ils finirent	ils partirent	ils surent	ils tinrent

Remarques : le passé simple a des **formes homophones** :
- avec les **verbes du 1er groupe** à la **1re personne du singulier**, il ne faut pas confondre le passé simple et l'imparfait, qui sont identiques à l'oral.
  → *je me cramponnai / je me cramponnais*
- avec les **verbes du 2e groupe** à la **3e personne du singulier**, il ne faut pas confondre le passé simple et le présent.
  → *Aujourd'hui, il finit le roman.* (présent) / *Ce jour-là, il finit le roman.* (passé simple)

- Le **passé simple** est un **temps du récit**.
  Il s'emploie pour raconter les **actions principales**, que l'on voit se dérouler entièrement.

Je m'entraîne

Exercices numériques

Je reconnais un verbe au passé simple

1 ★ **À quelle personne les verbes suivants sont-ils conjugués ?**
gronda • subîmes • vins • dut • surent • fermâtes

2 ★★ **Quels verbes sont conjugués au passé simple dans cette liste ?**
flairions • mime • désola • vantèrent • brûlais • défîmes • suivis • part • dînai

3 ★★★ **Repère les verbes au passé simple et justifie leur voyelle de conjugaison.**
Joe sortit les cartes de sa poche et les étala sur la table pour que ses amis les comptent. Ils ne continrent pas leur joie : il avait enfin complété sa série, ils pourraient jouer tous ensemble. Pour une fois, il n'y eut aucune dispute. Ils s'installèrent pour jouer. Joe distribua les cartes. La partie dura plusieurs heures. Aucun ne remarqua que la nuit était tombée quand leurs parents les appelèrent.

Je conjugue au passé simple

4 ★ **Conjugue les verbes à la 3e personne du singulier puis classe-les selon la voyelle de conjugaison (« a », « i », « u » ou « in »).**
garer • prendre • boire • obéir • aller • faire • vouloir • attendre • croire • marcher

5 ★★ **Conjugue les verbes entre parenthèses.**
a. Nous (sortir) quand la foule (faire) demi-tour.
b. Il me (payer) d'avance et je (dessiner) son portrait.
c. Les chats (sentir) le danger et (se réfugier) dans la cave.
d. La servante (obéir) à la déesse et (fermer) les portes.

6 ★★★ **Conjugue les verbes entre parenthèses et réécris ensuite le texte en remplaçant *Léonard de Vinci* par *vous*.**
Léonard de Vinci (être) un grand artiste, mais il (inventer) aussi des machines géniales. Il (vivre) d'abord en Italie puis il (devenir) ami avec François Ier et (mourir) en France. Toute sa vie, il (accomplir) des merveilles et les (offrir) au monde.

J'évite les difficultés du passé simple

7 ★ **Complète les phrases en conjuguant le verbe entre parenthèses.**
a. Il sourit, il sortit, il partit et il (rentrer) chez lui.
b. Elles discutèrent, chantèrent et (rire) toute la nuit.
c. Milo trembla, cria et (s'enfuir).
d. Ils reçurent la lettre et quand ils apprirent la nouvelle, ils (pleurer).

8 ★★ **Indique si le verbe souligné est au passé simple ou au présent, en te servant du contexte.**
a. C'est maintenant qu'il applaudit !
b. Les rails vibraient déjà quand le train jaillit.
c. D'habitude, pour répondre, il noircit les cases.
d. Le pilote réfléchit et décida d'atterrir.

9 ★★★ **Réécris ces phrases à la 1re personne du singulier sans confondre le passé simple et l'imparfait.**
a. Il avoua qu'il jouait en cachette.
b. Nous restions mais nous ne bougeâmes plus.
c. Ils expliquèrent qu'ils refusaient de venir.
d. Elle pensa qu'elle tombait mal.

J'emploie le passé simple

10 ★ **Complète les phrases suivantes avec deux verbes de ton choix au passé simple pour indiquer des actions de premier plan.**
a. Le combat commença : les boxeurs … .
b. Dès que le film se termina, le public … .
c. Au XXe siècle, les astronautes … .

11 ★★ **Écris une réponse à chacune des questions suivantes en employant le verbe entre parenthèses au passé simple.**
a. Où voyagèrent-ils ? (parcourir)
b. Quand sourit-elle ? (parvenir)
c. Comment le château brûla-t-il ? (assaillir)

12 ★★★ **Réécris ce texte au passé simple, en remplaçant *hier* par *ce jour-là*.**
Hier, j'ai voyagé en train et j'ai rejoint ma famille à la montagne. Mes parents sont venus me chercher à la gare et nous avons roulé jusqu'au chalet. J'ai retrouvé mes cousines : elles ont sauté de joie. Le soir, il a neigé et toute la famille a fait une balade sous les flocons.

ORTHOGRAPHE

13 **Conjugue les deux verbes au passé simple.**
a. Je (défier) mes adversaires. / Je (défaire) mes chaussures.
b. Il (prier) de l'excuser. / Il (prendre) ses affaires.
c. Elle (savoir) la vérité. / Elle (suer) à grosses gouttes.

Je joue avec les mots

Explique pourquoi ces phrases sont drôles en trouvant un homophone des verbes soulignés.
a. Notre patron nous proposa une augmentation : bien entendu, nous la prîmes.
b. Il y avait, pour ce festin, les meilleures bouteilles : c'est pour cela qu'il vint.
c. Merlin n'était qu'un simple mortel jusqu'à ce qu'enchanteur il devint.

J'applique pour écrire

• **Écris** au passé simple une courte biographie de Louis Armstrong en utilisant les informations fournies.

Louis Armstrong (1901-1971) • *américain* • *musicien de jazz* • *trompettiste* • *famille très pauvre* • *succès international* • *acteur dans plus de 30 films* • *modèle pour de nombreux musiciens.*

Je récapitule

FICHE IMPRIMABLE

Complète la leçon distribuée par ton/ta professeur(e) avec :
★ les terminaisons et les emplois du passé simple.
★★ un verbe conjugué au passé simple et les emplois du passé simple.
★★★ les terminaisons, les emplois du passé simple et des exemples personnels.

Grammaire

22 Le conditionnel présent de l'indicatif, conjugaison et emplois

J'observe

La vie, là, serait facile, serait simple. Une femme de ménage serait là chaque matin. On viendrait livrer, chaque quinzaine, le vin, l'huile, le sucre. Leur appartement serait rarement en ordre mais son désordre même serait son plus grand charme. Ils s'en occuperaient à peine : ils y vivraient.

D'après **Georges Perec**, *Les Choses*, © Julliard, 1965.

a. La situation décrite est-elle celle que vivent les personnages ? Comment le sais-tu ?

b. À quel autre temps retrouve-t-on le radical de tous les verbes ?

c. À quel temps trouve-t-on les mêmes terminaisons ?

Je retiens

- Le **conditionnel présent** est **formé** avec : **radical** du verbe + **r** + **ais**, **ais**, **ait**, **ions**, **iez**, **aient**

1er groupe → **chanter** : chante + **r** + **ais**, **ais**, **ait**, **ions**, **iez**, **aient**
2e groupe → **finir** : fini + **r** + **ais**, **ais**, **ait**, **ions**, **iez**, **aient**
3e groupe, le radical change selon les verbes → **faire** : fe + **r** + **ais**, **ais**, **ait**, **ions**, **iez**, **aient**

Le conditionnel présent s'emploie pour

- **des actions à venir dans un récit au passé.** — **Futur dans le récit** → *Ils croyaient que personne ne resterait le lendemain.*
- **des ordres atténués.** — Conditionnel **de politesse** → *Fermeriez-vous la fenêtre ?*
- **des actions soumises à une condition.** — Conditionnel **d'hypothèse** → *Si tu n'étais pas timide, tu pourrais danser.*

Je m'entraîne

Exercices numériques

1 ★ **Repère les verbes conjugués au conditionnel présent, indique leur radical et donne leur infinitif.**

dirons • donnerais • venaient • chantait • fermeriez • nagerait

2 ★★ **Conjugue les verbes au conditionnel présent aux personnes indiquées.**

a. **aller :** je … ; ils …
b. **promener :** tu … ; il …
c. **gravir :** il … ; vous …
d. **retenir :** tu … ; ils …
e. **vendre :** je … ; nous …
f. **appeler :** tu … ; vous …

3 ★★★ **Réécris ces phrases selon le changement indiqué et précise la valeur exprimée par le conditionnel.**

a. Lison espère qu'elle sera sélectionnée.
Lison espérait … .

b. Zineb apprendra l'italien.
Si elle allait à Rome, Zineb … .

c. Vous devez en parler à Junon.
Je vous le conseille : vous … .

Je joue avec les mots

Classe ces formes verbales, en trois catégories : futur simple, imparfait ou conditionnel présent.

vaudrai • venais • viderai • voudrai • viendrais • vendais • vengerais • verrai

futur	imparfait	conditionnel présent

J'applique pour écrire

- **Écris** un texte de cinq phrases en employant le conditionnel présent pour expliquer ce que tu ferais si tu avais le pouvoir de devenir invisible.

Je récapitule

FICHE IMPRIMABLE

Complète la leçon distribuée par ton/ta professeur(e) avec :

★ les terminaisons et les emplois du conditionnel.
★★ un verbe du 3e groupe de ton choix conjugué au conditionnel et les emplois du conditionnel.
★★★ les terminaisons, les emplois du conditionnel et des exemples personnels.

23 Le présent de l'impératif, conjugaison et emplois

J'observe

Sophie aperçut la tête blonde et frisée d'une jolie poupée de cire ; elle poussa un cri de joie et voulut saisir la poupée.
– Prenez garde ! ne tirez pas encore ; vous allez tout casser. La poupée tient par des cordons, dit la bonne.
– Cassez-les, arrachez-les ; vite, ma bonne, que j'aie ma poupée.

D'après la **Comtesse de Ségur**, « La Poupée de cire », *Les Malheurs de Sophie*, 1858.

a. Comment Sophie réagit-elle en voyant la poupée ?
b. À quelle personne la bonne et l'enfant s'adressent-elles l'une à l'autre ?
c. Quels verbes indiquent les conseils de la bonne ?

Je retiens : la conjugaison

- Le **présent de l'impératif** ne se conjugue qu'à **trois personnes**.
- Les **terminaisons** sont les **mêmes** qu'au **présent de l'indicatif**, sauf pour les verbes du 1er groupe, qui perdent le *s* à à 2e personne du singulier (*tu*) : *tu parles* → *parle*
- Pour certains verbes du 3e groupe, le radical est irrégulier.

1er groupe sauf *aller*	2e groupe	3e groupe			
Parler	**Grandir**	**Dormir**	**Aller**	**Savoir**	**Vouloir**
parle	grandis	dors	va	sache	veuille
parlons	grandissons	dormons	allons	sachons	veuillons
parlez	grandissez	dormez	allez	sachez	veuillez

- **Attention**, avec les pronoms ***en*** et ***y***, on ajoute un *s* à 2e personne du singulier (*tu*).
→ *vas-y ; manges-en*

Je m'entraîne

Exercices numériques

Je reconnais un verbe au présent de l'impératif

1 ★ **Repère dans la liste les verbes conjugués au présent de l'impératif et indique leur infinitif.**
part • habitons • ratissez • lisent • joue • balancions • dessines • voyagent • vont

2 ★★ **Repère les verbes au présent de l'impératif.**
a. Il faut que tu viennes demain.
b. Marchons jusqu'à la rivière.
c. Habitez-vous ici ?
d. Écoute bien !

3 ★★★ **Repère dans ce texte les verbes conjugués au présent de l'impératif, indique leur infinitif et leur groupe.**
Tu vas affronter une joueuse expérimentée. Concentre-toi bien sur l'échiquier, ne te laisse pas distraire par les spectateurs. Tu peux utiliser ta technique secrète, mais sois discrète pour ne pas la dévoiler trop vite. Nous te souhaitons bonne chance. Allez !

Je conjugue au présent de l'impératif

4 ★ **Conjugue ces verbes à toutes les personnes du présent de l'impératif.**
a. lire – b. vendre – c. se changer – d. suivre – e. brandir – f. dire

5 ★★ **Conjugue les verbes entre parenthèses au présent de l'impératif.**
a. Nous sommes prêts, (aller)-y.
b. Tu as amené ta trompette, (jouer)-en, s'il te plaît.
c. Victoria, (rappeler) ta mère.

6 ★★★ **Conjugue les verbes entre parenthèses et réécris ensuite le texte en remplaçant *tu* par *vous*.**
Tu as réussi ! (venir) ici que je te félicite. (croire)-moi, tu as été courageuse. (poursuivre) tes efforts, (rester) concentrée et la finale te tend les bras. Pour le moment, (être) fière de toi, (savourer) ta victoire et (se reposer) bien.

Je retiens : les emplois

Le présent de l'impératif s'emploie pour

- un **ordre** ou une **interdiction**. → *Cassez-les tout de suite ! N'ouvrez pas.*
- un **conseil**. → *Prenez toujours garde.*
- une **demande**. → *Approche-toi si tu veux bien.*

Je m'entraîne

Exercices numériques

Je reconnais les emplois du présent de l'impératif

7 ★ **Transformez ces ordres en interdiction.**

a. Levez les bras.
b. Crois-le.
c. Crions plus fort.
d. Adresse-toi au directeur.

8 ★★ **Ces phrases indiquent-elles un ordre, une demande ou un conseil ?**

a. Soyez prudents en traversant.
b. Descendons immédiatement.
c. Apprends-moi à jouer aux échecs, s'il te plaît.
d. Écris vite à Andreas, il attend de tes nouvelles.
e. Relisons ce texte pour mieux le comprendre.

9 ★★★ **Quelle est la valeur de chacun des verbes à l'impératif dans le texte suivant ?**

J'aimerais te montrer quelque chose, approche-toi, s'il te plaît. Regarde cette peinture et explique-moi ce que tu comprends. Ne te précipite pas, prends ton temps.

J'emploie le présent de l'impératif selon ses différentes valeurs

10 ★ **Mets ces phrases à l'impératif en précisant la valeur.**

a. Pour jouer à ce jeu, tu t'accroupis.
b. Au cinéma, nous nous taisons.
c. Il faudrait que tu grandisses un peu !

11 ★★ **Continue ces débuts de phrases pour exprimer la valeur demandée.**

a. (Interdiction, *nous*) : En classe, … .
b. (Ordre, *tu*) : Avec ta raquette, … .
c. (Conseil, *vous*) : Pour réussir, … .
d. (Demande, *tu*) : C'est l'heure de partir, … .

12 ★★★ **Emploie les verbes suivants dans une seule phrase qui exprimera la valeur indiquée.**

a. (Ordre, *vous*) : se préparer, saluer, sortir
b. (Demande, *tu*) : prêter, aider, expliquez
c. (Interdiction, *nous*) : courir, hurler, se bousculer
d. (Conseil, *tu*) : se calmer, respirer, s'endormir

ORTHOGRAPHE

13 **Mets un *s* à ces verbes conjugués à la 2e personne quand c'est nécessaire.**

Tu parle… trop vite. Ralenti… et articule… pour que tout le monde te comprenne. Si tu respire… mieux, tu va… poser ta voix. Prend… le temps de souffler, lève… le regard vers le public et souri… . Va … y, à toi !

Je joue avec les mots

Trouve dix verbes à l'impératif dans la grille.

O	V	E	F	E	R	M	E	X
P	A	R	L	E	T	A	S	E
A	S	I	A	L	R	R	P	H
R	A	V	I	E	I	C	E	C
T	L	E	R	O	E	H	R	R
E	U	C	E	T	M	O	A	E
Z	E	U	Z	V	O	N	T	H
O	Z	T	I	E	N	S	E	C

J'applique pour écrire

• **Imagine** une recette de pâtisserie magique qui te permettra d'avoir toujours des bonnes notes. Écris-la en utilisant la 2e personne du présent de l'impératif.

Je récapitule

FICHE IMPRIMABLE

Complète la leçon distribuée par ton/ta professeur(e) avec :

★ les terminaisons et les emplois de l'impératif présent.
★★ un verbe de ton choix conjugué à l'impératif présent et les emplois de l'impératif.
★★★ les terminaisons, les emplois de l'impératif présent et des exemples personnels.

24 Les temps composés

J'observe

Sur les dix heures du matin, on entendit un carrosse s'arrêter devant la porte, on en vit descendre le roi Fourbin : un des courtisans, qui étaient à la chasse avec le prince, avait dit au roi que son frère avait rencontré la plus belle fille du monde, et qu'il voulait l'épouser.

D'après **Jeanne Marie Leprince de Beaumont**,
« Aurore et Aimée », *Le Magasin des enfants*, 1756.

a. Recopie la frise chronologique et places-y les verbes soulignés.

b. Comment les verbes les plus à gauche de la frise sont-ils formés ?

Je retiens

- Les **temps composés** sont formés avec l'**auxiliaire *avoir*** ou ***être***, qui se conjugue, et le **participe passé** du verbe, qui peut s'accorder. (→ Fiche 25, p. 339)
- Chaque temps composé correspond à un temps simple, qui donne le temps de l'auxiliaire.

Temps simple	Temps composé
il disait (imparfait)	**il avait dit** (plus-que-parfait)
nous partons (présent)	**nous sommes partis** (passé composé)

- Le **passé composé** et le **plus-que-parfait** expriment une action antérieure ou achevée par rapport à l'action principale et en cours de déroulement exprimée par un temps simple.

Remarque : le passé composé est employé à l'oral à la place du passé simple réservé au récit écrit.

Je m'entraîne

Exercices numériques

Je reconnais les temps composés

1 ★ **Dans cette liste, quels sont les verbes conjugués au passé composé et au plus-que-parfait ?**

s'avance • étais partie • avez • supplia • a fini • avais bâillé • a lu • avait acheté

2 ★★ **En associant les bons éléments, forme des verbes aux temps composés et emploie-les dans une phrase.**
Attention, toutes les formes ne sont pas utilisables.

	• allés
étaient •	• vouloir
a •	• marché
veux •	• faibli
	• tombées

3 ★★★ **Repère les verbes aux temps composés dans le texte et précise s'il s'agit du passé composé ou du plus-que-parfait.**

La petite sorcière n'avait jamais vu un si grand chaudron. Elle allait y verser la potion quand sa mère l'interrompit : « As-tu compté les plumes de merle ? Il faut être précise. » La fillette consulta son carnet où elle avait bien noté « Ajouter trois plumes de merle » et montra à sa mère qu'elle était devenue une apprentie très sérieuse.

Je conjugue aux temps composés

4 ★ **Conjugue ces verbes au temps composé indiqué.**

Passé composé :
a. Nous (arriver) hier.
b. Ils (attraper) du poisson dans le lac.

Plus-que-parfait :
c. Bilal (rendre) ses livres.
d. Je (avertir) Tara.

5 ★★ **Conjugue les verbes au passé composé et au plus-que-parfait.**

a. Nous (pleurer).
b. Elles (danser) toute la nuit.
c. Tu (savoir) la vérité.
d. (venir)-il ?

6 ★★★ **Conjugue les verbes entre parenthèses au temps composé adéquat.**

Hier, il (assister) au spectacle sans savoir que l'acrobate (se tordre) la cheville la veille. Comme lui, le public ne (voir) rien pendant une heure, car cette trapéziste (réussir) tous ses mouvements.

Je reconnais les emplois des temps composés

7 ★ **Place les deux actions de chaque phrase sur une frise chronologique.**

a. Il comprenait qu'elle avait perdu son sac.

b. Édith ne travaille plus car elle a quitté son emploi.

c. Le musée accueillait les visiteurs qui avaient réservé leur entrée en ligne.

8 ★★ **Repère dans ces phrases l'action achevée et celle en cours de déroulement.**

a. Les pirates avaient déchiffré la carte et criaient de joie.

b. L'arbitre fait entrer les joueuses même si les spectateurs ne sont pas assis.

c. Ils avaient déjà vécu une telle tempête et se préparaient au pire.

9 ★★★ **Place toutes les actions de ce texte sur une frise chronologique.**

La veille, le bûcheron avait coupé le grand pin et il avait fendu tout le bois. À présent, ses enfants l'aidaient à ranger les bûches dans l'abri que la famille avait aménagé l'été précédent. Le plus jeune, resté à l'intérieur, regardait avec envie ses frères qui travaillaient dur.

J'emploie les temps composés

10 ★ **Complète les phrases en conjuguant le verbe au bon temps composé, avec le bon auxiliaire.**

a. Le moteur ne répondait plus : heureusement, le pilote (prendre) son parachute.

b. Malia demande à sa mère si elle (voir) ses chaussures.

c. Ces abeilles restaient dans l'arbre, elles y (naître).

11 ★★ **Complète les phrases suivantes en conjuguant le verbe au bon temps composé pour marquer l'antériorité.**

a. Le soldat consultait le plan qu'il (trouver) dans le tiroir.

b. Elle gagna parce qu'elle (suivre) une bonne stratégie.

c. Nous pouvions sortir parce que la neige (fondre).

12 ★★★ **Conjugue chaque verbe à un temps simple ou à un temps composé pour que la phrase soit logique.**

a. Nous (élire) les délégués et ils nous (représenter) en ce moment au conseil.

b. La Belle (comprendre) le secret de la Bête, et elle l'(aimer) plus encore !

c. Depuis que vous (lire) ce roman, vous (se prendre) pour des enquêtrices.

ORTHOGRAPHE

13 **Complète ce texte avec le pronom qui convient.**

... avaient hurlé si fort que ... avions entendu leur cri depuis la chambre. ... n'avions pas pensé qu'... pouvaient être aussi surpris par ce cadeau. ... n'avait pas coûté très cher, mais ... l'avions choisi avec soin. Pour dire vrai, ... n'avaient rien vu d'aussi original : ... avions fabriqué avec du carton un Yoda grandeur nature !

Je joue avec les mots

Reconstitue la phrase en choisissant le bon chemin, en te déplaçant à l'horizontale et à la verticale.

garçons	a	vu	fantastiques.	leurs
Les	fille	ce	film	pendant que
enfants	avaient	regardé	parents	leurs
avait	terminer	la	dormaient.	oncle
mangé	la	glace	avait	ronflé.

J'applique pour écrire

Hansel et Gretel reviennent chez eux après avoir traversé une forêt pleine de dangers et échappé à une sorcière qui voulait les manger.

• **Raconte** leurs aventures en employant principalement le passé composé et au moins une fois le plus-que-parfait.

Arthur Rackham, *Hansel et Gretel,* 1899, illustration représentant les enfants et la sorcière.

Je récapitule

FICHE IMPRIMABLE

Complète la leçon distribuée par ton/ta professeur(e) avec :

★ les mots de la leçon.

★★ des exemples personnels.

★★★ les mots de la leçon et des exemples personnels.

25 Bien accorder le participe passé

Je retiens

- Le **participe passé** est une forme du verbe dont la **terminaison change** en fonction des groupes.

Groupe	Terminaisons
1er groupe + ***aller, être, naître***	é → *marché, allé, été, né*
2e groupe	i → *fini*
3e groupe Pour trouver la bonne terminaison des verbes du 3e groupe, cherche la forme au féminin pour entendre la consonne finale des formes en *-is* et en *-t*. *Il est pris. / Elle est prise. ; Il est ouvert. / Elle est ouverte.*	i → *parti* is → *pris* t → *ouvert* u → *venu*

Le participe passé s'emploie

comme adjectif.
- Il **s'accorde** en genre et en nombre **avec le nom qu'il qualifie.**
  → *des outils rouillés par le temps*
- On peut le remplacer par un adjectif.
  → *des outils anciens*

dans une forme verbale composée.
- Avec l'auxiliaire ***être***, il **s'accorde** en genre et en nombre **avec le sujet** du verbe.
  → *Les feuilles sont tombées.*
- On peut le remplacer par un adjectif qualificatif attribut du sujet.
  → *Les feuilles sont rouges.*

Avec l'auxiliaire ***avoir*** : il **ne s'accorde pas** avec le sujet du verbe.
→ *Nous avons aimé ces livres.*

Je m'entraîne

Exercices numériques

1 ★ **Donne le participe passé des verbes suivants, au masculin et au féminin singulier.**
recevoir • brûler • rétrécir • mettre • peindre • avoir • dire • couvrir • sentir • applaudir

2 ★ **Explique l'accord du participe passé employé comme adjectif dans ces groupes nominaux.**
a. cette sombre forêt hantée
b. sa trousse usée
c. des papiers mouillés
d. certains livres reçus
e. une lettre envoyée
f. un portail ouvert

3 ★ **Repère les auxiliaires dans les phrases suivantes et explique l'orthographe des participes passés.**
a. Des silhouettes étranges étaient passées devant la fenêtre.
b. L'an dernier, nous avons appris à jongler.
c. L'empereur a déclaré la fin de la guerre.
d. Je suis habituée à te voir réussir.

4 ★ **Réécris ce texte en remplaçant *Tom* par *Chloé* et en accordant si nécessaire les participes passés soulignés.**
Tom est <u>resté</u> trois jours de plus. Il avait <u>pris</u> un billet de train modifiable et il a ainsi <u>pu</u> participer à la dernière course. Il n'avait pas <u>suivi</u> d'entraînement particulier et il n'était même pas très bien <u>remis</u> de la dernière compétition. Mais Tom, toujours <u>déterminé</u> et <u>convaincu</u>, a <u>gagné</u> !

5 ★★ **Accorde si nécessaire les participes passés employés comme adjectifs.**
Les statues découvert... dans ce temple perdu... sont très anciennes. Des archéologues expérimenté... les analysent pour trouver de quelle époque passé... elles datent. Elles iront ensuite dans un musée spécialisé... et le public ébloui... pourra les admirer.

6 ★★ **Repère si les participes passés sont employés seuls ou avec l'auxiliaire *être* et accorde-les.**

a. La boucherie est fermé… et les clients venu… faire leurs achats rebroussent chemin.

b. La princesse, célébré… dans tout le pays, était doté… de grands pouvoirs.

c. Les animaux perdu… sont ramené… au refuge qui est ouvert… le dimanche.

d. Ma sœur est sorti… du lit sans être réveillé… : à moitié endormi…, elle est tombé… dans les escaliers.

7 ★★ **Complète les phrases avec un participe passé de ton choix en l'accordant si nécessaire.**

a. L'équipe a … le match.

b. La neige est … toute la nuit.

c. Les lumières ont … le conducteur.

d. Romane et sa sœur sont … de leurs cadeaux.

8 ★★ **Réécris ce texte en remplaçant *vélo* par *moto* et *grand-père* par *grand-mère*.**

Le grand-père d'Albin gardait dans son garage un vieux vélo accidenté. Avec ce vélo usé, son grand-père avait parcouru des milliers de kilomètres jusqu'à l'accident : un camion avait renversé le vélo qui était, heureusement, appuyé contre un mur. Le grand-père en était sorti sans une égratignure ! Le vélo démodé plaisait beaucoup à Albin. Il le répara et parcourut l'Europe avec ce vélo bricolé.

9 ★★★ **Repère si les participes sont employés avec l'auxiliaire *être* ou *avoir* et accorde-les si nécessaire.**

a. Ces oiseaux ont survolé… l'océan et ils sont revenu… dans les régions chaudes pour l'hiver.

b. Avez-vous déjà rencontré… ces scientifiques qui sont parti… en Antarctique ?

c. Les danseuses étaient habillé… par des couturiers qui avaient passé… des heures sur ces costumes.

d. Louisa, tu as exprimé… ton désaccord mais tu n'es pas disposé… à négocier.

10 ★★★ **En t'aidant des accords des participes passés, indique le genre et le nombre des pronoms sujets.**

a. Nous sommes désolées de cette situation.

b. Tu n'avais plus perdu depuis que tu étais parti de ce club.

c. Êtes-vous avertis que le sergent arrive ? Vous êtes attendus.

d. On est passées par la digue mais on n'a pas vu les surfeurs.

11 ★★★ **Mets les verbes entre parenthèses au participe passé et accorde-les si nécessaire.**

Julius n'avait rien (voir) depuis la cabine du bateau qui était (situer) sur la ligne de flottaison. Quand le navire est (arriver) au port, les marins ont (décharger) les marchandises et sont (remonter) à bord. Ils avaient (faire) cette traversée des dizaines de fois, mais Julius, lui, n'avait jamais (tenter) l'aventure. Quant à la date de retour, elle n'était pas (connaître) et il n'avait pas (penser) à la demander.

12 ★★★ **Réécris ce texte en remplaçant *nous* par *il*, *chalet* par *hutte* et *ciel* par *étoiles*.**

Nous avons pris le sentier et nous avons dormi dans le chalet abandonné. Il avait jadis appartenu au garde forestier et il est aujourd'hui en partie détruit. Mais nous sommes ravis d'en profiter les soirs d'été quand le ciel est illuminé. Cette semaine, il a fait beau et le ciel nous a offert un magnifique spectacle.

DÉFI ORTHOGRAPHE

Dans le texte suivant, corrige les participes passés mal orthographiés.

★ 3 participes passés corrigés

★★ 5 participes passés corrigés

★★★ 8 participes passés corrigés

Le bureau du directeur avait toujours beaucoup plue à Oscar ; ses tapis laineux, ses bibliothèques rempli de livres anciens aux épaisses reliures et sa lunette astronomique pointés vers la fenêtre lui faisaient penser à l'antre d'un vieux savant mais d'un vieux savant vivant confortablement. Oscar se serait tout à fait vue le maître des lieux si un enfant de douze ans avait eus l'usage d'une telle pièce.

Les circonstances dans lesquelles il y était souvent convoquée lui plaisaient en revanche beaucoup moins. La raison de tous ses tourments se trouvait assise sur la chaise d'à côté, face au bureau pour l'heure encore inoccupés. Il s'agissait de la terreur de la pension, un génie du chaos, un perturbateur en puissance, le cauchemar des maîtres et des élèves. L'individu en question avait l'apparence d'une fillette de cinq ans, si petite que ses pieds ne touchaient même pas terre. Elle les balançait dans le vide, les cognant distraitement contre le bureau de Monsieur le directeur.

– Livie, arrête ça ! chuchota Oscar, exaspérée.

D'après **Sarah Andrès**, *Dans la cité électrique : Le Cercle des veilleurs*, tome 1 © Éditions Gallimard Jeunesse, 2022.

Grammaire

26 BILAN Employer les temps du récit et les temps du discours

Je retiens : les temps du récit

- Dans le **récit**, pour **raconter au passé**, on emploie :
  - l'**imparfait** pour les actions d'arrière-plan, la description ;
  - le **passé simple** pour les actions de premier plan ;
  - le **plus-que-parfait** pour les actions antérieures, achevées ;
  - le **conditionnel** pour les actions à venir depuis un repère dans le passé.

En juin 2004, elle partit en voyage tout autour du monde. Toute sa vie tenait dans un énorme sac. Elle avait dit au revoir à tous ses amis lors d'une grande fête. Elle ne les reverrait qu'à l'été 2005.

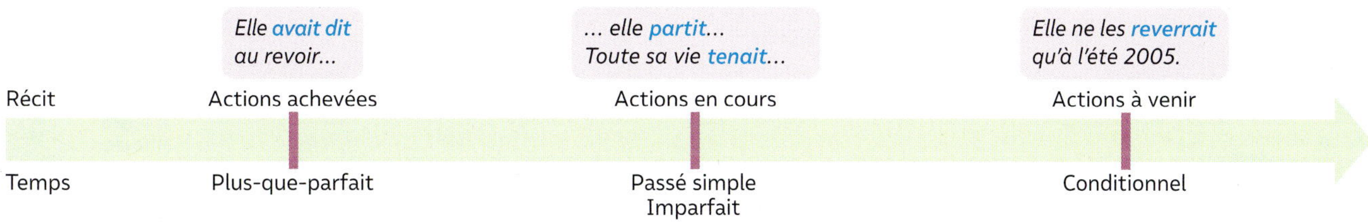

Je retiens : les temps du discours

- Dans le **discours**, pour faire **parler les personnages**, on emploie :
  - le **présent de l'indicatif** pour toutes les actions en cours ;
  - le **présent de l'impératif** pour les ordres, les conseils et les demandes ;
  - le **passé composé** pour les actions antérieures et achevées ;
  - le **futur** pour les actions à venir.

« Je pars en voyage et je suis venue vous dire au revoir. J'ai mis tout le nécessaire dans cet énorme sac. Je vous reverrai dans un an. »

DÉFI BILAN

Dans ce texte, les temps verbaux sont fautifs. Trouve les erreurs et conjugue les verbes au temps adéquat.

★ 4 erreurs corrigées

★★ 7 erreurs corrigées

★★★ 10 erreurs corrigées

« Ma mère, reprit Aladdin, gardez votre fil de coton pour une autre fois, et donnez-moi la lampe que j'apportai hier ; demain, j'irais la vendre. L'argent nous servira pour dîner. »

La mère d'Aladdin prend la lampe où elle l'avait posée.

« La voilà, dit-elle à son fils ; mais elle fut bien sale. En la nettoyant, je crois que tu la vendais plus chère. »

Elle prit de l'eau et un peu de sable fin pour la laver ; mais à peine eut-elle commencé à frotter cette lampe, qu'un génie hideux et d'une grandeur gigantesque s'est élevé et parut devant elle, et lui dira d'une voix tonnante :

« Que voulus-tu ? Me voici prêt à t'obéir, comme ton esclave ! »

La mère d'Aladdin ne sera pas en état de répondre : elle n'avait pu regarder la figure hideuse et épouvantable du génie. Sa frayeur a été si grande dès les premières paroles qu'il avait prononcées, qu'elle était tombée évanouie.

D'après « Histoire d'Aladdin, ou La Lampe merveilleuse », *Les Mille et Une Nuits*, xe siècle.

Syntaxe

27 Les types de phrases : déclarative, interrogative, impérative

J'observe

Tout à coup, Leuk entend une voix fine qui appelle :
« Leuk ! Leuk ! arrête-toi un instant et écoute. »
La voix vient d'en haut, elle est douce et traînante.
« Qui a prononcé mon nom ? dit Leuk un peu inquiet.
– C'est moi, Diargogne-l'araignée. Je ne te veux que du bien, n'aie aucune crainte. Considère-moi plutôt comme ton ami et ton frère. »

Léopold Sédar Senghor et **Abdoulaye Sadji**, *La Belle Histoire de Leuk-le-Lièvre*, © Edicef, 1970.

a. Qu'ordonne la voix à Leuk ? À quel mode sont conjugués verbes ?

b. Dans la réplique de Leuk, comment comprend-on qu'il ne sait pas ce qu'il se passe ?

Je retiens

▶ Regarde la leçon animée. bordas.media/733907_091

La phrase déclarative	
sert à	donner une **information**. → *Il fait froid.*
se construit	le plus souvent en suivant l'ordre : **sujet** / **verbe** / **complément**.
se termine	le plus souvent par un **point**.

La phrase interrogative	
sert à	poser une **question**. → *Où est ton manteau ?*
se construit	• avec une **inversion sujet** / **verbe**. • avec un **mot interrogatif** ou ***est-ce que***.
se termine	par un **point d'interrogation**.

La phrase impérative	
sert à	donner un **ordre** ou un **conseil**. → *Mets ton écharpe.*
se construit	le plus souvent avec un **verbe à l'impératif**, mais aussi avec un **verbe à l'infinitif** ou **au futur**.
se termine	le plus souvent par un **point**.

Je m'entraîne

Exercices numériques

J'identifie les différents types de phrases

1 ★ **Ces phrases sont-elles déclaratives, interrogatives ou impératives ?**

a. J'adore les cheeseburgers.
b. Voudrais-tu plus de frites ?
c. Prends ton manteau.

2 ★★ **Précise le type des phrases suivantes.**

a. Quel temps magnifique.
b. Mettre les chaises sur la table à la fin de la journée.
c. Est-ce que la porte est bien fermée à clé ?

3 ★★★ **Recopie le texte en choisissant trois couleurs différentes pour les trois types de phrases.**

Olivia rêvait d'un stage dans un garage. Quand elle arriva chez le garagiste, il lui dit : « Va dans les vestiaires enfiler une salopette. » Olivia s'empressa de se changer. « Par quoi dois-je commencer ? » demanda-t-elle en revenant. « Commence par observer Raymond. »

Je construis correctement les phrases

4 ★ **Ajoute la ponctuation finale en t'appuyant sur le type de la phrase.**

a. Je n'ai pas réussi à finir mon évaluation à temps …

b. Tes parents parlent-ils couramment l'anglais ...
c. Mets ton linge sale dans le panier ...

5 ★★ **Retrouve les phrases correctes en associant un début et une fin de phrase.**

Début de phrase	Fin de phrase
a. Qui a mangé	d. entre les repas.
b. Arrête de dévorer	e. léger avant d'aller au lit.
c. Mon père dîne	f. le reste de gâteau ?

6 ★★★ **Réécris ces phrases interrogatives en intégrant « Est-ce que », puis en inversant le sujet et le verbe.**
a. Tu veux un autre biscuit ?
b. Le pneu du vélo est dégonflé ?
c. Vous n'avez pas oublié votre manuel de français ?

Je manipule les différents types de phrases

7 ★ **Transforme ces phrases déclaratives en phrases interrogatives.**
a. Il est l'heure d'aller au lit.
b. Arsène est devenu ton ami.
c. Les enfants ont fait leurs devoirs.

8 ★★ **Transforme ces phrases déclaratives en phrases impératives.**
a. Tu travailles bien.
b. Nous n'avons pas fermé la porte.
c. Vous vous tenez correctement.

9 ★★★ **Écris les phrases interrogatives qui portent sur les éléments soulignés.**
a. Mon père a quatre frères et sœurs.
b. Le pneu étant crevé, nous avons dû nous arrêter.
c. Le promeneur a perdu son porte-monnaie dans la forêt.

J'invente des phrases de types différents

10 ★ **Invente une phrase déclarative pour répondre à la question posée.**
a. Quel est ton plat préféré ?
b. Préfères-tu travailler seul ou à deux ?
c. As-tu hâte de changer de classe ?

11 ★★ **Rédige un échange entre un vendeur et un client en utilisant au moins deux phrases déclaratives, deux interrogatives et deux exclamatives.**

12 ★★★ **Rédige un échange entre une mère et son fils qui n'a pas rangé sa chambre en suivant le schéma :** déclarative • interrogative • impérative • déclarative.

ORTHOGRAPHE

13 **Recopie le commentaire de match ci-dessous en ajoutant la ponctuation.**
Le match commence ... Qui va prendre l'avantage ... L'équipe des Rouges marque en premier ... Les Verts vont-ils réussir à marquer ... Ne vous laissez pas faire, les Verts ... Courez plus vite que ça ... Et c'est déjà la pause ... Les Verts feront-ils mieux en deuxième mi-temps ... Que de suspense ...

Je joue avec les mots

Imagine un dialogue comique entre un ogre autoritaire (qui donne des ordres), une sorcière intelligente (qui connaît tout) et un lutin naïf (qui pose des questions) qui discutent du menu du jour.
Tu peux commencer ainsi :
L'Ogre. – Donnez-moi un enfant tendre.
La Sorcière. – La chair des enfants n'est pas plus tendre que celle des lapins.
Le Lutin.– Mais pourquoi avez-vous toujours faim ?

J'applique pour lire et écrire

Pour un art poétique

Prenez un mot prenez en deux
faites les cuir' comme des œufs
prenez un petit bout de sens
puis un grand morceau d'innocence
faites chauffer à petit feu
au petit feu de la technique
versez la sauce énigmatique
saupoudrez de quelques étoiles
poivrez et mettez les voiles
Où voulez-vous donc en venir ?
À écrire
Vraiment ? À écrire ?

Raymond Queneau, « Pour un art poétique »,
Le Chien à la mandoline, © Éditions Gallimard, 1958.

1. **Identifie** les types de phrases employées. Justifie ta réponse.
2. **Invente** un poème-recette sur l'art de ton choix (art du manga, art sportif...) à la manière de Queneau. Reprends les mots en gras. Tu peux, si tu souhaites, modifier les verbes.

Je récapitule

FICHE IMPRIMABLE

Complète la leçon distribuée par ton/ta professeur(e) avec :
★ les mots de la leçon.
★★ des exemples personnels.
★★★ les mots de la leçon et des exemples personnels.

28 Les formes de phrases : négative, exclamative

J'observe

– Que font les gardes royaux ici ? marmonne Tey.
Soudain, un cri !
– Pharaon est mort ! Pharaon est mort ! Le faucon s'est envolé vers le ciel...

D'après **Viviane Koenig**, *Néfertiti. Reine d'Égypte*, © Hachette Livre, 2008.

a. Lis le texte à voix haute.

b. Comment la ponctuation du texte met-elle en évidence l'émotion des Égyptiens ?

Je retiens

▶ Regarde la leçon animée. bordas.media/733907_092

Une phrase peut être mise à la forme **exclamative** et/ou **négative**.

La phrase exclamative
- **sert à** exprimer une **émotion** ou un **sentiment**. → *Ils sont si surpris ! Regarde !*
- **se termine par** un **point d'exclamation**. → *Pharaon est mort !*

La phrase négative
- **sert à** **nier** un fait, **refuser** ou **interdire** quelque chose. → *Ils ne sont pas du tout surpris.*
- **se construit avec** une **négation** : *ne ... pas, ne ... plus, ne ... point, ne ... jamais*, etc. → *Ce n'est pas bon signe.*

Je m'entraîne

Exercices numériques

1 ★ **Indique à quelle(s) forme(s) appartiennent les phrases.**

a. Quelle impertinence !

b. Je n'achète jamais de vêtements neufs.

c. Ton attitude ne me plaît guère !

2 ★★ **Indique le sentiment exprimé dans ces phrases exclamatives.**

a. Ferme les volets immédiatement !

b. Ah, une araignée !

c. Je n'aurais jamais dû lui dire ce secret !

ORTHOGRAPHE

3 **Vérifie si la phrase est à la forme négative ou non et complète-la s'il le faut par un *n'*. À l'oral, explique ton choix.**

a. Tu ... es jamais prêt.

b. On ... est là !

c. Anne ... a aucun doute.

d. On ... entend très bien.

Je joue avec les mots

À DEUX **Choisis un animal et rédige son portrait en n'employant que des phrases négatives. Fais lire ton texte à ton binôme pour qu'il devine de quel animal il s'agit, puis inversez les rôles.**

J'applique pour écrire

Le royaume des dormeurs ouvre ses portes.

• **Complète** la liste des interdictions et des conseils donnés aux visiteurs avec des phrases de forme négative et/ou exclamative.

Tu peux commencer ainsi : « Au royaume des dormeurs, il ne faut pas faire de bruit. Personne ne parle ! »

Je récapitule

FICHE IMPRIMABLE

Complète la leçon distribuée par ton/ta professeur(e) avec :

★ les mots de la leçon.

★★ des exemples personnels.

★★★ les mots de la leçon et des exemples personnels.

29 La phrase verbale et la phrase non verbale

J'observe

Récréation. La cour est gigantesque. Dans les cours de récréation, il y a ceux qui restent dans les coins. Les enfants les plus appréciés se retrouvent souvent au centre, comme des poissons aux couleurs vives dans la mer. Moi, je suis un poisson gris. Un poisson de coin.

D'après **Cath Howe**, *Le Secret d'Ella*, © Flammarion Jeunesse, 2020.

a. Combien de phrases comptes-tu dans ce texte ? Justifie ta réponse.

b. Relève les verbes conjugués. Toutes les phrases ont-elles un verbe conjugué ?

c. Quel est le mot noyau des phrases qui ne sont pas construites autour d'un verbe conjugué ?

Je retiens

▶ Regarde la leçon animée.
bordas.media/733907_093

La phrase

- **commence par** une **majuscule**. → *La cour est gigantesque.*
- **se termine par** une **ponctuation forte** (point, points de suspension, point d'exclamation ou d'interrogation).
  → *J'ai peur de la traverser... Courage ! Pourquoi avoir peur ?*
- **a** un **sens**. Elle est organisée selon les règles de la syntaxe.
  → ~~*Cour la est gigantesque.*~~
- **peut être**
  - **verbale**, construite autour d'au moins un **verbe conjugué**.
    → *La cour* ***est*** *gigantesque.*
  - **non verbale**, construite autour d'**un autre mot noyau** comme nom (phrase nominale), un adjectif, un adverbe...
    → *Récréation. Génial ! Enfin !*

Je m'entraîne

Exercices numériques

1 ★ **Repère les phrases parmi les propositions suivantes.**

a. Mange !

b. Chat promène fait-il beau ?

c. je veux bien une autre part de quiche

d. Enfin...

2 ★★ **Transforme les phrases verbales en phrases non verbales.**

a. Le maire a inauguré la nouvelle bibliothèque.

b. Je vous félicite pour votre mariage !

c. Une avalanche a été provoquée par des skieurs.

d. Ce nouveau tome est terrifiant !

3 ★★★ **À partir des noms suivants, rédige une phrase verbale et une phrase non verbale correctes. Tu peux ajouter des mots ou modifier la classe grammaticale de ceux donnés.**

a. vol • bijouterie • arrestation

b. gagnante • loterie • cagnotte

c. serpent • évasion • panique

Je joue avec les mots

1. À quelle œuvre correspond ce message ?

ORPHELIN RETROUVÉ - ACHAT DU MATÉRIEL - DÉPART QUAI 9 ¾ - ARRIVÉE À POUDLARD EN SOIRÉE - DÉBUT DES COURS DE POTIONS DEMAIN 8 H

2. Résume un conte avec seulement des phrases non verbales. Fais-la deviner à tes camarades.

J'applique pour écrire

• **Écris** cinq titres d'articles de journal sous la forme de phrases non verbales et ajoute une phrase verbale pour expliquer.

Ex. : *« De la BD pour tous ! », « La bibliothèque municipale offre deux BD de leur choix à tous les collégiens. »*

Je récapitule

FICHE IMPRIMABLE

Complète la leçon distribuée par ton/ta professeur(e) avec :

★ les mots de la leçon.

★★ des exemples personnels.

★★★ les mots de la leçon et des exemples personnels.

30 Les reprises nominales et pronominales

J'observe

Dès que son frère fut sorti, Catherine monta à la soupente. Elle chercha où Jason avait caché son trésor. Elle finit par trouver la plume, le rouleau de papier et le petit livre auquel elle n'avait pas prêté attention la veille. Mais aucun miroir ! Il l'avait emporté avec lui.

D'après **Brigitte Coppin**, *Le Quai des secrets*, © Castor Poche Flammarion, 2000.

a. De combien de personnages est-il question ici ?

b. Relève tous les mots ou groupes de mots désignant chacun d'eux, en précisant leur classe grammaticale.

c. À ton avis, pourquoi l'autrice ne s'est-elle pas contentée de mettre à chaque fois le nom des personnages ?

Je retiens

▶ Regarde la leçon animée. bordas.media/733907_094

Les mots de reprise

- **remplacent** : un **nom propre** ou un **GN** dans un texte.
- **servent à** :
  - **éviter** des **répétitions**.
  - **préciser** de qui ou de quoi on parle pour **éviter les confusions**.
  - **apporter** de nouvelles **informations**.
- **peuvent être** :
  - des **pronoms personnels**. → *elle, il, lui…*
  - des **noms propres** ou des **GN**. → *Jason, la grande sœur…*
  - des **synonymes**. → *mon chat / mon animal de compagnie*
  - des **noms génériques**. → *l'arc / l'arme*

Je m'entraîne

Exercices numériques

Je repère les reprises nominales et pronominales

1 ★ **Relève les reprises nominales et pronominales et précise ce qu'elles remplacent.**

a. Les enfants mangent des épinards et les trouvent délicieux.

b. La tempête a arraché le platane de la cour : cet arbre était très vieux.

c. J'adore mes grands-parents, je ferais tout pour eux.

2 ★★ **Relève les reprises nominales et pronominales et précise ce qu'elles remplacent.**

a. Mes meilleurs amis sont Paul et Hamid. Je connais ce dernier depuis la maternelle.

b. Peux-tu aller acheter du pain ? Il n'en reste plus.

c. Je dois repeindre les volets de la maison. Cela leur donnera un coup de neuf !

3 ★★★ **Relève toutes les reprises nominales de ce texte en précisant à qui elles se rapportent.**

J'ai un frère et une sœur et ce n'est pas toujours facile ! Enora passe son temps à m'embêter et Lucas m'ignore totalement. J'aimerais bien pourtant partager plus de temps avec lui. Mais ce grand dadais ne pense qu'aux jeux vidéo. Quant à la casse-pied, je l'adore mais j'aimerais qu'elle me laisse plus respirer.

J'analyse des reprises nominales et pronominales

4 ★ **Précise la classe grammaticale des reprises nominales et pronominales en gras.**

a. Ada aime les fraises, ce sont toujours **ces fruits** qu'elle choisit pour son dessert.

b. Les oiseaux ont picoré toutes les graines et **ils** se sont envolés.

c. J'ai appris une chanson à mon perroquet. **Coco** est un très bon élève !

5 ★★ **Précise la classe grammaticale des reprises nominales et pronominales en gras.**

a. J'ai acheté un pull, des gants et une chemise avec mes sœurs ; c'est **elle** qui m'a coûté le plus cher.

b. Ennio a gagné la course des 100 mètres. Contre **lui**, les autres n'avaient aucune chance !

c. La voisine m'a crié dessus, je ne veux plus jamais parler à **une femme si horrible** !

6 ★★★ **Indique à quoi servent les reprises pronominales ou nominales dans ces phrases : éviter une répétition, préciser de qui on parle pour éviter une confusion ou apporter une nouvelle information.**

a. Le petit garçon a mangé tous les bonbons et ce petit coquin a dit que c'était le chat !

b. Les copies des élèves sont tombées dans une flaque et elles étaient trempées.

c. Jade et Enzo se disputent. Elle crie très fort alors que lui tape des pieds et des mains.

Je manipule les reprises nominales et pronominales

7 ★ **Associe chaque nom propre (a. b. c.) au GN de reprise (d. e. f.) qui lui correspond.**

a. Paris • • d. Le meilleur joueur du monde
b. Kilian Mbappé • • e. Le héros aux mille ruses
c. Ulysse • • f. La capitale des amoureux

8 ★★ **Remplace chaque répétition par une reprise pronominale.**

a. Mon téléphone portable est cassé et je dois faire réparer mon téléphone portable.

b. L'écrivain a publié un nouveau livre. Ce nouveau livre est formidable !

c. Sur le quai, la foule attendait le départ de la course des bateaux. Les bateaux finirent par s'élancer.

9 ★★★ **Remplace la reprise en gras par deux GN possibles qui changeront le sens de la phrase.**

a. Le chien a coursé le chat. **L'animal** était très énervé.

b. As-tu entendu le dernier tube de ce chanteur ? Je **le** trouve tellement beau.

c. Ma tante veut que je garde mes cousines, Ève et Ida, mais **elle** est trop capricieuse.

Je rédige en utilisant des reprises nominales et pronominales

10 ★ **Évite la répétition dans l'une des deux phrases en employant une reprise nominale.**

a. Les élèves ont vraiment apprécié ce spectacle. Et pourtant, ce spectacle durait plus de deux heures.

b. Au zoo, j'adore aller voir les tigres. Les tigres sont vraiment majestueux.

c. Ce gâteau sent très bon. Je crois que je vais prendre une part de ce gâteau !

11 ★★ **A est une princesse et B une sorcière. Réécris le texte en remplaçant les lettres par des reprises nominales ou pronominales variées.**

Il était une fois A qui était aimée de tout son royaume. Cela mettait B en colère car B était jalouse : personne n'aimait B. Un jour, B eut une idée : B coupa tous les arbres du village et dit que c'était A qui avait commis cette méchanceté.

12 ★★★ **Réécris le texte en remplaçant le pronom *il* par des reprises nominales ou pronominales variées.**

Un jeune prince se promenait à cheval dans la forêt quand un ogre se précipita vers lui. Il se cabra et il faillit tomber ! Il se reprit et il dégaina son épée. Mais il l'attrapa et le fit tomber de cheval. Le combat commença. Il se défendit avec courage mais il était plus fort que lui. Heureusement il était plus vif, alors rien n'était perdu.

ORTHOGRAPHE

13 **Corrige les reprises nominales et pronominales mal orthographiées.**

Elsa prend son carnet et ses jumelles et elles les range dans son sac. La fillette en a besoin pour observer les lions, son animal préféré. Ce jeune enfant l'adore. Quoi de plus majestueux que ses rois de la savane ? Elles va pouvoir nous approcher pour la première fois.

Je joue avec les mots

Trouve, dans les anagrammes proposées, le nom repris par le nom générique en gras.

a. (BAILELES) Ma grand-mère étudie les ... . Elle a plein de livres traitant de ces **insectes**.

b. (BROUETTAS) Mes parents ont acheté des ... de cuisine. Ces nouveaux **sièges** sont vraiment jolis.

c. (ORIPEXAU) Le cuisinier a fait une poêlée de ... et pour une fois, j'ai bien aimé ces **légumes** !

d. (OBULONS) J'ai fait un accroc à mon ... alors que c'était mon **vêtement** préféré.

J'applique pour écrire

Un zèbre et une autruche font la course pour arriver le premier au pont.

• **Raconte** ce que fait chacun d'eux pour prendre l'avantage, en utilisant des reprises nominales et pronominales variées.

Je récapitule

FICHE IMPRIMABLE

Complète la leçon distribuée par ton/ta professeur(e) avec :

★ les mots de la leçon.
★★ des exemples personnels.
★★★ les mots de la leçon et des exemples personnels.

31 La phrase simple et la phrase complexe

J'observe

L'homme arrivait. Un instant, il s'arrêta devant nous, il parut hésiter en s'épongeant le front, puis il reprit sa course. C'était un bonhomme assez gros, l'air plutôt doux, qu'on avait du mal à prendre pour un dangereux kidnappeur.

D'après **Jean-Philippe Arrou-Vignod**, *Le Professeur a disparu (Enquête au collège 1)*, © Éditions Gallimard Jeunesse, 1989.

a. Combien de phrases comptes-tu dans ce texte ? Justifie ta réponse.

b. Relève tous les verbes conjugués. Quelle remarque peux-tu faire ?

c. Dans les phrases où il y a plusieurs verbes, où pourrais-tu placer un point pour faire plusieurs phrases ?

d. Lequel de ces groupes ne pourrait pas constituer une phrase correcte à lui tout seul ?

Je retiens

▶ Regarde la leçon animée. bordas.media/733907_095

- Une **proposition** est un groupe de mots organisés autour d'un **verbe conjugué**. Il y a autant de propositions que de verbes conjugués.

Une phrase peut être

- **simple** : avec un seul **verbe** conjugué, qui est le noyau d'une [**proposition**]. → *[Mon ami* **est** *malade.]*
- **complexe** : avec plusieurs **verbes** conjugués, qui sont le noyau de plusieurs [propositions]. → *[Mon ami* **est** *malade]* ①, *[il* **est** *au lit]* ②.

Les propositions peuvent être reliées par

- **juxtaposition** : avec un signe de **ponctuation** (, ; :). → *Mon ami est malade, il est au lit.*
- **coordination** : avec une **conjonction de coordination** (*mais, ou, et, or, ni, car*) ou un **adverbe de liaison** (*puis, alors*...). → *Mon ami est au lit* **car** *il est malade.*
- **subordination** : avec une **conjonction de subordination** (*quand, que, parce que, si, comme*...). → *Mon ami est malade* **parce qu'***il a pris froid.*

Je m'entraîne

Exercices numériques

Je distingue les phrases simples et complexes

1 ★ **Repère les propositions et indique si la phrase est simple ou complexe.**

a. Mon meilleur ami n'est pas venu pour mon anniversaire mais il m'a écrit.

b. Les musiciennes de la fanfare sont de moins en moins nombreuses.

c. J'espère que tu n'es pas trop fatigué.

2 ★★ **Indique si les phrases sont simples ou complexes.**

a. Le chanteur a une très belle voix.

b. J'ai acheté du miel et je l'ai mis dans le placard.

c. Le chat s'énerve, saute et griffe les rideaux.

d. J'aime le café mais très sucré.

3 ★★★ **Repère les propositions et identifie les phrases simples et complexes.**

Le directeur de ma sœur souhaiterait qu'elle prenne plus de vacances mais elle ne veut pas. Elle adore son travail et s'ennuie à la maison : elle tourne en rond, pense à ses dossiers et n'arrive pas à se reposer. À sa place, j'en profiterais ! Mais ma sœur et moi ne nous ressemblons pas du tout alors que nous sommes jumeaux.

Je manipule les phrases complexes

4 ★ **Reconstitue les phrases complexes.**

a. Luc a bu trop vite •	• qui picorait.
b. Donne-moi ton parapluie : •	• car il avait soif.
c. Le renard a mangé la poule •	• il dégouline.

5 ★★ **Complète le texte avec les éléments suivants :** *et* • *lorsque* • *:* • *mais.*

Hier, je me promenais dans la forêt … j'ai entendu un bruit. J'ai tendu l'oreille … le bruit a recommencé. J'ai pris peur … c'était peut-être un sanglier ? Soudain, j'ai vu passer devant moi un petit lapin. J'ai été soulagé … je suis quand même vite rentré chez moi !

6 ★★★ **Reconstitue des phrases complexes en ajoutant la ponctuation, la conjonction de coordination ou la conjonction de subordination de ton choix.**

a. La joueuse de football dribble … marque un but magnifique !

b. Leur voiture fait un drôle de bruit … ils sont sur l'autoroute.

c. Pol a oublié ses clés … il est tête en l'air.

Je transforme des phrases simples en phrases complexes

7 ★ **Transforme les phrases simples en une phrase complexe en employant la juxtaposition.**

a. C'est l'hiver. Les arbres perdent leurs feuilles.

b. Tu m'agaces ! Tu n'écoutes jamais mes conseils.

c. Les enfants s'amusent dans la cour. Ils se courent après.

8 ★★ **Transforme les deux phrases simples en une phrase complexe en employant la coordination.**

a. Mon gâteau est brûlé. Je l'ai oublié dans le four.

b. Aglaé a travaillé pour son contrôle. Elle a eu une mauvaise note.

c. Je t'avais prévenu du danger. Tu n'en as fait qu'à ta tête !

9 ★★★ **Transforme les deux phrases simples en une phrase complexe en employant la subordination. Fais toutes les modifications nécessaires.**

a. Les gens ont peur. Ils voient le loup.

b. J'adore. Tu me récites des poèmes.

c. Ahmed a beaucoup d'amis. Il est très sociable.

Je rédige des phrases complexes

10 ★ **Complète les phrases par une proposition juxtaposée ou coordonnée.**

a. J'ai mal aux oreilles … .

b. Pose ton sac … .

c. Ma famille est allée au ski … .

11 ★★ **Complète les phrases par une proposition subordonnée avec la circonstance indiquée.**

a. Mes écouteurs sont cassés (cause) … .

b. Le fleuriste a jeté les fleurs (temps) … .

c. Tu aimeras ce livre (condition) … .

12 ★★★ **Rédige un texte sur les préparatifs pour un départ en vacances, en respectant le modèle suivant :** phrase simple / phrase complexe avec deux propositions coordonnées / phrase complexe avec deux propositions reliées par subordination / phrase simple / phrase complexe avec trois propositions juxtaposées.

SYNTAXE

13 **Corrige ces phrases pour les rendre correctes.**

a. J'ai faim je vais me faire un sandwich.

b. Pour qu'on puisse aller au zoo.

c. Si tu es fatigué.

Je joue avec les mots

Olaf est-il un bon ou un mauvais sorcier ? Retrouve son histoire en ne gardant que des phrases complexes.

Olaf apprit la magie **lorsqu'il avait 10 ans / sans personne**. Il préparait des potions **en les mélangeant au hasard / qui guérissaient tout**. Il copiait les formules **dans une écriture illisible / pour que ses successeurs puissent les refaire**. On l'appelait **dès qu'il y avait un problème / « le magicien étrange »**.

J'applique pour écrire

• **Imagine** les pensées de chacun de ces deux personnages, qui vont commencer une nouvelle vie.
– L'homme emploie des phrases simples.
– La femme des phrases complexes.
Écris cinq phrases pour chacun d'eux.

Charlie Chaplin, *Les Temps modernes*, avec Charlie Chaplin et Paulette Goddard, 1936.

Je récapitule

FICHE IMPRIMABLE

Complète la leçon distribuée par ton/ta professeur(e) avec :

★ les mots de la leçon.
★★ des exemples personnels.
★★★ les mots de la leçon et des exemples personnels.

32 BILAN Reconnaître une phrase correcte

Une phrase

- **a**
  - un **sens**.
    → ~~Votre garage boit rapidement.~~
    → *Votre garage s'ouvre facilement.*
  - un **type** : déclarative, interrogative, impérative.
    → *Nous irons à la piscine demain.*
    → *Est-ce que nous pourrons aller à la piscine demain ?*
    → *Allons à la piscine demain.*
- **peut avoir**
  parfois une **forme** négative ou exclamative.
  → *Le tunnel n'est pas terminé.*
  → *Cette histoire est extraordinaire !*
- **commence par**
  une **majuscule**.
- **se termine par**
  une **ponctuation forte**.
  → *La lune est-elle pleine ce soir ?*
- **obéit**
  aux **règles** de la **syntaxe**.
  → ~~Souris chat mangé a~~
  → *Le chat a mangé la souris.*
- **peut être**
  - **non verbale**. Elle ne contient pas de verbe noyau.
    → *Enfin !*
  - **verbale**. Elle peut contenir un ou plusieurs verbes.
    → *Il sort du labyrinthe et se dirige vers le palais. Le roi l'attend.*

DÉFI BILAN

Voici un texte dans lequel toutes les phrases ne sont pas correctes. Trouve les erreurs et corrige-les.

★ 4 erreurs corrigées
★★ 7 erreurs corrigées
★★★ 10 erreurs corrigées

– Qu'est-ce qu'un lac, l'Ancienne

Et voilà ! Tewida, la bonne élève, jolie, faussement timide, baisse la tête et sourit… Elle ! M'exaspère.

– Un lac. Est une grande étendue d'eau, si calme qu'elle reflète le ciel. Il arrive que les chasseurs en trouvent quand ils descendent les dans trouées, mais ce sont de petites mares. Les lacs, eux, sont parfois si vastes qu'on n'en voit pas fin.

l'Ancienne aspire de nouveau son potage en faisant vibrer le liquide chaud, déglutit bruyamment. Elle est dégoûtante. Sa gorge flétrie. Bouge. Je veux partir d'ici. Mais si ma mère apprend je me suis enfuie juste parce que le cou ridé de l'Ancienne me donnait des frissons, elle m'obligera à y retourner tous. les jours. Plutôt mourir.

– ? Et comment un arbre peut-il guérir, l'Ancienne

D'après **Maria Pavlenko**, *Et le désert disparaîtra*

Lexique

33 Utiliser le dictionnaire

J'observe

POÈTE [pɔɛt] **n.** 1. Écrivain qui fait de la poésie. → (ancienn) **aède,** ① **barde, chantre, troubadour, trouvère.** *Les poètes romantiques.* — en parlant d'une femme *Cette femme est une grande poète, un grand poète.* SYN. **poétesse.** — **adj.** *Il, elle est poète.* 2. Auteur dont l'œuvre est pénétrée de poésie. 3. Personne douée de poésie (4). → **rêveur.**

ÉTYM. latin *poeta*, du grec *poiêtês* «auteur, créateur».

Le Robert collège, 2022.

a. Trouve les informations suivantes dans cet article de dictionnaire : la classe grammaticale, un synonyme, un exemple qui emploie le mot, la prononciation.

b. Combien de sens différents le mot a-t-il ?

c. Que veut dire l'abréviation « ÉTYM. » ? Sur quoi te renseigne-t-elle ?

Je retiens

- Le **dictionnaire** rassemble des **articles** pour **définir** les mots du lexique français. Ces définitions sont classées par **ordre alphabétique**.
- Chaque définition donne des renseignements sur la **classe grammaticale**, le **genre** du nom, le **groupe** du verbe, la **prononciation**, les **sens principaux**, l'**étymologie**.
- Le sens des mots est expliqué grâce à des **exemples**, des **synonymes** ou des **antonymes**.
- Les informations sont annoncées avec des **abréviations**.

Je m'entraîne

Exercices numériques

1 ★ **Classe ces mots par ordre alphabétique.**

bravoure • pèlerinage • prouesse • minutieux • bavarder • loi • série • rien

2 ★★ **Entre quels mots pourras-tu trouver le mot en gras ?**

a. ***Victoire*** : entre *vaincre* et *viaduc* / entre *vider* et *villa* / entre *verdure* et *vingt*

b. ***Salement*** : entre *salade* et *sale* / entre *saison* et *savourer* / entre *santé* et *stade*

c. ***Chercher*** : entre *chenapan* et *chérubin* / entre *chat* et *chemin* / entre *clé* et *clarté*

3 ★★ **À l'aide d'un dictionnaire, trouve les informations demandées.**

a. Genre du mot *chrysanthème*

b. Sens du mot *promontoire*

c. Classe grammaticale du mot *hautain*

d. Étymologie du mot *pécule*

e. Synonyme du mot *spirituel*

4 ★★★ **Quel mot peux-tu trouver juste après le mot en gras dans un dictionnaire ?**

a. **calcium** : carcéral • cancre • clavier • caler • calvaire • calmement

b. **repos** : redire • relecture • repas • replier • repousser

c. **fleurir** : franchise • farandole • flétrir • fuir • flibustier

Je joue avec les mots

1. Dans ce message, chaque nom est remplacé par celui du même genre qui le précède dans le dictionnaire. Décode-le à l'aide d'un dictionnaire.

J'ai caché un trépied dans la toupie du châtaignier. Il est au deuxième établissement dans le salami. Ouvrez l'armement et vous trouverez un cœur en bœuf qui contient un sabre rempli de pies.

2. À ton tour, imagine un message codé.

J'applique pour lire et écrire

- **Lis** cet extrait d'un poème qui utilise des mots inventés et **rédige** la définition imaginaire de l'un des deux mots soulignés.

Le Grand Combat

Il l'<u>emparouille</u> et l'endosque contre terre ;
Il le rague et le roupète jusqu'à son drâle ;
Il le pratèle et le libucque et lui barufle les <u>ouillais</u> ;
Il le tocarde et le marmine.

Henri Michaux, « Le Grand combat » (extrait), *Qui je fus* © Éditions Gallimard, 1927.

Je récapitule

FICHE IMPRIMABLE

Complète la leçon distribuée par ton/ta professeur(e) avec les mots de la leçon.

34 Sens propre et sens figuré

J'observe

Il était tard : un rayon de soleil fusait entre les rideaux. Linda courut à la fenêtre et, d'un seul geste, ouvrit les deux pans du tissu – fffrac ! Un torrent de lumière se déversa dans la pièce. Linda plissa les yeux pour contempler la neige, les chalets, le lac gelé…

Christel Mouchard, *Une fille dans la forêt*,

a. Parmi les deux groupes nominaux qui désignent la lumière, lequel emploie un nom qui n'a pas son sens habituel ?

b. Fais une phrase pour employer ce mot dans son sens plus habituel.

Je retiens

- Certains mots sont **polysémiques**. Ils ont :
  - un **sens propre**, le plus habituel, celui que l'on trouve en premier dans le dictionnaire ;
    → *En raison des fortes pluies, le* ***torrent*** *déborde.* (*torrent = courant d'eau*)
  - un **sens figuré** qui est plus imagé, plus abstrait.
    → *Je suis éblouie par ce* ***torrent*** *de lumière.* (*torrent = idée abstraite d'abondance*)
- Il faut être attentif au contexte pour savoir dans quel sens le mot est employé.
- De nombreuses expressions du lexique utilisent le sens figuré d'un mot : « être dans la lune »…

Je m'entraîne

Exercices numériques

1 ★ **Dans chaque paire de phrases, indique si les mots en gras sont employés au sens propre ou au sens figuré.**

a. Ils cherchaient à voir des **étoiles** filantes. / Cette joueuse est l'**étoile** du basketball espagnol.

b. Ce médecin est spécialiste des maladies du **cœur**. / Son attitude est au **cœur** du problème.

c. Dans la vie, tout n'est pas toujours **rose**. / Mes fleurs préférées sont les **roses**.

2 ★★ **Indique si les mots en gras sont employés au sens propre ou au sens figuré.**

a. Elle est au **sommet** de sa gloire depuis sa grande **victoire**.

b. Arrête de te **creuser** la tête ! Je vais te donner la **clé** du problème.

c. Les acteurs ont été excellents sur **scène** ce soir : ils sont sortis sous un **tonnerre** d'applaudissements.

3 ★★★ **Explique dans quel contexte les phrases peuvent prendre un sens propre ou un sens figuré.**

Ex. : *Tomber dans les pommes.* = *s'évanouir* (sens figuré), *Tomber dans un bac rempli de pommes.* (sens propre)

a. Les entraîneurs ont préparé le terrain pour la finale.

b. Le hall d'entrée de cet immeuble est glacial.

c. Il a fait des étincelles.

Je joue avec les mots

EN GROUPE Voici quatre expressions au sens figuré. Chaque élève en tire une au sort, la dessine dans son sens propre et la fait deviner à ses camarades.

- avoir les yeux plus gros que le ventre
- mener quelqu'un par le bout du nez
- mettre les pieds dans le plat
- en avoir plein le dos

Avoir la tête dans les nuages.

J'applique pour écrire

- **Cherche** quatre expressions au sens figuré avec le nom « tête » et **écris** une courte histoire pour les employer. Tu peux commencer par : « Ma meilleure amie est extraordinaire. Elle a souvent la tête… »

Je récapitule

FICHE IMPRIMABLE

Complète la leçon distribuée par ton/ta professeur(e) avec :

★ les mots de la leçon.
★★ les exemples de ton choix.
★★★ les mots de la leçon et les exemples de ton choix.

35 Le champ lexical

J'observe

Le soir suivant, quand l'obscurité fut venue, Tatius se cacha dans un petit bois voisin du fort et attendit le signal convenu, qui devait être une torche rouge allumée au haut du mur.
Toutes les étoiles brillaient au ciel.

Laura Orvieto, *Contes et légendes de la naissance de Rome*, © Nathan, 1962.

a. Quel signal le personnage attend-il ?
b. Relève tous les mots qui se rapportent à cette idée.
c. Précise la classe grammaticale de chacun des mots de cette liste.

Je retiens

- Le **champ lexical** est un **ensemble de mots** se rapportant à une **même idée**.
Ces mots peuvent appartenir à **plusieurs classes grammaticales**.

Lumière
- nom : *torche*
- verbe : *allumée, brillaient*
- adjectif : *rouge*

Je m'entraîne

Exercices numériques

1 ★ **Cherche l'intrus dans chacune de ces listes.**
a. **champ lexical des émotions :** pleurer • joie • tristement • rapide • haine
b. **champ lexical de l'espace :** alien • vaisseau • voler • astronaute • nature
c. **champ lexical de la guerre :** combattre • armure • bombardement • course • soldat

2 ★★ **Identifie le champ lexical de chacune de ces listes.**
a. vacarme, brouhaha, s'exclamer, cri, assourdissant
b. aride, chaleur, nomade, sable, chameau
c. fidélité, attentionné, courageusement, solidarité

3 ★★ **Complète avec un mot les champs lexicaux indiqués, en respectant la classe grammaticale demandée.**
a. **champ lexical du sport :** ski, endurant, course, (verbe)
b. **champ lexical de l'obscurité :** éteindre, noirceur, sombrement, (adjectif)
c. **champ lexical de l'aventure :** voyager, dangereusement, équipé, (nom)
d. **champ lexical du monstrueux :** créature, laid, effrayer, (adverbe)

4 ★★★ **Trouve un nom, un verbe, un adjectif et un adverbe pour constituer le champ lexical indiqué.**
a. champ lexical de la gourmandise
b. champ lexical de la peur
c. champ lexical des végétaux

Je joue avec les mots

ORAL **Raconte ta journée au collège en n'employant aucun mot du champ lexical de l'école.**

EN GROUPE **Faites un abécédaire de la mer, en trouvant des mots de ce champ lexical qui commence par chacune des lettres de l'alphabet.**

J'applique pour écrire

- **Fais** une liste de dix mots appartenant au champ lexical de l'hiver. **Utilise**-les pour décrire le tableau ci-dessous, dans un texte de cinq lignes minimum.

Claude Monet, *Neige à Argenteuil*, 1875, musée national de l'art occidental, Tokyo.

Je récapitule

FICHE IMPRIMABLE

Complète la leçon distribuée par ton/ta professeur(e) avec :
★ les mots de la leçon.
★★ un champ lexical de ton choix.
★★★ les mots de la leçon et un champ lexical de ton choix.

36 Les relations entre les mots

J'observe

La voiture continua à rouler sous les grands et beaux arbres qui étendaient leurs énormes branches sur le chemin. Cédric vit de nouveau les larges places couvertes de fougères, et celles où les clochettes bleues s'agitaient à la brise. Il traversa des espaces plongés dans une ombre profonde et d'autres inondés de soleil.

Frances Hodgson Burnett, *Le Petit Lord*, trad. E. Dupuis, © Delagrave, 1888.

a. Relève trois adjectifs de grandeur. Peux-tu les permuter ?

b. À quel autre nom du texte le nom « ombre » peut-il être opposé ?

c. Emploie le mot « sous » dans une autre phrase où il aura un autre sens. Appartient-il à la même classe grammaticale ?

Je retiens

▶ Regarde la leçon animée. bordas.media/733907_096

- Les **mots** du lexique peuvent être associés selon des **relations** de **sens** ou de **forme**.

Relations de sens

Les mots peuvent être **synonymes** : sens équivalent ou proche, même classe grammaticale.
→ *grands / immenses* • *rouler / avancer* • *ombre / obscurité*

Les mots peuvent être **antonymes** : sens opposé, même classe grammaticale.
→ *grands / petits* • *rouler / arrêter* • *ombre / soleil*
Remarque : on peut former des antonymes en ajoutant un préfixe.
→ *couvertes / découvertes*

Relations de formes

Les mots peuvent être **homonymes** : même prononciation, même orthographe ou non, même classe grammaticale ou non.
→ *sous* (préposition) *les arbres / elle donne des sous* (nom) • *sait* (verbe) */ ses* (déterminant)

Les mots peuvent être **paronymes** : prononciation et orthographe proches, souvent même classe grammaticale.
→ *étendaient / attendaient* • *j'emprunte / une empreinte*

Je m'entraîne

Exercices numériques

Je reconnais des mots liés par le sens

1 ★ **Associe chaque mot de la liste a à son synonyme dans la liste b.**

Liste a : éclairer • rythme • solitaire • danse • errer • hauteur

Liste b : ronde • illuminer • altitude • traîner • allure • esseulé

2 ★★ **Pour chaque couple de phrases, précise si les mots en gras sont synonymes ou antonymes.**

a. La chanteuse est **applaudie**. / La chanteuse est **acclamée**.

b. Ce masque est **grotesque**. / Ce masque est **sublime**.

c. Les **compagnons** avancent rapidement. / Les **concurrents** avancent rapidement.

d. Le temps est **clément**. / Le temps est **atroce**.

3 ★★★ **Cherche l'intrus dans les listes suivantes.**

a. ancien, âgé, mûr, autre, antique, vieux, aîné

b. libérer, détacher, dégager, sortir, tenir, évacuer, vider

c. silence, expression, secret, mutisme, mystère, calme

Je reconnais des mots liés par la forme

4 ★ **Donne un mot de la même famille que chacun de ces homonymes pour expliquer leur différence orthographique.**

a. fin / faim

b. point / poing

c. bas / bat

d. mors / mord

5 ★★ **Donne un mot de la même famille que chacun de ces paronymes pour les distinguer.**

a. affectif / effectif

b. illusion / allusion

c. stage / stade

d. accès / excès

★★★
6 Explique si chaque mot souligné peut être confondu avec un homonyme ou un paronyme.
Dans ce conte, l'héroïne apprend un terrible secret. Un vieux magicien a jeté un sort à son oncle et depuis cet incident, celui-ci vit dans la forêt, transformé en cerf. D'abord la fille ne croit pas à cette histoire, mais elle décide vite d'éclaircir ce mystère.

Je manipule les synonymes et les antonymes

★
7 Forme les antonymes des mots suivants en ajoutant ou en modifiant le préfixe.
agréable • correct • intérieur • monter • adroit • content

★★
8 Remplace chaque mot en gras par un synonyme puis par un antonyme.
a. Ce monstre était la créature la plus **cruelle** qu'Ulysse avait rencontrée.
b. Après notre arrivée, il était très **fatigué**.
c. Il est l'heure de **monter** la montagne.
d. Les clients entrent **calmement**.

★★★
9 Remplace les verbes *dire* et *faire* par des synonymes plus précis.
a. Le médecin lui a dit de rester au lit.
b. Parfois, dire un secret est risqué.
c. Es-tu prête pour dire ta poésie ?
d. C'est une artiste qui a fait cette fresque.
e. En arrivant, vous ferez un feu.
f. Persée n'avait fait aucune erreur.

Je manipule les homonymes et les paronymes

★
10 Complète la phrase avec le bon homonyme.
a. Je n'ai jamais rien vu d'aussi **lait** / **laid** !
b. Qui sait calculer l'**aire** / **air** d'un carré ?
c. C'est une poésie écrite en **vers** / **ver**.
d. C'est en sortant du **balle** / **bal** que Cendrillon a perdu sa pantoufle.

★★
11 Distingue ces homonymes en les employant chacun dans une phrase qui précise leur sens.
a. champ / chant
b. vingt / vin
c. saut / sot
d. porc / port

★★★
12 Complète ces phrases avec les bons paronymes.
a. Avons-nous payé cette dernière **facture** / **fracture** ?
b. Dans l'Antiquité, l'**irruption** / **éruption** du volcan Etna a ravagé Pompéi et sa région.
c. L'incendie a **embrasé** / **embrassé** tout le quartier.
d. Je regrette, ce n'était pas mon **attention** / **intention** de te faire de la peine.

ORTHOGRAPHE

13 Réécris ce texte en choisissant le bon homonyme. Attention aux accords et à la conjugaison.
Les petits singes font des (bon/bond) depuis le (haut/eau) des arbres. Avec leurs petites (patte/pâte), ils s'accrochent aux branches (cent/sans) tomber. Leur (maire/mère) (cour/cours/court) derrière eux pour (les/laits) rattraper, (mais/mets/mes) elle ne (peu/peut) pas aller aussi vite (queue/qu'eux).

Je joue avec les mots

Voici un menu fantaisiste. Réécris-le pour en faire un vrai menu possible.

Menu du jour
Poisson fané
Filer de saumon
Muret de céleri
Balade de chèvre chaud
Dessert
Glace aux mois de pécan
Cake aux murs

J'applique pour lire et écrire

Un train, des rails
Un voleur, des valises
Un avion, des colles
Un ouragan, des cimes
Un ministre, des crêtes
Un bain, des taons
Un milliardaire, des panses
Un brocanteur, des niches
Un vendeur, des marches
Un supérieur, des legs
Un tableau, des corps
Un escroc, des robes
Un ascenseur, des cents...
Et un plus un font d'eux...
Des pluriels.

Gildas Féré, *Les mots décollent*, © L'école des loisirs, 2004.

1. **Explique** comment le sens de chaque vers change si tu le lis ou si tu l'entends.
2. **Réécris** le poème pour que l'orthographe corresponde au sens attendu.
3. **Réécris** les vers soulignés pour dire l'inverse, en employant des antonymes.

Je récapitule

FICHE IMPRIMABLE

Complète la leçon distribuée par ton/ta professeur(e) avec :
★ les mots de la leçon.
★★ des exemples personnels.
★★★ les mots de la leçon et des exemples personnels.

37 Les registres de langue

J'observe

– J'ai vu que tu étais sur ton téléphone.
– Hmm, fit la gamine. Je vérifiais un truc.
Sa mère soupira et jeta un magazine de mots croisés dans sa direction. Il atterrit sur le cahier de vacances, dont il froissa les pages centrales.
– Oh mais mince, je vais plus pouvoir faire ces pages-là maintenant !

Julia Thévenot, *Bordeterre* © Sarbacane, 2020.

a. Dans la phrase soulignée, quel mot montre que la jeune fille s'adresse à sa mère ?
b. Quel mot peut-on ajouter dans la dernière phrase pour exprimer la négation ?
c. Pourquoi ces formules sont-elles possibles dans cette situation ?

Je retiens

▶ Regarde la leçon animée. bordas.media/733907_097

- Les **registres de langue** dépendent de la **situation dans laquelle on s'exprime**, à l'oral ou à l'écrit, et des **liens entre les locuteurs**.

Trois registres de langue

familier
- Il est utilisé entre des **personnes proches** à l'**oral**.
- On emploie des **mots familiers** *(truc)*, des **abréviations** *(ciné)*, des **tournures** de phrases **familières**.
→ *Tu viens au ciné ?* • *Je viens pas au ciné.*

courant
- Il est utilisé dans des **situations neutres** de la vie courante à l'**oral** et à l'**écrit**.
- On emploie des **mots courants** et des tournures de **phrases correctes**.
→ *Est-ce que tu viens au cinéma ?* • *Je ne viens pas au cinéma.*

soutenu
- Il est utilisé pour marquer le **respect**, dans les **situations officielles** surtout à l'**écrit**.
- On emploie des **mots** plus **complexes**, plus rares, et le **vouvoiement**.
→ *Viendriez-vous au cinéma ?* • *Je ne vais guère au cinéma.*

Je m'entraîne

Exercices numériques

1 ★ **Dans chaque liste, repère le mot appartenant au registre indiqué.**
a. registre familier : homme • ami • invité • pote • voisin
b. registre courant : sympa • rigolo • marrant • fendard • drôle
c. registre soutenu : souci • émotion • tracas • ennui • émoi

2 ★★ **Donne l'équivalent en registre courant de ces mots du registre familier.**
mec • relou • moche • tifs • dico • trouille

3 ★★★ **Remplace les expressions soulignées par des expressions appartenant au registre soutenu.**
a. Notre cadeau l'a beaucoup touché.
b. Sa mère n'aimait pas qu'il sorte habillé ainsi.
c. Le soleil éclairait toute la pièce dès le matin.

Je joue avec les mots

Trouve l'intrus dans cette liste.
bof • pif • reuf • tof • vif • teuf • taf

J'applique pour écrire

Tu as perdu ton chemin et tu demandes à quelqu'un de t'aider.
• **Imagine** trois courts dialogues, adressés successivement à : un(e) ami(e) proche ; un(e) voisin(e) que tu connais un peu ; le maire ou la mairesse de la ville.

Je récapitule

FICHE IMPRIMABLE

Complète la leçon distribuée par ton/ta professeur(e) avec :
★ les mots de la leçon.
★★ des exemples personnels.
★★★ les mots de la leçon et des exemples personnels.

38 L'origine et la formation des mots

J'observe

Le diamant

Son nom vient du grec « *adama* » qui signifie « invincible », « indestructible ». C'est le plus dur de tous les minéraux, l'un des plus rares et l'un des plus chers. Constitués de carbone pur, les diamants ont cristallisé dans le manteau terrestre.

Philippe Simon, *Les Minéraux*, © Fleurus, 2020.

a. Quel mot grec est à l'origine du nom « diamant » ?

b. Quel autre mot reconnais-tu dans le mot « indestructible » ?

c. Donne un mot de la même famille que « cristallisé » et sers-t'en pour expliquer le sens de ce mot.

Je retiens : l'origine des mots

- L'**étymologie** nous renseigne sur l'**origine des mots**.

Étymologie du lexique français

latin et grec (80 %)

- Des **mots savants**, venus du **latin**.
  → *minéral* < *mineralis* (*pierre*)
- Des **mots populaires**, qui se sont transformés depuis la **racine latine**.
  → *château* < *castellum* • *mère* < *mater* • *eau* < *aqua*

Des **mots savants** venus du **grec**.
→ *géologie* < *geo* (*terre*) + *logos* (*science*)

autres langues (20 %)

Des **mots empruntés** :
arabe (*zéro*), anglais (*train*), espagnol (*moustique*), allemand (*hache*), nahuatl, mexicain (*chocolat*), japonais (*karaté*), hindi (*yoga*)…

- **Les principaux éléments latins et grecs pour former des mots savants**

Éléments latins		Éléments grecs		
• ***aqua :*** eau • ***cide :*** qui tue • ***cole :*** qui cultive	• ***omni :*** tout • ***vore :*** qui mange	• ***archéo :*** ancien • ***biblio :*** livre • ***bio :*** vie	• ***graphe :*** écrire • ***gone :*** angle • ***mythe :*** histoire	• ***péri :*** autour • ***phile :*** qui aime • ***phobe :*** qui a peur

Je m'entraîne

Exercices numériques

Je reconnais l'origine des mots empruntés

1 ★ **Associe chaque mot de la liste a à son origine de la liste b. Aide-toi si besoin d'un dictionnaire.**

Liste a : short • chorizo • spaghetti • manga • ukulélé

Liste b : italien • japonais • anglais • hawaïen • espagnol

2 ★★ **Dans chaque liste, indique le mot qui n'a pas l'origine indiquée. Aide-toi si besoin d'un dictionnaire.**

a. **Arabe :** chiffre • ours • café • échecs • hasard

b. **Espagnol :** paëlla • corrida • rodéo • glace • canyon

c. **Allemand :** tank • valse • palmier • choucroute • handball

d. **Anglais :** club • rugby • bulldozer • express • pizza

3 ★★★ **Trouve le mot correspondant à la définition donnée.**

a. Mot venant de l'arabe, désignant le point le plus haut dans la course du soleil.

b. Mot venant du chinois, désignant une poêle profonde.

c. Mot venant de l'allemand, désignant ce que les militaires portent sur la tête dans les cérémonies officielles.

d. Mot venant du russe, désignant un éléphant gigantesque vivant dans des régions froides, aujourd'hui disparu.

Je manipule les mots savants

4 ★ **Dans les listes suivantes, quel mot ne vient pas de la racine latine ou grecque indiquée ?**

a. De *equus* (cheval) : équitation • équestre • équateur • équidé

b. De *auto* (tout seul) : automobile • automne • automate • autonome

c. De *carnis* (chair, viande) : carnivore • carnassier • carnage • carnet

5 ★★ **Associe les éléments de la liste a à ceux de la liste b pour former des mots savants dont tu donneras la définition. Plusieurs combinaisons sont possibles.**

Liste a	Liste b
ortho-	-mètre
géo-	-graphe
chrono-	-logie
astro-	

6 ★★★ **Trouve les mots savants correspondant aux définitions suivantes. Pour certains, tu peux t'aider du tableau de la leçon.**

a. qui aime les livres

b. écriture de la vie de quelqu'un

c. qui a peur de l'eau

d. d'une seule couleur

e. qui forme un angle droit

Je retiens : la formation des mots

- Les mots en français sont **formés de deux manières**.

La formation des mots

par dérivation

à partir d'un **radical** auquel on ajoute un ou des **affixes** :
- le **préfixe** change le **sens** du radical ;
- le **suffixe** change en général la **classe grammaticale** du radical.

mal-	*adroite*	*-ment*
préfixe	radical	suffixe

par composition

à partir d'au moins **deux mots** :
- les mots sont séparés par un **blanc** ; → *ver de terre*
- les mots sont séparés par un **trait d'union** ; → *arc-en-ciel*
- les mots sont **soudés**. → *portemanteau*

- **Des préfixes et des suffixes pour former des mots par dérivation.**

Principaux préfixes	Principaux suffixes		
	pour former des noms	pour former des adjectifs	pour former des verbes
a- : négation (*asocial*) **anti- :** contre (*antipollution*) **anté- :** avant (*antérieur*) **co- :** avec (*covoiturage*) **in- (il-, ir-, im-) :** privation (*impoli*) **post- :** après (*postérieur*) **re- :** à nouveau (*rebondir*)	**-age :** action (*blocage*) **-ette :** petit (*fourchette*) **-iste :** celui qui fait (*garagiste*) **-ment :** action (*commencement*) **-té :** qualité (*rareté*) **-tion :** action (*révolution*)	**-al :** qui a les qualités (*glacial*) **-aire :** qui a les qualités (*temporaire*) **-able (-ible, -uble) :** qui a la capacité (*responsable*)	**-ifier, -iser :** changer (*solidifier, cristalliser*)

Je m'entraîne

Exercices numériques

Je manipule les mots formés par dérivation

7 ★ **Forme des verbes de la même famille que *mettre* en ajoutant les préfixes suivants et emploie chacun d'eux dans une phrase.**

trans- • re- • per- • sou(s)-

8 ★★ **Emploie les préfixes négatifs *dé-*, *in-*, *mal-* ou *mé-* pour former des antonymes. Attention, il peut y avoir une modification d'orthographe.**

content • légal • aventure • entendu • probable • boutonner

9 ★★★ **À partir du radical donné, forme des verbes et des noms de la même famille en ajoutant un préfixe, un suffixe ou les deux.**

radical	verbes	noms
beau		
grand		
long		
ferme		
célèbre		

Je manipule les mots composés

10 ★ **Indique la classe grammaticale à laquelle appartient chaque élément du nom composé et emploie-le dans une phrase de ton choix.**

a. cure-dents
b. avant-centre
c. tête-à-tête
d. chou-fleur

11 ★★ **Trouve le nom composé correspondant à chaque définition. Aide-toi des classes grammaticales indiquées.**

a. un instrument pour aiguiser les crayons : verbe + nom
b. une personne qui n'entend pas et qui ne parle pas : adjectif + adjectif
c. un jeu d'énigmes, qui fait beaucoup réfléchir : verbe + nom
d. un endroit sûr pour garder des choses précieuses : nom + adjectif

12 ★★★ **En t'aidant des modèles, trouve un nouveau nom composé et emploie-le dans une phrase.**

a. verbe + nom (*gratte-ciel*)
b. nom + nom (*chien-loup*)
c. nom + préposition + nom (*rouge à lèvres*)
d. adjectif + nom (*grands-parents*)

ORTHOGRAPHE

13 **Réécris ce texte en remplaçant les expressions soulignées par un mot formé par dérivation ou savant. Attention aux accords.**

Dans les endroits qui servent à conserver les livres, on trouve des trésors qu'on ne peut pas estimer : des histoires de héros qu'on peut admirer, des portraits de créatures qu'on ne peut pas vaincre, des aventures qu'on ne peut pas imaginer. Les amateurs de livres découvrent de manière régulière des récits qu'ils ne connaissent pas et qui sont de bons moyens de se divertir.

Je joue avec les mots

Trouve des mots savants pour désigner des personnes qui se nourrissent de quelque chose en priorité. Certains existent ! Saurais-tu dire lesquels ?

Ex. : *locavore : qui mange des produits locaux*

a. chocolat
b. bandes dessinées
c. livres
d. eau
e. histoires

J'applique pour lire et écrire

La vipèrenoël

C'est à ses écailles rouge vif, à sa tête triangulaire et à sa collerette blanche qu'on reconnaît la vipèrenoël. Ce reptile n'hiberne guère et quand vient le solstice d'hiver, il offre aux petits enfants de jolis cadeaux venimeux : des nounours empoisonnés, des trains électriques piégés ou des poupées contaminées. La fête de la vipèrenoël est d'une fréquence annuelle. Elle en est la seule convive car elle déteste qu'on vive à ses crochets.

Hervé Le Tellier, *Les Opossums célèbres*, © Le Castor Astral, 2007.

1. **Explique** comment est formé le titre de ce poème.
2. **Relève** un verbe formé avec un préfixe, un adjectif formé avec un suffixe, un nom composé au pluriel, un adjectif composé au singulier, un nom savant formé à partir de « soleil » en latin.
3. **Écris** à ton tour le portrait d'un animal étrange et célèbre, par exemple la « musareinedangleterre », l'« écrevulysse » ou le « camépoléon » et repère les différents types de mots que tu as utilisés.

Je récapitule

FICHE IMPRIMABLE

Complète la leçon distribuée par ton/ta professeur(e) avec :

★ les mots de la leçon.
★★ des exemples personnels.
★★★ les mots de la leçon et des exemples personnels.

39 Les figures de style

J'observe

Elle y trouva un inattendu salon blanc et or au rez-de-chaussée, mais un premier étage abandonné comme un grenier. Les chambres à coucher, glacées, ne <u>parlaient</u> ni d'amour ni de doux sommeil.

D'après **Colette**, *La Maison de Claudine*,

a. Relève l'expression qui précise à quoi ressemble le premier étage.

b. Pourquoi le verbe souligné est-il surprenant ? Que dit-il des chambres à coucher ?

c. Est-ce que le groupe nominal « une maison sans vie » pourrait convenir comme titre ? Pourquoi ?

Je retiens

▶ Regarde la leçon animée.
bordas.media/733907_098

- Les **figures de style** sont des procédés qui jouent avec le sens ou la forme des mots, pour produire un effet sur le lecteur.
  Elles sont employées dans la littérature, mais aussi dans la vie quotidienne, dans la publicité...

Les figures de style

- **la périphrase** : remplace un mot par un groupe de mots qui a le même sens, comme une définition.
  → *Poséidon = le dieu des mers*
- **la comparaison** : met en relation deux éléments qui ont un point commun en associant un **comparé** et un comparant avec un <u>outil de comparaison</u> (*comme, tel, ainsi que, ressembler à*...).
  → *La **maison** <u>ressemble à</u> une ruine*.
- **la métaphore** : met en relation deux éléments qui ont un point commun, sans outil de comparaison.
  → *Elle vit dans une ruine* (= *une maison qui ressemble à une ruine*).

Je m'entraîne

Exercices numériques

Je reconnais et je manipule les périphrases

1 ★ **Associe chaque périphrase de la liste a à ce qu'elle désigne dans la liste b.**

Liste a : le roi des animaux • la planète bleue • le ballon rond • la cité phocéenne • les soldats du feu

Liste b : les pompiers • le football • la Terre • le lion • Marseille

2 ★★ **Trouve ce que désignent ces périphrases.**

l'or noir • le septième art • la langue de Molière

3 ★★★ **Explique ce que désignent ces périphrases. Dans les deux cas, il y a un rapport avec le ciel.**

a. <u>L'astre au front d'argent</u> blanchit la surface du lac. (Lamartine, « Le lac »)

b. Le crapaud, sans effroi, sans honte, sans colère, / Doux, regardait <u>la grande auréole solaire</u>. (Hugo, « Le Crapaud »)

Je reconnais la comparaison et la métaphore

4 ★ **Repère les éléments qui composent les comparaisons dans les phrases suivantes.**

a. L'eau était aussi limpide qu'un miroir.

b. Sur les toits, un chat se déplace tel un funambule sur un fil.

c. Leur cabane avait l'air d'une pyramide suspendue.

d. Les feuilles tombées au sol craquaient sous nos pieds comme du bois sec.

5 ★★ **Explique si la phrase contient une comparaison ou une métaphore, en repérant la présence ou non d'un outil de comparaison.**

a. Un manteau de neige couvre les sommets.

b. Les arbres dansent au vent tels des ballerines.

c. Anny court telle une gazelle et dépasse tous ses adversaires.

d. Le poids des années lui courbe le dos.

6 ★★★ **Repère la comparaison ou la métaphore présente dans les vers suivants.**

a. Ma jeunesse ne fut qu'un ténébreux orage (Baudelaire, « L'ennemi »)

b. Sa barbe était d'argent comme un ruisseau d'avril (Hugo, « Booz endormi »)

c. Le lac, divin miroir (Lamartine, « Le lac »)

d. La terre est bleue comme une orange (Éluard, *L'Amour, la poésie*)

Je manipule la comparaison et la métaphore

7 ★ **Complète ces comparaisons fréquentes avec un nom d'animal.**

a. Rusé comme un ...

b. Fier comme un ...

c. Doux comme un ...

d. Nu comme un ...

8 ★★ **Complète ces comparaisons.**

a. Le ciel nuageux ressemble à ...

b. Votre maison était aussi sombre que ...

c. Ses cheveux sont roux comme ...

9 ★★★ **Transforme la métaphore en une comparaison en ajoutant un outil de comparaison et en exprimant le point commun.**

Ex. : *La neige de tes cheveux = Tes cheveux **blancs** comme de la neige*

a. Un homme au soir de sa vie.

b. Un enfant qui est le soleil de la famille.

c. Un bateau qui vole sur les flots.

J'identifie et j'explique les figures de style

10 ★ **Dans chaque expression, repère la figure de style employée pour désigner un portail et explique la qualité de l'objet qu'elle met en avant.**

le gardien de ma maison • une grille lourde comme de la pierre • un rideau de fer

11 ★★ **Repère la figure de style présente dans ces expressions et explique l'effet que chacune apporte sur l'élément décrit.**

a. **le grenier :** la pièce la plus poussiéreuse de la maison

b. **la pluie :** une pluie froide comme la glace

c. **un immeuble :** un géant de béton

12 ★★★ **Relève la périphrase, la comparaison et la métaphore dans ce texte et explique les effets qu'elles apportent sur le personnage.**

Quand elle avait une idée en tête, Lise filait droit devant, telle une locomotive lancée à toute vapeur. Elle était la plus jeune de la famille, mais tout le monde la surnommait « le boulet de canon ». Sa volonté de lion lui permettait d'accomplir tout, même l'impossible !

ORTHOGRAPHE

13 **Complète les comparaisons avec l'outil de comparaison proposé entre parenthèses, en faisant les accords nécessaires avec le comparé souligné.**

À son poignet, deux bracelets en or (ressembler à) des éclairs. Autour de son cou, une petite perle bleue (être semblable à) une goutte de pluie. Quand elle bougeait, elle (avoir l'air de) un ciel lumineux.

Je joue avec les mots

Identifie la figure de style dans ces titres de films.

a. *Robin des bois, prince des voleurs*

b. *Comme des bêtes*

c. *La vie est un long fleuve tranquille*

d. *Kuzko, l'empereur mégalo*

J'applique pour lire et écrire

Les coquelicots

Ils éclatent dans le blé, comme une armée de petits soldats ; mais d'un bien plus beau rouge, ils sont inoffensifs. Leur épée, c'est un épi.
C'est le vent qui les fait courir.

Jules Renard, *Histoires naturelles*, 1896.

1. **Relève** une comparaison et une métaphore dans ce texte.

2. **Trouve** une périphrase pour désigner les coquelicots en t'aidant du texte et de l'image.

3. **Écris** à ton tour quelques lignes pour décrire le blé, comme sur l'image, en utilisant une comparaison et une métaphore.

Coquelicots dans un champ de blé.

Je récapitule

FICHE IMPRIMABLE

Complète la leçon distribuée par ton/ta professeur(e) avec :

★ les mots de la leçon.

★★ des exemples personnels.

★★★ les mots de la leçon et des exemples personnels.

40 Bien écrire les mots courants

Je retiens

L'orthographe obéit à des règles qui peuvent dépendre de l'étymologie.
Connaître des mots de la même famille peut également aider.

Voici aussi quelques règles et astuces pour éviter des erreurs fréquentes.

Les noms en *-té*	Le suffixe *-té* forme les **noms féminins** qui expriment une **qualité**, à partir d'un adjectif. ⚠ Ne pas confondre avec *durée*, *journée*, *soirée*, *dictée*	*la beauté (beau), la santé (sain), la liberté (libre)*
Règle MBP	Devant les consonnes *-m*, *-b* et *-p*, le ***n*** devient *m*, **sauf** *bonbon*, *néanmoins*	*un immeuble sombre et simple*
Les noms en *-s* en *-x* ou en *-z*	Les noms qui se terminent par un *-s*, un *-x* ou un *-z* s'écrivent de la même façon au singulier et au pluriel.	*discours*, *printemps*, *succès*, *corps*, *cours* (d'eau ou leçon), *discours*, *mois*, *parcours*, *pays*, *poids*, *progrès*… *croix*, *noix*, *paix*, *voix* (vocal), *gaz*, *nez*, *quiz*, *riz*…
Les adjectifs en *-s* ou en *-x*	Les adjectifs qui se terminent par un *-s* ou un *-x* au masculin singulier ne changent pas au masculin pluriel.	*bas*, *gris*, *français*, *précis*, *divers*… *astucieux*, *heureux*, *vieux*, *doux*, *jaloux*, *faux*…
Les noms en *-eur*	Les noms en *-eur* s'écrivent presque tous *-eur*, **sauf** *une demeure*, *une heure*, *le beurre*, *un leurre* (tromperie), *un heurt* (une blessure)	*le cœur de la fleur*
Les noms en *-oir*	– Les **noms masculins** se terminent souvent par *-oir*, **sauf** *un accessoire*, *un auditoire*, *un interrogatoire*, *un laboratoire*, *un observatoire*, *un répertoire*, *un territoire* – Les **noms féminins** se terminent toujours par *-oire*.	*une histoire dans le tiroir*
Cédille ou non ?	La cédille est nécessaire devant les voyelles *-a*, *-o* et *-u*.	*Ceci ? Le garçon a reçu ça.*
Des erreurs fréquentes	***milieu*** n'a qu'un seul *l*, il n'est pas de la même famille que *mille*.	*Une rivière coule au milieu du champ aux **mille** fleurs.*
	en train de s'écrit en trois mots	*Il est en train de lire. ≠ Il était plein d'**entrain** (de joie).*
	parce que (2 mots) ≠ ***puisque*** (1 seul mot)	*– Je ne veux pas aller à la piscine parce que je n'aime pas l'eau.* *– Puisque nous allons à Londres en septembre, j'ai décidé de prendre des cours d'anglais.*
	trop, ***beaucoup*** se terminent par *p*	*Il y a beaucoup trop de gens dans ce musée.*
	très se termine par un *s*	*Ce manteau coûte très cher.*
	toujours et ***jamais*** se terminent toujours par un *s*	*Toujours a toujours un s, ne jamais l'oublier à jamais.*

Je m'entraîne

Exercices numériques

1 ★ **Écris correctement le mot manquant.**

a. 3 **p**… 3 est égal à 6 et 6 **m**… 4 est égal à 2.

b. Ulysse est un **h**… grec.

c. Lequel veux-tu ? Tu as le **ch**… entre le bleu et le noir.

d. Ça déborde ! Tu en mets beaucoup **t**… !

e. Souvent, les enfants ont **p**… du loup.

f. Pour gagner, tu dois atteindre le **m**… de la cible.

2 ★ **Lequel des deux mots est mal orthographié dans chaque série ? Indique à quelle règle de la leçon cela correspond.**

a. printemp • puits
b. glaçon • facade
c. sueur • longueure
d. emblème • renplir

3 ★ **Repère les mots mal orthographiés et corrige-les.**

a. la qualité
b. une journé
c. de la quantitée
d. une durée
e. la fraternité
f. une dictée
g. la rapidité
h. une égalitée

4 ★★ **Rédige une phrase en employant les mots suivants dans l'ordre que tu veux.**

a. beaucoup • histoire • malheur • souris
b. milieu • vieux • heureux • temple
c. égalité • voix • temps • discours
d. toujours • univers • ensemble • paix
e. puisque • secours • rapidité • trottoir
f. aventureux • fois • campement • territoire

5 ★★ **Complète ces mots avec la ou les lettres manquantes si besoin.**

a. Il n'a toujour... pas re...u les résultats du laboratoir... .
b. Le corp... humain tre...ble si la te...pérature est tro... basse.
c. C'est un gar...on jalou... des autres : il n'est jamai... content de ce qu'il a.
d. Le parcour... de VTT dure toute la journé... : il faut beaucou... d'agilit... pour le réussir.
e. Parfoi..., prendre son temp... est une qualit... qui permet d'obtenir le succ... .
f. Un vieu... pirate a enlevé le fil... du roi et demande une ran...on en échange.

6 ★★ **Continue cette liste de questions avec des mots qui riment, en faisant attention à la graphie.**

Aimes-tu les boudoirs ?
As-tu vu mon miroir ?
...

7 ★★★ **Rédige une phrase qui emploie des mots de ton choix pour illustrer les règles suivantes.**

a. La règle MBP
b. Les noms en *-eur*
c. Cédille ou non
d. Les noms en *-té*

8 ★★★ **Complète les blancs avec un ou deux *l*.**

Dans la fami...e, Émi..ie est la plus jeune des fi...es et aussi la plus habi...e. On peut parier mi...e euros qu'aux fléchettes, elle atteint toujours le mi...e. Pour elle, tout a l'air faci...e, les bi...es comme les qui...es. Une seule fois je l'ai vue mal à l'aise et moins tranqui...e. Tu ne vas pas me croire : c'était pour faire la cheni...e !

9 ★★★ **Complète ces GN avec un déterminant approprié pour respecter la chaîne d'accord en justifiant ton choix. Parfois plusieurs réponses sont possibles.**

a. ... vieux boxeur
b. ... printemps doux
c. ... discours ennuyeux
d. ... animal roux
e. ... héros fou
f. ... repas somptueux

DÉFI ORTHOGRAPHE

Dans le texte suivant, corrige les mots courants mal orthographiés.

★ 4 mots corrigés
★★ 7 mots corrigés
★★★ 10 mots corrigés

Nils est paresseux et désobéissant. Un jour, il est puni par un tomte (un troll) qui le fait rapetisser.

Le garcon refusait de croire qu'il avait été transformé en tomte.

« Je dois être entrain de rêver ou de délirer, pensa-t-il. Dans quelques instants, je serai redevenu un être humain. »

Il s'avança devant le miroire et ferma les yeux pour ne les rouvrir qu'au bout de quelques minutes, certain qu'alors tout serait normal. Mais ce ne fut pas le cas, la véritée était qu'il restait aussi petit. À part cela, il se trouvait exactement le même qu'avant. Les cheveux blond filasse et les taches de rousseure sur le nez et les pièces sur la culotte de cuir et la chaussette raccommodée, tout était pareil à part que ça avait rétréci. [...]

Il sauta par terre et commença à chercher le tomte. Il regarda derrière des chaises et des armoirs et sous la banquette à couvercle et dans le four. Il se glissa même dans quelques trous de souri mais inpossible de retrouver ce tomte. Tout en cherchant, il pleurait et priait et promettait tout ce qu'on peut imaginer. Plus jamait, il ne serait méchant, il ne s'endormirait au millieu du serment.

D'après **Selma Lagerlöf**, *Le Merveilleux voyage de Nils Holgerson*, 1906
trad. Marc de Gouvenain, © Le Livre de poche 2000, 2002.

41 Choisir le bon homophone

Je retiens

- **Les homophones :**

– se prononcent de la même manière ; → *Le volcan gronde. / Il le regarde.*

– peuvent s'écrire différemment ; → *Arrivez à l'heure ! / Elle a gagné un prix.*

– peuvent appartenir à des classes grammaticales différentes ;
→ *Son champ est inondé.* (déterminant) / *Ils sont réveillés depuis une heure.* (verbe)

– n'ont pas le même sens.
→ *J'adore le son de ce groupe.* (musique) / *Elle vient avec son ami.* (déterminant possessif)

Pour distinguer les homophones, il faut tenir compte de leur classe grammaticale et de leur sens.

Je m'entraîne

Exercices numériques

a ou à ?

Tu peux le remplacer par « **avait** » ou l'encadrer par « **ne ... pas** ».
Écris ***a*** (verbe *avoir*).
→ *Il a perdu sa valise. / Il avait perdu sa valise. / Il n'a pas perdu sa valise.*

Tu peux le remplacer par une **autre préposition**.
Écris ***à*** (préposition).
→ *Allons à la piscine. / Allons vers la piscine.*

1 Complète par *a* ou *à*. Justifie tes choix.

a. Hier, ... quatre heures, il ... vu un accident ... l'entrée de sa rue.

b. Je te le demande ... nouveau : viens-tu ... la piscine ?

c. ...-t-il pensé ... parler ... la voisine de la fête ... venir ?

d. Il y ... longtemps que les pantalons ... rayures ne sont plus ... la mode.

e. Quand il commence ... raconter cette histoire, il ... les larmes aux yeux et on ... envie de le réconforter.

on ou ont ?

Tu peux le remplacer par « **nous** ».
Écris ***on*** (pronom personnel).
→ *On n'entend rien ! / Nous n'entendons rien !*

Tu peux le remplacer par « **avaient** » ou l'encadrer par « **ne ... pas** ».
Écris ***ont*** (verbe *avoir*).
→ *Elles ont réussi. / Elles avaient réussi. / Elles n'ont pas réussi.*

2 Complète par *on* ou *ont*. Justifie tes choix.

a. ... a encouragé les participants qui ... relevé le défi et ... terminé le parcours.

b. A-t-... retrouvé les élèves qui ... nettoyé les lieux ?

c. Ils nous ... averti : avec eux, ... peut s'attendre à tout !

d. ... vous rappelle les règles : Luis et Marc ... joué en premier, c'est à vous maintenant.

e. Est-ce qu'... arrive bientôt ? Les manifestants ... libéré la route et ... peut à nouveau circuler.

et ou est ?

Tu peux le remplacer par « **et puis** ».

Écris ***et*** (conjonction de coordination).
→ *Approche et raconte-moi. /*
Approche et puis raconte-moi.

Tu peux le remplacer par « **était** » ou l'encadrer par « **ne ... pas** ».

Écris ***est*** (verbe être).
→ *Milan est une grande ville. / Milan était une grande ville. / Milan n'est pas une grande ville.*

3 Complète par *et* ou *est*. Justifie tes choix.

a. Ulysse ... un héros qui ... parti loin de chez lui ... qui a mis dix ans avant de revenir.
b. Je lui ai dit ... répété : elle ... capable de tout quand elle ... motivée !
c. Le coffre ... ouvert : nous y mettons le sac ... la tente ... il ... temps de partir.
d. Sur le pont du navire, le capitaine n'... pas tranquille : les vagues ... le vent sont de plus en plus violents.
e. ...-il malade ? Il n'... pas venu ce matin ... il ne répond pas au téléphone.

son ou sont ?

Tu peux le remplacer par « **ses** » + nom pluriel ou « **sa** » + nom féminin.

Écris ***son*** (déterminant possessif).
→ *Regarde son tableau ! /*
Regarde ses tableaux ! / Regarde sa toile !

Tu peux le remplacer par « **étaient** » ou l'encadrer par « **ne ... pas** ».

Écris ***sont*** (verbe être).
→ *Elles sont arrivées. / Elles étaient arrivées. / Elles ne sont pas arrivées.*

4 Complète par *son* ou *sont*. Justifie tes choix.

a. Dans ... pré, depuis que les terres ... labourées, il cultive du blé.
b. En changeant ... rythme, il a amélioré ce morceau : les émotions ... plus intenses.
c. ...-ils admiratifs de ... parcours ? Il n'était jamais parti aussi loin de ... pays avant cela.
d. Les images de ce film ... toujours dans ma mémoire et ... parmi mes préférées.
e. Ali ne leur donne pas ... avis : ainsi ses amis ... libres de décider.

c'est, ces, ses ou s'est ?

- Tu peux le remplacer par « **c'était** » ou « **ce n'est pas** ». → Écris **c'est** (pronom démonstratif + *être*)
  → *C'est très bien. / C'était très bien. / Ce n'est pas très bien.*
- Tu peux le remplacer par « **cette** » + nom féminin singulier. → Écris **ces** (déterminant démonstratif).
  → *Ces gens sont impolis. / Cette personne est impolie.*
- Tu peux le remplacer par « **sa** » + nom féminin singulier. → Écris **ses** (déterminant possessif).
  → *Il dépose ses documents. / Il dépose sa copie.*
- Tu peux le remplacer par « **s'était** » ou « **ne s'est pas** ». → Écris **s'est** (pronom réfléchi + *être*).
  → *Il s'est trompé de chemin ! / Il s'était trompé de chemin ! / Il ne s'est pas trompé de chemin !*

5 Complète par *c'est*, *s'est*, *ces* ou *ses*. Justifie tes choix.

a. Avec toi, ... simple : on ne peut jamais savoir si ... la vérité ou non !

b. J'ai vu ce qu'il ... passé hier dans ... couloirs.

c. Liam n'avait pas prévu ... aventures : il n'avait emporté ni ... jumelles ni ... cartes pour se repérer dans ... forêts sombres.

d. Edna ... enfin décidée : elle a choisi où elle veut aller pour ... vacances.

e. Le roi ... levé de mauvaise humeur. Ne le dérange pas avec ... histoires maintenant !

la, là ou l'a ?

- Tu peux le remplacer par « **une** » ou « **cette** ». → Écris **la** (déterminant).
  → *La lune brille. / Une lune brille. / Cette lune brille.*
- Tu peux le compléter par « **elle** ». → Écris **la** (pronom personnel).
  → *La vois-tu ? La vois-tu, elle ?*
- Tu peux le remplacer par « **ici** ». → Écris **là** (adverbe).
  → *Viens par là. / Viens par ici.*
- Tu peux le remplacer par « **l'avait** » ou « **ne l'a pas** ». → Écris **l'a** (pronom + verbe *avoir*).
  → *Jean l'a pris. / Jean l'avait pris. / Jean ne l'avait pas pris.*

6 Complète par *la*, *là* ou *l'a*. Justifie tes choix.

a. ... fille du marchand se tenait ..., au milieu du chemin, un casque sur ... tête.

b. J'adore ce roman : est-ce que tu ... lu ?

c. ...-bas, ... plage est composée de galets et ... mer est froide.

d. ... couture et ... broderie sont deux activités que l'on peut apprendre dans cet atelier ... .

e. Dans ... pénombre, Hansel ne voit pas ... sorcière, mais Gretel, elle, ... voit.

ce ou se ?

- Tu peux le remplacer par « **cette** » + nom féminin. → Écris **ce** (déterminant démonstratif). → *Ce thé est froid. / Cette boisson est froide.*
- Tu peux le remplacer par « **me**, **te** » en changeant la personne. → Écris **se** (pronom réfléchi). → *Il se sert d'un couteau. / Je me sers d'un couteau.*

7 **Complète par ce ou se. Justifie tes choix.**

a. Dans … roman, le chevalier … croit plus malin et pense pouvoir apprivoiser … monstre.
b. Ils … sont vite aperçus de leur erreur : … trajet n'est pas fait pour … promener.
c. Est-ce qu'on … voit … soir ? Nos parents, eux, … retrouvent à sept heures dans … restaurant.
d. Les élèves qui … trompent peuvent utiliser … tutoriel qui … trouve à la fin du manuel.
e. La louve … couche sous … tronc pour nourrir ses petits à l'abri, sans … soucier de l'orage.

mes ou mais ?

- Tu peux le remplacer par « **ma** » ou « **mon** » + nom singulier. → Écris ***mes*** (déterminant possessif). → *Ce sont mes affaires. / C'est mon sac. / C'est ma trousse.*
- Tu peux le remplacer par « **pourtant** », « **or** », « **en revanche** »… → Écris ***mais*** (conjonction de coordination). → *Il neige mais il ne fait pas si froid. / Il neige en revanche il ne fait pas si froid.*

8 **Complète par mes ou mais. Justifie tes choix.**

a. …, tu as pris … affaires ! Rends-moi … crayons.
b. Kim ne porte jamais de chapeau, … elle adore porter … écharpes.
c. Il est arrivé une chose incroyable … personne va croire … histoires.
d. Sydney est une grande ville … ce n'est pas la capitale de l'Australie.
e. Tu connais le titre de … cinq films préférés, … je ne connais pas les tiens.

DÉFI ORTHOGRAPHE

Dans le texte suivant, corrige des homophones mal orthographiés.

★ 4 homophones corrigés
★★ 7 homophones corrigés
★★★ 10 homophones corrigés

Vers midi, ils on ramassé tout le foin est terminé la meule. Papa prit soin de l'a couvrir car il faut beaucoup d'adresse pour bien arrondir le sommet d'une meule et ainsi la protéger de la pluie. Le déjeuner était prêt quand ils arrivèrent à la maison. Maman dévisagea Laura et demanda :

– Est-ce que le travail n'est pas trop dur pour elle, Charles ?

– Oh non, elle es aussi résistante qu'un petit cheval et son aide m'a été très précieuse, répondit papa. Tout seul, j'aurais passé la journée entière à mettre en meule se foin. À présent, il me reste tout l'après-midi devant moi pour faucher.

Laura ce sentit toute fière mais ses bras, son dos et ses jambes lui faisaient mal. Cette nuit-la, dans son lit, elle ressentit dans tout sont corps des courbatures si douloureuses que des larmes coulèrent de c'est yeux, mes elle ne dit rien à personne.

D'après **Laura Ingalls Wilder**, *La Petite maison dans la prairie, Un hiver sans fin*, tome 5, trad. Catherine Cazier et Catherine Orsot-Naveau, © Flammarion jeunesse, 2022, p. 17.

42 BILAN Classer des mots

On peut classer les mots selon

leur registre de langue

- Le registre **familier**, s'emploie surtout à l'oral avec des personnes proches.
  → *Je crèche dans cette baraque.*
- Le registre **courant**, s'emploie à l'écrit et à l'oral dans des situations neutres de la vie courante.
  → *Je vis dans cette maison.*
- Le registre **soutenu** s'emploie surtout à l'écrit pour marquer le respect.
  → *Je loge dans cette demeure.*

leur sens

- les mots peuvent être **synonymes** : avoir un **sens équivalent**.
  → *vainqueur = gagnant, conquérant, victorieux, glorieux, triomphant…*
- Les mots peuvent être **antonymes** : avoir un **sens contraire**.
  → *vainqueur ≠ perdant*

leur formation

- Les mots peuvent être formés par **dérivation**.
  → *marin, maritime, émerger, marée*
- Les mots peuvent être formés par **composition**.
  → *haute mer, sous-marin, marin-pêcheur*

DÉFI BILAN

Voici une liste de trente mots. Classe-les selon les trois manières possibles. Certains mots peuvent aller dans plusieurs catégories.

★ 4 mots dans chacune des catégories
★★ 7 mots dans chacune des catégories
★★★ 10 mots dans chacune des catégories

douceur	câlin	soft	doucereux	léger	délicat
agréable	doux	dur	sucré	clément	douceâtre
adoucir	gnangnan	tendre	rude	redoux	calme
doucette	irritant	doucement	caressant	agressif	soyeux
suave	adoucissant	fort	radoucir	cool	modéré

43 La versification

Je retiens

- Un **poème** en vers est **organisé** selon des **règles** précises.

un vers : une ligne →

une strophe : un ensemble de vers

un quatrain : une strophe de quatre vers

Sensation

Par les soirs bleus d'été, j'irai dans les sentiers,
Picoté par les blés, fouler l'herbe menue :
Rêveur, j'en sentirai la fraîcheur à mes pieds.
Je laisserai le vent baigner ma tête nue.

Je ne parlerai pas, je ne penserai rien : A
Mais l'amour infini me montera dans l'âme, B
Et j'irai loin, bien loin, comme un bohémien, A
Par la Nature, – heureux comme avec une femme. B

Arthur Rimbaud, *Poésie*, 1870.

une rime : répétition d'un même son à la fin d'un vers

rimes croisées

- Un vers a une longueur que l'on appelle le **mètre**.
Les **principaux mètres** sont : l'hexasyllabe (6 syllabes), l'octosyllabe (8 syllabes), le décasyllabe (10 syllabes) et l'alexandrin (12 syllabes).
- Pour déterminer le nombre de syllabes d'un vers, il faut suivre certaines règles :
  - à la fin du vers, le e **ne compte pas**,
  - dans le vers, le *e* **ne compte pas** s'il est suivi d'une voyelle ou d'un *h* muet (on fait une liaison),
  - le e **compte** s'il est suivi d'une consonne :
  Par / la / Na/tu /r(e) heu/reux / comm(e) a/vec / u/ne / femm(e) = 12

Effets de sonorités

rimes
- **retour** en fin de vers d'un ou plusieurs **sons identiques**.
- Elles peuvent être **suivies** (AABB), **croisées** (ABAB) ou **embrassées** (ABBA).

assonance
retour d'un **même son** de **voyelle**.
→ *picoté* ; *les* ; *blés* ; *fouler* : répétition du son [e] souligne les sensations classiques.

allitération
retour du **même son** de **consonne**.
→ *Mais* ; *amour* ; *me* ; *montrera* ; *âme* : répétition du son [m] crée en un effet de plaisir.

Remarque : Certains poètes ne suivent pas ces règles à la lettre et écrivent en vers libres, ou en prose.

Je m'entraîne

Exercices numériques

Je compte des syllabes

1 ★ **Combien de syllabes comptes-tu dans ces vers ?**

La mer s'est retirée / Qui la ramènera ?
La mer s'est démontée / Qui la remontera ?

J. Charpentreau, « La mer s'est retirée » (extrait), *Poèmes pour les amis*, © Les Éditions ouvrières, 1963.

2 ★★ **Quels sont les e finaux qui comptent et ceux qui ne comptent pas dans les vers suivants ?**

Jeanne m'a répondu : – Je voudrais voir des bêtes.
Alors je lui montrai dans l'herbe une fourmi.
Vois ! – Mais Jeanne ne fut contente qu'à demi.

V. Hugo, *L'Art d'être grand-père*, 1877.

3 ★★★ **Identifie le mètre de ces vers.**

Viens, mon beau chat, sur mon cœur amoureux ;
Retiens les griffes de ta patte,
Et laisse-moi plonger dans tes beaux yeux,
Mêlés de métal et d'agate.

C. Baudelaire, « Le Chat » (extrait), *Les Fleurs du mal*, 1857.

J'identifie des rimes

4 ★ **Trouve les paires de mots qui forment des rimes et précise de quelles sortes de rimes il s'agit.**

Un certain loup, dans la saison
Que les tièdes Zéphyrs ont l'herbe rajeunie,
Et que les Animaux quittent tous la maison,
Pour s'en aller chercher leur vie,
Un Loup, dis-je, au sortir des rigueurs de l'hiver,
Aperçut un Cheval qu'on avait mis au vert.

J. de La Fontaine, « Le Cheval et le Loup », *Fables*, livre I, 1668.

5 ★★ **Quelle paire de mots en fin de vers n'est pas exactement une rime ?**

Minuit. Voici l'heure du crime.
Sortant d'une chambre voisine,
Un homme surgit dans le noir.
Il ôte ses souliers,
S'approche de l'armoire
Sur la pointe des pieds [...]

M. Carême, « L'heure du crime » (extrait), *Au clair de la lune*, © Éditions ouvrières, 1977.

6 ★★★ **Complète ces vers avec les mots suivants :** *domicile • idée • souhait • Odile*.
De quel type de rimes s'agit-il ?

Le crocodile n'a qu'une ...
il voudrait dévorer ...
qui habite près de son ...
elle est tendre et dodue à ...

D'après **J. Roubaud**, « Le crocodile », *Les Animaux de tout le monde*, © Ramsay, 1983.

Je repère des jeux de sonorités

7 ★ **Repère l'assonance ou l'allitération formée par ces mots.**

a. important / enfin / balancer / vent
b. profond / rouge / décor / croire
c. sphère / aime / veine / renaître
d. libre / délasser / lune / ensemble

8 ★★ **Repère l'allitération dans ces vers de Rimbaud et explique l'effet qu'elle produit.**

Tout en faisant trotter ses petites bottines,
Elle se tourne, alerte et d'un mouvement vif

9 ★★★ **Repère une assonance et une allitération dans ces vers de Verlaine et explique l'émotion qui s'en dégage.**

Les sanglots longs
Des violons
De l'automne
Blessent mon cœur
D'une langueur
Monotone.

ORTHOGRAPHE

Écris correctement les mots à la rime, grâce aux indices. Les lettres A et B indiquent s'il s'agit de la première ou de la deuxième rime.

A Sur le chemin près du (synonyme de « forêt »)
B J'ai trouvé tout un trésor :
A Une coquille de (fruit du noyer)
B Une sauterelle en (métal précieux)
B Un arc-en-ciel qu'était (synonyme de « décédé »).

D'après **R. de Obaldia**, « Le secret », *Innocentines*, © Grasset, 2002.

Je joue avec les mots

Réécris ce poème en retrouvant les vers.
Indices : *Il y a deux strophes, les rimes sont croisées ou suivies et les vers ont quatre ou six syllabes.*

rive enchantée, berceau de mes amours ; onde argentée, image des beaux jours ; que ton cours est limpide ! que ta fuite est rapide ! ah ! pour mon cœur, c'est l'adieu du bonheur déjà ma lyre gémit dans les roseaux, et mon délire a fait frémir tes eaux la naïade plaintive se penche sur la rive pour m'écouter, me plaindre, et m'arrêter

D'après **M. Desbordes-Valmore**, « À la Seine », *Romances*, 1830.

J'applique pour lire et écrire

C'est pas tant la peur du tonnerre
Avec son grand zigzag,
C'est pas tant la peur des années
Avec leur grand zodiaque,
C'est pas tant la peur de l'enfer
Avec son grand tic-tac,
C'est pas tant la peur de l'hiver
Avec son grand colback,
C'est pas tant la peur tracassière
Avec son grand bivouac
C'est pas tant la peur de la guerre
Avec son grand micmac,
C'est pas tant la peur de l'amour
Avec ses grands cornacs,
C'est pas tant la peur du suaire
avec son grand cloaque :
C'est surtout la peur ordinaire,
C'est surtout la peur de la peur
Avec son bric-à-brac.

Norge, « Poltron », © A.A.M. Stoles.

1. Que remarques-tu du mètre de ces vers ?
2. Quels mots ne riment pas exactement ?
3. À la manière de Norge, avec les mêmes mètres et des rimes de ton choix, écris un poème qui commence par « Ce n'est pas tant la joie... ».

Je récapitule

FICHE IMPRIMABLE

Complète la leçon distribuée par ton/ta professeur(e) avec les mots de la leçon.

Tableaux de conjugaison

Tableaux de conjugaison

ÊTRE

INDICATIF

Présent

je	suis
tu	es
il (elle)	est
nous	sommes
vous	êtes
ils (elles)	sont

Passé composé

j'	ai été
tu	as été
il (elle)	a été
nous	avons été
vous	avez été
ils (elles)	ont été

Futur simple

je	serai
tu	seras
il (elle)	sera
nous	serons
vous	serez
ils (elles)	seront

Futur antérieur

Cycle 4

Imparfait

j'	étais
tu	étais
il (elle)	était
nous	étions
vous	étiez
ils (elles)	étaient

Plus-que-parfait

j'	avais été
tu	avais été
il (elle)	avait été
nous	avions été
vous	aviez été
ils (elles)	avaient été

Passé simple

je	fus
tu	fus
il (elle)	fut
nous	fûmes
vous	fûtes
ils (elles)	furent

Passé antérieur

Cycle 4

Conditionnel présent

je	serais
tu	serais
il (elle)	serait
nous	serions
vous	seriez
ils (elles)	seraient

Conditionnel passé

Cycle 4

SUBJONCTIF

Présent

Cycle 4

Passé

Cycle 4

IMPÉRATIF

Présent

sois
soyons
soyez

INFINITIF

Présent

être

Passé

avoir été

PARTICIPE

Présent

étant

Passé

(ayant) été

AVOIR

INDICATIF

Présent

j'	ai
tu	as
il (elle)	a
nous	avons
vous	avez
ils (elles)	ont

Passé composé

j'	ai eu
tu	as eu
il (elle)	a eu
nous	avons eu
vous	avez eu
ils (elles)	ont eu

Futur simple

j'	aurai
tu	auras
il (elle)	aura
nous	aurons
vous	aurez
ils (elles)	auront

Futur antérieur

Cycle 4

Imparfait

j'	avais
tu	avais
il (elle)	avait
nous	avions
vous	aviez
ils (elles)	avaient

Plus-que-parfait

j'	avais eu
tu	avais eu
il (elle)	avait eu
nous	avions eu
vous	aviez eu
ils (elles)	avaient eu

Passé simple

j'	eus
tu	eus
il (elle)	eut
nous	eûmes
vous	eûtes
ils (elles)	eurent

Passé antérieur

Cycle 4

Conditionnel présent

j'	aurais
tu	aurais
il (elle)	aurait
nous	aurions
vous	auriez
ils (elles)	auraient

Conditionnel passé

Cycle 4

SUBJONCTIF

Présent

Cycle 4

Passé

Cycle 4

IMPÉRATIF

Présent

aie
ayons
ayez

INFINITIF

Présent

avoir

Passé

avoir eu

PARTICIPE

Présent

ayant

Passé

(ayant) eu

Tableaux de conjugaison

CHANTER

INDICATIF

Présent		Passé composé	
je	chante	j'	ai chanté
tu	chantes	tu	as chanté
il (elle)	chante	il (elle)	a chanté
nous	chantons	nous	avons chanté
vous	chantez	vous	avez chanté
ils (elles)	chantent	ils (elles)	ont chanté

Futur simple		Futur antérieur
je	chanterai	Cycle 4
tu	chanteras	
il (elle)	chantera	
nous	chanterons	
vous	chanterez	
ils (elles)	chanteront	

Imparfait		Plus-que-parfait	
je	chantais	j'	avais chanté
tu	chantais	tu	avais chanté
il (elle)	chantait	il (elle)	avait chanté
nous	chantions	nous	avions chanté
vous	chantiez	vous	aviez chanté
ils (elles)	chantaient	ils (elles)	avaient chanté

Passé simple		Passé antérieur
je	chantai	Cycle 4
tu	chantas	
il (elle)	chanta	
nous	chantâmes	
vous	chantâtes	
ils (elles)	chantèrent	

Conditionnel présent		Conditionnel passé
je	chanterais	Cycle 4
tu	chanterais	
il (elle)	chanterait	
nous	chanterions	
vous	chanteriez	
ils (elles)	chanteraient	

SUBJONCTIF

Présent	Passé
Cycle 4	Cycle 4

IMPÉRATIF

Présent
chante
chantons
chantez

INFINITIF

Présent	Passé
chanter	avoir chanté

PARTICIPE

Présent	Passé
chantant	(ayant) chanté

FINIR

INDICATIF

Présent		Passé composé	
je	finis	j'	ai fini
tu	finis	tu	as fini
il (elle)	finit	il (elle)	a fini
nous	finissons	nous	avons fini
vous	finissez	vous	avez fini
ils (elles)	finissent	ils (elles)	ont fini

Futur simple		Futur antérieur
je	finirai	Cycle 4
tu	finiras	
il (elle)	finira	
nous	finirons	
vous	finirez	
ils (elles)	finiront	

Imparfait		Plus-que-parfait	
je	finissais	j'	avais fini
tu	finissais	tu	avais fini
il (elle)	finissait	il (elle)	avait fini
nous	finissions	nous	avions fini
vous	finissiez	vous	aviez fini
ils (elles)	finissaient	ils (elles)	avaient fini

Passé simple		Passé antérieur
je	finis	Cycle 4
tu	finis	
il (elle)	finit	
nous	finîmes	
vous	finîtes	
ils (elles)	finirent	

Conditionnel présent		Conditionnel passé
je	finirais	Cycle 4
tu	finirais	
il (elle)	finirait	
nous	finirions	
vous	finiriez	
ils (elles)	finiraient	

SUBJONCTIF

Présent	Passé
Cycle 4	Cycle 4

IMPÉRATIF

Présent
finis
finissons
finissez

INFINITIF

Présent	Passé
finir	avoir fini

PARTICIPE

Présent	Passé
finissant	(ayant) fini

Tableaux de conjugaison

ALLER

INDICATIF

Présent

je	vais
tu	vas
il (elle)	va
nous	allons
vous	allez
ils (elles)	vont

Passé composé

je	suis allé(e)
tu	es allé(e)
il (elle)	est allé(e)
nous	sommes allé(e)s
vous	êtes allé(e)s
ils (elles)	sont allé(e)s

Futur simple

j'	irai
tu	iras
il (elle)	ira
nous	irons
vous	irez
ils (elles)	iront

Futur antérieur

Cycle 4

Imparfait

j'	allais
tu	allais
il (elle)	allait
nous	allions
vous	alliez
ils (elles)	allaient

Plus-que-parfait

j'	étais allé(e)
tu	étais allé(e)
il (elle)	était allé(e)
nous	étions allé(e)s
vous	étiez allé(e)s
ils (elles)	étaient allé(e)s

Passé simple

j'	allai
tu	allas
il (elle)	alla
nous	allâmes
vous	allâtes
ils (elles)	allèrent

Passé antérieur

Cycle 4

Conditionnel présent

j'	irais
tu	irais
il (elle)	irait
nous	irions
vous	iriez
ils (elles)	iraient

Conditionnel passé

Cycle 4

SUBJONCTIF

Présent

Cycle 4

Passé

Cycle 4

IMPÉRATIF

Présent

va
allons
allez

INFINITIF

Présent

aller

Passé

être allé (allée, allés, allées)

PARTICIPE

Présent

allant

Passé

(étant) allé (allée, allés, allées)

FAIRE

INDICATIF

Présent

je	fais
tu	fais
il (elle)	fait
nous	faisons
vous	faites
ils (elles)	font

Passé composé

j'	ai fait
tu	as fait
il (elle)	a fait
nous	avons fait
vous	avez fait
ils (elles)	ont fait

Futur simple

je	ferai
tu	feras
il (elle)	fera
nous	ferons
vous	ferez
ils (elles)	feront

Futur antérieur

Cycle 4

Imparfait

je	faisais
tu	faisais
il (elle)	faisait
nous	faisions
vous	faisiez
ils (elles)	faisaient

Plus-que-parfait

j'	avais fait
tu	avais fait
il (elle)	avait fait
nous	avions fait
vous	aviez fait
ils (elles)	avaient fait

Passé simple

je	fis
tu	fis
il (elle)	fit
nous	fîmes
vous	fîtes
ils (elles)	firent

Passé antérieur

Cycle 4

Conditionnel présent

je	ferais
tu	ferais
il (elle)	ferait
nous	ferions
vous	feriez
ils (elles)	feraient

Conditionnel passé

Cycle 4

SUBJONCTIF

Présent

Cycle 4

Passé

Cycle 4

IMPÉRATIF

Présent

fais
faisons
faites

INFINITIF

Présent

faire

Passé

avoir fait

PARTICIPE

Présent

faisant

Passé

(ayant) fait

POUVOIR

INDICATIF

Présent

je	peux
tu	peux
il (elle)	peut
nous	pouvons
vous	pouvez
ils (elles)	peuvent

Passé composé

j'	ai pu
tu	as pu
il (elle)	a pu
nous	avons pu
vous	avez pu
ils (elles)	ont pu

Futur simple

je	pourrai
tu	pourras
il (elle)	pourra
nous	pourrons
vous	pourrez
ils (elles)	pourront

Futur antérieur

Cycle 4

Imparfait

je	pouvais
tu	pouvais
il (elle)	pouvait
nous	pouvions
vous	pouviez
ils (elles)	pouvaient

Plus-que-parfait

j'	avais pu
tu	avais pu
il (elle)	avait pu
nous	avions pu
vous	aviez pu
ils (elles)	avaient pu

Passé simple

je	pus
tu	pus
il (elle)	put
nous	pûmes
vous	pûtes
ils (elles)	purent

Passé antérieur

Cycle 4

Conditionnel présent

je	pourrais
tu	pourrais
il (elle)	pourrait
nous	pourrions
vous	pourriez
ils (elles)	pourraient

Conditionnel passé

Cycle 4

SUBJONCTIF

Présent

Cycle 4

Passé

Cycle 4

IMPÉRATIF

Présent

INFINITIF

Présent

pouvoir

Passé

avoir pu

PARTICIPE

Présent

pouvant

Passé

(ayant) pu

VOULOIR

INDICATIF

Présent

je	veux
tu	veux
il (elle)	veut
nous	voulons
vous	voulez
ils (elles)	veulent

Passé composé

j'	ai voulu
tu	as voulu
il (elle)	a voulu
nous	avons voulu
vous	avez voulu
ils (elles)	ont voulu

Futur simple

je	voudrai
tu	voudras
il (elle)	voudra
nous	voudrons
vous	voudrez
ils (elles)	voudront

Futur antérieur

Cycle 4

Imparfait

je	voulais
tu	voulais
il (elle)	voulait
nous	voulions
vous	vouliez
ils (elles)	voulaient

Plus-que-parfait

j'	avais voulu
tu	avais voulu
il (elle)	avait voulu
nous	avions voulu
vous	aviez voulu
ils (elles)	avaient voulu

Passé simple

je	voulus
tu	voulus
il (elle)	voulut
nous	voulûmes
vous	voulûtes
ils (elles)	voulurent

Passé antérieur

Cycle 4

Conditionnel présent

je	voudrais
tu	voudrais
il (elle)	voudrait
nous	voudrions
vous	voudriez
ils (elles)	voudraient

Conditionnel passé

Cycle 4

SUBJONCTIF

Présent

Cycle 4

Passé

Cycle 4

IMPÉRATIF

Présent

inusité
inusité
veuillez

INFINITIF

Présent

vouloir

Passé

avoir voulu

PARTICIPE

Présent

voulant

Passé

(ayant) voulu

Tableaux de conjugaison

PRENDRE

INDICATIF

Présent

je	prends
tu	prends
il (elle)	prend
nous	prenons
vous	prenez
ils (elles)	prennent

Passé composé

j'	ai pris
tu	as pris
il (elle)	a pris
nous	avons pris
vous	avez pris
ils (elles)	ont pris

Futur simple

je	prendrai
tu	prendras
il (elle)	prendra
nous	prendrons
vous	prendrez
ils (elles)	prendront

Futur antérieur

Cycle 4

Imparfait

je	prenais
tu	prenais
il (elle)	prenait
nous	prenions
vous	preniez
ils (elles)	prenaient

Plus-que-parfait

j'	avais pris
tu	avais pris
il (elle)	avait pris
nous	avions pris
vous	aviez pris
ils (elles)	avaient pris

Passé simple

je	pris
tu	pris
il (elle)	prit
nous	prîmes
vous	prîtes
ils (elles)	prirent

Passé antérieur

Cycle 4

Conditionnel présent

je	prendrais
tu	prendrais
il (elle)	prendrait
nous	prendrions
vous	prendriez
ils (elles)	prendraient

Conditionnel passé

Cycle 4

SUBJONCTIF

Présent

Cycle 4

Passé

Cycle 4

IMPÉRATIF

Présent

prends
prenons
prenez

INFINITIF

Présent

prendre

Passé

avoir pris

PARTICIPE

Présent

prenant

Passé

(ayant) pris

VOIR

INDICATIF

Présent

je	vois
tu	vois
il (elle)	voit
nous	voyons
vous	voyez
ils (elles)	voient

Passé composé

j'	ai vu
tu	as vu
il (elle)	a vu
nous	avons vu
vous	avez vu
ils (elles)	ont vu

Futur simple

je	verrai
tu	verras
il (elle)	verra
nous	verrons
vous	verrez
ils (elles)	verront

Futur antérieur

Cycle 4

Imparfait

je	voyais
tu	voyais
il (elle)	voyait
nous	voyions
vous	voyiez
ils (elles)	voyaient

Plus-que-parfait

j'	avais vu
tu	avais vu
il (elle)	avait vu
nous	avions vu
vous	aviez vu
ils (elles)	avaient vu

Passé simple

je	vis
tu	vis
il (elle)	vit
nous	vîmes
vous	vîtes
ils (elles)	virent

Passé antérieur

Cycle 4

Conditionnel présent

je	verrais
tu	verrais
il (elle)	verrait
nous	verrions
vous	verriez
ils (elles)	verraient

Conditionnel passé

Cycle 4

SUBJONCTIF

Présent

Cycle 4

Passé

Cycle 4

IMPÉRATIF

Présent

vois
voyons
voyez

INFINITIF

Présent

voir

Passé

avoir vu

PARTICIPE

Présent

voyant

Passé

(ayant) vu

Tableaux de conjugaison

DIRE

INDICATIF

Présent

je	dis
tu	dis
il (elle)	dit
nous	disons
vous	dites
ils (elles)	disent

Passé composé

j'	ai dit
tu	as dit
il (elle)	a dit
nous	avons dit
vous	avez dit
ils (elles)	ont dit

Futur simple

je	dirai
tu	diras
il (elle)	dira
nous	dirons
vous	direz
ils (elles)	diront

Futur antérieur

Cycle 4

Imparfait

je	disais
tu	disais
il (elle)	disait
nous	disions
vous	disiez
ils (elles)	disaient

Plus-que-parfait

j'	avais dit
tu	avais dit
il (elle)	avait dit
nous	avions dit
vous	aviez dit
ils (elles)	avaient dit

Passé simple

je	dis
tu	dis
il (elle)	dit
nous	dîmes
vous	dîtes
ils (elles)	dirent

Passé antérieur

Cycle 4

Conditionnel présent

je	dirais
tu	dirais
il (elle)	dirait
nous	dirions
vous	diriez
ils (elles)	diraient

Conditionnel passé

Cycle 4

SUBJONCTIF

Présent

Cycle 4

Passé

Cycle 4

IMPÉRATIF

Présent

dis
disons
dites

INFINITIF

Présent

dire

Passé

avoir dit

PARTICIPE

Présent

disant

Passé

(ayant) dit

VENIR

INDICATIF

Présent

je	viens
tu	viens
il (elle)	vient
nous	venons
vous	venez
ils (elles)	viennent

Passé composé

je	suis venu(e)
tu	es venu(e)
il (elle)	es venu(e)
nous	sommes venu(e)s
vous	êtes venu(e)s
ils (elles)	sont venu(e)s

Futur simple

je	viendrai
tu	viendras
il (elle)	viendra
nous	viendrons
vous	viendrez
ils (elles)	viendront

Futur antérieur

Cycle 4

Imparfait

je	venais
tu	venais
il (elle)	venait
nous	venions
vous	veniez
ils (elles)	venaient

Plus-que-parfait

j'	étais venu(e)
tu	étais venu(e)
il (elle)	était venu(e)
nous	étions venu(e)s
vous	étiez venu(e)s
ils (elles)	étaient venu(e)s

Passé simple

je	vins
tu	vins
il (elle)	vint
nous	vînmes
vous	vîntes
ils (elles)	vinrent

Passé antérieur

Cycle 4

Conditionnel présent

je	viendrais
tu	viendrais
il (elle)	viendrait
nous	viendrions
vous	viendriez
ils (elles)	viendraient

Conditionnel passé

Cycle 4

SUBJONCTIF

Présent

Cycle 4

Passé

Cycle 4

IMPÉRATIF

Présent

viens
venons
venez

INFINITIF

Présent

venir

Passé

être venu
(venue, venus, venues)

PARTICIPE

Présent

venant

Passé

(étant) venu
(venue, venus, venues)

Glossaire

Abstrait : qui n'est pas concret, qui n'est pas réel.

Adjuvant : dans un récit, personnage qui aide le héros ou l'héroïne.

Alinéa : espace blanc qui marque le début d'un paragraphe.

Argument : idée annoncée par « parce que ».

Calligramme : poème visuel, où les mots créent un dessin.

Comédie : genre théâtral qui vise à faire rire en recourant à plusieurs types de comique.

Comique de caractère : comique qui s'appuie sur les défauts des personnages.

Comique de geste : comique qui relève du jeu des comédiens.

Comique de langage : comique qui se traduit dans les mots utilisés par les personnages.

Comique de répétition : comique qui repose sur la répétition d'actions dans la pièce.

Comique de situation : comique lié à ce qui se passe dans la scène.

Concret : ce qui peut être perçu par les sens ou imaginé ; qui correspond à un élément de la réalité.

Conte merveilleux : récit court et imaginaire, écrit au passé et qui se déroule à une époque indéterminée. Il repose sur une structure fixe et des éléments merveilleux, c'est-à-dire des objets ou des personnages ayant des caractéristiques extraordinaires et surnaturelles reconnues par tous.

Didascalie : dans un texte de théâtre, indication de mouvement, de gestes, de ton pour le comédien.

Élément de résolution : dans un récit, élément qui vient résoudre le problème posé par l'élément perturbateur.

Élément perturbateur : élément qui provoque un changement majeur dans la situation initiale d'un récit.

Épopée : long récit vantant les exploits d'un héros.

État d'esprit : état qui varie selon les sentiments.

Exemple : cas concret qui permet d'illustrer une idée abstraite.

Fable : court récit en vers ou en prose, où des animaux ou des hommes représentent des caractères, avec une morale délivrant un avertissement au lecteur.

Fabliau : court récit médiéval en vers mettant en scène des personnages de différents milieux pour mieux s'en moquer.

Farce : pièce de théâtre médiévale où l'on se moque des rusé(e)s et de leurs stratagèmes.

Forme fixe : forme caractéristique d'un poème court composé de vers groupés en strophes, d'une longueur régulière, avec des rimes (par exemple, le sonnet).

Genre littéraire : catégorie d'œuvres définie par une forme (par exemple, le théâtre).

Haiku : poème japonais formé de trois vers.

Merveilleux : registre caractérisé par la présence d'éléments magiques, de personnages surnaturels.

Mise en scène : manière d'adapter une œuvre littéraire en spectacle vivant.

Mythe : récit fondateur imaginaire qui vise à expliquer certains aspects du monde.

Narrateur : dans un récit, personne qui raconte l'histoire.

Opposant : dans un récit, personnage qui s'oppose au héros ou à l'héroïne.

Péripétie : aventure qui intervient dans le déroulement d'un récit et qui fait avancer l'histoire.

Personnification : figure de style qui attribue des propriétés humaines à des animaux ou des choses.

Photogramme : image d'un film.

Poème en prose : texte court avec des jeux de sens et de sonorités.

Poème en vers libres : texte court composé de vers sans nombre de syllabes ou de rimes imposé.

Portrait moral : description du caractère d'un personnage à travers ses habitudes et ses attitudes.

Portrait physique : description des traits caractéristiques du corps d'un personnage.

Quatrain : strophe de quatre vers.

Récit d'aventures : récit riche en actions, en rencontres, en suspense.

Récit fondateur : légende expliquant la façon dont on imagine la création du monde, d'une civilisation.

Rime : répétition d'un même son à la fin de deux ou plusieurs vers.

Scène d'exposition : première scène dans une pièce de théâtre.

Schéma narratif : construction d'un récit en cinq étapes : la situation initiale, l'événement perturbateur, les péripéties, le dénouement, la situation finale.

Situation finale : fin d'un récit et retour à une situation stable.

Situation initiale : début d'un récit qui présente les personnages et le cadre (lieu, époque) de l'histoire.

Strophe : ensemble de vers.

Vers : ligne d'un poème, dont la longueur est appelée le mètre.

Index

des auteurs, des artistes et des œuvres

Crédits textes

p. 41, Jacques Cassabois, *Sindbad le marin*, © Éditions Le livre de poche, 2014 ; **Hélène Montarde**, *Ulysse, l'aventurier des mers*, © Nathan, 2021 ; *L'Iliade et l'Odyssée*, de **Homère**, illustré par **Variety Artworks** © Éditions Soleil, 2021 ; **Clotilde Bruneau** et **Giovanni Lorusso**, *L'Odyssée*, Tome 01, © Éditions Glénat, 2017

p. 69 Cécile Chartre, *Brouzouf tour ou la folle virée avec ma grand-mère complètement barrée*, © Rouergue, 2018 ; **Timothée de Fombelle**, *Victoria rêve*, Collection « Folio Junior », © Éditions Gallimard Jeunesse, 2013 ; **Selma Lagerlöf**, *Le Merveilleux voyage de Nils Hollgersson à travers la Suède*, © Flammarion jeunesse, 1906 ; **R. Andrews** *Le Serment des lampions*, © Éditions Delcourt, 2020, This Was Our Pact, Text and Illustration Copyright © 2019 by Ryan Andrews. Published by arrangement with First Second, an imprint of Roaring Brook Press, a division of Holtzbrink Publishing Holding Limited Partnership

p. 95 Yann Martel, *L'Histoire de Pi*, © Éditions Gallimard Jeunesse, 2012 ; **Lynne Kelly**, *Enchaînés*, © Éditions Bayard Jeunesse, 2015 ; **Céka**, **Yigaël** et **Florent Daniel**, *Victor, l'enfant sauvage*, © Éditions Faton, 2020 ; **Jean-Blaise Dijan** et **Tiéjo**, *Le Livre de la jungle*, © Éditions Glénat, 2020

p. 121 Antoine Ozanam, **Jurion Noël**, *Klaw*, tome 1, « Éveil », © Éditions Le Lombard, 2019 ; **Mamoru Hosoda**, *Les Enfants loups, Ame et Yuki*, Kazé Manga, 2015 ; **Sylvie Baussier**, *Moi, Ligia, Sirène*, © Éditions Scrinéo, 2020

p. 147 Kelly Barnhill, *L'ogresse et les orphelins*, traduit par **Marie de Prémonville**, © Éditions Anne Carrière, 2022 ; **Suzanne Lebeau**, *L'Ogrelet*, © Éditions Théâtrales, collection « Théâtrales Jeunesse », 2003 ; **Emily Caroll** et **Marika McCoola**, *L'Assistante de la Baba Yaga*, , Éditions KINAYE, 2019

p. 173, R. J. Palacio, *Wonder*, traduit par Juliette Lê, © Éditions Pocket Jeunesse, 2014 ; **Clémentine Beauvais**, *Les Petites Reines*, Collection « Pôle Fiction », © Gallimard Jeunesse, 2015. **Serena Valentino**, *L'Histoire de la Bête*, traduit par Alice Gallori, © Éditions Hachette Heroes, 2020 ; **Sébastien Pérez** et **Benjamin Lacombe**, *L'Étonnante Famille Appenzell*, © Éditions Margot, 2020

p. 199, J.-M. Mathis et **T. Martin** *Le Roman de Renart*, tome 1, © Éditions Delcourt, 2007 ; **Benjamin Renner**, *Le Grand Méchant Renard*, © Éditions Delcourt, 2015 ; **Jean Anouilh**, *Fables*, Collection « Folio », © Éditions Gallimard, 197

p. 227, Pierre Gripari, *Sept farces pour écoliers*, illustrations **Till Charlier**, © Éditions Grasset & Fasquelle, 2012. **Laure Bazire**, *Les médecins ridicules : en coulisse avec Molière*, © Éditions Nathan, 2014 ; **Virginie Cady**, **Laurent Percelay** et **Kawaï Studio** *Le Médecin malgré lui*, © Éditions Glénat, 2009

p. 232, © Lion hudson ip ltd, part of spck group, pour l'édition originale en langue anglaise publiée sous le titre *The Children's bible in 365 stories*, texte de Mary Batchelor, illustrations de John Haysom, traduction de l'anglais par Renée Rey, révision 2019 par Sylvain Triqueneaux copyright © excelsis, 2019 pour l'édition révisée en langue française, tous droits réservés

p. 253, Collectif, *Mythologie Nordique*, © Symbiose Éditions, 2022 ; Collection « Aux origines du Monde », © Éditions Magellan, 2022 ; **Carole Trébor** et **Tristan Gion** *Gromislav, Le géant qui couvait la terre*, © Aleph Éditions, 2019 ; **p. 258, Blaise Cendrars**, *Feuille de route*, 1924, extraits tirés du volume 1 de « Tout autour d'aujourd'hui », Nouvelle édition des œuvres complètes de Blaise Cendrars dirigée par Claude Leroy, 1947, 1963, 2001, 2005, 2022 © Éditions Denoël,

p. 266, poèmes 1, 3 *Anthologie de la poésie japonaise classique*, Poèmes traduits et réunis par G. Renondeau, , N.R.F. Poésie/Gallimard, © Unesco, 1971; **Poème 2** *Haïkus*, poèmes brefs traduits du japonais, © Arthème Fayard, 1978 ; **poèmes 4 et** 5 *Anthologie du poème court japonais*, présentation, choix et traduction de C. Atlan et Z. Bianu, © Éditions Gallimard, 2002 ; **Poème 6** Kobayashi Issa, Mon année de printemps, traduit du japonais par Brigitte Allioux, « Collection Picquier Poche », © Éditions Philippe Picquier, 2021 ; **poèmes 7 et 8 Michel-François Lavaur** in Jacques Charpentreau, *Jouer avec les poètes*, © Éditions Hachette Jeunesse, 2002 ;

p. 279 Maurice Carême et **Bruno Gibert**, *La poésie est un jeu d'enfant*, © Éditions Seuil Jeunesse, 2015 ; **Pascale Moteki**, *Les 24 saisons de Nanako*, © Éditions L'Iroli, 2020 ; **Alexandre Chardin**, *Bande de poètes*, © Éditions Casterman, 2021. **Quentin Blake**, *Promenade au pays de la poésie française*, Collection « Albums Gallimard Jeunesse », © Éditions Gallimard Jeunesse, 2013.

Crédits photographiques

Pages de garde avant

(De haut en bas) **1re colonne** AKG-Images ; BRIDGEMAN IMAGES/Iberfoto ; BIS/© Archives Larbor ; AKG-Images/Ghigo Roli ; **2e colonne** BIS/Ph. J. Arland © Archives Larbor ; BIS/Ph. Coll. Archives Nathan ; BIS/Ph. H. Josse © Archives Larbor ; AKG-Images/Pictures from History ; PHOTO12.COM/ALAMY/Zuri Swimmer ; PHOTO12.COM/ALAMY/Rare Book ; **3e colonne** OPALE/NPL ; BRIDGEMAN IMAGES/Tallandier ; AURIMAGES/Granger Collection NY ; OPALE/Darchivio ; ADOBE STOCK/Nickolae ; BIS/Ph. Coll. Archives Nathan ; GAMMA RAPHO/Keystone ; **4e colonne** ROGER-VIOLLET/Henri Martinie ; ROGER-VIOLLET/Ullstein Bild ROGER-VIOLLET/Boris Lipnitzki ; ROGER-VIOLLET/Henri Martinie ; **5e colonne** AFP/Ina/Jean Pierre Loth ; ROGER-VIOLLET/Henri Martinie ; ROGER-VIOLLET/Keystone Suisse/Fondation Horst Tappe ; OPALE/John Foley ; **6e colonne** OPALE/John Foley ; OPALE/ Basso Cannarsa ; Alicia Combe/CC BY-SA 4.0 ; OPALE/Audrey Dufer ; GAMMA RAPHO/Ulf Andersen ; SIPA PRESS/AP/Evan Agostini ; CHRISTOPHE L COLLECTION/© Twentieth century fox film Corporation/Chernin Entertainment/Scope pictures ;

Chapitre 1

15 (reprise p. 4) BRIDGEMAN IMAGES/© Adagp, Paris 2023 ; **17** RMN/Photo © RMN-Grand Palais (musée du Louvre)/Hervé Lewandowski ; **20** AKG-Images/Fine Art Images/Heritage Images ; **21** RMN/Photo © RMN-Grand Palais (musée du Louvre)/Hervé Lewandowski ; **23** (reprise p. 22) KHARBINE-TAPABOR/© Adagp, Paris 2023 ; **29** © ÉDITIONS GLENAT, 2014 ; **30** AKG-Images/Mondadori Portfolio/Archivio GBB ; **31 ht** RMN/Photo © BPK, Berlin, Dist. RMN-Grand Palais/Johannes Laurentius ; **31 bas** LA COLLECTION/Gilles Mermet ; **32** AKG-Images/Erich Lessing ; **41 ht d** CHRISTOPHE L COLLECTION/© Ghibli International ;

Chapitre 2

43 (reprise p. 5) LA COLLECTION/© Catrin Welz-Stein ; **44 ht** BRIDGEMAN IMAGES ; **44 m** ADOBE STOCK/ChiccoDodiFC ; **44 bas** ADOBE STOCK/Michael Rosskothen ; ADOBE STOCK/FrankBoston ; ADOBE STOCK/Oleg_Yakovlev ; **45 ht g** SHUTTERSTOCK/Alxcrs ; **45 ht d** ADOBE STOCK/just.b photography ; **45 bas g** ADOBE STOCK/Artsiom P ; **45 bas d** ADOBE STOCK/Jacek Chabraszewski ; **47** AURIMAGES/Mary Evans/AF Archive/© Disney ; **50** CHRISTOPHE L COLLECTION/© Warner Bros./Heyday Films ; **51** Prod DB/© Warner Bros/DR ; **58** JPS ; **59** Courtesy Ravagnan Gallery Venice/photographie : Salvatore Matarazzo ; **60 g** ADOBE STOCK/Awesomedwarf ; **61** CHRISTOPHE L COLLECTION/© Toei Animation ; **62 ht g** AKG-Images ; **62 ht d** © CASTERMAN Editions S.A. © Tardi, *Adèle Blanc-Sec, Le Savant fou*, éditions Casterman ; **62 m g** BRIDGEMAN IMAGES/Mary Evans ; **62 m d** AFP/Joël Saget ; **62 bas g** CHRISTOPHE L COLLECTION/© Sonar Entertainment ; **62 bas d** CHRISTOPHE L COLLECTION/© NZ ; **66 bas d** CHRISTOPHE L COLLECTION/© Warner Bros./Heyday Films ; **68** ADOBE STOCK/AtlasMap ; **69 m g** CHRISTOPHE L COLLECTION/© Dargaud Marina ; **69 bas g** CHRISTOPHE L COLLECTION/© Neue Constantin FIlm/DR ;

Chapitre 3

71 (reprise p. 5) LA COLLECTION/© Alain Thomas 2023 ; **72 ht g** ADOBE STOCK/Wichatsurin ; **72 ht d** ADOBE STOCK/Jan-Dirk ; **72 m g** ADOBE STOCK/Mivr ; **72 m m** ADOBE STOCK/ondrejprosicky ; **72 m d** ADOBE STOCK/Sasint ; **72 bas** ADOBE STOCK/Dmitry Rukhlenko ; **73 g** ADOBE STOCK/ElenaDoroshArt ; **73 ht d** ADOBE STOCK/Nickolae ; **73 m** ADOBE STOCK/Johan10 ; **73 bas d** ADOBE STOCK/7razer ; **75** CHRISTOPHE L COLLECTION/© The Walt Disney Company ; **81** © Jill Calder ; **82** CHRISTOPHE L COLLECTION/The Granger Collection, New York ; **85** AKG-Images/National Gallery Global Limited ; **86** ADOBE STOCK/Piotr Krzeslak ; **87 ht** AURIMAGES/courtesy Everett Collection/© Walt Disney Studios Motion Pictures ; **87 bas** CHRISTOPHE L COLLECTION/© The Walt Disney Company ; **88** ADOBE STOCK/Monira ; **92** CHRISTOPHE L COLLECTION/© The Walt Disney Company ; **94** CHRISTOPHE L COLLECTION/© Netflix – Warner Bros ; **95 bas d** AURIMAGES/BBQ_DFY/© Galatee Films/Outside Film ;

Chapitre 4

97 (reprise p. 6) RMN/Photo © Tate, Londres, Dist. RMN-Grand Palais/Tate Photography ; **98 ht g** AKG-Images/Nimatallah ; **98 ht m** AKG-Images/Werner Forman ; **98 ht d** © MET/Munsey Fund, 1936, 1938 ; **98 bas** CHRISTOPHE L COLLECTION/© Walden Media/*Le Monde de Narnia : Le Lion, la Sorcière blanche et l'Armoire magique*, 2005 ; **100** © MET/Rogers and Edith Perry Chapman Funds, 2000 ; **101** (reprise p. 118) AKG-Images/Pictures From History ; **103 ht, m, bas** CHRISTOPHE L COLLECTION/© Fox 2000 Pictures – 1492 Pictures – Imprint Ent. – Sunswept Ent. ; **105 ht** AURIMAGES/Everett collection/© Warner Brothers ; **105 bas** RMN/Photo © RMN-Grand Palais (musée du Louvre)/Hervé Lewandowski ; **107** (reprise p. 118) BNF ; **108** (reprise p. 118) AKG-Images/Fine Art Images/Heritage Images ; **112** ADOBE STOCK/Lunstream ; **113** SHUTTERSTOCK/Eroshka ; **114 ht** AKG-Images/Succession Picasso 2023 ; **114 bas d** CHRISTOPHE L COLLECTION/© Iris Films – Iris Group – Iris Productions – Rezo ; **118 bas d** Prod DB/© 20th Century Fox – Chernin Entertainment – Scope Pictures – Tim Burton Productions/DR ; **119** *(de gauche à droite)* Shakko CC BY-SA 3.0 ; AURIMAGES/Andrea Jemolo ; RMN/Photo © Smithsonian American Art Museum, Washington, DC, Dist. RMN-Grand Palais/image SAAM ; Prod DB © ABC studios – Marvel Television – Walt Disney Television – Imax/DR ; **121 ht g** CHRISTOPHE L COLLECTION/© Iris Films – Iris Group – Iris Productions – Rezo ; **121 ht d** Réalisateur : Sylvain Bergère ; Auteur : François Busnel ; Conception graphique : Juliette Garcias ; Producteurs : ARTE France, Rosebud Productions, *Les Monstres* ;

Chapitre 5

124 AURIMAGES/Granger Coll NY ; **125 g** CHRISTOPHE L COLLECTION/© DreamWorks Animation ; **125 d** (reprise p. 144) AKG-Images/UIG/Universal History Archive ; **127** © Paolo Domeniconi ; **134** CHRISTOPHE L COLLECTION/© Amblin Entertainment/Walt Disney Pictures ; **137** RMN/Photo © Museo Nacional del Prado, Dist. RMN-GP/image du Prado ; **138** ADOBE STOCK/info@nextmars.com ; **147 bas g** CHRISTOPHE L COLLECTION/© Gebeka films ;

Chapitre 6

149 (reprises p. 7, 171) RMN/Photo © RMN-Grand Palais/Michèle Bellot ; **150 ht** Alicia Combe/CC BY-SA 4.0 ; **150 bas** CHRISTOPHE L COLLECTION/© ARTE/Smithsonian Channel ; **151** (reprise p. 170) PHOTO12.COM/ALAMY/Artefact ; **152** AKG-Images ; **153** ADOBE STOCK/lynea ; **154** AURIMAGES/Heritage Images ; **155** AURIMAGES/Everett Collection/Films Andre Paulve ; **156** AKG-Images/Erich Lessing ; **159** LA COLLECTION/Domingie & Rabatti ; **160** PHOTO12.COM/ALAMY/Archivah ; **161** BRIDGEMAN IMAGES/Luisa Ricciarini ; **163 g** RMN/Photo © Musée d'Orsay, Dist. RMN-Grand Palais/Patrice Schmidt ; **163 d** RMN/Photo © Musée d'Orsay, Dist. RMN-Grand Palais/Patrice Schmidt ; **165** AKG-Images/Album/Mandevilles Films/Walt Disney Pictures ; **170** PHOTO12.COM/ALAMY/Science History Images ; LA COLLECTION/Domingie & Rabatti ; **173 bas g** CHRISTOPHE L COLLECTION/Europacorp/Bibo Films/France 3 Cinéma/Walking the dog ;

Chapitre 7

176 ht g PHOTO12.COM/ALAMY/WHPics ; **176 bas g** BRIDGEMAN IMAGES/Photo Josse ; **177 ht** BNF ; **177 bas** *(de gauche à droite)* DR/© The Pokemon Company/DR ; CHRISTOPHE L COLLECTION/© Columbia Pictures/Tornado Productions Inc ; CHRISTOPHE L COLLECTION/© Fox Searchlight. All rights reserved ; ADOBE STOCK/Natalia ; **180** Voutch ; **182** (reprise p. 196) TONELLI Victor/Hans Lucas ; **185** (reprise p. 196) BRIDGEMAN IMAGES/Luisa Ricciarini ; **189 g** BIS/Ph. Coll. Archives Nathan ; **189 d** Hélène Bailly Gallery/© Adagp, Paris 2023 ; **190** DAUTREMER Rebecca ; **191** LIBRARY OF CONGRESS, Rare Book and Special Collections Division ; **196 bas m** CHRISTOPHE L COLLECTION/© Dan Smith – Netflix – Working Title Films – TriStar Pictures ; **198** © Adagp, Paris, 2023 – Cliché : Gabriel Mathon/ADAGP images ; **199 bas g** CHRISTOPHE L COLLECTION/© Fox Searchlight ;

Chapitre 8

201 PARODI Carole (reprise p. 8) ; **202 ht** BIS/Ph. H. Josse © Archives Larbor ; **202 bas** ENGUERAND BRIGITTE/Divergence ; **203 g** BNF/© Daniel CANDE, Saif, 2022 ; **203 ht d** SIPA PRESS/Lydie ; **203 bas d** GUIZARD Laurent ; **205** (reprise p. 224) GUIZARD Laurent ; **206** (reprise p. 224) Guy Wittevrongel, Club photo de Brimeux. ; **209** PARODI Carole ; **210** OPALE/ArtComPress/Pascal Victor ; **213** GUIZARD Laurent ; **215** GUIZARD Laurent ; **217 g et d** GUIZARD Laurent ; **218** Théâtre du Petit Monde ; **220 ht** © Lucas Serayet (avec Tatem Belkacem dans le rôle de Géronte, Claire Astor dans le rôle de Jacqueline, Victor Bianco dans le rôle de Sganarelle) ; **220 m** Compagnie Colette ROUMANOFF/SITA PRODUCTIONS ; **220 bas** NARDOUX Régis ; **224** GUIZARD Laurent ; **225** ENGUERAND BRIGITTE/Divergence ; **227 bas g** CHRISTOPHE L COLLECTION/© Curiosa films/Moana films/Mars films/Versus production/France 2 Cinema ;

Chapitre 9

229 (reprise p. 9) SCALA GROUP, Florence/Digital image, The Museum of Modern Art, New York/Scala, Florence/Acquired through the Lillie P. Bliss Bequest. Acc. n. : 472.1941 ; **230 ht** AKG-Images/Roland et Sabrina Michaud ; **230 m** RMN/Photo © Musée du Louvre, Dist. RMN-Grand Palais/Thierry Ollivier ; **230 bas** LA COLLECTION/Photo Josse, Ms. 0139 (1363), fol. ; **231 ht g** (reprise p. 250) BRIDGEMAN IMAGES/Tarker ; **231 ht m** PHOTO12.COM/ALAMY/Icom Images ; **231 m g** SHUTTERSTOCK/Alina F ; **231 m d** ISTOCK/FG Trade ; **231 bas d** ADOBE STOCK/Alik Mulikov ; **233** RMN/Photo © BPK, Berlin, Dist. RMN-Grand Palais/Michael Herling/Aline Gwose/© 2023 Calder Foundation, New York/ADAGP, Paris 2023 ; **236** © MET/Purchase, Fletcher Fund and Joseph E. Hotung and Michael and Danielle Rosenberg Gifts, 1989 ; **237** (reprise p. 250) PHOTO12.COM/ALAMY/The History Collection ; **239** (reprise p. 250) AKG-Images/British Library ; **241** (reprise p. 250) © Storimages – 2 Minutes – Belvision – RTBF ; **243 ht** ADOBE STOCK/Noradoa/© Zabalaga-Leku, Adagp, Paris 2023 ; **243 bas** SHUTTERSTOCK/Alfredo Ruiz Huerga/© Zabalaga-Leku, Adagp, Paris 2023 ; **244** RMN/Photo © Victoria and Albert Museum, Londres, Dist. RMN-Grand Palais/image Victoria and Albert Museum ; **245** ADOBE STOCK/Anna ; **246 ht g** ADOBE STOCK/Jamenpercy ; **246 ht d** © NASA, ESA, CSA, STScI, J. DePasquale (STScI), A. Pagan (STScI), A. M. Koekemoer (STScI) ; CC BY 4.0 ; **246 bas** ADOBE STOCK/YMZK-photo ; **248** (de haut en bas) PHOTO12.COM/ALAMY/NASA Photo ; LOUAPRE David ; PELTIER Aline ; BELLO Léa ; **251** ADOBE STOCK/Aleksey Ignatenko ; **252** SHUTTERSTOCK/Alina F ; **253 m d** RADIO FRANCE/Cécile Aurégan ; **253 bas d** AURIMAGES/Courtesy Everett Collection/© Gkids ;

Chapitre 10

255 (reprise p. 9) Dan Lam ; **256** ABACA PRESS/Denis Prezat//© MISS TIC – Adagp/Paris, 2023 ; **257** AKG-Images/Erich Lessing ; **259** LA COLLECTION/Artothek/Christie's/© 2023 Niki Charitable Art Foundation/Adagp, Paris ; **260** ADOBE STOCK/The Simple Surface ; **261** RMN/Photo © Centre Pompidou, MNAM-CCI, Dist. RMN-Grand Palais/Adam Rzepka ; **263** SCALA GROUP, Florence/© Adagp, Paris, 2023 ; **264** BRIDGEMAN IMAGES/photo Christie's/© Adagp, Paris, 2023 ; **265** © Adagp, Paris, 2023 – Cliché : ADAGP IMAGES ; **266** OPALE/FineArt ; **267** OPALE/FineArt ; **268** BRIDGEMAN IMAGES/photo Christie's/© Adagp, Paris, 2023 ; **269** GAMMA RAPHO/Eric Catarina ; **270** SHUTTERSTOCK/Elizaveta Galitckaia ; **278** ADOBE STOCK/Deagreez ; **279 bas d** TANT MIEUX PROD – Éditions Folimage ;

Étude de la langue

301 PHOTO12.COM/Heritage Images/Fine Art Images ; **311** AURIMAGES/Granger Coll NY ; **315 g** ADOBE STOCK PHOTO/Andreas Meyer ; **315 d** CHRISTOPHE L COLLECTION/© NBC/Avala Film/Harmony Gold/Rete Europa/Salon Films/Valente-Baerwald Productions ; **319** ADOBE STOCK PHOTO/Kolinko_tanya ; **321** AKG-Images/Ikon Images/Christopher Corr ; **327** AURIMAGES/BBQ_DFY/Prima Linea Productions/Animation Studio Ghibli ; **328** ADOBE STOCK PHOTO/Tartila ; **330** ADOBE STOCK PHOTO/Backup_studio ; **333** PHOTONONSTOP/Glasshouse/Circa Images ; **336** ADOBE STOCK PHOTO/M.Studio ; **338** KHARBINE-TAPABOR ; **349** ROY EXPORT S.A.S./Les temps modernes ; **352** ADOBE STOCK PHOTO/Sergey Nivens ; **353** PHOTO12.COM/ALAMY/Artefact ; **361** ADOBE STOCK PHOTO/JessR

Imprimé en Italie par Grafica Veneta en avril 2023 - Dépôt légal : avril 2023 - N° de projet : 10275542

Des méthodes pour mon année de 6e

Comprendre les verbes de consigne

Verbes	Type de réponse attendue
lire, observer, étudier, examiner	Il s'agit de **parcourir** un document (texte, image…) avec attention.
entourer, encadrer, souligner, relever, lister, répertorier, repérer	Il s'agit de **faire un repérage** précis.
justifier, analyser, démontrer, expliquer, déduire, définir	Il s'agit de **donner une explication** sur un ou des éléments d'un document.
trier, regrouper, ordonner, hiérarchiser, classer	Il s'agit de **faire un classement** d'éléments.
remplacer, substituer, reformuler, réécrire	Il s'agit de **modifier un texte** en remplaçant certains éléments.
illustrer, remplir ou faire (un tableau), produire, créer, réaliser, imaginer	Il s'agit de **créer un contenu** en répondant à des indications de forme (tableau…), de contenu (nombre de lignes, illustration…).

Travailler au brouillon

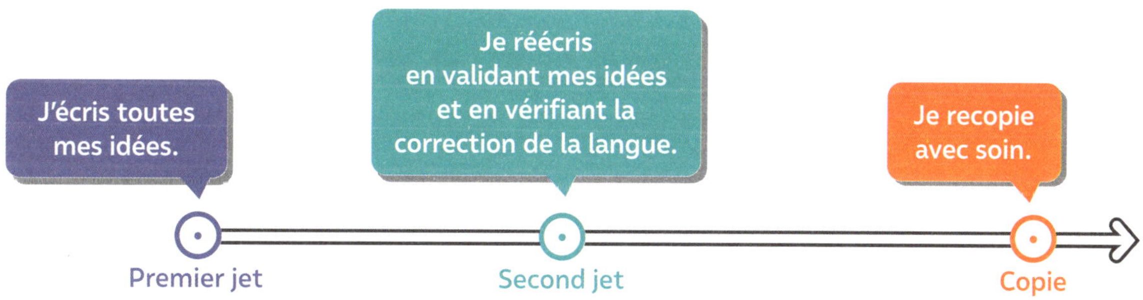

Mémoriser sur le long terme

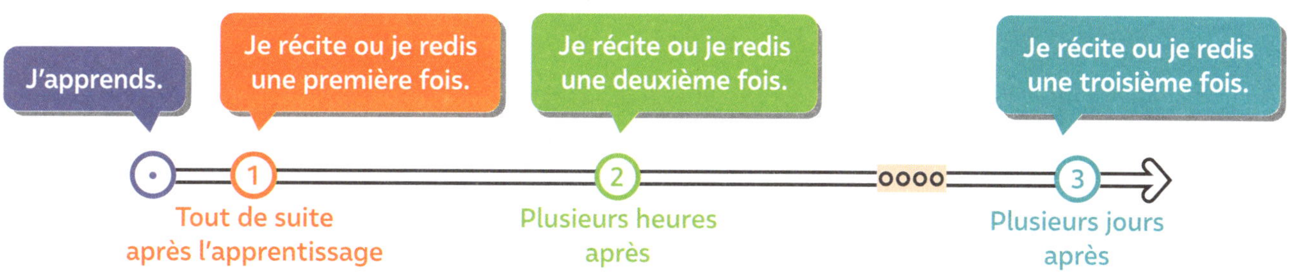

Les essentiels pour l'étude de la langue

Les classes grammaticales

5 classes grammaticales variables
- le nom
- le déterminant
- l'adjectif
- le pronom
- le verbe

5 classes grammaticales invariables
- l'adverbe
- la préposition
- la conjonction de coordination
- la conjonction de subordination
- l'interjection

Les fonctions grammaticales

Les fonctions grammaticales

- **en rapport avec le nom**
  - **adjectif épithète** directement associé au nom avec lequel il s'accorde.
  - **complément du nom** (CDN) lié au nom par l'intermédiaire d'une préposition.
- **en rapport avec le verbe**
  - **sujet** : commande l'accord du verbe.
  - **complément d'objet direct** (COD) lié directement au verbe.
  - **complément d'objet indirect** (COI) lié au verbe par l'intermédiaire d'une préposition.
  - **attribut du sujet** : donne des informations sur le sujet et se construit avec un verbe attributif.
- **en rapport avec la phrase**
  - **complément circonstanciel** qui précise les circonstances de la situation et exprime :
    - la **cause**
    - le **lieu**
    - le **temps**